普通高等学校省级规划教材
心理学创新系列教材

大学生心理健康的维护与调适

第4版

主　编　刘新民
副主编　王　欣　黄慧兰　范佳丽
　　　　王道金
编　委（以姓氏笔画为序）
　　　　丁伶灵　王　欣　王道金
　　　　凤林谱　许亚军　李　秀
　　　　刘　畅　刘新民　何苗苗
　　　　谷莲莲　张　婷　范佳丽
　　　　金　鑫　金明琦　杭荣华
　　　　黄　龙　黄慧兰　盛　鑫

中国科学技术大学出版社

内 容 简 介

本书以促进青年大学生成才为目标,根据青年学生心理发展的特点和需要,从大学生的角度进行健康心理学的论述,通过分析青年大学生们在心理发展方面存在的普遍性问题,阐述了大学生遇到自我认知、情绪、学习、人际关系、人格成长、恋爱和择业等问题时应该掌握的心理健康知识。书中有大量的真实案例以及丰富多彩的专栏等,增加了本书的知识性、可读性和趣味性。

本书适合大学生、广大青年朋友、学校教师、青年教育工作者和家长阅读,既可作为心理卫生读物、高校心理健康教育教材,也可用作大学生心理健康教育研究和工作的参考资料。

图书在版编目(CIP)数据

大学生心理健康的维护与调适/刘新民主编. —4 版. —合肥:中国科学技术大学出版社,2020.6(2024.7重印)

(心理学创新系列教材)

普通高等学校省级规划教材

ISBN 978-7-312-04927-9

Ⅰ.大… Ⅱ.刘… Ⅲ.大学生—心理健康—健康教育—高等学校—教材 Ⅳ.G444

中国版本图书馆 CIP 数据核字(2020)第 068257 号

出版	中国科学技术大学出版社 安徽省合肥市金寨路 96 号,230026 http://press.ustc.edu.cn https://zgkxjsdxcbs.tmall.com
印刷	合肥华苑印刷包装有限公司
发行	中国科学技术大学出版社
经销	全国新华书店
开本	710 mm×1000 mm 1/16
印张	20.75
字数	418 千
版次	2009 年 8 月第 1 版 2020 年 6 月第 4 版
印次	2024 年 7 月第 15 次印刷
定价	43.00 元

第 4 版前言

本书是安徽省高等学校"十三五"省级规划教材项目"心理学创新系列教材"(2017ghjc153)的8本教材之一,是为满足各类高校大学生心理健康教育与教学活动需要而编写的一本教科书,是安徽省高等学校"十一五""十二五"省级规划教材的延续,多年来出版发行数万册,受到师生的广泛好评并获多项奖励。

皖南医学院的心理学教学、科研和应用开始于20世纪80年代,于1985年开始大学生心理咨询活动,1988年开始大学生心理学教学(早期作为德育课程内容,后改为选修课),2011年开设必修课程。多年来,大学生心理健康教育活动不断发展,皖南医学院现有应用心理学本科专业(安徽省一流专业)、应用心理学辅修专业、应用心理学科学学位硕士点、应用心理学专业学位硕士点、安徽省高校人文社科重点研究基地"大学生心理健康教育研究中心"、应用心理学校重点学科和应用心理学创新团队等,实践服务机构有皖南医学院大学生咨询中心(1987年)、皖南医学院心理门诊(1992年)和附属弋矶山医院心理门诊(1992年)。"心理学创新系列教材"也是皖南医学院应用心理学专业30多年建设实践成果的体现。

"心理学创新系列教材"共8本,包括《医学心理学》《护理心理学》《管理心理学》《发展心理学》《普通心理学》《大学生心理健康的维护与调适》《行为医学与健康》和《组织行为学》,其编撰目标是反映国内外研究最新进展、体现中国特色和皖南医学院心理教育特长。首先,在内容上力求反映学科进展,实现科学性、专业性、实用性和趣味性的结合,力争达到体系完整、概念准确、内容适当、适合国情、风格独特。其次,在形式上力求版式新颖,广泛汲取国内外优秀教科书的优点并形成自己的特色,通过丰富多彩的形式呈现内容,章前设置二级目标和案例导入,章内设有丰富多彩的专栏,如基础知识、背景材料、经典事例、研究进展和参考资料等,以拓宽读者的知识面,提高读者的兴趣,增加读者学习的深度和广度。第三,全书各章增设二维码,内容为该章的精编自测题及其答案,读者可通过手机扫码进入,进行自我学习效果测评。此外,我们还为全书制作了配套教学课件。

本书内容共分15章:第一章为绪论,主要阐述心理健康的概念、标准、意义以及心理问题的解决思路;第二章至第十三章分别就自我意识、情绪、人格、道德、恋爱、性心理、生活习惯、学习、人际交往、职业生涯发展以及心理障碍等问题逐一讨论;第十四章介绍自我心理测评;第十五章介绍自我心理治疗方法。编写人员除了皖南医学院及其附属医院的心理学教师外,还有王道金(芜湖市第四人民医院)、刘畅(新民心理咨询工作室)和谷莲莲(滁州城市职业学院)。

由于心理健康问题具有多元性和复杂性,限于编者的水平能力,书中难免存在这样或那样的不足,我们衷心希望广大读者不吝赐教,以便我们进一步改进。此书在出版的过程中,一直得到中国科学技术大学出版社的支持和帮助,在此深表谢意。

刘新民

2020年3月5日

前　　言

随着现代社会的飞速发展，人们承受着越来越多的心理压力，心理健康问题显得非常突出。心灵是人的窗口，保持心灵的健康，意味着保证一个人面对世界的窗口，保证一个人的目标和方向，保证一个人的毕生发展。对大学生们来说尤其如此，因为他们不仅要完成基本的专业学习、做好进入工作前的各种知识和能力储备，更要实现向成人角色的转变，提升综合素质。在大学生活中，大学生会遇到自我认知、情绪、学习、人际关系、人格成长、恋爱和择业等问题，因此，掌握适当的心理健康知识，对于尽快适应大学生活，防治心理障碍，促进全面发展是非常必要的。

大学生心理健康的维护与调适是大学生健康心理学的应用。本书共15章：第一章为大学生心理健康的维护与调适总论，主要阐述心理健康的标准、意义以及心理问题的解决方法；第二章至第十三章分别就自我意识、情绪、人格、道德、恋爱、性心理、生活习惯、学习、人际交往、职业生涯设计和择业以及常见心理障碍等问题逐一讨论，并给学生们提供相应的自我调适的技巧；第十四章介绍自我心理测评，以帮助学生了解对自己的心理特点进行客观评价的方法；第十五章通过常见的心理治疗方法的介绍，让学生学会运用这些方法进行自我调适。

与国内同类教材相比较，本书的主要特色是从大学生的角度，而不是从心理健康工作者的角度进行健康心理学实践的论述，突出内容的科学性、实用性和实践性。本书也力图在形式和内容上使学生喜欢，如每一章均由案例（案例中人名均为化名）引出主题，文中有大量的真实案例以及丰富多彩的专栏等，增加了本书的知识性、可读性和趣味性。

限于编者的水平，本书在结构和内容上肯定存在着一些不足，与我们的编写初衷还可能有一定的距离，希望广大读者不吝赐教。

本书在出版过程中,得到了中国科学技术大学出版社的大力支持和帮助,在此深表谢意。皖南医学院应用心理学硕士点的研究生吴金庭、王婷在书稿统稿中做了大量的工作,在此也一并致谢。

刘新民

2009 年 7 月 26 日

目　　录

第 4 版前言 ……………………………………………………………（ⅰ）

前言 ……………………………………………………………………（ⅲ）

第一章　绪论 ………………………………………………………（ 1 ）
　第一节　心理健康的意义与概念 …………………………………（ 2 ）
　第二节　大学生健康心理学的任务 ………………………………（ 8 ）
　第三节　心理健康问题的解决途径 ………………………………（ 12 ）
　第四节　心理健康调适的基本方法 ………………………………（ 14 ）

第二章　自我意识与心理健康 ……………………………………（ 17 ）
　第一节　自我意识概述 ……………………………………………（ 18 ）
　第二节　大学生常见自我意识问题 ………………………………（ 25 ）
　第三节　良好自我意识的培养 ……………………………………（ 32 ）

第三章　情绪管理与心理健康 ……………………………………（ 38 ）
　第一节　情绪概述 …………………………………………………（ 39 ）
　第二节　大学生常见情绪困扰 ……………………………………（ 45 ）
　第三节　大学生情绪管理 …………………………………………（ 51 ）

第四章　人格与心理健康 …………………………………………（ 61 ）
　第一节　人格概述 …………………………………………………（ 62 ）
　第二节　大学生常见人格问题 ……………………………………（ 71 ）
　第三节　大学生健康人格的培养 …………………………………（ 79 ）

第五章　道德与心理健康 …………………………………………（ 87 ）
　第一节　道德概述 …………………………………………………（ 88 ）
　第二节　当代大学生的道德现状 …………………………………（ 89 ）
　第三节　大学生健康道德的培养 …………………………………（103）

第六章　恋爱与心理健康 (105)
　第一节　恋爱概述 (106)
　第二节　大学生恋爱心理困扰 (111)
　第三节　大学生爱的能力培养 (121)

第七章　性心理与心理健康 (126)
　第一节　性心理概述 (126)
　第二节　大学生常见的性困惑 (129)
　第三节　大学生常见的性偏离行为 (137)
　第四节　大学生健康性心理的培养与调适 (142)

第八章　生活习惯与心理健康 (148)
　第一节　生活习惯概述 (149)
　第二节　饮食行为与健康 (149)
　第三节　睡眠行为与健康 (153)
　第四节　锻炼休闲行为与健康 (160)
　第五节　成瘾行为与健康 (164)
　第六节　健康行为习惯的培养 (169)

第九章　学习与心理健康 (172)
　第一节　大学学习的特点 (172)
　第二节　大学生常见学习心理问题 (174)
　第三节　大学生健康学习心理的培养 (186)

第十章　人际交往与心理健康 (192)
　第一节　人际交往概述 (193)
　第二节　大学生人际交往常见问题 (200)
　第三节　良好人际交往心理的培养 (205)

第十一章　职业生涯与心理健康 (213)
　第一节　职业生涯概述 (214)
　第二节　职业生涯规划的制订 (217)
　第三节　职业生涯心理问题的调适 (225)

第十二章　压力挫折与心理健康 (232)
　第一节　压力概述 (232)

第二节　大学生挫折的原因 ………………………………………… (236)
　第三节　大学生常见压力与挫折 …………………………………… (239)
　第四节　大学生压力管理与挫折应对 ……………………………… (243)

第十三章　心理障碍及其防治 …………………………………………… (252)
　第一节　心理障碍概述 ……………………………………………… (253)
　第二节　神经症 ……………………………………………………… (256)
　第三节　创伤与应激障碍 …………………………………………… (261)
　第四节　人格障碍 …………………………………………………… (265)
　第五节　躁狂抑郁症 ………………………………………………… (267)
　第六节　精神分裂症 ………………………………………………… (271)

第十四章　自我心理测评 ………………………………………………… (274)
　第一节　心理测评概述 ……………………………………………… (275)
　第二节　心理健康自评 ……………………………………………… (277)
　第三节　常见的心理健康测评量表 ………………………………… (280)

第十五章　自我心理治疗 ………………………………………………… (302)
　第一节　心理问题的自我识别与求助 ……………………………… (303)
　第二节　心理师常用的心理治疗方法 ……………………………… (306)
　第三节　自我心理调节与治疗 ……………………………………… (314)

参考文献 …………………………………………………………………… (321)

第一章
绪　　论

案例 1-1　马某某的忏悔

马某某是云南某高校生物技术专业2000级大学生,2004年2月,仅仅因为打牌发生口角等琐事,他连杀四名同学,造成了轰动全国的"马某某事件"。2004年6月17日,马某某被执行死刑。下面是马某某写的忏悔书:

夜已经很深了,面对着这高墙铁网,我无法入眠,思绪像灰。几年的大学生活仿佛就在眼前,但我此刻却是在这样一个地方。表面上看我很平静,但到了这种境地,试问谁又能做到心如止水呢?

两个月前我的身份是一名重点大学的大学生,一名即将进入社会展示自己才能的毕业生。家人和国家都对我寄予厚望,而我本人又何尝不是满腔热血地想为祖国的现代化建设作出一份贡献,实现自己的人生价值? 我的母校在整个云南省是名气最高、实力最强的高校,就业前景是很看好的,这些我都从师兄、师姐(老乡)和老师那里打听得很清楚了,所以很多报纸上所渲染的大学生就业压力我是从来没有感受过的。

写到这里我真的很痛苦。可以说这"天之骄子"的身份是国家给予的,也可以说是我个人经过十二年努力奋斗而得来的,但我当初怎么就轻易地毁了这一切呢? 那四名被害者也和我一样,家里都有父亲母亲、兄弟姐妹,也和我一样经历了多少年的寒窗苦读,也和我一样对未来充满期待。但我当初怎么就那么轻易地毁了他们呢? 人云:凡事都是有原因的,又说:事物的发展总有内因和外因,而内因是占主导地位的,所以现在每天我都努力思索,试图从自己身上寻求原因,一个合理的解释,但此刻我亦很糊涂,只能说当初很偶然!

就因为一次打牌吵架,我就走上这条路。现在我以一个旁观者的身份看,这是多么荒谬,多么无知啊! 这是多么悲哀,多么残酷啊! 难道生命就这么脆弱? 难道这世界上就没有什么值得留恋的吗? 不是的! 现在我是这么想的,以前也是! 但是那几天我的心里只有苦恼,只有恨,诸多后果都未曾设想。很多事情来不及思考,就这样发生了。事后才知道造成的影响是多么大,才知道给亲人造成了多么大的伤害。也才明白伤心难过的远远不止我的亲人朋友。后悔啊,但木已成舟,我已是无力挽回了。我是想对整个社会说声对不起,想对那四名同学的亲人朋友说声对不起,但你们会接受吗?对于这么一个恶魔,你们会接受吗?

其实,我最想对亲人们说声对不起。父亲、母亲对我从小就疼爱有加,从小就对我寄予厚望,希望我出人头地,希望我为家乡争光。他们为我含辛茹苦了几十年,而我在即将成功的时候,却犯下了不可饶恕的罪行,这对他们的打击是多么的沉重啊,可怜天下父母心,对不起……
……

马某某
2004 年 4 月 6 日

这篇短文取名《忏悔》,除了想写出自己的所感所想以对所有受到伤害的人有个交代之外,还想以此警醒世人:千万不要犯罪,凡事要三思。当你想犯罪的时候你要明白——最大的受害者可能就是你最亲最爱的人!

思考题

1. 导致马某某犯罪行为的内在原因是什么?
2. 马某某有哪些心理问题值得人们引以为戒?

第一节 心理健康的意义与概念

马某某事件已经成为国内大学生反面教育的典型案件。当我们了解这一事件并读完他的忏悔书后,是否也为那样的小事就断送了 5 位大学生的性命而感到惋惜?如果我们仔细分析马某某的内心世界,就会发现从整个事件中折射出的马某某存在的心理缺陷,无论是在认知、情绪、意志方面,还是在个性、人际关系、理想和人生观等方面。那么,马某某到底有哪些具体的心理问题呢?这些问题又是如何形成的?它们怎样影响着他的成长?我们怎样才能及时地识别它们?如何才能消除这些心理缺陷?怎样防止此类悲剧的发生?等等,都是我们应该关注的问题。本书将围绕这些问题与大家共同展开一段健康心理学的学习之旅,以帮助你获得一些知识和能力,能够比较全面、客观和深入地审视自己的心灵,找出自己的不足,发现自己的优势,完善自己的人格,保持积极的心理状态,高效率地完成学业,从而为人生更好的发展奠定比较强大的心理基础。

英国诗人约翰·弥尔顿说过:"心灵是自己的地方,在那里可以把地狱变成天堂,也可以把天堂变成地狱。"从马某某案中我们可以看到,人的内心对一个人的行为有着重大的影响。近几十年来的统计数据和调查研究表明,因各种心理疾患导致的大学生辍学数量要占辍学者总数的50%左右,过度使用网络、频发违纪的大学生多数与心理问题有关,学业不良者绝大多数存在心理缺陷,违法者则往往有更为严重的心理问题。大学生的心理困惑和心理障碍是一个比较普遍存在的问题,大学生的心理是否健康已经成为影响大学生能否完成学业和健康成长的重要因素。

专栏1-1 大学生心理健康——世界性的问题

> 自杀在美国15~24岁年轻人的死亡原因中居第三位,却居大学生死亡原因的第二位。
>
> 据估算,近年来美国每年都有超过1100名大学生自杀,而受到精神疾病折磨的学生更多。美国大学健康协会2003年的一项问卷调查显示,40%以上的美国大学生表示,自己每年至少有一次"感到沮丧,以至无法维持正常的学习和生活",30%的学生认为自己已经患有焦虑症或抑郁症。美国的另一项研究表明,有15%的大学生需要接受心理治疗。
>
> 在英国剑桥大学20~24岁的男大学生中,自杀率为22/100 000,而一般同龄男青年只有6/100 000。

无数优秀或成功的大学生的事实说明,健康心理对于一个人的发展非常重要。如果仔细地观察和了解,就会发现决定一个学生学业与事业成功的关键因素是心理状态,而非是身体、家庭、经济或教师等外在因素。美国心理学家马斯洛(A. Maslow)通过始于大学时代对成功者,包括对大量杰出的历史人物的心理研究,最终发现了他们积极心理的"创造性人格"的关键特征。国内刘新民等曾经运用卡特尔16种个性因素测验(16PF)对大学生中的"三好学生"和"优秀学生干部"进行研究,发现他们在心理健康水平与行为方式上具有更好的特征。"三好学生"的特点是:心情轻松兴奋、随遇而安、活泼、愉快、信赖随和、怀疑性低、不斤斤计较,更多地考虑别人的利益,忧虑烦恼少;"优秀学生干部"更突出的性格是乐群外向、热情合作与适应能力强、情绪稳定和成熟、能以沉着的态度面对现实、知己知彼、自律谨严、言行一致、有自尊心、能赢得别人的尊重、心平气和等。进一步分析(二元人格因素)可知,"三好学生"和"优秀学生干部"的大学适应能力更好,并以"优秀学生干部"最为明显。

总之,一个人的心理健康是非常重要的。无数正反两方面的事实都说明,心理健康水平对一个人的生活、学习、工作、事业、家庭和一生的发展都有决定性作用,在个体的所有身体和心理特性的发展方面,良好的心理状态是最重要的。从这个意义上可以说:心态决定命运!

 思考题

联系自己心理状态的若干实际情况,谈谈你现在对心理健康意义的理解。

一、什么是"健康"

健康(Health),是每个人的基本追求,是人生中最重要的课题之一。在一般情况下,当一个人在健康与某些事物不能兼得时,应该首选健康,因为只有"留得青山在",才能"不怕没柴烧"。健康是个人生存的基础,没有健康,就没有一切。但是,随着社会的进步和发展,人们对健康的认识和要求也在不断进步和深入。因此,健康是一个不断发展的概念。

许久以前,人们多是将健康作为与疾病相对的术语来理解的,即健康等于没有疾病,没有疾病就等于健康。20世纪初的《简明不列颠百科全书》对健康下的定义为"没有疾病和营养不良以及虚弱状态"。在我国1989年出版的《辞海》中,将健康的概念解释为"人体各器官系统发育良好、功能正常、体质健壮、精力充沛并具有良好劳动效能的状态。通常用人体测量、体格检查和各种生理指标来衡量"。可见,当时这类定义主要是将健康局限于身体或生理的范围。

1948年,世界卫生组织(WHO)在成立时的宪章中指出:"健康乃是一种身体上、心智上和社会上的完满状态,而不仅仅是没有疾病和虚弱的现象。"WHO对健康的定义,是现代社会对健康概念的全面总结与更新,健康不再仅仅是躯体状况的反映,同时还必须是心理活动正常和社会功能完满的综合体现。这一定义不仅强调个体心理上的安宁,还要求具有良好的社会功能状态。1986年,WHO还强调了健康的作用、目的和意义:健康为"人人能够实现愿望,满足需要,改变和适应环境。健康是每天生活的资源,并非生活的目的。健康是社会和个人的资源,是个人能力的体现"。同年,世界卫生组织年会发出"健康还要包括良好的道德品质"的宣言,进一步丰富了健康的内涵,使健康包含了道德健康部分。到了20世纪90年代,一些学者还强调了环境健康的问题。

专栏1-2 健康的定义

> 1948年WHO成立时,其宪章对健康的定义为:"Health is a state of complete physical, mental and social well-being and not merely the absence of disease or infirmity."
>
> 1998年,WHO在其总会创建50周年纪念会上,对健康定义又作了进一步强调:"Health is a dynamic state of complete physical, mental, spiritual and social well-being and not merely the absence of disease and infirmity."

可见,"健康"的概念在科学进步和社会发展中是不断更新的,它由早期单一的生理健康的一维结构,增加到心理健康的二维,再增加到社会适应的三维,发展到道德完善的四维,再扩展到环境健康的五维等,健康是生理、心理、社会、道德和环境五个方面的和谐统一。多维度的健康概念对于人们全面理解和认识健康很有意义。

二、什么是"心理健康"

心理健康(Mental Health)又称为精神健康,是相对于躯体健康而言的概念,一般来说对其理解并不存在多大的困难。但是,如果要从科学的角度给其一个简明的定义和完整的标准又绝非易事。这里,我们来讨论心理健康的定义与标准问题。

由于心理健康所包括内容的广泛性和复杂性以及对心理健康量化的困难,关于心理健康至今尚没有一个简明、公认或统一的说法。有很多因素影响人们对其概念和标准的认识。例如,在心理健康问题上采用多宽的概念和范围?是采用完美的标准还是尽其所能的标准?应用理想的标准还是应用操作性标准?是考虑全体还是考虑个体?是自我评价还是他人评价?等等。这里讨论心理健康概念的一般性问题。

心理健康是健康的重要组成部分。我们可以将身体健康作为基础,而将心理健康作为核心,因为心理健康问题在日常生活中有更多的体现,也更加难以维护。近几十年来,现代科技的飞速进步与社会文化的迅猛发展,使人们面临着激烈的竞争、频繁的应激、快节奏的生活,前所未有的压力使人们在精神上不堪重负,并对身体健康产生深远的影响。人们逐渐认识到心理健康对人生的意义,认识到心理因素对躯体健康的影响,认识到心理社会因素在健康与疾病相互转化中的作用。这里,我们首先列举若干定义(见专栏 1-3),然后加以讨论。

专栏 1-3 心理健康的定义

> - 1946 年的第三届国际心理卫生大会将心理健康定义为:"在身体、智能及情感上与他人的心理健康不相矛盾的范围内,将个人的心境发展成最佳的状态。"
> - 世界心理卫生联合会将心理健康定义为:"身体、智力、情绪十分调和;适应环境,人际关系中彼此能谦让;有幸福感;在工作和职业中,能充分发挥自己的能力,过着有效率的生活。"
> - 精神病学家门格(K. Menninger)认为:"心理健康是指人们对于环境及相互间具有最高效率及快乐的适应情况。不仅要有效率,也不只是要有满足感,或是愉快地接受生活的规范,而是需要三者兼备。心理健康的人应能保持平静的情绪,敏锐的智能,适于社会环境的行为和愉快的气质。"
> - 《简明不列颠百科全书》认为:"心理健康是指个体心理活动在自身环境条件许可范围内所能达到的最佳状态,而不是指一种绝对的十全十美的状态。"
> - 美国心理协会《心理学辞典》提出:"心理健康是一种心理状态,其特征是良好的情绪与适应行为、相对免于焦虑和致残(失能)症状以及有能力建立建设性关系和应对日常生活需求和压力。"

我们可以发现,人们对心理健康概念的理解与概括不尽相同,但是,它们也有许多共同之处。我们在理解心理健康时要注意以下几个方面的要点:

第一，心理健康要求的是一个人在生存与发展方面的最佳状态，而不一定是永恒的完美无缺状态，身心有缺陷的人也可以追而求之，其目的是尽可能达到良好的状态。

第二，心理健康绝不仅限于没有心理疾病或是心灵上的安宁，它还要求个体有良好的社会适应能力，具有追求自身达到更高境界和最大发展的动力。

第三，心理健康是一个相对的状态。人的心理随着环境的变化有相应的改变是正常现象，但是这种变化应该是适度的、适时的和良性的反应。

第四，心理健康是一个动态的变化和发展过程，因此它同身体健康一样需要终生维护。

三、心理健康的标准

在了解了心理健康的概念以后，我们大体知晓了心理健康是什么。下一步要做的是对自己心理是否健康进行具体的评价和判别，即讨论心理与行为健康的具体标准问题。心理健康的标准是心理健康定义的拓展，是衡量心理是否健康的指标。如同心理健康的定义一样，有关心理健康的标准很多，其差别是侧重点和描述方法不同。以下讨论几个常用标准：

(一) 正常的标准

此标准要求一个人在心理的各个方面都能达到完美无缺的理想状态，常被称为完美的标准。此类标准作为个人的努力目标是有意义的，但很难完全达到(见专栏1-4)。

专栏1-4 心理健康的标准

> • 《简明不列颠百科全书》的标准：① 认知过程正常，智力正常。② 情绪稳定、乐观，心情舒畅。③ 意志坚强，做事有目的。④ 人格健全，性格、能力、价值观等均正常。⑤ 养成健康习惯和行为，无不良行为。⑥ 精力充沛地适应社会，人际关系良好。
>
> • 马斯洛的标准：① 有充分的自我安全感。② 能充分了解自己，并有恰当评估自己的能力。③ 生活理想切合实际。④ 不脱离周围现实环境。⑤ 能保持人格的完整与和谐。⑥ 善于从经验中学习。⑦ 能保持良好的人际关系。⑧ 能适度地宣泄情绪和控制情绪。⑨ 在符合社会规范的前提下，能有限度地发挥个性。⑩ 在不违背社会规范的前提下，能适当地满足个人的基本需求。马斯洛的标准主要是创造性人格的标准。
>
> • 王效道和徐斌的标准：包括适应能力、耐受力、控制力、意识水平、社会交往能力、康复力、道德愉快胜于道德痛苦等七个方面。

上述各种心理健康的标准均适用于所有人，它们在教育模式或发展模式的心理健康工作中最为实用。但是如果将其作为判断人有无心理问题或障碍的标准，就会发现多数人很难做到。

(二) 异常的标准

此标准主要用于判断一个人是否存在着异常心理或心理疾病。例如,是否存在着伤害自己的异常心理,如焦虑、恐惧、强迫、抑郁等。这里除了自我评价外,常常还需要他人评价,包括专家的评价。

有关异常心理与行为是变态心理学和精神医学的研究对象,现在已有多种诊断标准和方法,如 WHO 的《国际疾病分类》第 11 版(ICD—11)、美国的《精神障碍诊断和统计手册》第 5 版(DSM—5)以及我国的《精神障碍分类与诊断标准》第 3 版(CCMD—3)等,都是目前通用的心理疾病的分类和诊断工具。这些具有诊断意义的判定,需要由训练有素的专业人员来施行。

(三) 社会的标准

由于人具有社会性,所以心理健康的社会标准显得格外重要。个体的身体健康多影响自身,而个体的心理健康却更多地影响他人与社会。这说明一个人仅仅自我感觉良好是远远不够的,每个人都必须接受其所处社会的基本规范、习俗、文化和法律要求,并要将其内化并得到社会的认可。一个人体格再健壮,自我感觉再好,但如果总是与别人过不去,无法顺应社会对个人的要求,或总是为此深感痛苦,就不能认为其心理是健康的。

(四) 操作性标准

所谓操作性标准即一种简便易行且好用的标准。这里,笔者在综合前述资料的基础上提出心理健康的最低标准和最高标准。

最低标准由两个要素组成:

第一,你的心理与行为对你自己有没有伤害?

它主要强调的是个体主观感觉或内心体验,要求个体不存在明显自我伤害的心态,内心感到安宁、平和与乐观。

第二,你的心理与行为对别人有没有伤害?

它要求个体不存在损害别人的心理倾向,如迁怒、报复、敌对、欺凌别人等。

一个人既没有伤害自己也没有伤害他人的心理或行为倾向,就可以认为其心理健康是合格的。

但是,大学生的心理健康不能仅限于个体的生存方面,还必须考虑他的未来发展问题。因此,应该有更高的或更积极的标准。其要点是:一个人的心态是否有利于他获得最大的发展? 这一标准意味着具有充分发挥自身潜能和智慧,高效率地学习和工作,能够实现自己的价值和理想的心态。

思考题

如果用上述标准衡量,自己处于何种状态? 如何才能到达理想的状态?

四、心理健康的评价方法与途径

你是否想对自己的心理健康状况作一个比较客观的判断？这种判断需要心理评估和诊断的一些知识，也涉及很多理论和技术性问题。此处主要讨论有关心理健康评价的一般性问题，目的是使读者了解心理健康的主要评价途径。

（一）自我评价

自我评价是根据自己的感觉，即自我体验标准分析和判断自己心理健康状况的过程，是心理健康的基本评价途径和方法。试想，一个自我感觉十分痛苦的人能否谈得上心理健康？一个正常人都应该具有认识、反省、检查和判断自己内在身心状况的能力，并具有一定的改变自己不尽如人意之处的能力。关于心理健康，无论是采用完美的标准还是异常的标准，都可以通过自我反思和对照进行判断。运用异常的标准，我们可以发现自身存在的问题；使用完美的标准或马斯洛创造性人格标准，我们可以了解发展方面的不足等。如果存在明显的问题，你就需要认真对待并尽早解决。

但是，由于自我评价的局限性，还因为个人自我评价能力的高低不同，我们不能将其作为心理健康唯一的判断方法。因为自我感觉良好的人并不一定都是心理健康者，有时甚至可能是心理疾病严重的表现。

（二）他人评价

这是通过熟悉自己的人进行评价的过程，是弥补自我评价不足的重要方面。大学生适当地了解同学、老师、朋友等他人对自己的看法，会有利于全面和客观地认识自我，促进自我意识的健康发展。但是，对于一般的"他人"，因受知识、能力、价值观和世界观以及情感和动机的影响，其评价也可能有些偏差，这需要大学生有能力进行二次鉴别与判断。

（三）专家评价

这是一种专业形式的他人评价，是指由训练有素的专业人员，运用心理学的理论与方法，包括心理检查、心理测验和心理障碍诊断等方法，对心理与行为进行全面或若干方面的评估的过程。一般来说，这是心理健康最为可靠和准确的评价途径。但不同的专业人员的知识、能力、经验和专业背景有所不同，这也需要根据目的进行选择。

思考题

尝试运用上述标准和方法综合评价一下自己的心理健康状况。

第二节　大学生健康心理学的任务

大学生健康心理学是心理学的一个分支学科，是研究大学生这一特殊群体在大学学习期间的心理现象及其规律的学科,它将心理学的理论与方法运用到大学生学习与生活中,帮助他们解决心理问题并提高其心理健康水平。

专栏1-5　什么是心理学?它有什么作用?

> 　　心理学是研究人的心理与行为及其规律的一门科学,心理学的主要目的就是阐明人类各种正常与异常心理现象。其主要目标有四:① 描述(Description)。是对人的各种行为现象的观察和概括,并能够用合适的概念表述,以解决"是什么"的问题。② 解释(Explanation)。是对心理现象的发生、发展、变化、影响因素和形成机制的科学说明,以解决"为什么"的问题。③ 预测(Predication)。是对一些特定行为将要发生的可能性和一种特定关系即将出现可能性的判断或估计,以解决"会怎样"的问题。④ 改变(Change)。是对不良行为的阻止或使其逆转,包括塑造良好的行为,以解决"怎么办"的问题。
>
> 　　通过上述目标,会产生激动人心的结果:理解自己和他人各种心理行为的原因与意义,从而更好地处理心理问题,提高生活质量。
>
> 　　人类探索自身心理现象的历史源远流长,几乎与人类有文字记载的历史一样久远。1879年,德国心理学家冯特(Wundt)建立了世界上第一个心理学实验室,这标志着科学心理学的诞生。一个半世纪以来心理学飞速发展,已经形成了由几十门分支学科组成的心理学学科群。这几十门学科可划分为基础心理学与应用心理学两大类。前者主要研究心理的基本理论问题;后者则是将心理学的原理与方法运用于各行各业中,以解决人们面临的各种心理问题的学科以及应用的方法与技术,如管理心理学、犯罪心理学、医学心理学、军事心理学、社会心理学、教育心理学以及心理评估学、咨询心理学、心理治疗学等等。
>
> 　　大学生健康心理学属于应用心理学范畴,是将心理学理论与方法运用于大学生群体,以解决大学生生活中的各种心理问题,从而利于大学生心理健康的维护并促进其心理素养的提高。

一、对象与任务

(一) 大学生健康心理学学科研究对象

大学生健康心理学学科主要研究大学生心理现象的发展规律,帮助大学生发现与解决心理问题,促进对心理健康的维护和心理素养的提高。研究要点有:

1. **大学生心理发生发展的基本规律**　随着信息技术的兴起和经济日益全球化,高等教育几乎越来越成为个体成功的必要条件,接受高等教育人群的比例逐年上升。大学生处于青年期,在大学这一特殊的专业学习环境里要接受大量的知识,会受科技发展、社会文化、学校氛围、人际关系等多方面的影响,会产生许多特殊的心理问题,需要对他们的心理发生、发展的基本规律进行研究。

2. **大学生认识、情感、意志和行为特点**　大学生是青年人中思想最丰富的群体,他们思维活跃、情感丰富、行为多变。要研究大学生接受新事物的认知方式、情绪反应、行为习惯和行为特点以及研究如何培养大学生良好的思维方式、行为方式和生活习惯等。

3. **大学生人格特征和个性心理的形成** 大学生健康心理学主要研究大学生气质、性格、动机等个性心理及其对学习和生活的影响。研究如何培养大学生健全的人格，形成健康向上的动机、兴趣、爱好、理想、信念和价值观等心理倾向，研究如何矫治大学生的人格偏移和人格障碍等。

4. **大学生学习心理与潜能开发** 学习是大学生最重要的活动，大学学习不是中学学习的简单延续和重复，也不同于其他的学习活动。要研究大学学习的内涵与特点，研究各种心理因素对学习的影响，研究大学生学习心理问题及其解决办法以及研究如何端正学习动机，激发学习兴趣，提高学习效率，促使知识、能力和素质的全面提高。

5. **大学生人际关系和社会适应** 现代社会要求大学生具有良好的人际关系和适应能力，然而社会变革会使大学生产生适应/不适应的心理反应，校内外各种社会现象也影响着大学生人际心理与适应能力。因此，增强人际沟通能力，提高适应能力是学生健康成长的重要课题。

6. **大学生道德修养等心理品质形成** 大学阶段是人的高级心理品质定型的最重要的时期。积极向上的人生观、价值观和良好的道德修养，是大学生心理健康的重要内容，也是高等教育的重要任务。

7. **大学生心理困惑与心理障碍防治** 当今社会的迅速发展使大学生面临前所未有的压力，如竞争加剧、挫折增多和人际关系复杂，因而很容易产生心理问题、心理障碍和精神疾病。因此要研究大学生心理障碍的成因、表现形式以及如何预防和治疗。

8. **良好的大学学习与生活环境创建** 心理是人脑对客观世界的反映，高等学校的客观环境是影响大学生心理健康的重要因素。要研究什么样的环境有利于大学生健康成长，从而为他们健康成长和全面发展创造良好的氛围。此外，研究如何开展心理健康教育和心理咨询服务等也是本学科重要的内容。

(二) 大学生心理健康课程的任务

高等学校大学生心理健康教育课程是集知识传授、心理体验与行为训练为一体的公共课程，旨在使学生明确心理健康的标准及意义，增强自我心理保健意识和心理危机预防意识，掌握并应用心理健康知识，培养自我认知能力、人际沟通能力、自我调节能力，提高心理素质，促进全面发展。通过课程教学，使大学生在知识、技能和自我认知三个层面得到提升。

1. **知识层面** 了解心理学的有关理论和基本概念，明确心理健康的标准及意义，了解大学阶段人的心理发展特征及异常表现，掌握自我调适的基本知识。

2. **技能层面** 掌握自我探索技能、心理调适技能及心理发展技能。如学习发展技能、环境适应技能、压力管理技能、沟通技能、问题解决技能、自我管理技能、人际交往技能和职业规划技能等。

3. 自我认知层面　树立心理健康发展的自主意识，了解自身的心理特点和性格特征，能够对自己的身体条件、心理状况、行为能力等进行客观评价，正确认识自己、接纳自己，在遇到心理问题时能够进行自我调适或寻求帮助，积极探索适合自己并适应社会的生活状态。

二、大学生心理健康的标准

案例1-2　执着的追求

> 英奇同学来自农村，由于师资缺乏，中学时期的英语基础并不很好。进入某学院后，他买了台带短波的收音机，因为当时还没有智能手机或平板电脑之类的电子产品。利用起床前、上床后等业余时间收听英语广播辅助课堂学习，并到了"如饥似渴"和"如醉如痴"的地步，同学们经常看到他边走边喃喃自语，并处于愉悦状态。
>
> 从三年级开始，他连续三年获得该校英语竞赛第一名，而参赛者包括硕士研究生和英语教师。第五年，他以优异的成绩考取了北京某著名医学院校硕士研究生，其中英语成绩名列第一，被允许免修。若干年后他到了美国，"他的英语已经达到美国本土出生者的程度"——一位美籍华人教授这样评价他。

前述心理健康标准是对各类人群都适用的具有普遍性的一般标准。对大学生这一特殊群体，由于有其自身的年龄、文化、心理、氛围和社会角色诸方面的不同特点，必然具有一些特殊性。因此，心理健康标准应用于大学生群体应有侧重点。这里，我们来讨论大学生心理健康标准的特殊性，主要讨论大学生活中具有较为普遍意义和重要意义的关键问题。

1. 浓厚的学习兴趣和较高的效率　大学生的主要任务是完成专业训练，培养能力和提高素质。学习是大学生活的主要内容，也是评价一个大学生表现优劣的重要指标。大学生的学习效果较少取决于智力因素，却主要体现在非智力因素中，如学习兴趣及学习动机等。心理健康的大学生，应该具有浓厚的学习兴趣和强烈的求知欲，珍惜学习机会，克服学习困难，且有较高的学习效率，并能从创造性的学习中体验到满足与快乐，从而形成良性循环。

2. 正确的自我意识并悦纳自我　苏格拉底说过："去认识你自己吧。"自我意识是指人对自己以及自己与周围世界关系的认识和体验。心理健康的学生应该能正确地了解并接受自己。对自我有客观的评价，既不妄自尊大也不妄自菲薄，能够体验到自己存在的价值，自信乐观。对自己的能力、性格和优缺点能够作出恰当、客观的评价，不会设置苛刻或非分的要求，生活目标和理想比较切合实际，能够充分发挥自己的才干与潜能。

3. 正确的社会认知而不歪曲　每一个人在特定的家庭和社会环境下，通过主观和客观的交互作用，形成的一种对事物倾向性的认知方式称为认知模式。这种模式成为个体应答各种生活事件的思维评价方式。不良认知是指歪曲的、不合理的、消极的信念或思想,它们往往会导致情绪障碍和非适应行为。因此,养成对各种事物正确判断而不产生歪曲的能力,是大学生保持心理健康和适应社会的重要方面。

4. **良好的心境并能控制情绪** 情绪是影响人的心理健康和工作效率的重要因素。心理健康的学生能经常保持愉快、开朗、乐观和满足的心情,对生活和未来充满希望,能适度地表达和控制情感;热爱生活,能在生活中尽情享受人生的乐趣;面对具体的悲、忧、愁、怒等负性情绪体验,能够对其强度和时间加以控制,做到喜不狂、忧不绝、胜不骄、败不馁、谦而不卑和自尊自重,对于无法得到的东西不过于贪求,能在社会允许范围内满足自己的各种需要。

5. **善于交往并保持和谐的人际关系** 心理健康的大学生应乐于交往也善于交往,在接受自我的同时也能容忍他人,日常生活中能用尊重、信任、友爱、宽容和理解的态度与人相处,能接受和给予别人爱与友谊,能与他人同心协力和合作共事,积极的态度总是多于消极的态度,为他人所悦纳并容易被集体接受。

6. **能保持完整统一的人格结构** 人格指人的整体精神面貌,人格和谐是指人格构成要素气质、能力、性格和理想、信念、人生观等平衡发展。心理健康的大学生具有积极进取的人生观,思、言、行协调一致,并以此为中心,把自己的需要、愿望、目标和行为统一起来。

7. **具有良好的社会适应能力** 社会适应能力包括正确认识以及处理个人与社会关系的能力。心理健康的大学生在社会环境改变时能面对现实,对环境作出客观的认识和评价,使个人行为符合新环境的要求;能和社会保持良好的接触,及时修正自己的需要和愿望,使自己的思想、行为与社会协调一致。良好的适应能力体现为积极主动地适应。

8. **少有心理障碍和不良习惯** 一个人面临挫折或失败产生相应的心理反应多是正常现象,苦恼、愤怒、焦虑、抑郁、强迫与恐怖极端化则可能发展为心理障碍或心理疾病。一些调查资料已经说明心理障碍是休学和退学的重要原因,也是影响学习和发展的重要因素。因此,有效地防治心理障碍是所有大学生都应该重视的问题。另外,不良的行为习惯也是影响大学生心理健康的重要因素,如酗酒、烟瘾、网络成瘾、生活规律颠倒等,大学生应努力克服。

第三节 心理健康问题的解决途径

生活在社会环境中的人每天都面临大量的生活事件,我们称之为应激源(Stressor)。这些应激源有的来源于外部,有的间接地产生于内部。应激是影响人们的心理健康、诱发心理障碍的很重要因素。大学生在大学生活中,很难避免心理问题和异常心理。因此,我们要认真对待、处理或解决此类问题,通常有以下三条解决途径。

一、自我调适

自我调适是对各种心理问题采用"自产自销"的处理方式,是人们解决每天都会遇到的大量的生活事件最主要的方法。每一位大学生在其成长过程中,都已经具有相当的解决心理问题的能力,其中对很多问题的解决是无意识的。对于少数原则性的或重大的心理问题,我们也有很多办法去应付它。例如,通过认知活动减轻焦虑,运用各种心理防御机制去平衡失败,通过多种转移法分散痛苦,通过现实的方法消灭引起痛苦的原因,通过时间的推移使其逐渐消失,等等。这些方法只要选择和运用得当,是非常有效的。大学生应当树立"每个人是自己心理健康第一责任人"的理念,通过学习心理健康知识,有意识地培养积极心态,学会调适情绪困扰与心理压力,提高积极自助的意识与水平。

二、他人帮助

他人帮助是借助别人来解决自己心理健康方面的问题,包括同学、老师、朋友、亲友、同乡和领导等的帮助。我们可以把自己的问题向他们倾诉,征求他们的看法、意见或建议,听听他们的劝告和安慰,接受他们的心理支持。这是困境中自我调适有困难时,应该采取的第二个步骤,也是维护心理健康的重要途径。通常,心理学将个体以外可以利用来帮助自己的事物统称为社会资源。能否及时、合理地运用社会资源为自己服务,是衡量一个人的社会适应能力高低的重要方面。我们应该相信,世界上总是好人占多数,在有求于人时不应有过多的顾虑。设想一下,在前述马某某案例中,如果马某某将自己的心理问题与家长、朋友或老师交流一下,就很有可能得到很好的帮助和解决,而不至于长期处于极端痛苦之中,扭曲自己的人格;如果他在冲突以后适当控制一下情绪,第二天找一位同学或老师去倾诉一下,结果绝不可能是失去数条生命。

三、专家解决

这里的专家是指训练有素的心理健康专业人员,包括心理咨询师、心理治疗师、心理保健师和心理辅导员等,他们可统称为心理师。解决心理问题求助于专家是最有效、最可靠的方法,对心理障碍更是如此。合格的心理医生应受过严格的专业训练,具有职业心理学家应有的知识、能力和经验,有完善的心理评估和诊断学方法和经验,有专门的心理咨询和治疗的技能。更重要的是他们能遵循职业道德和行业规范,尊重服务对象并保守秘密。专家帮助有电话咨询、门诊咨询和信函咨询,个别咨询和团体咨询等多种形式,每一种形式都有其特点。一般来说,门诊个别咨询因为和心理医生直接接触,因此是最仔细、最全面和最有效的形式。

思考题

为什么有的人就算存在着较严重的心理问题也不愿看心理医生?

第四节　心理健康调适的基本方法

你是否因为学习成绩总是达不到预期目标而烦躁不安?你是否因为与某位同学关系紧张又必须生活在一起而陷于痛苦?你是否因为家境困难不能拥有高档手机、笔记本电脑、掌上电脑而深感低人一等?你是否因长得太胖或太矮而感到自卑?你是否因为你特别爱慕的那位异性同学与别人亲亲热热却对你不屑一顾而陷入单相思?诸如此类的问题往往是影响心理健康和导致心理障碍的诱因。当你面对诸如此类的心理问题时,如何选择自我心理调适的措施和方法呢?

一、一般措施

通过一般措施改善心理状态是间接解决心理问题的方法。在多数情况下,采取下列综合性措施无论是对治疗还是对预防都是有效的。

1. **祛除原因**　消除引起心理问题的直接影响因素是从源头上解决心理问题的方法,在可能的情况下,应仔细查找并努力消除。

2. **减压放松**　压力又称为应激(Stress),当压力过大超过了人的心理承受能力时,往往会导致心理障碍的发生。因此,在生活中减轻不必要的压力,或将压力控制在一定的范围,是防治心理问题和心理疾病发生的重要措施。

3. **生活调整**　生活调整要求大学生按照环境要求,结合自己的特点处理好学习、工作、交友、娱乐、锻炼、休息和睡眠的关系,让自己的生活有张有弛又丰富多彩,保持旺盛的体力、精力和活力。

4. **文体活动**　文体活动是放松大脑、调节神经心理机能的必要手段。一个人应该根据自己的爱好和特点,选择适当的娱乐和体育锻炼方式,每天保持一定时间的活动,以消除紧张、疲劳和烦恼。

5. **积极进取**　拥有乐观向上的心态,不断设置新的目标,是抵御心理消沉的有效方法。例如,把某一种知识、能力或技术作为新的方向与追求,往往能使自己的生活变得非常充实。

二、改善认知

生活是一面镜子,你哭它就哭,你笑它就笑。

所谓认知是指认识活动或认识过程,包括信念和信念体系、思维和想像等,是每一个人在特定的家庭和社会环境下,通过主观和客观的交互作用,形成的一种对事物倾向性的认知方式或认知模式。这种模式一旦形成,就成为个体应答各种生活事件的习惯性思维。对生活事件的认知评价是影响个体心理健康的重要因素,也是异常心理形成的常见的内在原因。不良认知是指歪曲的、不合理的、消极的信念或思想,它们往往会导致情绪障碍和非适应行为。良好的认知方式是指那种积极的、善解人意的、宽容的、合理的、识时务的认识和真实评价事物的方法。

实践表明,改善认知是调整心理状态和解决心理问题的重要方法。

思考题

请举例说明"想"出来的心理烦恼,你还能通过变换"想"的方法消除它们吗?

三、心理防御

心理防御机制(Defense Mechanism)源于精神分析理论,是指个体处在挫折与冲突的紧张情境时,在其内部心理活动中所具有的自觉或不自觉地解脱烦恼,减轻内心不安,以恢复情绪平衡与稳定的一种适应性过程。"防御"一词最早源于弗洛伊德的《防御性神经精神病》一书。1936 年他的女儿安娜·弗洛伊德在《自我与防御机制》一书中发展了防御机制的理论。如今已有数十种心理防御机制被提出,常见的心理防御机制有下列 9 种。

1. 压抑(Repression) 把不能允许的念头、情感和冲动在不知不觉中压抑到无意识中去。

2. 幻想(Fantasy) 以脱离实际的空想来满足自己的愿望,幻想的常见形式是"白日做梦"。

3. 转移(Displacement) 当无法直接发泄情感时,将情感转移到其他对象身上,如"迁怒"等。

4. 合理化(Rationalization) 是指个体在遭受挫折或无法达到所追求的目标时,为了减轻自己的焦虑不安,维护自尊,"自圆其说"地寻找一些牵强附会的缘由进行辩解,包括"酸葡萄心理"和"甜柠檬心理"等。

5. 反应(Reaction) 指表现出来的外在行为与内在动机截然不同的防卫方式。

6. 补偿(Compensation) 个人所追求的目标或理想受挫,或因自己的某些缺陷而失败时,选择其他能获得成功的活动来代替,以弥补因失败而丧失的自尊与自信。

7. 幽默(Humor) 是指通过幽默的语言或行为来应付紧张尴尬的局面抑或间接表达潜意识欲望的防卫机制。

8. 升华(Sublimation) 是指将各种不为社会和意识所接受的冲动、欲望进行改变,导向比较高尚的目标和方向。这样,既能使自己的欲望获得满足,又有利于被他人和社会接受。

9. 理智化（Intellectualization） 是指以理智的方式对待紧张的情境，借以将自己超然于情绪烦扰之外。

心理防御机制的运用有两种作用：一种是积极的作用，它能暂时减轻焦虑或心理症状，使个体有更多时机寻找解决挫折的更为有效的方法。另一种是消极作用，它使个体依赖于防御机制，逃避现实问题，而不能学会更有效地去解决问题。心理防御机制的过分运用甚至会表现为某种病态。因此，每一个人在运用防御机制时都要把握好分寸。

四、面对现实

在日常生活中，解决重大问题的主要方法是面对现实。即真实地面对困难、合理地解释和妥善地处理。面对现实与心理防御机制不同，它发生在人的意识层面，采用的是实际方法，解决的是现实问题。这主要包括真实面对与妥善处理两个环节。

1. 真实地面对　即以客观、真实和理性的眼光对待人和事。例如，对考试失败，要勇敢面对，承认挫折，认真查找原因：或是学习不努力，或是方法不当，或是考试发挥失常等。

2. 妥善地处理　以现实的方法应对。针对客观原因采取措施，如增加学习时间，改进学习方法，提高应试技能等。

五、社会支持

社会支持（Social Support）是指个体获得社会方面，包括亲属、朋友、同事、伙伴以及家庭、单位和社团组织等给予的精神上和物质上的慰藉、关怀、尊重和帮助。社会支持的利用程度与个体的利用能力有很大的关系。善于运用各种社会资源的支持作用，不仅有利于自己心理问题的解决，也有利于保持心理健康，防止心理障碍的发生。

在心理的社会支持系统中，心理医生是维护人们心理健康的、专门的社会资源，当运用其他途径都不能解决问题时，向专家求助是明智的选择，也是深入解决心理问题的最佳途径。

思考题

当你有心理问题时，你会采用什么策略和方式去解决？还有别的方法吗？

（刘新民　王道金）

第二章
自我意识与心理健康

案例 2-1　他选择了一条不归路

> 　　天资聪颖的小雨,对自己要求严格,学习勤奋刻苦,从不甘人后,对自己的期望值很高。大学一年级第一学期考试后,小雨的学习成绩在全班位居第一,这是他引以为傲的。然而,在寒假社会实践活动中,当他看到几个学习成绩不如他的学生会干部忙前忙后,备受同学的关注时,他的心里很不是滋味。"不能让别人说自己是书呆子",因此他决心超过他们,保持各方面"第一"的地位。新学期开学后,小雨把很大的精力投入到社会工作中去,甚至逃课去策划活动。功夫不负有心人,他很快得到了同学的认可和老师的欣赏,第二学期结束时,他被选为班长、系学生会副主席。然而一个人的精力是有限的,他的学习成绩开始下滑。
> 　　大二开学后小雨在社会工作方面更加努力,虽然在学习上他仍很刻苦,但他的成绩却出现了不及格。他认为是自己还不够刻苦努力,于是就罚自己一天不吃饭,以提醒自己更加刻苦学习。然而他的成绩还在下滑,于是他一再惩罚自己,陷入了恶性循环之中。到了三年级时,他五门功课不及格,面临退学。这时的小雨已经万念俱灰,感到无颜面对父母、老师和同学,觉得自己的存在毫无价值,最终选择了跳楼自杀。

　思考题

1. 你认为小雨选择自杀的原因是什么?
2. 看完这个故事你有什么想法、感受和启发?
3. 刚刚进入大学的你找到了在大学发展的方向了吗?

　　看过上面的案例,你会不会为小雨的最终选择感到惋惜呢?也许你会觉得小雨这样的选择有些极端了,也许你觉得小雨对自己的认识和要求不够正确。其实,在我们身边一些同学的身上也能找到小雨的影子,如对自己的要求极高、追求完美、凡事争第一;认为只要自己努力,凡事都能做到最好;倾向于看到别人的长处,忽视自己的优势等。对于刚入大学的我们,希望在未来拥有丰富美好的大学生活,同时也希望能在大学里发展出更加优秀的自己。而现在我们需要做的就是正确地认识自我,找到自己在大学发展的方向,合理地规划好大学生活。

第一节 自我意识概述

自古至今,思想家和哲学家们都在不断地追寻着人类的基本问题——"我是谁"。不知道在你的生命历程中,有思考过一些这样的问题吗?如我是谁?我是否有价值?我为什么要活着?我努力奋斗为的是什么?生命的意义是什么?人生的目的是什么?也许你曾经思考过,也许你暂时还没寻找到属于你的答案,但相信在今后的生活中你会越来越多地思考这些问题。个体心理健康最重要的标志之一就是对自己的接受和认可,即具有良好而健全的自我意识。从某种意义上讲,人的一生就是围绕自我意识、自我实现这个问题展开的,而大学生正处于自我意识的发展与完善的重要阶段。如何认识自我、调整自我和实现自我,不仅仅影响着我们的心理健康,更决定了我们的未来。

专栏2-1 名家名言——自我认知

> "知人者智,自知者明。胜人者有力,自胜者强。"——老子
> "在人类一切知识中,对我们最有用而知之最少的是关于人类自身的知识。"——卢梭
> "世界上最重要的事情就是认识自我。"——蒙田
> "大多数人想改变世界,但罕有人想改变自己。"——托尔斯泰
> "最困难的事情就是认识自己。"——希腊谚语
> "最灵繁的人也看不见自己的背脊。"——非洲谚语
> "自知之明是最难得的知识。"——西班牙谚语

一、什么是自我意识

自我意识是人对自己以及自己与周围环境关系的认识,这种认识是个体通过社会比较、观察以及分析外部活动与情境等途径获得的,是一个多维度、多层次的心理系统。它是个体关于自我全部的思想、情感和态度的总和。

自我意识中包括两个部分,一个是"主观自我",即主观的"我",是对自己活动的觉察者;另一个是"客观自我",即客观的"我",是被觉察到的自己的身心活动。人类学家米德把前者称为"I",把后者称为"me"。"主观自我"与"客观自我"的分化是自我意识形成和发展的基础和前提。

(一) 自我意识的内涵

从内容上看,自我意识从不同的角度可以包含不同的内容,概括起来有以下两种:

1. 生理自我、心理自我和社会自我　生理自我是个体对自身生理状态的认识和评价,包括对自己的身高、体重、容貌、身材、性别等的认识以及生理病痛、温饱饥饿、劳累疲乏的感受等。有时也将个体对某些与身体特质密切相关的衣着、打扮以及外部物质世界中与个体紧密联系的人和物(如家属和所有物)的意识和生理自我一起统称为物质自我。生理自我在情感体验上表现为自豪或自卑,一般表现为对身体健康、外貌美的追求,对物质欲望的满足,对自己所有物的维护等。心理自我是个体对自身心理状态的认识和评价,包括对自己知识、能力、情绪、兴趣、爱好、性格、气质等的认识和体验;在情感体验上表现为自豪、自尊或自卑;在行为倾向上表现为追求智慧和能力的发展,追求理想、信仰,注意行为符合社会规范等。社会自我是个体对自己与周围关系的认识和评价,包括对自己属于某一时代、国家、民族和在群体中的地位、作用以及受人尊敬、欣赏的程度;在情感体验上也表现为自豪感和(或)自卑感;行为倾向上表现为追求名誉地位,与人交往,与人竞争,争取得到他人的认可等。生理自我、心理自我和社会自我既相互区别又相互联系,是个体自我意识的有机组成部分。

2. 现实自我、投射自我和理想自我　现实自我也称现实我,是个体从自己的立场和观点出发,对自己目前的实际状况的评价和看法。比如,认为自己的人际交往能力很好或者自己的学习成绩不如别人等。投射自我也称镜中自我,是个人想像中他人对自己的看法和评价以及由此而产生的自我感。比如,觉得别人认为自己很有才华或者认为别人看不起自己等。理想自我也称理想我,是指个体要实现的比较完善的一种自我境界或形象,是个人追求的目标,比如自己的生活有何目标,对将来的期待和成就水平以及自己想成为一个怎样的人。理想自我和现实自我往往是有差距的,故对人的认知和行为有很大影响,往往推动人的发展,是人前进的动力和方向。

(二) 自我意识的结构

自我意识的结构从不同的角度分析具有不同的形式,一般可以分为自我认知、自我体验和自我调控。

1. 自我认知　自我认知是自我意识的认知成分,是我们对生理、心理和社会自我的认识。它包括自我感觉、自我观察、自我观念、自我分析和自我评价等层次。自我观念和自我评价是自我认识中最主要的方面,集中反映了自我认识乃至自我意识的发展水平,也是自我体验和自我调控的前提。自我认知回答的问题是:"我是谁""我是个什么样的人"等。

2. 自我体验　自我体验是主观自我对客观自我产生的情绪体验,在自我认识的基础上产生,反映我们对自己所持的态度,是自我意识的情感成分。自我认知决定自我体验,而自我体验又强化着自我认知。自我体验要回答的问题是:"我是否喜欢自己?""我是否满意自己?"等。

3. **自我调控** 自我调控是自我意识的意志成分,是我们通过对自己行为、思想、言语的控制,以达到自我期望的目标。自我调控对我们的学习、工作具有推动作用,使我们为了获得优秀成绩、社会赞誉,达到自己的目标而作出不懈的努力。自我调控回答的问题是"我将如何规划自己的人生?""我应该做什么?""我应该成为什么样的人?""我可以选择如何做?"等。

思考题

1. 谈谈在生活中你喜欢自己吗?
2. 你对自己未来的生活有哪些规划?

自我认知、自我体验和自我调控三者相互联系,它们有机地组合成统一的整体,成为一个人个性中的核心内容。自我意识的结构如图2-1所示。

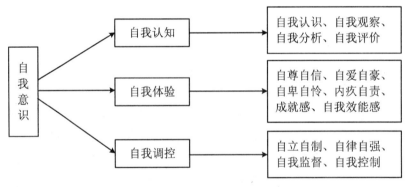

图 2-1 自我意识的结构

二、自我意识的发展

人的自我意识是随着人生每一阶段的成长而逐渐发展的,也是我们人格成长和社会化的过程,忽视了任一阶段的健康成长,都可能会给我们带来困惑。个体的自我意识从发生、发展到相对稳定,经过了 20 多年的时间。它是在社会交往过程中,随着语言和思维的发展而发展起来的,起始于婴幼儿时期,萌芽于少年、童年期,形成于青春期,发展于青年期,完善于成年期。

大学生大多数处于青年期初期,这是个体自我意识发展和确立的关键时期,随着个体心理和意识的不断成熟,我们的自我意识得到了迅速的发展,其表现出与之前阶段不同的规律和特点。

专栏 2-2　自我意识发展的三阶段模式

心理学研究表明,个体自我意识从发生、发展到相对稳定和成熟,需要 20 多年的时间。我国心理学家提出了自我意识发展的三阶段模式,即一个人的自我意识经历了生理自我、心理自我和社会自我发展时期,即自我中心期、客观化时期和主观化时期。

1. **自我中心期**　在生命降生之初,婴儿是没有自我意识的,他们一般不能意识到自己和外界事物的区别,还处于主体与客体尚未分化的状态之中。比如他们经常吸吮自己的手指头,就像吸吮母亲的乳头一样津津有味。婴儿 8 个月左右时,生理自我开始萌生,这就是自我意识的最初形态。到 1 岁左右,儿童开始能把自己的动作和动作对象区别开来,初步意识到自己是动作的主体。例如,当他们手里抓着玩具的时候,他们不再把玩具当作自己身体的一部分了。1 岁以后,儿童逐步认识自己的身体,也开始能意识到自己身体的感觉。不过,他们只是把自己作为客体来认识,他们从成人那里学会使用自己的名字,并且像称呼其他东西一样地称呼自己。到 2 岁左右,儿童逐渐学会用代词"我"来代表自己。3 岁左右的儿童,自我意识有了新的发展,主要表现如下:① 出现了羞愧感与疑虑感。当做错事时儿童会感到羞愧,当碰到矛盾时儿童会感到疑虑。② 出现了占有欲和嫉妒感。儿童看到自己喜欢的东西就想独自占有而不愿与人共享,如果母亲对其他儿童表现出关心和喜爱,他会产生强烈的嫉妒感。③ 第一人称"我"的使用频率提高,许多事情都要求"我自己来",开始有了自立的要求。应该说,3 岁儿童的自我意识已经有了一定发展,但其行为是以自我为中心的,即以自己的想法解释外部世界,并把自己的想法和情感投射到外界事物上去。

2. **客观化时期**　从 3 岁到青春期,是个体接受社会文化影响最深的时期,也是学习角色的时期。个体在家庭、幼儿园、学校中学习、游戏、劳动,通过模仿、认同、练习等方式,逐渐形成各种角色观念,如性别角色、家庭角色、伙伴角色、学生角色等。这一时期,也是获得社会自我的时期,他们开始能意识到自己在人际关系、社会关系中的作用和地位,能意识到自己所承担的社会义务和享有的社会权利等。

青春期以前,个体的眼光是向外的,引起他们兴趣和注意的是外部世界,他们对自己的内心世界关注不多。他们虽然已经意识到自己是一个主体,可以充分认识到自己的行为,但却不了解自己的心理状态,他们常常把自己的情绪视为某种客观上伴随行为而产生的东西,而不懂得情绪是自己的主观感受;他们还不善于运用自己的眼光去认识世界,而只是照搬成人的观点作为自己对外部世界的认识。

3. **主观化时期**　从青春期到成年的大约 10 年时间里,个体的自我意识趋于成熟,并逐步获得了心理自我。此时,个体的自我意识表现出以下四方面的特点:① 用自己的观点来认识与评价事物,使自我意识成为个体认识外部世界的中介因素,从而使个体的思想和行为带有浓厚的个人色彩。② 个体会从自己所见到的人格和身体特征出发,强调相应事物的重要性,形成特有的价值体系,以指导自己的言行,提高自己的社会地位。③ 追求生活目标,出现与价值观相一致的理想自我。④ 抽象思维能力大大提高,使自我意识能超越具体的情境,进入精神领域。

(一) 大学生自我意识的发展规律

大学阶段是自我意识稳步发展的阶段,自我认知、自我体验和自我调控逐步协调一致。研究表明,大学生的自我意识发展遵循的基本规律为:分化→矛盾→统一→成熟。

1. **自我意识的分化** 自我意识会逐步分化出几个"自我",如主观自我和客观自我、理想自我和现实自我。随着自我意识明显的分化,大学生开始主动并迅速地关注自己的内心世界及行为表现,自我反省能力逐渐增强,通过生理自我、心理自我和社会自我的变化产生新的认识和体验,自我形象的再认识更加丰富、完整和深刻,由此而来的自我体验也变得更加丰富多彩。自我思考逐渐增多,"我是一个怎样的人""我应该做些什么""我应该怎么做""我能做些什么""我能怎么做"等,成为大学生经常思考的问题。大学生渴望能够得到理解与关注,希望能够在大学的舞台上挥洒自我。

2. **自我意识的矛盾** 自我意识的分化,使大学生开始注意到自己以往不曾留意的许多方面,同时也意味着自我矛盾的加剧,即主观自我与客观自我的矛盾冲突、理想自我与现实自我的矛盾冲突的加剧。由自我意识的分化带来的矛盾是大学生自我意识发展过程中的正常现象。当然,这也可能会给大学生带来不安、困惑与困扰,甚至可能会影响大学生的心理健康与心理发展。随着自我意识的不断发展,这些矛盾也会促使大学生努力解决矛盾,实现自我意识的统一,从而推动自我意识向着成熟的方向发展。大学生常见的心理矛盾有以下几种:

(1) 主观自我和客观自我的矛盾:主观自我与客观自我应该是统一的,这种统一是个人对客体的认识与个人愿望的统一,是个人与社会的统一,是"自我同一性"的形成,更是良好的自我意识的标志。但是,由于自我的结构是多种多样的,每个人所处的社会环境存在着很大的差异,主观自我与客观自我并不总是统一的,就会出现下文介绍的过度的自卑或过度的自我接受等状况。

(2) 理想自我和现实自我的矛盾:在现实生活中,理想自我与现实自我总是存在着一定差距的,合理的差距能够使人不断进步、奋发有为。但是,当现实自我距离理想自我太过遥远时,大学生会产生各种各样的心理不适甚至自暴自弃,变得平庸无为、无所事事、缺乏动力。所以,当理想自我与现实自我发生冲突时,积极地进行自我调适是非常必要的。此时需要我们评估和重新调整自己的理想,直到其通过努力可以达到为止。

(3) 独立意向与依附的矛盾:大学生生理与心理的成熟使他们渴望独立,以独立的个体面对生活、学习与工作中遇到的问题,但由于长期的校园生活又使他们的社会阅历与经验相对匮乏,当应激事件出现时,却又盼望亲人、老师、同学能够替自己分忧。另一方面,大学生心理上的独立与经济上的不独立也形成了明显的反差。大学生在迫切希望摆脱约束、追求自立的同时,却又不可能真正摆脱家长、老师的支持和帮助。特别是对于某些独生子女来说,由于长期受到父母的溺爱,这种独立与依赖的矛盾就表现得非常突出。

(4) 渴望交往与心理闭锁的矛盾：没有哪个时期比青少年时期更加渴望友情与爱情的滋养,更加渴望同辈群体的认同与归属感。在这个时期,每个人都渴望着爱与友谊,渴望着交往与分享,渴望着自我价值得到实现,渴望着探讨人生的真谛,寻找人生的知己,希望成为群体中受尊敬与欢迎的人；然而另一方面,大学生的自我表露又受着心灵闭锁的影响,总是不经意地将自己的心灵深藏起来,与同学有意无意地保持着一定的距离,存在着戒备心理,不能完全敞开心扉与他人交流和沟通思想。这也是大学生常常感到"交往不如中学那么自如真诚"的原因所在。

3. 自我意识的统一　自我意识的矛盾冲突,常常会给大学生带来不安或心理痛苦,我们总是力图通过自我探索来摆脱这种不安与痛苦。自我意识的统一有很多形式,既有积极的、和谐的、有利于心理健康发展的统一,也有消极的、不协调的、不利于心理健康发展的统一。自我意识的统一是在自我评价、他人评价(包括群体评价和评价他人)的过程中逐渐实现的。进入大学高年级以后,大学生的自我意识逐步走向统一,达到自我统一性。

(二) 大学生自我意识的发展特点

大学生的自我意识特点和同年龄段的青年有相同之处,同时,由于所处的教育环境和知识背景不同,大学生的自我意识又与一般青年有一些不同。一般来说,大学生的自我意识有以下特点：

1. 强烈关心自己的发展　在大学学习期间,大学生会围绕个人发展、个人和社会的关系,主动积极地探索自我。心理学家斯普兰格指出：青年期是开始"自我发现"的新时期。

比如你在大学里有没有思考过以下这些问题：

(1) 我是个合格的大学生吗？我的行为符合大学生要求吗？

(2) 我性格属于内向还是外向？我聪明吗？我温柔吗？我算是一个诚实的人吗？

(3) 我有能力吗？我能胜任现在的学业和业余工作吗？

(4) 我受大家欢迎吗？怎样才能让别人喜欢我？

(5) 我的目标是什么？我的人生的价值与意义是什么？我要成为一个怎样的人？

(6) 我该做些什么才能达到目标？我该如何成功？

2. 较高的自我评价能力　随着我们各类知识增多,生活经验扩大,感性与理性趋于成熟,我们对自己的分析、评价逐渐变得客观、全面。大多数同学对自我的认识和评价基本与外界一致,并且自觉地按照社会的要求来评价和规划自己。要想摆脱长辈、教师、朋友的影响进入到独立的自我分析和评价,还有一个艰难的过程。因为成熟的、独立的自我分析和评价必须以个体对世界和人生有稳定的态度和评价作为前提和依据。相比较而言,大学生的自我评价能力较高,但还是需要不断学习成长,以促进自我的评价越来越客观、全面。

3. **自我体验丰富复杂** 大学阶段可以说是人的一生中最"多愁善感"的时期,而大学生也是各种社会群体中最"多愁善感"的群体。大多数同学自我体验的情绪、情感是积极、健康而相对稳定的,他们喜欢自己、满意自己,表现出自尊、自信。但也有少部分同学的自我体验是消极的、悲观的,且有较大的波动性。涉及自我的许多事常会引起同学们的情绪、情感反应。有些同学对别人的言行和态度极为敏感,把自己的情感深藏于内心,常常体验着内心的痛苦而不愿和他人沟通,以至于消极情绪久久不能释怀。有些同学内心体验起伏较大,取得成绩就积极肯定自我,甚至骄傲自满、忘乎所以;遇到挫折时又迅速消极地否定自己,甚至自暴自弃、悲观失望,这是不成熟的表现。另外,有些同学在与异性的接触中更常发生情绪的波动,在行为与自我形象的塑造上往往触景生情,通过想像抒发自己的灵感和生活的体验,因而在思维中经常流露出一些感触和遐想等。

4. **自我控制的能力提高** 大学阶段同学们的自我控制能力和自我监督的能力显著提高,有强烈的自我设计和自我规划的愿望,绝大部分同学能奋发向上力争成才,并且根据自我设计目标自觉调节行为。同时,大学生强烈要求独立自主,希望摆脱依赖和管束。但也有些同学自我控制的水平还不够,不顾环境的要求,随意性大,常常是刚刚下定了决心或者制订了一个很大的计划,坚持几天就撑不下去了。极少数的同学由于情绪冲动不善于控制而导致出现打架斗殴、违反校规校纪的情况,结果被处罚或退学。

5. **自我意识水平有年级差异** 大学生自我意识水平的发展渐趋稳定。不同年级的同学在自我的发展方面存在明显差异,这种发展变化的趋势与一些心理问题的表现趋势似乎存在某种对应关系。研究表明,大学一、二、四年级学生的自我意识随年级升高而发展,而三年级是大学生自我意识最低、内心矛盾冲突最尖锐、思想斗争最激烈、回顾与展望最多的时期。三年级是大学生自我意识相对稳定阶段中的不稳定时期,但也是一次新的上升时期,因此也有人称之为大学生自我意识发展的转折时期。

 思考题

1. 谈谈你对自我意识含义的理解。本节内容对你有什么启发?
2. 看看自己现在的自我意识水平如何,有没有需要完善的呢?

第二节 大学生常见自我意识问题

一、过度自卑

案例 2-2　处处不如别人

> 老师，我现在大二了，回首大一，真是一败涂地，我觉得自己一无是处。(我的)学习成绩一塌糊涂，都基本在六七十分，没有一门拔尖。想和同学们和谐相处，可是所有的同学都不喜欢我，我觉得别人看我的眼神不对劲，大家都看不起我。于是我走路低着头谁也不想看，不高兴就容易向同学发火，到现在一个朋友都没有交到。宿舍的其他同学喜欢照镜子，可是我特别讨厌照镜子，感觉自己很难看，腿很粗。在男多女少的院校，宿舍其他女生都交到了男朋友，可是我却从来没有男生追！哎，大学的生活根本不是我想像中的那样！我怎么那么失败，处处都不如别人呢？

思考题

1. 你看了这个故事有哪些想法和感受？对你有什么启发吗？
2. 你曾有过自卑吗？你是如何看待自卑的？

自卑是一种自我否定，表现为对自己评价过低，对自己不满和否定，有这种心理体验的人总以为自己存在着不足与失误，因而遇事会胆怯、心虚、逃避、退缩。

自卑的人有时候给周围人的印象是悲观失望、缺乏信心、惧怕与人交往，但实际上，在他们的内心深处往往也有着强烈的发展愿望。并不是我们不能有自卑，有时候某些自卑心理的存在也可能促使自我不断努力进而走向成功。

奥地利心理学家阿德勒在《自卑与超越》一书中谈到，每个人都有程度不同的自卑，自卑可以超越。许多因身体缺憾引起自卑感的人，能以超出常人 10 倍的努力奋发图强。实际上，自卑感在追求成功的过程中是经常出现的，只要不过分纠结于自己的那些不足和劣势，正视现实，超越自我，就会获得稳定的自豪感。

专栏 2-3　阿德勒的自卑与超越

> 艾尔弗雷德·阿德勒 1870 年出生于维也纳。在 7 个孩子的家庭里排行老三。他的一个兄弟早年夭折，他因体弱多病，死亡的恐惧感非常强烈，所以童年过得很不快乐。在 4 岁那一年，他差点死于肺炎，当时即立志要当个医生。因为幼年时期体弱多病，母亲也就格外照顾他，但后来弟弟出生，母亲要照顾弟弟，就无暇给予他更多的照顾。"失宠"的他随即转向和父亲建立起信任关系，而不再那么亲近母亲。阿德勒从小就有着深深的自卑感，他一直很嫉妒大哥，从童年到青少年时期和大哥的关系都相当紧张。

阿德勒在学校也不算个好学生，学校老师建议阿德勒的父亲让他去当鞋匠算了，这使他很受刺激，然后发愤图强，终于在班上的成绩名列前茅。后来，他考上了维也纳大学医学系，起先学眼科专业，后来转往一般医学，最后则专攻精神科和心理治疗，最终成为心理治疗领域自成一派的大师，也被认为是主观心理学的先驱和人本主义学派的先锋。

阿德勒的理论有许多都是从自己的经历中感悟和发展起来的。比如，他认为在多子女的家庭中，每个人的排行以及家庭成员间的相互关系对其人格的形成有巨大的影响。在他的理论中最得到重视的是"自卑感"这一概念。他认为自卑感是所有人都具有的一种正常的感觉状态，也是所有人奋斗的动力。自卑感非但不是弱点或异常，反而是创造的源泉，因而会促使人们追求精熟、优越以及完美，特别是在幼年时代。在自卑感的驱动之下，人们的发展能够持续地往更高层次迈进。在6岁左右，人生的目标就已经形成。这些目标是行为的推动力，而这些目标最终是为了追求安全感和摆脱自卑感。

自卑产生的具体原因各不相同，总体是自我认知偏差所形成的自我轻视和自我否定的情绪体验。一个人对自己的认知首先是来自外界的评价，主要是生命里的重要他人的评价。如果把自己对自己的评语写下来仔细研究，你可能会发现很多话可能正是以前你的父母、老师或其他对你重要的人评价你的。当你长大成人以后慢慢学会客观全面地分析父母、老师或其他对你重要的人评价你的话，此时会有新的收获，形成独立自主、成熟稳定的客观全面的自我认识。如果你还不能走出过去生活中外界对自己的评价，照搬照抄就可能出现自我认知偏差。

大学生常常会因为理想自我与现实自我的差距太大，经过努力仍无法接近目标，或距离虽不大而主观上缺乏自我驾驭能力，在心理上呈现一种消极的状态，产生自卑感。另外，大学生在成长的过程中可能经历着一些失败，小小的失败会积累起来成为挫折感，挫折感经过积累又会转化为自卑感，就失去了实现理想自我的自信心。他们不是通过积极地改变现实自我去实现理想自我，而是在一定程度上放弃理想自我，屈从现实自我，由于无力改变现状，进而在一定程度上否定现实自我，并最终走向否定自我。在前面案例故事中，我们可发现那位同学也许就是这样的。

当然，每个人心中或多或少有些自卑，这并不构成问题。《自卑与超越》一书告诉我们，正是我们的自卑感促进我们不断进步与完善。但有的大学生自卑心理比较严重，这就需要我们正视并作出自我调整。

专栏 2-4　自卑的自我调适方法

> （1）应对自卑的危害有清醒的认识，有勇气和决心改变自己。
> （2）应客观、正确、自觉地认识自己、无条件接受自己，欣赏自己所长，接纳自己所短，做到扬长避短。
> （3）正确地表现自己，对自己的经验持开放态度，同化自我但有限度。

(4) 根据经验,调整对自己的期望、确立合适的抱负水平,区分长期目标和近期目标,区分潜能和现实表现。

(5) 对外界影响相对独立,正确对待得失,勇于坚持正确的、改正错误的,同时保持一定程度的容忍。

有些自卑的同学总是习惯于看到自己的短处,而忽略了自己的长处,即使看到了自己的优点,也觉得是理所应当或不值一提的,久而久之,不愿相信自己是有优点、有能力的。这种不自信会越来越严密地蒙住我们的眼睛,让我们越来越难以看到自己的美好。

专栏 2-5　发现自己的"美"

我最欣赏自己的外表是_____。
我最欣赏自己的性格是_____。
我最欣赏自己对家人的态度是_____。
我最欣赏自己对朋友的态度是_____。
我最欣赏自己对学习的态度是_____。
我最欣赏自己做事的态度是_____。
我最欣赏自己的一次成功是_____。
……

二、过度自我接受

案例 2-3　我怎么可能会不通过

某高校学生小张,在校期间一直担任班级干部,自认为将班级的事务处理得井井有条,能得到班级同学的认可和拥护。因此,他认为自己有领导才能,将来毕业后可以在领导和管理岗位上大展拳脚。然而,在毕业前夕,就在准备发展小张入党而进行班级民主测评时,自认为稳操胜券的小张却看到了意想不到的结果:同意小张入党的同学仅占全班人数的30%,小张没有被发展为预备党员。对于这个结果,小张感到很意外,同时也很难接受,自己在同学心目中的形象竟然与自己想像的相差如此悬殊,难道是自己不适合在领导岗位上工作吗?小张不禁对自己毕业后工作去向的问题产生了困惑。

思考题

1. 你在大学有没有碰到过类似的同学?
2. 你知道自尊、自爱与自负有什么区别吗?

自我接受是指自己认可自己,肯定自己的价值,对自己的才能和局限、长处和短处都能客观评价、坦然接受，不会过多地抱怨和谴责自己。对自我的接受是心理健康的表现。但在我们身边也存在着一些如小张一样的同学，他们觉得自己很不错，只看到自己的优点而看不到自己的缺点，认为自己在别人心中的形象应该很好，而实际情况却并非如此。这种情况的自我接受就有些过度了。

过度自我接受的人，他们往往高估自我，对自己的肯定评价会超出实际。他们只看到自己的长处，甚至把缺点也视为长处；同时却用显微镜看他人的短处，把别人最细微的不足都要找出来。他们在人际交往中容易产生盲目乐观情绪，自以为是，不易处理好人际关系；而且过高的自我评价会滋生骄傲心理，易对自己提出过高要求，常会因为承担上无法完成的任务和工作而导致失败。

过度自我接受的人，缺乏自知之明，往往认为自己对而别人错，把自己的意志强加在别人身上，不能与人和睦相处。他们往往听不进师长的教诲，听不进同龄人的意见，一意孤行。同时，还缺乏辩证思维，一般持有非黑即白、非好即坏这样非此即彼的思维模式，没有缓冲带，对自己的观点要么执意坚持，要么全盘放弃；面对新的环境往往感到无所适从，很难与人达成妥协或谅解他人。

专栏 2-6　过度自我接受的自我调整方法

（1）要看到自己的不足，承认自己也需要不断完善。
（2）要看到他人的长处，欣赏他人的独特性。
（3）多与他人交往，以开放的心态尊重和认真对待来自他人的反馈意见。

三、独立与依附的自我冲突

案例 2-4　温柔的控制

> 我现在心里很纠结不知道怎么办。我谈恋爱了，男朋友对我很好，他会帮我把饭买好，吃的饼干、巧克力等零食之类也帮我买好，对我特别关心体贴。可是现在我和他在一起觉得不自由，好像被他控制了一样，他有时候对我说话的语气像命令。
>
> 其实他也不是真控制我，他就是很照顾我，帮我做好多事情，我也很依赖他，室友都挺羡慕我。可是我又觉得这像是一种温柔的控制，我总觉得好像欠他的，想分手又不舍得。
>
> 想想，就像以前在家里一样，我妈把我照顾得好好的，可是我又烦她叫我这样、叫我那样。离开家我又想家，妈妈对我特别关心，到家了一开始舒服，然后心里就不自在了。我要怎么办才好呢？

思考题

1. 你有没有过类似的感受呢？你身边有没有同学或朋友在为此苦恼呢？
2. 如果你的朋友向你倾诉这些，你会怎么帮助他呢？

如前所述，到了大学阶段，一方面，同学们渴望独立，却又不可能真正摆脱家长、老师的支持和帮助，上述这个案例就是如此。根据对湖北省武汉市部分高校大学生的问卷测查，30%的女生表示，她们愿意孝顺父母，但不愿意按父母的意见行事。另一方面，大学生随着自我控制独立性增强，常表现出力图摆脱社会传统的约束，按照自己的意志行事。绝大多数大学生已年满18岁，他们自认为已达到法定的公民年龄，强烈要求像成年人那样独立自主地行事，"走自己的路"，不愿受父母的约束和教师的训诫。独立意向是大学生自我意识发展中最显著的标志之一，然而大学生在摆脱依赖、走向独立的过程中，有时会矫枉过正，表现出过分的独立意向，导致产生逆反心理，其表现为不分正确与否，一概排斥，情绪成分很大，有时只是为了反抗而反抗。

在心理学上青春期有逆反的心理表现，有人叫这段时期为"心理断乳期"。逆反是指个体在生理基本成熟，心理迅速走向成熟而又未真正达到成熟的时候，渴望在思想上、行动上乃至经济上尽快独立，从而具有很强的独立意识和批判精神，大学生正处在这样的时期。此时逆反的对象主要是家长、老师以及社会宣传的主流观念和典型人物等。在这个时期，大学生们的智力发展虽已达到成熟，但阅历有限，感性经验不足，情绪易出现两极性，易感情用事，以至于形成偏见。当这种偏见与现实生活碰撞时，就很容易出现偏激的行为，其结果是阻碍了他们自己学习新的或正确的经验。持这种心理的大学生往往对师长的教育或周围的正常事物持消极、冷漠、反感甚至抗拒的态度。他们常常以"顶牛""对着干"来显示自己的"个性""非凡"。对正面教育和宣传表现出一种怀疑、不认同的抵制态度，对社会、人生和个人前途显示出玩世不恭的态度。在其行为中往往表现出这样的倾向：越是禁止的东西越是感兴趣，越是不让做的事越要做。

当然，独立并非意味着独来独往，独立并非不需要任何人的帮助和指导，并非不需要依赖别人，而在于个人必须对自己的行为负有责任。"一个好汉三个帮"，即使是一个独立性很强的人，也有依靠别人的需要。不同的是，独立的人更多时候是依靠自己的力量和努力去克服或解决自我的问题，而不是完全依靠他人的帮助或依赖于别人；独立的人能够权衡利弊、审时度势，能够勇敢地作出决定，并能够勇于承担自己行为的后果。

过分依赖会使大学生缺乏对客观事情的判断能力与决断能力，显得优柔寡断，缺乏主见；而过分独立又使部分学生产生"不需要社会支持"及"凡事都要靠自己"的我行我素、孤高自立的行为方式，但在遭遇挫折时又会陷入不知如何寻求帮助的困境。事实上，任何心理成熟的独立的现代人，都需要他人的帮助，广泛的社会支持是个体心理健康不可或缺的。

四、消极的自我调控

案例 2-5 后悔还来得及吗？

> 老师，我就要被退学了，回想大学这几年非常后悔。现在要回家了，心里有很多不舍，真的是后悔无奈。我以前一直是在父母、老师的关爱和同学羡慕的目光中成长的，我一直努力学习，小学、初中、高中就读的都是重点学校，我坚信我会考上全国一流大学的。然而，由于高考的失误，我进了这所并不满意的学校。开学报到时，在很多大学新生的脸上洋溢着开心，可我却一点也高兴不起来。心里想着一定要在大学好好学习，上一流大学的研究生，在学校里则要成为最棒的。可是一段时间过后我发现，我很难成为众人瞩目的焦点了，我以前成绩好，到了大学才发现很多同学多才多艺，唱歌、跳舞、打球、辩论、演讲等我都不行，我把所有时间都放在学习上，不和同学交往，不参加活动，可是学习效率仍不高，期末考试只考了个中等成绩。大二开学不久我就不太想学了，觉得好像努力也没多少用处。后来，我渐渐地不愿意去上课，整天在宿舍里上网，找陌生人聊天、看电影、玩游戏。一开始我什么类型的游戏都尝试着随便玩玩，后来比较专注于一些较大的网络游戏，认识了一些网友和他们一起玩，似乎在网上我能找到被重视的感觉。后来我几乎课都不想上了，成绩一落千丈，整天窝在宿舍里上网，考试几乎全挂科，老师、同学找我我也不想回应。现在我被劝退了，我知道对不起父母和老师。
>
> 如果重新来过，我想我不会这样只把成绩当成唯一，我要学会和同学相处，积极参加活动，不为了一点虚荣心而放弃自己。

如果你遇到了这样的同学可能会为他感到惋惜；如果你和他有类似的情况，但你还在大学校园，那你要合理调整自己努力的方向，珍惜在大学的生活。对于故事中的同学，我们会遗憾他失去大学校园生活，但我们也要看到人生的每一次经历都是宝贵的，希望这个经历会帮助这位同学合理地进行自我调控，从而走上健康发展的人生路！

每个人在成长的过程中都需要不断进行自我调控，调整发展方向，积极行动。大学生在自我调控上开始有了明显的自觉性、主动性，但在追求上进的同时，由于困难、挫折在所难免，因而常常会情绪波动、望难生畏、自我放弃。还有一些大学生认为中、小学寒窗苦读十余载，如今考上大学，总算解放了，再不愿意埋头苦读，只要求"60分万岁"，甚至面临数门功课不及格仍然无动于衷，消极惰怠。有些人在"网络社会"里较容易找到满足感，因为网络的虚拟性可以让人感受到自身价值的极大化和他人对自己的关怀。当他们在网络上获得的快乐比现实多时，就会把更多的时间投入到网络中，只愿意在网络上寻求虚幻的成就感，而更加消极地对待甚至逃避充满矛盾的现实世界。

自我调控是为了实现自我追求，一些人在成长过程中可能不清楚自己到底要追求什么。有些同学一味地强调一定要考到第一名才行，问他为什么一定要"第一"呢？因为"第一"老师喜欢、家长高兴、同学羡慕、大家都围着"第一"转，原来考第一是给别人看的，希望得到别人的喜欢。我们仔细想想，一个人喜欢另一个人仅仅会因为对方是第一名吗？那样全世界有几个人会被喜欢呢？事实上不管什么样的人都有机会被别人喜欢；当然，一个人不管有多么优秀，也不可能被所有人喜欢。

所以，我们大学生要学会了解自己真正想要的到底是什么，只是为了别人的要求而去追求会快乐吗？成功不是和别人比出来的，每个人都不同又如何比较呢。成功是自己不断成长过程中的每一个收获，许许多多的成功成就了成功的你；只要你不放弃自己，不断努力，未来还会有不断的成功成就更好的你。努力做好自己，成为那个最成功的自己，才是自我健康的发展。

五、过分追求完美

还记得本章开头案例里的小雨吗？小雨在大学第一学期末学习成绩第一，可是还是强求自己要在各方面都要保持第一，最终走上了一条不归路。也许有不少同学会认为，小雨太不自量力了，怎么可能各方面都保持第一呢？然而，在我们的身边确实有一些如小雨一样对自己的要求很高，希望任何事情都要做到最好的同学。他们往往对自己持过高的要求，期望自己完美无缺，却不顾自己的实际情况。他们不能容忍自己有"不完美"的表现，他们对自我十分苛刻，只接受理想中"完美"的自我，不肯接纳现实中平凡的、有缺点的自我，结果往往适得其反，这使其对自我的认识和适应更加困难。

有些人不管对人还是对事，都高标准、严要求，力争尽善尽美；即便做得非常出色，仍然不能满意。我们常将这样的人称为"完美主义者"。当然，每个人在做事时都力求把事情做到最好，有这种想法无可厚非，甚至很多有这样想法的人确实非常优秀。但是，物极必反，如果我们过分追求完美，则会给自己带来很大的痛苦。所以，追求完美和追求优秀是两码事。心理学家指出，过度追求完美是一种病态心理，不利于身心健康。他们建议，完美主义者要降低标准，学会偷懒。

专栏 2-7　过度追求完美的调整方法

(1) 树立正确的认知观念　人不能十全十美，每个人都有优缺点。一个人应该接纳自己的不完美，并肯定自己的价值，不自以为是也不妄自菲薄。

(2) 确立合理的评价参照体系和立足点　人应该选择合适的标准，更重要的是以自己为标准；按照自己的条件评定自己的价值，应该立足于自己的长处，明了、接受并尽力改进自己的短处。

(3) 目标合理恰当　在充分了解自己的基础上设立恰当的目标和要求，目标应符合自己的实际能力，不苛求自己，也不被他人的要求左右。

(4) 接纳自己的不完美　人各有所长，每个人都是独特的，与众不同的。欣赏自己的独特性，不断自我激励。

第三节　良好自我意识的培养

认识自己并不容易,知人难,知己更难。现代德国哲学家卡西尔认为:"认识自我乃是哲学探索的最高目标"。心理学在研究感知、记忆、思维等方面取得丰硕成果的同时,越来越关注"人是什么""人,如何认识自己"。心理学的多个理论学派的主要理论,如经典的精神分析、人本主义心理学(详见第 15 章)关于认识人的论述,都在向我们昭示:"认识自我是心理学探索的最高目标。"

"我是谁?""谁会是我的知己?""我如何发展我自己?"等问题也是你在思考和探索的吗? 自我意识的发展与完善是一个不断进行自我认知、自我评价、自我控制和自我完善的过程,我们该如何去做呢?

一、科学地认识自我

(一) 通过自省来认识自我

大学生已经具备了一定的自我观察和自我评价能力。我们可以不断对自己的心理活动进行反思,在活动当中去体验、了解自己的真实感受。每个人都有优缺点,不完美不是谁的错,心理学认为完美只是一个概念,没有完美的人。我们需要深刻全面地认识自我。

专栏 2-8　20 个"我是谁"

> 问你自己 20 次:"我是谁?"把你头脑里浮现出的答案逐一写出来,想到什么就写什么,不必有顾虑,这是自我分析的材料,可以不给别人看,也可以和别人分享。
>
> 如果能写出 10 个以上,你就可以继续和自己做好朋友,如果只能写出 7 个或更少,而且你可能说这很无聊,或者你以害羞、时间不够等为借口不去做,则有可能是你过分压抑自己了,请你多看看自己,好好了解自己。
>
> 如果你写完了这些答案,可以从下面几个角度分析看看。当然,你还可从其他角度分析,只要你自己接受并认可。
>
> 第一,看看你回答内容的表现形式是什么? 是主观评价还是客观评价?
> 第二,看看你回答的内容是什么? 是社会认同还是个人属性或是未来趋势?
> 第三,主客观评价以及主观评价的优缺点是否平衡? 是自卑、自恋、还是全面的自我评价?

(二) 通过与他人的比较来认识自我

通过与他人,特别是自己的同龄人多方面比较可以直接有效地了解自己。当然,我们需要确立合理的参照系和立足点,不能胡乱比较。同时,也需要注意以下几点:① 和别人比较时选择那些可改变的项目,如只关注样貌、身材、家世等无法改变的项目,就没有太大实际意义;② 和别人比较更多的是看行为的结果,如比较通过规划好大学学习生活,看大学毕业后取得的成绩等;③ 比较的对象应是与自己条件相类似的人,如和自己有着相同成长背景的同学比较。

(三) 通过了解成长中未完成的事件来认识自我

未完成事件指的是尚未圆满解决或彻底弥合的既往情境,尤其是创伤或艰难情境。同时,也包含由当时情景引发的但没有被表达出来的情绪和情感,包括悔恨、愤怒、怨恨、痛苦、焦虑、悲伤、罪恶、遗弃感等。比如一个童年时期常常被忽视和责骂的孩子,会形成一个核心信念:"我不值得被爱",这是多么令人痛苦的想法,于是为了自我保护,一个不具伤害性的合理化想法会出现:"我不需要任何人的爱"。于是他可能会让人觉得"这个人很冷漠,不愿意和任何人建立亲密关系"。这种想法和行为也许能保护一个人尽可能少地受到伤害,却不能令人感到快乐和满意,因为,任何人都是需要别人来爱护的。

专栏 2-9　和小小的自己对话

> 你可以想一下你印象最深刻的艰难情境,那时你几岁?和那个时候的你对话,问他发生了什么事情?他的感受是什么?他最希望得到什么?你要好好对待那个时候的自己,尊重他的感受,理解他的期望,好好去关心他,告诉他那不是他的错,你很爱他。

这会对你理解如何自我体验有帮助,有些同学常常有悔恨、愤怒、焦虑等情绪,却不知道为什么会这样。找找自己的未完成事件,好好地去理解关心自己。

(四) 通过别人的态度和评价来了解自己

通常,别人会对我们的品质、能力、性格等给予清晰的反馈,从而增强我们对自己的了解。当我们被老师告诫要更加大胆一些,要更加主动、更加勤奋一些时,我们便会从反馈中得知:自己有些害羞,不够主动,学习不够勤奋。特别是当许多人的看法一致时,我们就会相信这种看法是准确的,从而确定自己是这样的人。在生活中,那些对我们生活无关紧要的人通常并不会给予我们清晰明确的反馈,但我们也可以从他们的态度与反应中来了解自己。符号互动学者库利提出"镜中我"的概念,认为我们感知自己就像别人感知我们一样,镜子中的我或别人眼中的我就是我们感知的对象,我们常常依据别人如何看待自己来了解自我,这一过程称为反射性评价。

专栏 2-10　他人眼中的"我"

> 按照下面这些要求写出你的描述:
> 父母眼中的我是……
> 老师眼中的我是……
> 同学眼中的我是……
> 朋友眼中的我是……

(五) 不断发现未知的自己

认知自己是一个不断探索的过程。美国心理学家约翰和哈里提出了关于人自我认知的窗口理论,被称为"乔韩窗口"理论。他们将每个人的自我分成了四个部分,分别是公开的自我、盲目的自我、秘密的自我和未知的自我。如图2-2所示,A区是关于自我意识中自己知道,别人也知道的部分;B区是自己知道但别人不知道的部分,一个人不可能把什么都暴露在别人面前,有自己的隐私和秘密是正常的;C区是别人知道但我们自己却不清楚的部分,所谓"当局者迷,旁观者清",所以认识自己需要适当听听别人对自己的看法;D区是个空白,谁都不知道的部分给了我们创造新的自我的无限可能。

所以,自我意识的发展就是一个不断发现未知自我的过程。当然,认识自我不是我们的终极目的,认识自我是为了更好地悦纳自我、超越自我,创造一个更高水平的、更好的自我。

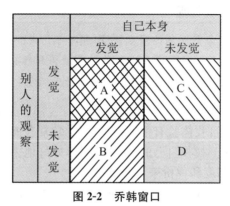

图 2-2　乔韩窗口

二、积极地悦纳自我

专栏 2-11　鼠小弟与大象哥哥

> 有一天,鼠小弟和鼠小妹去散步,看见一棵苹果树。鼠小妹看见了苹果树上的一个苹果,她说:"鼠小弟,你帮我摘一个苹果好吗?"鼠小弟说:"我……我有恐高症呀!"鼠小妹生气了,说:"你真没用。"这时,大象哥哥走来了。它问鼠小弟:"怎么啦?"鼠小弟回答说:"鼠小妹叫我把树上的苹果摘下来,可是我怕高。"大象哥哥说:"我来帮你吧。"只见大象哥哥用鼻子一钩,苹果就掉下来了。鼠小弟觉得还是大象哥哥鼻子厉害。鼠小弟看着大象哥哥,再对比自己,心中对大象哥哥充满了羡慕。那么高的地方都能够得到,那么远的地方也能看得到,还是个大力士,一步能迈那么远,什么都不怕!还能吃很多东西!做大象真好!这时大象哥哥已经走远了,鼠小弟发现地上有大象哥哥拉的屎,那么大!大象哥哥的脚好大,连鼠小弟喜欢的花都被踩倒了,真拿他没办法!于是,鼠小弟拿起扫把和簸箕将大象哥哥拉的屎扫干净,把被大象哥哥踩倒的花扶起来。鼠小弟心想大象哥哥也没有那么好,自己虽然是个胆小鬼,力气小,腿又短,但是……

这是一个非常简单的儿童绘本故事。鼠小弟个子小、力气小、胆子小、本领小，它很羡慕大象，但是最终也发现了自己的优点——善良、亲切、和蔼。无论先天是多么不同和不可改变，每个生命都有存在的价值和追求幸福的愿望。幸福和快乐也是每个人都能通过努力获得的。对于我们来说尊重自我存在的价值，积极地接纳自己，包容自己的缺点与不完美是非常重要的。所以说，悦纳自我是发展健康的自我体验的关键和核心。具体地说，积极悦纳自我就要：① 接受并喜欢独一无二的自己，有价值感、自豪感、愉快感和满足感；② 性情开朗，对生活乐观，对未来充满希望；③ 平静而又理智地看待自己的长处与短处，冷静地对待自己的得与失；④ 树立远大的理想，并以此激励自己，合理面对消极情绪；⑤ 努力创造积极情绪。

人是因为接受自己、自尊自爱才学会尊重别人、爱别人。我们每个人都不是完美的人，当我们能够悦纳不完美的自己时，才有可能悦纳别人。同一个特点，不同的人站在不同的角度来看也会对其有不同的理解，可能你现在所认为的缺点换一个角度看就变成了你的闪光点呢！我们来试试下面的自我悦纳训练吧！

专栏 2-12　自我悦纳训练

我的缺点：	可以转化为相应的优点：
缺乏激情	冷静
易冲动	容易抓住一闪即逝的机会
爱面子	自尊心强、有自信
急躁	做事迅速、效率高、有激情
太容易相信人	善良、不做作、纯真
有时固执	能坚持正确的观点
爱耍性子	能宣泄不良情绪，不易生病
特别内向	善于思考
好出风头	善于推销自己

三、有效地控制自我

自我控制是大学生根据自我设定，主动、定向地改造自我的过程。积极有效地自我调控是健全自我意识、完善自我的根本途径。一般说来，大学生要有效地调控自我，可以参考以下几点建议：

（1）建立合乎自我实际情况的抱负水平，确立合适的理想自我，即面对现实，确定自己的具体奋斗目标，把远大的理想分解成一个个远近高低不同的子目标，由近及远、由低到高，循序渐进，逐步加以实现。关键是每个子目标的设定要适当、合理，经过努力可以达到，在不断实现子目标的过程中体验成就感，从而最终促成人生大目标的实现。

(2) 增强自尊与自信,不断地激励自己向自己心中的"理想自我"奋进。

(3) 培养坚强的意志品质,发展坚持性和自制力,增强挫折耐受力,使自己能自觉主动地认清目标,为实现目标而努力排除干扰、克服困难,正确地面对成功与失败。给自己积极的暗示,知道自己可以做到!

专栏 2-13　自我调控的几点建议

> 人本主义心理学家马斯洛在研究人的自我实现时,有针对性地提出了调控自我的几点建议:
> (1) 把自己的感情出口放宽,莫使心胸像个瓶颈。
> (2) 在任何情境中,都尝试从积极乐观的角度看问题,从长远的利害做决定。
> (3) 对生活环境中的一切多欣赏、少抱怨;有不如意之处设法改善;坐而空谈不如起而实行。
> (4) 设定积极而有可行性的生活目标,然后全力以赴以求实现;但却不能期望未来的结果一定会如己所愿。
> (5) 对是非之辩,只要自己认清真理正义之所在,纵使违反众议,也应挺身而出,站在正义一边,坚持到底。
> (6) 莫使自己的生活僵化,为自己在思想与行动上留一点弹性空间;偶尔放松一下身心,将有助于自己潜力的发挥;与人坦率相处,让别人看见你的长处和缺点,也让别人分享你的快乐与痛苦。

四、不断地超越自我

著名作家、心理治疗师毕淑敏说:人存在永远的不完美,但却是这个世界的绝版珍品。要知道我们每个人都有成长的力量,无论你经历了什么,只要还在积极地看这本书,你就已经在发展自己的路上了!在发展自己的路上,当我们正确地认识自己、悦纳自己并有效地控制自己后,我们将会不断地发展出新的自己,而这个新的自己就是一次又一次对自己地挑战与超越!有的同学总是喜欢与别的同学竞争,战胜别人以证明自己的成功,殊不知真正的成功是对自我一次次战胜和超越。正如前面专栏 2-3 提到的心理学家阿德勒,他正是看到了自己的不足,不断地激励自己,勇于挑战和超越自己,最终才成为著名的心理学家。

所以,朝你想要的方向努力走吧!不断地去创造新的自己,相信最终会遇见最好的自己!

下面是心理学中投射测验的一种活动,可能投射出你内心真正向往的,也可能帮你找到你想要发展的方向,试试看吧:

专栏 2-14　假如我是……

假如我是一种花儿，我希望是_____因为_____。
假如我是一种食物，我希望是_____因为_____。
假如我是一种动物，我希望是_____因为_____。
假如我是一种乐器，我希望是_____因为_____。
假如我是交通工具，我希望是_____因为_____。
假如我是一种颜色，我希望是_____因为_____。
假如我是一种家具，我希望是_____因为_____。
假如我是一个国家，我希望是_____因为_____。
……

每天的太阳都是新的，每天的自我都是新的，我们缺少的并不是前进的动力，而是摆脱昨天阴霾的力量，你不能轻装上阵是因为你习惯向后看，请放眼前方吧，走过去前面又是另一片天，你会发现一个全新的自我！真好！

最后，希望每个同学在自我意识发展的路上都能够有着内心的幸福、温暖陪伴！

专栏 2-15　幸福在哪里？

有一天，各界仙人在天上开会，有各方菩萨、四海神仙……他们在商量把地球上的人们的幸福放在哪里？有的说放到火星上，这样人们获得幸福要经历千难万险，就会珍惜了。有的说把人们的幸福放在地心，这样人们就很难找到了……各路神仙说得很热闹，但总是没有定论。突然有个小小的声音说："我建议把人们的幸福放在他们的心里，'人'太聪明了，无论多难的事，他们都可以做到，但很少有人愿意看自己的心。如果有愿意洞察自己内心的人，就把幸福给他吧！"

各路神仙都沉默了……良久，一致通过这个绝妙的提议。后来，人们的幸福就存放在了自己的内心，在那里沉睡着、等待着……

 思考题

你认为该如何提高自己的自我意识水平？

（王欣　刘畅）

第三章
情绪管理与心理健康

案例3-1　莫妮卡的成长

  莫妮卡,女,大一新生。她第一次走进咨询室是新生军训刚结束时。她穿着军训的服装,皮肤晒得黝黑,神情沮丧,未曾开口泪先流。她断断续续地描述了自己高考失利的经历以及对新环境的不适应,这导致她目前每天怎么都开心不起来,对什么都没有兴趣,总是处于想哭的状态。由于是第一次咨询,咨询师主要和她建立咨访关系、收集相关资料并对她的问题进行概念化。该个案的咨询师采取的是积极心理治疗的对策,所以咨询师在第一次治疗结束时给她布置了一个家庭作业,就是让她发现生活中的"特殊时刻",即她能体验到积极情绪的瞬间,哪怕是很短的瞬间。第二次咨询中莫妮卡带来了一个精美的笔记本,上面写了几条"特殊时刻"。咨询师根据这些"特殊时刻"找到了她的优势所在,引导她看到一个"不总是那么难过的自己"。随着学习生活的逐渐规律和适应,莫妮卡在本上记录的"特殊时刻"变得已经不再特殊,她渐渐从学习、交友和社团工作等活动中体验到越来越多的满足和快乐。第五次咨询结束时,莫妮卡说她好像明白了"快乐的自己"和"悲伤的自己"都是自己的一部分,她知道怎么去倾听"悲伤"或者"抑郁"背后的声音,也懂得怎么让自己快乐起来了。咨询师震撼于年轻莫妮卡的领悟力和成长,结束该咨询个案后,咨询师思索良久:每个人都有自己成长的潜能,心理咨询是一个助人自助的过程,"咨询师"是一个无比幸福的职业,他/她能陪伴和见证那么多人的成长。

　思考题

1. 莫妮卡的不良情绪有哪些表现?
2. 你或周围的人有过类似的情绪体验吗?
3. 你认为该如何听懂这类消极情绪背后的声音呢?
4. 你认为莫妮卡该如何激发自己的积极情绪?

本案例中的莫妮卡也许和你、我或者身边的其他人一样,她真实而生动,她能体验快乐和幸福,也能体验悲伤和抑郁。他/她因为特殊的成长阶段、应激的事件或不幸的遭遇而在很长一段时间内陷入不良的情绪中难以自拔,但经过自己的努力、成长以及他人的帮助走出情绪的困扰;他/她也会因为美景、亲情、友情、爱情、成功、归属感以及国家、集体的荣誉感而体验到幸福和满足。积极情绪和消极情绪像矛盾双方的对立和统一,会伴随每个人的一生,那么怎样去认识我们的情绪、接纳我们的情绪、管理我们的情绪就显得尤为重要。本章就带你走进情绪的世界,去认识我们每时每刻都在体验,却可能还不太了解的这熟悉而又陌生的朋友。

第一节 情绪概述

"沾衣欲湿杏花雨,吹面不寒杨柳风""自在飞花轻似梦,无边丝雨细如愁",同样是面对下雨的天气,诗人由于心境的不同看到截然不同的景色。情绪给我们生活的世界涂抹上了不同的颜色,使得生活多姿多彩而有温度。

一、什么是情绪

情绪和情感是指人对客观事物与自身需要之间关系的态度体验,也是人脑对客观现实的主观反映。首先,情绪和情感是以人的需要为中介的一种心理活动,它反映的是客观的外界事物与主体需要之间的关系。外界事物符合主体的需要,就会引起积极的情绪体验,否则便会引起消极的情绪体验。其次,情绪和情感是主体的一种主观感受,或者说是一种内心的体验,它不同于认识过程,因为认识过程是以形象或概念的形式来反映外界事物的。再次,情绪和情感有其外部表现形式,即人的表情。表情包括面部表情、身体表情和言语表情。表情既有先天不学而会的性质;又有后天模仿学习获得的性质。最后,情绪和情感会引起一定的生理上的变化,包括心率、血压、呼吸和血管容积上的变化。情绪现象本身是包含多方面的,包括主观体验、行为反应、神经生理系统变化等。

二、情绪的分类

(一) 基本情绪

关于基本情绪的种类问题,中国经典医学著作《黄帝内经》就认为人有喜、怒、忧、思、悲、恐、惊 7 种情绪。现代心理学认为快乐、愤怒、悲哀、恐惧是人最基本的原始情绪。

1. 快乐 快乐是一个人追求并达到盼望的目的时产生的情绪体验。快乐的程度,取决于愿望满足的意外程度和目的的重要性。目的无足轻重,只能引起微小的满足;目的极重要,并且意外地达到,则会引起异常的快乐。一般把快乐程度分为:满意、愉快、异常的欢乐和狂喜。

2. 愤怒　愤怒是由于他人或他事妨碍自我目的达到,从而使紧张积累而产生的情绪体验。愤怒的产生和对妨碍物的意识程度有直接关系。如果一个人完全不知道是什么人或事在妨碍、干扰他达到既定目的,则愤怒并不会明显地表现出来;一旦他清楚地意识到是什么东西妨碍他达到目的,并知其不合理或含有恶意时,愤怒便会产生,并对引起愤怒的对象表现出攻击性行为。

3. 悲哀　悲哀是失去所盼望的、所追求或有价值的东西所引起的情绪体验,如考试失败。由悲哀所带来的紧张释放会产生哭泣,哭泣一般不超过 15 分钟,在这段时间内完全可以减轻过度的紧张。哭泣会使人精神衰竭,甚至神志不清,但过后可使人感到轻松。悲哀的强度取决于所依存于失去的事物的重要性和价值。

4. 恐惧　恐惧是个人企图摆脱、逃避某种情景而又无能为力时所产生的情绪体验。引起恐惧的关键往往是由于个人缺乏处理或摆脱可怕的情景(事物)的力量和能力。

以上 4 种最基本的情绪,在体验上是单纯的、不复杂的。在这四种基本情绪的基础上,可以派生出多种复杂的情绪。复合情绪是由基本情绪的不同组合派生出来的。例如,由愤怒、厌恶和轻蔑组合起来的复合情绪可叫作敌意;而悔恨、羞耻这些情绪则包含着不愉快、痛苦、怨恨、悲伤等复杂因素,现实生活中很多情绪体验都属于复合情绪。

(二) 积极情绪和消极情绪

1. 积极情绪　积极情绪是与某种需要的满足相联系的,通常伴随愉悦的主观体验,并能提高人的积极性和活动能力。情绪的认知理论则认为"积极情绪就是在目标实现过程中取得进步或得到他人积极评价时所产生的感受"。从分立情绪理论的观点来看,积极情绪包括愉快、满意、兴趣、自豪、感激和爱等。

2. 消极情绪　消极情绪是指当某种需要无法满足时产生的不愉快的主观体验,不利于你继续完成工作或者正常的思考。常见的消极情绪包括忧愁、悲伤、愤怒、紧张、焦虑、痛苦、恐惧和憎恨等。

(三) 情绪状态

按情绪发生的速度、强度和持续时间的长短,可以把情绪状态划分为心境、激情和应激。

1. 心境　心境是一种微弱、持久而又具有弥漫性的情绪体验状态,通常叫作心情。心境并不是对某一事件的特定体验,而是以同样的态度对待所有的事件,让所遇到的事件都产生和当时的心境同样的色调。心境所持续的时间短的只有几小时,长的可到几周、几个月甚至更长的时间。

2. 激情　激情是一种强烈的、爆发式的、持续时间较短的情绪状态,这种情绪状态具有明显的生理反应和外部行为表现。激情往往由重大的、突如其来的事件或激烈的意向冲突引起。激情既有积极的,也有消极的。在激情状态下,人能做出平常做不出来的事情,发挥出自己意想不到的潜能。但激情也会使人的认识范围变得狭窄,分析能力和自我控制能力降低,因而在激情状态下人的行为可能失控甚至会发生鲁莽的行为。人应该善于控制自己的激情,学会做自己情绪的主人。

3. 应激　应激是在出现意外事件和遇到危险情景的情况下所出现的高度紧张的情绪状态。个体在应激状态下的反应有积极和消极之分。积极的反应表现为急中生智,及时摆脱危险境地,做出平时几乎不可能做到的事情;消极的反应则表现为惊慌失措、意识狭窄,感知和注意混乱、思维迟滞、行动呆板,处理事务的能力大幅度下降。

(四) 道德感、美感和理智感

人的高级情感包括很多种,主要的有道德感、美感和理智感。此外,还有宗教情感、母爱等等。

1. 道德感　道德感是按照一定的道德标准评价人的思想、观念和行为时所产生的主观体验,包括热爱祖国、热爱人民、热爱社会的情感,集体荣誉感、责任感、同情感等都是同道德评价相联系的情感。

2. 美感　美感是按照一定的审美标准评价自然界、社会生活及文学艺术品时所产生的情感体验。人的审美标准既反映事物的客观属性,又受个人的思想观点和价值观念的影响,所以美既是客观的,又是主观的,是主客观的对立统一。

3. 理智感　理智感是在智力活动过程中所产生的情感体验。例如,对未知事物的好奇心、求知欲和认知的兴趣,在解决问题过程中表现出来的怀疑、自信、惊讶以及问题解决时的喜悦等都是理智感。理智感不仅产生于智力活动,而且对推动人学习科学知识,探索科学奥秘有积极的作用。

三、情绪的功能

1872 年,查尔斯·达尔文在其《人与动物的感情表达》一书中阐释了情绪的意义,他认为情绪能够帮助动物们适应环境。情绪是自然选择的产物,具有目的性。为了生存,人类必须探索环境,因此会好奇;必须吐出不小心吃入的异物,所以会恶心;必须建立社会关系,所以有了信任;必须避免伤害,因此会恐惧;必须实现基因的代际传递繁衍后代,因而有了爱;为了保证自己的利益不受侵犯,必须战斗,所以用愤怒来增强自身的威慑力;而为了获得外物的支持寻求帮助,必须悲伤而后哭泣;对于自己喜欢做的、有利的事情,希望再次体验,所以快乐。在人类原始的日常生活中,情绪发挥着指引他们自动趋利避害的功能,以便他们做出有利于生存的选择。情绪是感情的先知,出现了什么样的情绪,反映出你的生活和学习哪方面需要进行关照。每种情绪都有其价值,不是给我们指明一个方向,便是给我们一份力量,甚至两者兼有。

(一) 情绪的一般功能

1. 适应功能　情绪和情感是有机体生存、发展和适应环境的重要手段。有机体通过情绪和情感所引起的生理反应能够发动其身体的能量,使机体处于适宜的活动状态,便于机体适应环境的变化。同时,情绪和情感还可以通过表情表现出来,以便得到别人的同情和帮助。例如,在危险的情况下,人的情绪反应使机体处于高度紧张的状态,可以调动身体能量进行搏斗或者逃跑,也可以呼救以求得别人的帮助。情绪和情感的适应功能从根本上来说,是服务于改善人的生存和生活的条件的。婴儿通过情绪反应与成人交流,以便得到成人的抚养;成人也要通过情绪表现来反映他的处境是好还是坏。在社会生活中,人们用微笑表示友好,用示威表示反对;人们还可以通过察言观色了解对方的情绪状态,以利于决定自己的对策,维护正常的人际关系。这些都是为了更好地适应社会需要,求得更好的生存和发展的条件。

2. 动机功能　　情绪和情感构成一个基本的动机系统,它可以驱动有机体从事活动,提高人的活动效率。一般来说,内驱力是激活有机体行动的动力,而情绪和情感可以对内驱力提供的信号产生放大和增强的作用,从而能更有力地激发有机体的行动。例如,缺水使血液变浓,引起了有机体对水的生理需要。但只是这种生理需要还不足以驱动人的行为活动,如果意识到缺水会给身体带来危害,因而产生了紧迫感和心理上的恐惧,那么这时,情绪和情感就会放大和增强内驱力提供的信号,从而驱动了人的取水行为,成为人的行为活动的动机。情绪和情感的动机作用还表现在对认识活动的驱动上。认识的对象并不具有驱动活动的性质,但是,兴趣却可以作为认识活动的动机,起着驱动人的认识和探究活动的作用。

3. 组织功能　　情绪和情感对其他心理活动具有组织的作用,它表现在积极的情绪和情感对活动起着协调和促进的作用;消极的情绪和情感对活动起着瓦解和破坏的作用。这种作用的大小还和情绪情感的强度有关,一般来说,中等强度的愉快情绪有利于人的认识活动和操作的效果;痛苦、恐惧这样的负面情绪则降低操作的效果,而且强度越大,效果越差。情绪和情感对记忆的影响表现在愉快的情绪状态下,容易记住带有愉快色彩的材料;在某种情绪状态下记住的材料,在同样的情绪状态下也容易回忆得起来。情绪和情感对行为的影响表现在,当人处于积极的情绪状态时,他容易注意事物美好的一面,态度变得和善,也乐于助人,勇于承担重任;在消极情绪状态下,人看问题容易悲观,懒于追求,但更容易产生攻击性行为。

4. 信号功能　　情绪和情感具有传递信息、沟通思想的功能。情绪和情感都有外部的表现,这就是表情。情绪和情感的信号功能是通过表情来实现的,表情包括面部表情、肢体表情和言语表情。例如,狂喜时手舞足蹈,愤怒时摩拳擦掌,说话时语调及伴随的喜、怒、哀、惧的面部表现等都具有交际的功能。笑常用来表达当事人愉快的情绪,但是礼貌性的微笑,有时候是用来表达当事人对身边人的善意,比如对认识但不熟悉的邻居微微点头一笑,虽不多言语,但已经将友善之情表达无遗。

(二) 不同性质情绪的功能

1. 积极情绪的功能　　积极情绪能激活行动,即接近或趋近倾向,积极情绪能够促进活动的连续性。在积极情绪状态下,个体会保持趋近和探索新颖事物,保持与环境主动的联结。但芭芭拉·弗雷德里克森指出,积极情绪并不只具有一般的活动激活倾向,同时也与特定的行动倾向相联系,如快乐产生游戏、冲破限制、创新的愿望;兴趣产生探索、掌握新的信息和经验,并在这个过程中促进自我发展的愿望;满意产生保持现有的生活环境和把这些环境和自我以及社会的新观点融为一体的愿望;自豪产生想与他人分享成功和求得在将来取得更大成就的愿望;爱产生想再次与所爱的人一起游戏、探索的愿望。

（1）积极情绪能够建设个体资源：这些资源包括身体资源（如身体技能、健康）、智力资源（知识、心理理论、执行控制）、人际资源（友谊、社会支持网络）和心理资源（心理恢复力、乐观、创造性）。这些资源包括个体内的资源,如增强心理和生理恢复力;也包括个体间的资源,如增强社会联系,有利于积极主动地参加活动。积极情绪能够建设个体的心理资源,就为个体的社会适应准备了更为有利的条件,以提高个体的社会适应能力。

（2）积极情绪能促进健康：积极情绪能撤销和恢复消极情绪导致的各种心血管活动的激活状态,使其恢复到正常的基线水平。积极情绪促进生理健康主要在于积极情绪可以提高人的免疫系统功能,这主要体现在对主观幸福感以及笑和幽默的研究中。众多研究表明,人的主观幸福体验能够通过影响人的免疫系统来影响人的身体健康,与那些缺乏主观幸福感的人相比,一个主观幸福感体验更强的人,其免疫系统的工作也更为有效,更能确保人的身体健康。持积极情绪的人在面对生活压力时,可以通过笑、幽默来改善免疫系统功能,促进健康。

（3）积极情绪能和谐组织氛围：积极情绪不仅对个体的适应具有重要的作用,同时组织内成员的积极情绪对于一个组织来说也是非常重要的。组织内个体的积极情绪可以相互感染和传递,对于营造积极的组织氛围是极为关键的,能够激励组织中员工的工作绩效,提高组织的效能。

2. 消极情绪的功能　　进化论人格心理学家认为,既然负面情绪能在进化中被保持下来,说明这些心理机制可以使人生存和繁衍。许多人存在对陌生人的恐惧,恐惧是为了防止被不属于同一群体或部落的人袭击而进化得来的。常见的焦虑则来源于我们的祖先害怕被群体拒绝。每个人都有加入群体的需要,当我们被群体拒绝时,我们就会产生焦虑感。负面情绪其实是平衡精神健康重要的一环,也是生物与生俱来的特征,科学家指出,其实抑郁也有很多好处。例如,悲伤能令受害人变得更坚强,更有能力应付生命中的挑战。有不少历史伟人就曾经饱受精神及情绪问题困扰。二战时的英国首相丘吉尔、解放黑奴的美国第十六任总统林肯、发现万有引力定律的英国科学家牛顿,还有大音乐家贝多芬,他们成就非凡,但全都患有抑郁症。美国纽约大学社会工作学教授韦克菲尔德说:"悲伤的情绪在人类中如斯普遍一定是因为它有某种好处。使用药物令人不再悲伤或会扭曲人性。"研究显示,负面情绪可以带来保护作用。例如,一只猴王如果在被推翻后没有产生负面情绪而逃之夭夭,那就暗示它会继续挑战新猴王,并会因此惹来杀身之祸。消极情绪是一种信号作用,消极情绪袭来的时候,我们不应一味地去对抗和逃避,而是应选择安静下来倾听它背后的声音,就会发现它可能给我们很多的启示和帮助。当然这不是一件容易的事情,这需要后天有意识地训练和培养,才能提高我们情绪管理的能力。接下来将和大家探讨这个问题。

专栏3-1　与情绪和解

情绪是每时每刻都在发生的,人们无法回避的心理过程,那么我们怎么和它相处才能让它成为我们的朋友,哪怕是那些感觉上不太舒服的朋友呢?以下的一些态度也许可以促进我们和情绪和谐相伴。

1. 情感体验是自然而人性的　哪个富有人情味的故事里没有痛苦与愤怒?没有爱与喜悦呢?情感是生活的一部分,对情感敞开胸怀而不是刻意宣泄,是另一种顺服于当下的技巧。在愤怒时,假装不愤怒,不会给你带来任何收获。专门留一点时间给自己,或与朋友、治疗师在一起,能够帮助你全面了解自己。愤怒通常来讲,是一种有助于澄清疑虑的情感,当你的界限在某种意义上被侵犯时,它就会出现。此时,愤怒会赋予你力量,采取行动,夺回失地,找回生活的平衡。但正如我们所见,愤怒还可以是你过去的投射,而不是眼下真实的生活。是否因为哪个同学对你的态度,让你想到了过去的某个让你厌恶的人,而让你瞬间大发雷霆。

2. 无论你目前的情感是否合理,你都有权力感觉你正在感觉到的一切　无论是你还是他人都无权告诉你,你不应该以现在的方式去感觉什么,只有通过理解为何会有目前的情感,我们才能促进对自己的理解和对他人的认同,这便是霍德华·加德纳所定义的个人内省智力和人际关系智能,当某些人误解了你的话或者行为,感觉到了伤害和背叛时,直接揭示这一点是没有意义和粗鲁无礼的。相反,如果双方都愿意面对此时的情绪,并实事求是地探究原因,真正的理解才会出现。这样,窘境才能被转化为信任、抒发和深刻的理解。

3. 负面的情感提供了强化自我理解的绝佳时机　只有理解对自己、对周围、对其他人的反应,我们才能够清除历史的残渣,体验内心的宁静。积极的情感,例如爱、喜悦、自信、平等,都是"自己的表达",是我们的真实本职,它们一直都存在于当下,在我们学会了情感平衡的方法时,他们便有机会呈现和表达出来。但是,所谓的负面情感,例如恐惧、愤怒、失望、内疚、仇恨会在引导我们实现更多的理解、更彻底的康复和认同时,同样具有积极的力量。例如,很多人对自己的父母感到愤怒和不满,然而在很大程度上,我们的父母都尽其所能、倾尽全力,尽量将一切处理得尽善尽美的,当你对父母的愤怒转化为理解时,虽然他们的行为可能没有任何改变,但却意味着你已经放弃了希望他们有所不同的念头,接受了现实的他们,那么和解也就实现了。

资料来源:乔恩·波利森科,拉里·洛斯汀.身呼吸·心生活[M].宁振业,译.北京:中信出版社,2010.

四、大学时期个体情绪的特点

大学时期是青年人心理成熟的重要时期,也是情绪丰富多变、相对不稳定的时期。因为知识水平、心理发展特点以及生理状况的影响,大学生的情绪带有鲜明的特征。具体表现在以下5个方面:

1. *丰富性和复杂性* 大学生正处于多梦的年龄阶段,几乎人类所具有的各种情绪,都可在大学生身上体现出来,例如悲哀、遗憾、失望、难过和绝望等。在情绪体验的内容上,大学生的情绪呈现出相当丰富多彩的特征,以惧怕为例,大学生所怕的事物,主要与社会的、文化的、想像的、抽象复杂的事物和情势有关,诸如怕考试、怕陌生人、怕惩罚、怕寂寞等。

2. *稳定性与波动性* 从总体上看来,大学生情绪是比较稳定的,具有一定的自我控制情绪的能力,一般能用理智约束冲动,可以对不良情绪进行自我调适。但与成年人相比,大学生相对敏感,情绪带有明显的波动性,一句善意的话语,一个感人的故事,一支动听的歌曲,都可以使他们的情绪发生骤然变化。

3. *强烈性与冲动性* 大学生由于自我意识的发展,对外界事物较为敏感,加之年轻气盛和从众心理,因而在许多情况下,情绪易被激发,带有很大的冲动性。近年来,校园内暴力事件往往都是在情绪失控状态下一时冲动所致。很多大学生对符合自己信念、观点和理想的事件或行为容易迅速发生热烈的肯定情绪;对于不符合自己信念、观点和理想的事件或行为,则迅速出现否定情绪。个别大学生有时甚至会因盲目的狂热、不计后果的冲动,做出一些违反校规、校纪的蠢事或坏事。

4. *压抑性与敏感性* 大学时期是情感最丰富、最强烈的时期,同时也是一个充满压力和冲突的时期,而这往往会导致情绪的压抑。相当多的大学生常常感到自己的情感不能尽情地得到倾诉,调查材料统计表明,约70%的大学生"时时感到有一种压抑感"。这种感觉有些是自己能找到原因的,而有时则是连自己也不知道这种压抑究竟来自何方,有一种空虚感、孤寂感。

5. *外显性与内隐性* 大学生对外界刺激反应迅速而敏感,很多情绪是一眼就能看出的,如考试获得第一名,马上就喜形于色。但在某些场合和特定问题上,有些大学生会掩饰、隐藏或抑制自己的真实情感,表现出内隐、含蓄的特点,比如在对待异性的态度上,明明乐意接近,却往往留给对方的印象是贬低、冷落人家。这是大学生有意识控制和无意识防御的结果,与表里不一的虚伪是两回事。

第二节 大学生常见情绪困扰

大学生活是个体从学校走向社会的过渡阶段,也是人生发展中非常重要的过程。由于大学生心理发展不成熟,而且大学阶段需要面对学习、人际、职业生涯规划等诸多人生命题,大学生的情绪难免出现波动,多数大学生通过自身的调节和他人的帮助能顺利渡过这一时期,但是也有部分大学生被困在情绪问题中难以自拔。

下文将带大家一起了解大学生常见的几类情绪问题。

一、焦虑

案例 3-2　心中的小怪兽

> 卡尔,男,大三学生。他初进心理咨询室,显得神情慌张,坐立不安,非常着急地问咨询师:"我究竟该考研还是就业?考研的话,现在时间还够不够?我应该考哪所学校呢?……"咨询师还没有来得及询问他的情况,一连串问题就被卡尔迫不及待地抛出来了。卡尔不停地晃着腿,时不时地抠着指甲,说道:"我觉得自己心里就像住着一个'小怪兽',让我片刻不得安宁,我该怎么办呢?"咨询师没有正面回答卡尔的问题,而是给卡尔一个隐喻"如果你想将一批货物运到某个地方,你有四匹快马,四匹马分别跑向东南西北四个方向,结果会怎么样?"卡尔思索良久,回答可能永远都会停在原地吧。
>
> 本案例中的卡尔由于出现了明显的焦虑情绪,而焦虑的背后其实是某种提醒——他目前需要明确一个目标。咨询师用隐喻治疗的方法让卡尔发现自己的问题并找到解决的方案。

(一) 什么是焦虑

焦虑是指一种缺乏明显原因的内心不安或无根据的恐惧,是预期即将面临不良处境的一种紧张情绪,表现为持续性精神紧张,如担忧、有不安全感等,或者是发作惊恐状态,如运动性不安、小动作增多、坐卧不宁或激动哭泣等,常伴有自主神经功能失调表现,如口干、胸闷、心悸、出冷汗、双手震颤、厌食、便秘等。焦虑主要分为两种类型:一种为状态性焦虑,即由某一种情境引起的焦虑,当情境改变时,焦虑随之消失。但有时某种情境很特殊,产生的焦虑十分强烈,有可能产生短暂的人格变化。第二种是特质性焦虑,即由于一个人的人格特点与众不同,在相同的情境中,其情绪反应的频度和强度也与众不同。例如,在与陌生人相处的时候,有的人就会出现这种特质性焦虑。

焦虑是人们应对情境中的一些特殊刺激而产生的正常心理反应。适度的焦虑有利于提高工作和学习效率,只有焦虑超过一定的强度、持续的时间过长才会对个体产生不良的影响。只有当焦虑的持续时间及强度均超过正常的范围,影响到正常的生活、学习、工作时,经过有资质的精神科医生诊断,才可以认为患了焦虑症,需要接受正规的治疗。一般情况下的焦虑可以通过自身的调节或者寻求专业帮助而得到改善。

(二) 焦虑的常见原因

1. **适应焦虑**　由于生活环境和学习方式的改变,大学新生对新环境难以很快适应,因而引起焦虑情绪。一些大学生入学前衣食住行都由父母安排好,进入大学后,这又不会那又不会。一些大学生常常因不知如何安排好日常生活而产生焦虑。学习上的不适应也让他们产生焦虑。由高中的被动式学习转变为大学的主动学习,很多学生显得无所适从,不知该如何学习,因此对学习感到不安,担心学业无法完成,进而陷入焦虑状态。

2. 学习焦虑　大学生都有不同程度的学习焦虑,保持中等程度的学习焦虑会促进和提高学习成绩,但当学习焦虑过度就会影响正常的学习和生活。一些大学生在环境的影响下,形成了不恰当的学习目标和抱负,给自己造成很大的心理压力,就会产生严重的学习焦虑。一般来说,个性敏感的大学生更容易出现这类问题。学习焦虑过度,往往使大学生注意力不能集中,大脑反应迟钝,学习效率降低。考试焦虑属于学习焦虑的一种特殊形式。考试焦虑是大学生中较常见的焦虑情绪表现。考试焦虑是指因担心自己考试失败有损自尊或渴望得到更好的分数而产生的高度忧虑的一种负面情绪反应。考试焦虑在考试前数天就可表现出来,随着考试日期的临近日益严重。

3. 人际焦虑　大学生来自全国各地,不同的生活习惯、性格、兴趣、脾气、家庭背景等使大学生在人际交往中难免发生冲突。有些大学生由于个性上敏感、多疑和冷漠,往往担心别人不能接纳自己,甚至对自己造成伤害从而把自己封闭起来,造成心理苦恼,产生焦虑。恋爱焦虑是大学人际焦虑中的特殊形式,在追求恋爱对象、暗恋、单恋以及相处过程中都会产生焦虑。

4. 就业焦虑　当前社会激烈的就业竞争让大学生陷入了一种就业焦虑之中。这种焦虑各个年级都有,只是焦虑的程度不同,其中以毕业生尤甚,绝大多数大学生在就业过程中或多或少地都存在焦虑。如优秀毕业生为是否能找到理想单位而焦虑;成绩不理想的毕业生为能否找到工作而焦虑;来自边远地区的毕业生为有可能回原籍而焦虑;恋人们为未来能不能在一起而焦虑;女同学为用人单位"只要男性"而焦虑;还有一些大学生因不知自己毕业后何去何从而焦虑。

二、抑郁

案例3-3　不想说再见

> 艾米丽,女,大二学生。长长的头发遮住了她的面庞,这是个清瘦的女孩,声音很细弱,语速特别缓慢,需要认真倾听才能听清她在说什么。断断续续中她跟咨询师描述了她的异地恋的男朋友提出了分手的事情。分手后她一刻不停地反思自己哪里做得不对,她试图去挽回却无果,她每天以泪洗面,不吃不喝,也不想去上课,整夜失眠。宿舍的同学轮流照顾她,并且这次来咨询室也是朋友硬拉她过来的。

(一) 什么是抑郁

抑郁是以情感低落、哭泣、悲伤、失望、活动能力减退以及思维、认知功能迟缓等为主要特征的一类情绪。抑郁的常见表现是以情绪低落为主要特征,对日常生活丧失兴趣,无愉快感;精力明显减退,无原因的持续疲乏感;自信心下降或自卑,或有内疚感;失眠、早醒或睡眠过多;食欲不振,体重明显减轻;注意力集中困难或下降;联想困难,自觉思考能力显著下降。抑郁心境在一天中有较大波动,常以早上最重,然后逐渐减轻,到晚上最轻。抑郁时,常伴有这样或那样的身体疼痛、心慌、胸闷等。

"人非草木,孰能无情",喜怒哀乐是人之常情,正常人对周围客观事物和环境变化都有一定的情感反应,正常人在某些时候也是可能发生情绪低落的。临床上应鉴别是正常人的抑郁情绪反应还是抑郁症。首先,正常的抑郁情绪与境遇相称,不会平白无故发生抑郁。而抑郁症的症状则与境遇不相称,或者并无起因,或微弱刺激就引起了过大的情绪抑郁反应。其次,正常的抑郁有时间限度,严重刺激引起的抑郁情绪可持续较长时间,但总有一定限度,随着时间的推移,时过境迁,抑郁情绪会慢慢减轻或磨灭;较小的刺激引起正常的抑郁情绪反应持续时间短暂(还与性格、过去经历等有关),不用多久就会烟消云散。而抑郁症的情绪反应则会持续较长时间,抑郁发作的病程标准即为至少持续2周。第三,正常的抑郁情绪对社会功能的影响一般较轻,而抑郁症患者则较重,甚至完全丧失生活自理能力(如抑郁性木僵)。另外,正常人的抑郁不会出现精神病性症状,而抑郁症患者可出现妄想、幻觉等精神病性症状。

作为大学生要正确对待自己的抑郁情绪,积极应对,寻求适当的帮助,不讳疾忌医,也不过分地乱给自己扣疾病的帽子。

(二) 抑郁的常见原因

1. *自我认知* 有些大学生总是对自己和世界的认识和评价出现偏离或歪曲,他们常常根据某一事件或事情的某一方面进行不严谨的推论,尤其是忽视积极的方面,从而将对某一事件的判断过度推论到对其他事情的判断上去,特别是低估自己的能力,忽视自己的优点,夸大或高估问题的难度和严重性。有的大学生因高考失利,未能实现上名牌大学或热门专业的宏愿而产生强烈的失落感,对自己和生活都感到灰心,形成理想自我与现实自我的冲突,并由此产生抑郁情绪;大学中强手如林,有些大学生由高中时的尖子生变成平常人,导致心理失衡,如果得不到及时引导,不能够尽快摆正自己的位置,就会情绪低落。

2. *人际交往* 大学生通常来自全国各地,不同的社会习惯、性格、兴趣、脾气等使大学生在人际交往中难免发生矛盾。有的大学生个性较强以自我为中心,不为别人着想,于是遭到孤立。性格内向的大学生不合群,孤独寂寞,他们渴望交往但担心被拒绝,造成心理苦恼,因而产生抑郁情绪。

3. *恋爱失败* 现在谈恋爱的大学生越来越多,恋爱动机也比较复杂。由于大多数学生情感比较脆弱、抗挫折的忍耐性差,通常不能很好地处理失恋后的情感,当受到挫折而感到无能为力时,心情就会低落。

4. *经受挫折* 就业压力大,越来越成为大学生出现焦虑等负面情绪的重要因素,有调查显示,50%的同学感到就业前途迷茫,没有目标。沉重的经济压力也有可能造成大学生的心情抑郁。许多来自贫困地区和城市贫困家庭的大学生,天天为生活费发愁,生活压力很大,由此还产生一些自卑心理,认为自己生来就不如别人,害怕遭到别人的耻笑和拒绝,在这种情况下,部分大学生心情抑郁。

三、恐惧

案例3-4　令人尴尬的"脸红"

> 乔斯华,男,大一学生。来到咨询室后,他身体拘谨地坐在沙发的边缘,几次欲言又止。咨询师鼓励他进行交谈。他结结巴巴地说怕自己的家乡话老师会听不懂。咨询师轻松地用小品中常出现的方言和他开玩笑,于是乔斯华渐渐放松下来,开始用夹杂方言的普通话向咨询师描述了自己的情况。原来乔斯华来自农村,入学以来他发现自己不论是在眼界和经济条件等方面都不如身边的同学,同学们也经常调侃他的方言。开始时乔斯华觉得有些不好意思,后来渐渐变得每次一和别人说话就结巴,面红耳赤,心跳加速,词不达意。乔斯华很不喜欢自己这样的状态,很担心自己,不知道自己怎么了。

(一) 什么是恐惧

恐惧作为一种情绪反应,在某种程度上来讲是正常的,并不一定有害,这是因为它能及时地使人们认识到可能存在的危险,以应付所面临的问题,是人类自我保护的一种本能。这里所说的恐惧是那些非理性的、非现实的情绪状态,即对常人而言一般不可怕的事物感到恐惧,或者恐惧体验的强度和持续的时间远远超出了常人反应的范围。像乔斯华这样的情况属于社交恐惧,在大学生中较常见,本节主要就介绍社交恐惧。社交恐惧泛指一切害怕与他人交往,对交往特别敏感,不愿与人接触,在不得不与他人交往时感到紧张,并伴有一些生理反应的心理。

社交恐惧表现为处事胆小谨慎,喜欢安静、独处,对人对事较敏感等,害怕和人交往,有的人还没说话就先脸红;有的人一和别人讲话就结巴;有的人一在公众场合讲话就思路不清,不知道自己到底讲了些什么;还有的人不敢抬头与他人的目光对视等。

(二) 恐惧的常见原因

社交恐惧实质上是一种心理未成熟的表现,主要与下列因素有关。

1. **个性因素**　有社交恐惧的大学生多半性格内向、不善言辞,有些则具有严重的羞怯心理。社会心理学家的研究认为,有55%的人觉得自己在人际交往中是害羞的,其中以女性和青少年尤为严重。由于性格上的特征或缺陷,导致了有些大学生不愿表露自己,常给人以比较孤僻、冷漠、不易接近等感觉。由于缺少正常的、必要的交往,久而久之,他们就对人际交往感到害怕甚至恐惧。

2. **认知歪曲**　有社交恐惧的大学生往往不能正确地评价和认识自己,常在认知或表现上盲目骄傲自大、自视过高、一意孤行而不考虑他人的感受,其结果既害了别人的自尊心,又给自己带来不良后果。有的大学生表现为看不到自己的才能和力量,自暴自弃,缺乏与人交往的勇气和信心。

3. **社交技能缺乏**　有些大学生在与不太熟悉的人交往时,往往很害怕,不知道如何与他人交往。由于缺乏人际交往的技巧,不能恰当地表达自己的想法而被他人误解,或由于在交往时受到别人的挑衅而自己又无力用语言还击,从而感到十分懊恼和不痛快。这些大学生由于以往不愉快的经历,害怕在众人面前讲话,常感到自己底气不足,说话结巴,从而一味地回避,喜欢独处,由此渐渐失去了进行人际交往的勇气,出现社交恐惧。

四、愤怒

案例 3-5　别用你的愤怒"控制"我

> 艾米丽和嘉可伯是一对恋人,大二学生。一天,艾米丽生拉硬拽地将嘉可伯拉进了心理咨询室。艾米丽气喘吁吁地说:"老师,你给他看看,他有心理问题。"嘉可伯则生气地站起来说:"你有没有意思啊?"咨询师见状立马安抚两人坐下,并为两人倒上开水。两人的情绪渐渐平稳下来,艾米丽叙述说嘉可伯是她的男朋友。开始时,她觉得男朋友很有个性,但渐渐她发现男友就像一个"气球",一碰就炸,当他们两人意见不和时,男朋友经常会用发火和摔东西的方式来让她妥协。不光是对艾米丽如此,他也经常和室友甚至是陌生人发生冲突,甚至打架。为此,艾米丽苦恼不已,几次想让他来咨询,但是每次都引发争吵,这次,好不容易软磨硬泡才将男友带到咨询室来。

(一) 什么是愤怒

大学生正处在热情高涨、激情澎湃的青年时期,有时候情绪难以控制。愤怒是由于个体的信念、价值、权利受到侵害或与之矛盾,从而逐渐积累了紧张的情绪而产生的主观体验。它具有持续性、外显性、情境性和个性化等特点。愤怒是一种消极的情绪状态,常常会给人带来意想不到的麻烦,如同学关系疏远、师生关系紧张,而且长期、持续的愤怒对个体的健康损害也是极大的。

愤怒是指当某人在事与愿违时产生的一种惰性反应,表现为勃然大怒、敌意情绪、乱摔东西甚至怒目而视或沉默不语。它不仅仅是厌烦或生气,它的核心是惰性。愤怒既是人作出的选择,又是一种习惯。愤怒是人经历挫折的一种后天性反应。人们以自己所不欣赏的方式消极地对待与自己愿望不一致的现实。不适当的愤怒情绪会对人的身心产生影响。从病理学角度来看,愤怒可导致高血压、溃疡、皮疹、心悸、失眠、困乏甚至心脏病;从心理学角度来看,愤怒可能会破坏情感关系,阻碍情感交流,导致内疚与沮丧情绪。

(二) 愤怒的常见原因

当我们感知到愤怒的情绪后,需要冷静下来,分析是什么让我们生气。需要寻找的原因并非是具体的事件,而是事件下面暗含的触犯到自己底线的细节。是因为他人损害了你的权益、自尊?还是因为事态没有按照你的预期发展而感到挫折?或者你是在以愤怒的方式来争取自己的权益?

大学生易怒一方面是性格因素所致,有的人以自我为中心,对他人缺少宽容,稍有一些使自己不满意的地方就表现出愤怒;另一方面是由许多不当认知所致,如认为发怒可以威慑他人、发怒可以抵消责任、发怒可以换回面子、发怒可以满足愿望等等。事实上，易怒者总是事与愿违，所得到的不是尊严、威信，而是他人的厌恶，更严重的后果是自己心绪更加不宁。

五、嫉妒

(一) 什么是嫉妒

嫉妒是一种难以公开的阴暗心理，是人们普遍存在着的人性弱点。在日常工作和社会交往中，嫉妒心理常发生在一些与自己旗鼓相当、能够形成竞争的人身上。比如对方的一次成功，人们都过去称赞和表示祝贺，自己却木呆呆坐在那里一言不发，由于心存芥蒂，甚至对对方其他事情的"破绽"大大攻击一番；对方再如法炮制，以牙还牙。如此恶性循环，必然影响双方的事业发展和身心健康。由此，我们可以看出嫉妒对一个人的伤害特别大，是妨碍一个人取得成功的最大阻力。

(二) 嫉妒的常见原因

产生嫉妒的原因主要是虚荣心在作怪，生活中的嫉妒主要发生在处于同一环境、同一领域的人之间，因为认为别人的成功会妨碍自己，不想着通过奋斗，不断提高自己的能力和积极竞争的心理素质，用真才实学赶上和超过别人，而是想通过压低别人来抬高自己。嫉妒这个弱点是阻止人们前进的拦路虎。当你全心全意地去为自己的学业奋斗时，就不会有时间去嫉妒别人了，因为"嫉妒是一种四处游荡的东西，能享用它的只能是闲人"。另外，不能正确认识自己、自卑感强的人容易嫉妒，因为他们想逃避现实而故意虚张声势，因为惧怕失败而采取嫉妒的手法。所以，首先要对自己的能力、潜力有一个客观的认识，不自我夸大，亦不自我贬低。只有在自我感觉好、自我意识能力强的前提下，才能变消极嫉妒为积极嫉妒，也才能在积极嫉妒心理中获取能力、接受竞争意识的刺激。当然，当一个人反问几个为什么之后，也可能会觉得自己的天赋、客观条件、知识、能力都不如他人。不过这也无妨，不要自卑，更不要嫉妒，不妨再找找自己的其他优势，在某一方面发挥自己的优势，在竞争中发挥自己的聪明才智，从而找到自己的心理位置，得到生活的乐趣。

总之，对于他人的成功，既要嫉妒，又要不嫉妒。嫉妒，就是自己积蓄足够的精力、时间、智慧去产生应该属于你的有限度的积极嫉妒心理；不嫉妒，就是要洒脱和不甘于落后，对自己充满必胜的信心，这才是强者的风度。

第三节　大学生情绪管理

从前文中我们知道积极情绪和消极情绪都有其意义，那么对待情绪就不能是简单地消除或者减少消极情绪，而是要学会管理自己的情绪，使其适应周围环境变化或者为实现某一目标而服务。情绪管理能力是健康生活、学习的重要保障，大学生需要有意识地学习、提高自己的情绪管理能力。下文带大家一起了解情绪管理和情绪管理的具体方法。

一、什么是情绪管理

1. *情绪管理的内涵* 生活中有这样的现象:为什么有的人智商很高,却不能成功,而有的人智商平平,却能获得成功? 这是因为,不能成功的人因其情商比较低。尽管他有很好的判断力,知道事情该怎么做,却控制不住自己的情绪,因此一切只能落空。有的人虽然智商平平,但由于他情商比较高,善于了解自己、认识他人以及协调人际关系,而且有不屈不挠的精神,于是便取得了成功。

情绪管理是个体对情绪的发生、体验与表现施加影响的过程,是一个改变情绪的发生、持续时间、内部体验、生理行为反应的动态过程。通过情绪管理,个体能对变化的社会情境作出迅速有效的适应性反应,实现个体目标。格罗斯指出对于情绪管理的理解有三个方面值得注意:首先,情绪管理不仅仅是降低负情绪,实际上它包括负情绪和正情绪的增强、维持、降低等多个方面;其次,唤起某样情绪的管理有时是显意识的,有时则是无意识的;最后,情绪管理没有必然的好与坏,在一种情景中是好的,在另一种情景中则可能是不合适的。

我们还需要了解和其相关的一个重要概念,即"情商"。情商的概念是美国耶鲁大学的沙洛维和新罕布什尔大学的梅耶在 1990 年提出的。他们把情商描述为由三种能力组成的结构:准确评价和表达情绪的能力;有效调节情绪的能力;将情绪体验运用于驱动、计划和追求成功等动机和意志行动过程的能力,具体表现如下。

(1) 认识自己的情绪:就是能认识自己的感觉、情绪、情感、动机、性格、欲望和基本的价值取向等,并以此作为行动的依据。认知他人的情绪,指对他人的各种感受,能"设身处地"地、快速地进行直觉判断,了解他人的情绪、性情、动机、欲望等,并能作出适度的反应。在人际交往中,常从对方的语言及其语调、语气和表情、手势、姿势等来判断他人真实性的情绪和情感。处理人际关系,是指调控他人情绪的技巧。

(2) 管理自己的情绪:是指对自己的快乐、愤怒、恐惧、爱、惊讶、厌恶、悲伤、焦虑等体验能够自我认识、自我协调。

(3) 激励自我:是指面对自己想实现的目标,随时进行自我鞭策、自我说服,始终保持高度热忱、专注和自制。

2. *情绪管理的过程* 情绪管理的过程包括:情境选择、情境修正、注意分配、认知改变和反应调整。

(1) 情境选择:情境选择是情绪管理中比较具有前瞻性的做法,为了获得预期的情绪,当事者可以选择符合这种情绪特征的情境。例如,敏感、害羞的同学在公共社交场所比较紧张,则会倾向于避免参加嘈杂的派对而选择待在安静的图书馆或者宿舍中。但是随之产生的问题是,这种情境选择所带来的情绪调节有短期的效果,但也会带来长远的损失。内向的个体为了避免暂时的不愉快而回避了公共社交,但从长期来看会进一步的与社会产生疏离。因此,有效的情绪调节的情境选择策略,需要得到父母、师长或者优秀同伴的指导或建议。情境修正中的情境主要是指个体外部的物理情境,而对于内部情境,则是认知改变环节的内容。对于外部物理环境的修正,是指对潜在的情绪激发环境作出人为的调整和修正,如羞涩内向的同学可以在出席比较令人紧张的集体活动时,带上要好的、外向型的朋友一起;想找老师请教问题,可以选择和善亲切、比较熟悉的老师。

(2) 注意分配:情境的选择和修正是对外部物理环境的改变,当外部的情境不能被改变或者修正时,个体就应该启动对内部情境的调整——注意分配。注意分配的形式可以分为注意集中、注意分散、注意回避和注意转向。注意集中是指将注意集中在情境的情绪特征上,如沉浸在歌曲的优美旋律所带来的愉快中;或沉浸在恋人分手带来的悲伤中。注意分散是指个体将注意力分散在情境的不同侧面。注意回避是个体将情境输入刺激的通道堵塞或者关闭,如闭上眼睛或者捂住耳朵。注意转向是指个体将注意力完全从情境中移开,转而关注其他话题。

(3) 认知改变:即使引发某情绪的情境没有被修正,个体产生该情绪也并非定局。改变个体对自己所处情境的评价即改变情境的情绪性意义,也能改变情境激发情绪的可能性。认知改变并非假装情境没有发生或者虚构一个并不现实的故事来掩耳盗铃,而是关注对真实情境的积极评价,如丢了饭卡本来很郁闷,但是可以告诉自己"幸亏饭卡上没有多少钱了""还好身份证、银行卡这些没有丢,不然挂失、补办还要更麻烦"等。这种"还好没有更糟"的认知重建策略对于抑郁、焦虑等情绪有很好的调节作用。给一个人打电话或者发短信,始终无人接听或无人回复时,不要想着"他肯定不喜欢我,不愿意理我",而是要想"每个人都有忙的时候,我想他今天肯定很忙"。

(4) 反应调整:反应调整的阶段是在情绪发展过程的后期,即个体已经有了某种情绪的倾向之后。一方面是指情绪发生后,采用运动、放松或者食疗的方式来降低负性情绪的生理反应和体验;另一方面更多地是指采用恰当的方式来表达自己的情绪,即采用一种适应性反应。有了情绪后,采用一种恰当的方式进行表达,而这种表达方式能否促进情境朝向更为有利的方向发展则代表了这种行为适应性的高低。例如,同样是哭泣反应,不同的情境下效果不同:儿童提出不合理的要求被母亲拒绝,如果此刻采用哭的方式来表达自己的不满,则对事情的发展不宜——适应性不良;但如果儿童受到欺负或者面临危险时发出哭声,引来大人的注意和帮助,则是一种适应性行为。

二、情绪管理的方法

(一) 生理方面

1. 运动宣泄　运动不仅可以获得锻炼身体的效果,也可以改善心理状态。医学研究表明,运动可以使人的情绪得到振奋。意大利学者于1980年就指出,剧烈运动后体内的"内啡肽"水平会升至安静时的8倍。心情不好时,完全可以通过运动来升高自己体内的"内啡肽"水平,使自己的心情舒畅、快乐起来。很多人心情不好了就去跑步、游泳,之后再冲个热水澡,烦恼就少了很多,这就是"内啡肽"的作用。一旦养成了运动的习惯,如果突然停止就会觉得不舒服,其实是身体对"内啡肽"带来的欣快感产生了依赖。不过,不是所有的运动都能升高"内啡肽",运动要保证一定的量,例如慢跑、游泳、爬山之类的有氧运动至少要持续30分钟,"内啡肽"的水平才能升上去,生成可以自救的"快乐激素",由内至外地快乐起来。一旦进入良性循环,不良情绪对身体的伤害也会逐渐消失。

2. 享受美食　很多证据都支持饮食营养对保持良好的心理健康的重要性,研究表明不饱和脂肪酸、氨基酸、B族维生素都和减少抑郁情绪密切相关,如地中海式饮食(富含水果、蔬菜、鱼和豆类,低肉类及奶制品)这种健康的饮食模式可以降低抑郁症发展的风险。

3. 芬芳味道　不同的气味能引起人的不同情绪反应,其中,芳香疗法就是应用芳香植物蒸馏萃取出的精油,通过直接吸入、沐浴或者按摩等途径以获得身心调整的一种辅助疗法。已有不少研究表明芳香疗法对焦虑、抑郁和职业倦怠等都有一定的效果。大学生在日常的生活中也可以借鉴使用一些香味来调整自己的情绪,例如,比较焦虑和不安时可以使用熏衣草、檀香来安定自己的情绪;无法集中注意和心烦意乱时,可以使用甜橙、葡萄柚精油、柠檬精油等香味来辅助调整。

4. 美妙音乐　音乐不仅可以陶冶人的情操,更重要的,它还可以调节我们的情绪。现代医学表明:音乐能调整神经系统的机能、陶冶情操、启迪智慧、改善注意力、增强记忆力,可以消除抑郁、焦虑、紧张等不良情绪,解除肌肉紧张,消除疲劳,激发精神和体力,提高工作效率。不同的曲调各有"性格",可使人产生不同的情绪感受。因此,运用音乐调节法时也应该因人、因时、因地、因心情的不同而选择不同的音乐。适宜的音乐,可取得很好的效果,例如,心情忧郁的人以倾听"忧郁感"的音乐为好,如《忧郁圆舞曲》《蓝色狂想曲》等都是具有美感的。当忧郁的心灵接受了这些乐曲的"美感"沐浴之后,很自然地会慢慢消除心中的忧郁。这是最科学,也是最易见效的方法。性情急躁的人要常听节奏舒缓、让人思考的乐曲,这可以调整心绪,有助于克服急躁的毛病,如一些古典交响乐曲中的慢板部分,Bach 的《幻想曲和赋格》等就是很好的选择。

5. 放松训练　焦虑和放松是两种不同的身心状态,而人在某个时刻只能有一种身心状态,让放松占据你的身心,焦虑则无立锥之地。所以,驱逐焦虑的最有效方法是全身心地放松,焦虑与放松势不两立。情绪心理学所说的放松是以一定的媒介集中注意、调节呼吸,使肌肉得到充分放松,从而调节中枢神经系统兴奋性的方法。渐进式放松的基本步骤为:第一,首先放松身体局部肌肉群,然后使这种放松依一定顺序向全身扩散;第二,在进入新的肌肉群放松练习时,已经练习完了的肌肉群也可以再次进行放松练习和复习;第三,重复以上过程,直至放松状态和安静感持续出现。

想像放松法指通过人的意念想像来逐渐达到放松的方法。通过想像来进行放松,比身体绷紧再放松要容易一些。

(二) 情绪方面

1. 激发积极情绪体验　什么事会让我心情好呢? 愿望的满足、美好的景色、友好的人际交往、努力后的成功还有各种小小的乐趣和愉悦。那么积极心理学认为什么能够长久提升我们的积极情绪呢?

首先,积极情绪的一个最重要的来源,就是自己的能力能够得以发挥。积极心理学最大的早期贡献是制定了一项有 24 种个性优势的分类调查,将其归纳成以好奇、正直、到善良、公正、谦逊和乐观六个维度。了解到自己的优势,从中提取出很多关于自己的高峰的关键信息,然后以一种能够更加频繁地应用自己的优势的方法,来重塑自己学习或日常生活,这种应用优势的新方法所产生的积极情绪的提升是既明显又持久的。其次,感恩。当你用语言或行动表达你的感激时,你不仅提高了自己的积极情绪,而且也提高了对方的积极情绪。这一过程中,你加强了他们的善意,也巩固了你们彼此之间的关系。当你感受对方的善意时,你常常会赞赏别人对你是如此的友善,这引起了你的感激之情。善意和积极情绪相辅相成。只要认识到自己的善意举动,就能够启动这种良性循环。用发展的眼光来欣赏自己的善意只是一种心理转变,你会注意到它更多的方面。你能够通过增加自己的善意举动,使积极情绪大幅提升。有意识地增加自己的善意可以提升你的积极情绪。最后,是要发现生活中困境的积极方面和意义。

2. 疏泄消极情绪体验　亚里士多德说:"适时适所表达情绪,不要当众表达自己的不满情绪,在适当的场所以不伤人的方式适度表达内心的不满。"

眼泪宣泄——这是一种自我心理保护的措施。哭可以为你解除情绪的紧张、内心的抑郁和烦恼,还可以促进生理上的新陈代谢。美国生物学博士费雷认为,人在悲伤时不哭是对人体健康有害的。人在流泪时可把体内因紧张而产生的化学物质排出体外,可以缓解人的忧愁和悲伤。

找人倾诉——俗话说:"快乐有人分享,是更大的快乐;痛苦有人分担,可以减轻痛苦。"找人倾吐烦恼,把内心的苦恼告诉你的朋友、师长、心理咨询师,心情就会顿感舒畅,也可以写日记、给自己写信,把自己的感受描述出来。

幽默——高尚的幽默是精神的消毒剂。当一个人发现一种不调和的或对自己不利的现象时,为了不使自己陷入激动状态和被动局面,最好的办法是以超然洒脱的态度去应付。此时,一个得体的幽默往往可以使一个本来紧张的情况,变得比较轻松;使一个窘迫的场面在笑语中消逝;使愤怒、不安的情绪得以缓解。

升华——升华是将情绪激起的能量引导到对人、对己、对社会都有利的方面去。例如,将考试失利而产生的不良情绪升华为激励自己刻苦努力学习的动力;把对大学生活不适应而产生的焦虑情绪升华为提高自己对新环境的适应力,尽快完成从中学到大学的转变的内在积极性;把对自己外貌的不满意升华为全面发展自己、增长才能、增长知识水平方面来,促使自己品学兼优,成为出色的合格人才;把因失恋而产生的不良情绪升华为更加刻苦地努力学习,以自己的博才多识去寻求自己真正的爱情。

3. **情志相胜** 中医有情志相胜的疗法,这是用五行相克理论来表述情绪之间相互制约关系的经典提法。其基本原理是将脏腑情志论和五行相克论结合,将人体归纳为 5 个体系并按五行配五脏、五志,然后利用情志之间这种相互制约的关系来进行治疗的心理疗法,即运用一种情志纠正相应生克的另一种失常情志。《黄帝内经》具体论述了情志相胜疗法的基本程序:喜伤心,恐胜喜;怒伤肝,悲胜怒;思伤脾,怒胜思;忧伤肺,喜胜忧;恐伤肾,思胜恐。情志相胜疗法是利用情志之间以及情志与五脏之间的相互影响、相互制约的关系,通过一种正常情志活动来调节另一种不正常情志活动,使其恢复正常以有效治疗情志与躯体疾病的心理治疗方法。

(三) 认知方面

1. **认知训练法** 认知训练是一种行之有效的情绪调节方法,它无论是对短时的消极情绪,还是对习惯性的消极情绪,都有较好的调节作用。认知训练法就是通过对认知调节和控制,纠正不良的认知习惯,形成积极的思维方式,从而消除消极的情绪,使人们对生活、学习和工作充满自信和活力。认知训练主要有两种,一种是"合理情绪疗法",另一种是"归因训练法"。合理情绪疗法就是要找出认知过程中的非理性思维,并努力加以纠正最终达到消除不良情绪的目的。我们常见的非理性思维有以下三个特征:① 非此即彼的思维方式。在这种思维中,要么是成功、完美无缺,要么是失败、一无是处。② 以偏概全的思维方式。当得到表扬时,会觉得自己十全十美,受到批评时,便觉得自己陷入"四面楚歌"的绝境。③ 糟糕至极的思维方式。这样的思维方式会夸大某些事情的重要性,比如将自己的小失误看作是不可救药的,整个人生都将被毁了。这些思维方式通常不为个体觉察,但却会时时左右自己的行动。

"合理情绪疗法"包括以下 4 个关键步骤:

第一步,找到那些引起不良情绪的诱发事件,例如,高考落榜、受到批评。

第二步,将这些事件所引起的消极的思维或想法从头脑中剥离出来,让它明确地反映到人的头脑中,如高考落榜后,会感到前途渺茫,愧对老师和家长,从而引发不良情绪。

第三步,对照非理性思维的特征,看自己的思维方式是否偏颇。

第四次,与自己辩论,以客观、正确的理性思维来代替非理性思维。如高考落榜远不如想像的那么可怕,失败了可以从头再来,即使永远无缘大学课堂,仍有无数条通向成功的道路。

2. 归因训练法　归因训练是另一种行之有效的认知训练法,是指人们对行为结果成功或失败的原因进行探究、寻求解释的方法。它试图在情绪产生之前,对导致情绪发生的事件或结果进行理性分析,进而影响后继的情绪和行为。事实证明,不同的归因方法,的确能导致不同的情绪反应。例如,足球场上,运动员如果认为是因为裁判的"黑哨"断送了本队的前程时,会产生愤怒的情绪,极端情况下,会直接攻击裁判员;如果运动员将失败的主要原因归结为本队的水平与临场发挥的确与对手存在差距,便不会有过激行为。

人类从三个维度对事件进行归因,即外部归因和内部归因;稳定归因和非稳定归因;可控归因和不可控归因,并发现人们通常把行为结果的原因归为4个方面:能力、努力、任务难度和运气(表3-1)。6种不同类型的人,在成功或失败后引起的情绪反应有着极大的差别。把成功归于稳定的、内部的、可控制的原因,这就是积极、正确、科学的归因。而经常体验失败的人应选择不稳定的、内部的、可控的归因,它使人认识到失败不是不可避免的,并会知耻而后勇。不难发现,归因方式有正确和错误之分,有积极和消极之别,我们要想提高学习和工作效率,形成积极稳定的情绪,就必须化消极归因为积极归因,变错误归因方式为正确的归因方式。这种变化过程并非一蹴而就的,必须有意地培养并经过长期训练,才能形成正确的归因方式。归因训练一般有如下几个步骤:首先,要明确区分影响成败因素的性质:哪些是内部因素,哪些是外部因素,哪些是可控的,哪些是不可控的。要相信,你只能改变和控制内部的可控因素,而不能改变和控制外部的不可控因素,对于外部的不可控因素,最多只能影响它。要明白你能控制和改变的你定能做到,而对你不能控制和改变的东西,不要勉强自己,也不要强人所难,否则会碰得头破血流而以失败告终。以考试为例,考试过程是自己能够控制的,你可以认真作答,努力克服每一道难题,然而考试结果却在你的"掌控"之外,阅卷者的主观态度、题目的难易都会影响你的考试成绩,这些是你无法控制的。其次,要分清楚积极归因的特点和作用。积极正确的归因,会激励自己积极主动地学习、不断进步,反之则会影响自己的自信心、进取心。

表 3-1　常见的归因维度及要素简表

稳定性		内外源维度	
		内部的	外部的
稳定性维度	稳定的	能力	任务难度
	不稳定的	努力	运气

思考题

1. 谈谈在生活中你是如何给自己的失败和成功归因的?

2. 你常用的归因方式给你情绪上带来的影响是什么?

(四) 综合方面

当你处于情绪的低谷,通过前面的生理、情绪和认知的方法都没有办法进行改善时,还可以试试一种古老而又现代的方法——保持正念。这一方法起源于中国古代的佛教禅宗,近年来国外学者以之为基础开发出了正念疗法,广泛地用于临床和健康培训领域。正念(Mindfulness),是意识的一种状态,是一种对处于当下时刻刺激的更高的注意。这种意识是对自己的思维、情感的接受以及对于视觉、感觉、行为、他人、外部物体的接受,而不是对这一切的排斥、怀疑,或者仇恨和反感。正念这种意识状态的特点是对当下体验和功能的清晰和鲜明的感受,与人们通常惯有的自动行为与半无意识状态相反。正念疗法帮助个体在出现抑郁时停止行动模式,而代之以思维的存在模式。这种模式将关注思维的内容转移到关注思维的过程,因而个体不必再努力去改变消极的思维内容,转向注意所有体验的加工过程。在存在模式的状态下,个体跳出思维的局限性,摒除不必要的思考,直接而经验性地感受世界和自己。

(五) 人际方面

俗话说:"快乐有人分享,是更大的快乐;痛苦有人分担,可以减轻痛苦。"找人倾吐烦恼,把内心的苦恼告诉你的朋友、师长、心理咨询师,心情就会顿感舒畅。也可以写日记,给自己写信,把自己的感受描述出来。哈佛大学从 1938 年开始,开展了一项历时 70 多年的研究:他们研究了 724 名男性,从少年到老年,年复一年地询问和记载他们的工作、生活和健康状况等,从这些人海量的信息中提取出什么才是真正影响幸福的因素。结果发现良好的关系让人们更快乐、更健康。并且对人们是否幸福起决定作用的不是朋友的数量,也不是是否处在一段稳定的亲密关系中,而是所拥有的亲密关系的质量。亲密关系不仅保护人们的心理健康,也保护了人们的大脑。一个人如果在关系中真的感到自己在需要时可以依赖另一个人时,他们保持清晰记忆力的时间会更长。因此,爱的能力的培养和知识的获得一样重要,大学生在努力发展自我的时候,不能忽略对爱的能力的培养,这样才能建立稳定的人际关系,这也是他们获得幸福的保障。

专栏 3-2　简单但不容易的正念

> 正念的修习也许十分简单,但却未必容易。那些阻止我们觉醒的惯性,即不觉和机械性,是非常强大的。相反,如果我们能在觉悟和清明的状态下感受生命中的每一刻,则使我们更透彻地看到生活中我们不曾感受到或不愿正视的事物,因此使我们渐渐地加深对这些事物的领悟。这其中也包括直面我们心灵最深处的情感,比如痛苦、悲伤、伤痕、愤怒和恐惧。这些情感往往是我们不允许自己清醒地去面对、自觉地去表达的。正念还可以帮助我们欣赏如快乐、平和以及幸福等这样一闪而过、稍纵即逝的感觉。

第三章 情绪管理与心理健康

连续不断的思维之流流经我们的头脑,使我们几乎没空去体验内心的宁静。而我们自己也几乎总在忙忙碌碌、奔波不停,几乎没给自己留下任何空间,哪怕稍稍去体验一下活着的感觉。以下方法可以帮助我们对当前发生的一切保持觉知,即正念。

1. 停一停　冥想是我们保持正念的一种重要方法。冥想时,我们会停一停,感受当下,如此而已。很多时候我们四处奔波、到处忙碌,那么停下来,观察当下,不作任何干预,会发生什么？你感受如何？你看到了什么,又听到了什么？关于停顿,有意思的是你一旦停下来,便身处当下。这种停顿实际上会使你的前进更充满活力、更内涵丰富、更方向清晰。停一停有助于我们坦然面对前方我们为之担忧、感到信心不足的一切。停顿给我们以指引。

在一天中,不时抽时间停下来,坐下,感受自己的呼吸。你可以抽 5 分钟,或甚至几秒,摒弃一切,充分拥抱当下,包括你的感受和认知。不要试图改变什么,只需呼吸,无拘无束;呼吸,顺其自然;放下那种想让此刻有所不同的念头;在心里,在脑中,任由这一刻保持它原本的状态,任由自己保持原本的状态。然后,一切就绪时,沿着自己的内心指引的方向,清醒而坚定地,前进。

2. 当下即是　我们总是习惯于懊悔过去,善于为未来的生活做准备,却丧失当下的存在意义。当我们理解了"当下即是"的含义后,就能放下过去和未来,感悟当下。时时提醒自己："当下即是"。看看这句话是否放之四海而皆准。提醒自己,接纳此刻并不意味着对当前发生的一切妥协,这仅仅意味着一种清醒的认知:一切正发生之事正在发生。接纳并不会告诉你该做些什么。后续之事以及你所选择的事,都源于你对当下的认知。你也许会尝试将自己对"当下即是"的深刻洞悉用行动表现出来。它是否会影响到你对前进或回应方式的选择？你是否会默想,当下也许真的就是自己一生中最美好的时刻？如果真的有这种感想,这种感想对你来说意味着什么？

3. 掌握刹那　掌握刹那的最佳方式是专注,这是修持正念的要诀所在。正念意味着清醒,意味着知道自己在做什么。但是,当我们开始专注于自己脑中所思的事情时,我们往往又会立刻陷入无意识的状态,陷入不觉不悟的混沌状态。这种意识中断常常是由于我们对那一刻的所见所闻感到不满而导致的。这种不满使我们希望事情会有所不同,希望情况有所改变。你很轻易就可以观察到自己的大脑经常从当下逃离。你需要试着使自己的注意力集中在任何一个物件上,哪怕只短短一会儿。你会发现,要想培养正念,你需要一遍又一遍地提醒自己："要清醒,要清醒地觉察当下!"为此,我们要提醒自己去观察、感受、存在,并以此培养正念。就是如此简单……在某些时刻,超越时光,保持觉悟,关注此刻、当下。

那么,在此刻,问自己,"此刻,我是否清醒？""此刻,我在想什么？"

4. 留意自己的呼吸　这种做法能帮助你集中注意力,它好比一根锚索,使你专注当下,在你思绪游离时将你拉回到当下此刻。呼吸法在这些方面堪当重任,它会是一个重要助手,使我们意识到自己的呼吸,由此我们知道自己身处当下,也因此,我们会对当下发生的一切全然了悟。我们的呼吸可以帮助我们感悟每个时刻。令人称奇地是许多人竟然对此茫然不觉。毕竟,呼吸始终都在,就在我们的鼻尖。要想在呼吸中培养正念,请全身心地感受它,感受呼入的气体进入你的身体以及呼出的气体离开你的身体,仅此而已。只需感受呼吸。呼吸,并且清醒地知道自己在呼吸。这并不意味着要深呼吸或强迫自己去呼吸,亦不是努力去体验什么特殊的感觉,更不是去考虑自己的呼吸方式是否正确。不是思索自己的呼吸,仅仅是意识到气息的流入和流出而已。这种呼吸练习,一次无须太久。利用呼吸,使我们的思绪回到当下此刻,这是瞬间就可以完成的事情,只需注意力集中,方向稍作转变即可。但是,如果你能给自己多一点时间,将一个个的清醒时刻连点成线,连线成面,那就妙不可言了。

吸气,深深地吸入,呼气,缓缓地呼出;在这一刻,在这一吸一呼中,腾空大脑,放飞心灵,摒除一切欲望和杂念。思绪开始游离时,记得再回到呼吸上来;通过一次又一次的呼吸,将每一个觉悟的时刻连接起来。

资料来源:乔·卡巴金.正念:此刻是一枝花[M].王俊兰,译.北京:轻工业出版社,2015.

(何苗苗)

第四章
人格与心理健康

案例 4-1　弗吉尼亚理工大学的枪声

2007年,美国弗吉尼亚理工大学的枪击事件,造成33人死亡,瞬间震惊全球:究竟是什么扭曲了赵某某年轻的心灵,让他如此泯灭人性地屠杀无辜者。而他也让不少中国人不禁联想到3年前发生在中国的马某某案(2004年)。

23岁的赵某某出生于韩国,8岁时随家人移居美国。那时,他家生活拮据,从小口齿不清的赵某某很少与人沟通,性格变得孤僻而自我,并且在同学的嘲笑和欺负下,愈发变得不合群。

赵某某上课时总是坐在最后排,戴着帽子和墨镜,很少参与课堂活动。同学形容他为"身边的陌生人"。即使是韩国学生会组织的聚会,他也从不参加,几乎没有认识他的韩国学生。

据美联社19日报道,两年前,赵某某曾被视作"刺头"被赶出班级,他的诗歌课程老师乔瓦尼女士说:"要么让赵走人,要么我的班级解散。"

"赵是一个心胸极其狭隘的人,并且在极度自卑的同时,又特别自大。"

性格的缺陷和长期被忽视,赵某某变得越来越暴躁古怪,行为、心理也变得越来越极端。在赵某某寄给美国全国广播公司(NBC)的一盘录像带中,赵某某留下了这样一段话:"你们有无数次机会避免今天(的情况),但是你们决定让我流血,你们把我逼到死角,我没有别的选择。"

思考题

1. 赵某某为什么会有这样的行为?
2. 他有人格缺陷吗?

第一节 人格概述

人格是人的心理面貌的集中反映,也是人的心理活动和行为的基础,它决定了人面对外界刺激时的反应以及反应的性质、速度和程度。人类健康而幸福的生活越来越多地取决于人类自身的人格健康状况,而且人格的健康发展也是促进社会健康发展的一种力量。只有每个人的人格是健康和谐的,社会才能够和谐稳定。美国心理学家华生说过:"人格乃是我们各种习惯系统的最后产物,环境改变程度越高,则人格改变的程度也越高。"人格是一个丰富而复杂的心理成分,它体现着社会、文化、家庭、教育与遗传等因素对个体的影响。人格有着鲜明的个性特征,人格的差异铸就了个体千差万别、千姿百态的心理面貌,成就了每个人的个人魅力。

一、人格的概念

"人格"是我们日常生活中经常使用的词汇,它涵盖了法律、道德、社会、哲学等领域。人格"Personality"一词,最初源于古希腊语"Persona",原意是指古希腊戏剧中演员戴的面具。面具体现出角色的特点和人物性格,因人物角色的不同而不同。心理学沿用面具的含义,转意为人格。人格是指一个人整体的精神面貌,即具有一定倾向性的、相对稳定的和独特的心理行为模式,它是个体在遗传素质的基础上,通过与后天环境的相互作用而形成的。

与其他心理过程和心理特征相比,人格具有以下特点:

1. **人格的独特性** 个人对环境和个体本身作出的行为反应具有特殊性和个别性,即人格体现了个体人格倾向性和人格心理特征区别于他人的独特性特点。所谓"人心不同,各有其面",这就是人格的独特性。但是,人格的独特性并不意味着人与人之间的个性毫无相同之处。在人格形成与发展中,既有生物因素的制约作用,也有社会因素的作用。人格作为一个人的整体特质,既包括每个人与其他人不同的心理特点,也包括人与人之间在心理、面貌上相同的方面,如每个民族、阶级和集团的人都有其共同的心理特点。人格是共同性与差别性的统一,是生物性与社会性的统一。

2. **人格的稳定性** 人格的稳定性,包括三层含义:① 行为模式是成长和经验积累的产物,所谓"冰冻三尺,非一日之寒";② 行为模式一旦形成,就会相对稳定地持续一段时间,轻易不会发生改变,所谓"冰消雪融,非一日之功";③ 人格是个体成长、经验积累和生活环境影响的结果,"江山易改,禀性难移"不等于"不能移",人格还是具有可塑性的。

3. **人格的综合性** 人格的各组成成分具有内在的一致性,在不同情境中会表现出同样的行为模式。换言之,人们经常是在以不变应万变的方式用自己特有的行为模式去应对周围变化的环境。

4. 人格的功能性　人格在一定程度上决定了一个人的生活方式,甚至决定了一个人的命运,因而是人生成败的根源之一。当面对挫折与失败时,坚强者能发奋拼搏,懦弱者会一蹶不振,这就是人格功能的表现。

专栏 4-1　人格的理论流派

> 人格是研究个体心理差异的领域,有着异常复杂的心理结构。研究者是如何描述人格的结构的呢?下面介绍一些人格的理论,包括特质理论、类型理论和精神分析人格理论。
> 1. 人格特质理论　特质理论起源于 20 世纪 40 年代的美国,主要代表人物是美国心理学家奥尔波特和卡特尔。特质理论认为,特质是决定个体行为的基本特征,是人格的有效组成元素,也是测评人格的基本单位。
> 2. 人格类型理论　类型理论产生于 20 世纪 30～40 年代的德国,主要用来描述一类人与另一类人的心理差异,即人格类型上的差异。类型理论主要有两种:单一类型理论和对立类型理论。
> 3. 精神分析人格理论　精神分析的人格理论以弗洛伊德的理论为代表,他的人格理论包括:人格动力论、人格结构、自我防御机制和人格发展观。

二、人格的心理结构

人格是一个多层次、多水平的复杂统一体。一般认为,人格的心理结构由个性倾向性、个性心理特征和自我意识三部分组成(图 4-1)。个性倾向性是推动个性发展的动力因素,决定着一个人的活动倾向和积极性,集中地表现了人格的社会实质;个性心理特征是个体独特性的集中表现;自我意识是自我完善的能动结构,充分地反映了个性对社会生活的反作用,是人的心理能动作用的体现。

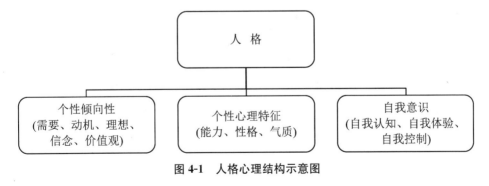

图 4-1　人格心理结构示意图

(一) 气质

1. 什么是气质　气质是个体典型的、稳定的心理活动的动力特征,它是人的心理活动的强度、速度、灵活性和指向性等全部动力特征的总和。大学生的气质是大学生心理活动的稳定的动力特征。这些相对稳定的心理动力特征的相互联系和相互作用,使大学生日常活动带有一定的个性色彩,形成独特的个性风貌。人的气质是先天形成的,受神经活动过程的特征制约。比如有的大学生对外界的反应快,有的人对外界的反应慢;有的人情绪反应强烈,有的人情绪反应平和;有的人性子急,有的人性子慢。

专栏4-2　巴甫洛夫的高级神经活动类型说

> 巴甫洛夫认为有四种典型的高级神经活动类型,即活泼的、安静的、不可抑制的和弱的,分别与希波克拉底的四种气质类型相对应,四种气质类型即四种典型的高级神经活动类型的行为表现。除这四种典型的类型外,还有许多中间类型。巴甫洛夫学派的观点被后继者进一步发展,如捷普洛夫和涅贝利岑等主张研究神经系统的各种特性及其判定指标;梅尔林主张探讨神经系统特性与气质的关系,强调神经系统的几种特性的组织是气质产生的基础;还有人将气质归因于体质、内分泌或血型的差异,但气质的生理基础仍无法确定。

2. 气质的类型　气质可以划分为多种不同类型。根据高级神经系统的兴奋性和抑制性的强度、平衡性、灵活性,将气质分为四种类型,即胆汁质、多血质、黏液质和抑郁质。我们可以依据不同气质类型的特点,有意识地施加影响,塑造大学生的优良品质(表4-1)。

一般来说,单独具有某种典型的气质类型的大学生并不多见,在生活中,绝大多数是这四种气质互相混合、渗透、兼而有之的人。有些人是两种气质典型的混合,有些人是三种气质典型的混合,有些人甚至是四种气质的混合。气质类型没有好坏之分,因为一种气质类型在某种情况下可能具有积极意义,而在另一种情况下则可能具有消极意义。只要注意发扬不同气质类型的积极面,克服消极面,做到"扬长避短",任何气质类型的人都能在事业上获得成功。

表4-1　气质类型特点与大学生优良品质的塑造

气质类型	胆汁质	多血质	黏液质	抑郁质
心理倾向	外倾明显	外倾	内倾明显	内倾
易形成的优良品质	热情、勇敢爽朗、有进取心、不怕困难	机敏、亲切、有同情心、兴趣广泛	稳重、坚定、踏实、有毅力、有耐心	细心、谨慎、守纪律、富有想像力
易形成的不良品质	任性、粗心、性急、暴躁	轻浮、散漫、不踏实、不诚恳、不专一	固执、冷淡、拖拉、缺乏生气	狭隘、多疑、优柔寡断、怯懦、缺乏自信心、自卑

续表

气质类型	胆汁质	多血质	黏液质	抑郁质
教育要点	不要轻易激怒,要培养其自制力和坚持到底的精神,可进行有说服力的严厉批评	养成扎实、专一、克服困难的精神,防止见异思迁,多给活动机会,可严厉批评	要耐心,容许其有足够的时间进行考虑与作出反应	多关心爱护,不在公开场合指责,不能严厉批评,鼓励参加集体活动,增强自信心
代表性的人物形象	张飞、李逵、晴雯	韦小宝、孙悟空、王熙凤	鲁迅、薛宝钗	林黛玉

(二) 性格

1. **什么是性格** 性格是一种与社会相关最密切的人格特征,它包含了许多社会道德含义,是个体比较稳定的心理特征,主要是指个体对现实的较稳定的态度以及与之相适应的习惯化的行为方式。性格是在后天环境中逐渐形成的,是人最核心的人格特征。性格有好坏之分,表现了一个人的品德。

专栏4-3 性格的生物学影响因素

> 研究发现(罗,富尔顿,1979),脑损伤或病变对人的性格有影响。一个额叶受伤的人,性格会发生明显的变化,患者变得动静无常,有时爱说粗俗的下流话,对伙伴缺少尊重,不能容忍约束或劝告,时而极端顽固,时而反复无常,时而犹豫不决。这一研究说明,大脑皮层的额叶与人的性格有关。

2. **大学生的性格特征**

(1) 态度特征:指人对待现实的态度方面的特征。它是性格的最重要的组成部分。由于客观现实的多样性,因此人对现实的态度呈现出的性格特征也是多种多样的。具体表现在:对自己的态度特征,例如,谦虚谨慎、自尊、自律以及与之相对应的骄傲、自卑、羞怯等;对他人、集体、社会的态度特征,例如,爱国主义、集体主义、正直、富于同情心等以及与之相反的对国家与集体漠不关心、自私等;对学习、工作、劳动和劳动产品的态度特征,例如,勤劳或懒惰、有责任心或粗心、认真或马虎等。

(2) 意志特征:指人在调节自己的心理活动时表现出的心理特征,主要表现在对行为目标的明确程度上,例如,有目的性或冲动性、独立性或易受暗示性、有组织纪律性或放纵性等;对行为自觉控制的水平,例如,主动性和自制力等;在紧急状态或困境下表现出的意志,例如勇敢、果断、镇定和顽强等;对自己作出决定贯彻执行方面的特征,例如,有恒心、坚韧性、顽固性等。

(3) 理智特征:是指人在认知活动中表现出来的心理特征,主要是指人在感知、记忆、想像和思维等认知过程中表现出来的认知特点和风格的个体差异。例如,表现在感知方面的有主动与被动、详细与概括等;表现在记忆方面的主动记忆与被动记忆、形象记忆与逻辑记忆等;表现在思维方面的独立性与依赖性、分析性与综合性等;表现在想像方面的丰富与贫乏等。

(4) 情绪特征:是指人产生情绪活动时在情绪的强度、稳定性、持续性和主导心境等方面表现出的心理特征。具体包括几个方面:在强度上表现为一个人的行为受情绪感染和支配的程度及情绪受意志控制的程度,例如,有的人情感体验强烈,难以控制,有的人则相反,总表现得比较平静,情绪波动不大;在稳定性上表现为情绪波动的幅度;在持久性上表现为情绪活动持续的时间长短以及影响身体、工作、生活的久暂程度。情绪对人的身心稳定而持久的影响即形成心境。心境在不同人身上有显著差异性,因此,不同的人具有不同的主导心境,例如,有的人总是振奋快乐,而有的人则多愁善感、抑郁沉闷。

3. 大学生的性格类型 当代大学生性格有多种不同的分型方法,常见的有以下几种。

(1) 内、外向型性格:典型内向型性格者的兴趣和注意指向自身及其主观世界,内心活动丰富,敏感、细心,喜欢独处、不善交往、含蓄、安静,常与人保持一定距离,幻想较多而缺乏行动,常深思熟虑,耐受性强,较少冒失行动,稳重而少冲动性。典型外向型性格者的兴趣和注意指向外部和外界环境,喜欢也善于交往,热情、活跃、进取、敢说敢做,但缺乏周密思考,冲动性强,不够稳重,耐受性差,易变化,粗心。

专栏 4-4 内、外向型性格与快乐性格

在一项研究中,要求外向型的人和内向型的人报告他们连续 84 天里的情绪状况(拉森,嘉斯马缇斯,1990)。研究者把被试者在一周中每天的情绪进行比较时,发现了一个有趣的现象:学生们最不喜欢的是星期一,但随着星期六的到来,这一星期变得逐渐好起来。同时也发现,不管是一星期中的哪一天,外向型性格的人所报告的积极情绪水平都比内向型性格的人高。

如果外向型性格的人比内向型性格的人更快乐,那是什么原因造成的呢?研究者发现,这里至少有两个原因。首先,外向型性格的人比内向型性格的人更喜欢社交,而社会交往与幸福感有密切联系(迪尔勒,1984)。与朋友来往通常是愉快的,外向型性格者的其他行为也是如此,如跳舞、聚会和参加橄榄球赛。人的许多基本需求,如胜任感和价值感,都是在社会背景下获得满足的。另外,朋友经常可以充当缓冲器。另一个原因是,外向型性格的人对奖赏比内向型性格的人更敏感。当得到积极反馈时,外向型性格的人比内向型性格的人更高兴。而当得到消极反馈时,外向型性格的人和内向型性格的人表现出同样的失望。

这能说明外向型性格的人总是比内向型性格的人快乐吗?不一定。这是因为外向型性格的人不只是比内向型性格的人爱社交,而且也更容易冲动。不考虑后果而只做在某一刻感觉好的事情是有危险的。外向型性格就好比一把双刃剑。外向型性格的人可能比内向型性格的人容易结交朋友并有很多乐趣,但他们也可能因不假思索地行动,从而给自己惹上麻烦。内向型性格的人可能不大容易从社会交往中得到好处,但是他们也避免了因判断失误而受到损失。

(2) A、B型性格:20世纪50年代,美国心理学家弗雷德曼和罗斯曼根据人们在时间上的匆忙感、紧迫感、好胜心等特点,把人的性格分为A型与B型性格。A型性格的人具有强烈的进取心和成功意识,时间紧迫感强,生活节奏较快。这类人往往智商较高,能力较强。B型性格的人则表现平静,与世无争。有研究表明:A型性格的人容易得心脑血管疾病,其发病率是B型性格的两倍。另有研究发现:那种能够把对别人的不满藏在心里,在行为上表现出与别人友好合作,迁就别人,无原则原谅本不能原谅的人和事的人,由于长期过分压抑、克制自己,消极情绪得不到有效疏泄,易患癌症。以癌症的英文单词"Cancer"的第一个字母C将该型性格称为C型性格。

(3) 内、外控制点性格:有内控制点特征的人认为自己有能力控制生活中的事件,他们积极主动、乐观、进取、努力、发奋。有外控制点特征的人认为生活中的事件全部由外部因素来决定,如运气和机会,自己则无法控制,往往较消极悲观,焦虑水平高。

专栏4-5 内、外控制点性格

下面的每种陈述都表明它在某种程度上符合你的情况。分数量表如下:
1分=非常不赞成,2分=不赞成,3分=有点不赞成,4分=介于赞成和反对之间,5分=有点赞成,6分=赞成,7分=非常赞成。
1. 我能得到我想要的东西是因为我的努力。(　　)
2. 制订计划的时候,我相信我肯定能让它发挥作用。(　　)
3. 我喜欢带有运气的游戏,而不是纯粹需要技术的游戏。(　　)
4. 只要我下定决心,我能学会几乎所有的东西。(　　)
5. 我的专业成就完全取决于我的努力工作与能力。(　　)
6. 我通常不设定目标,因为我很难最终实现它们。(　　)
7. 竞争不能使人变得优秀。(　　)
8. 人们通常靠运气获得成功。(　　)
9. 在所有的考试、竞争中,我想知道我比别人做得怎样。(　　)
10. 干那些对于我来说太难的事情是没有意义的。(　　)
计算分数的时候,把第3、6、7、8、10题进行反向计分(1=7;2=6;3=5;4=4;5=3;6=2;7=1),然后合计十个项目的分值。最近研究者选取了一个大学生样本,平均分是:男生51.8,女生52.2,标准差均为6。得分越高,表明你越相信自己能控制成就。

(三) 大学生的自我意识

大学生的自我意识详见第二章。

三、大学生人格发展的特点

大学生处于成年早期(18～25岁),正处于身心急剧发展和自我意识由分化、矛盾逐渐走向统一的特殊时期,这一阶段的主要发展任务是获得亲密感,避免孤独感。大学阶段仍然是人格不断发展的重要时期。根据国内外心理学家对人格结构的研究,结合我国当代社会发展的现状和实际表现,大学生人格发展中呈现出如下几个方面的特点:

1. 认知自我能力加强但自我控制能力弱　首先是自我认可,基本上能接受一切属于自己的东西,从而形成对自己积极的看法;其次是自我客体化,对自己的优点和缺点都比较清楚和明确,理解现实自我与理想自我之间的差别;再次,大多数人有明确的奋斗目标和愿望,并为之付出努力。

2. 智能结构健全而合理　大学生具有良好的观察力、记忆力、思维力、注意力和想像力,没有认知障碍,各种认知能力能有机结合并发挥其应有的作用。大学生思维敏捷,但是在知识结构、生活技能等方面存在不足,具体表现为对实际问题的分析和解决能力不足。

3. 社会适应能力较强　大学生对外部世界有着浓厚的兴趣,有着广泛的活动范围和爱好,人际交往范围扩大,积极参与各种形式的社会实践活动。同时,能接受别人与自己在价值观与信念上存在的差别,能根据实际情况而不是自己的主观愿望来看待事物。

4. 创造性和竞争意识兼备　大学生能把事业看成生活的重要组成部分,在事业上有较强的进取心和责任感;具有竞争意识,具有开放性的思想观念,少有保守思想;乐于创造,勇于创新,甘愿冒险,独立性强,富有幽默感,态度务实。

5. 情绪情感强烈丰富但不稳定　大学生在情绪上稳定性与波动性、外显性与内隐性并存,情感丰富,对学习、生活有着积极的情绪、情感体验。大学生情感丰富强烈,同时也具有不稳定的特点。

四、大学生人格发展的影响因素

人格是在个体生物遗传的基础上,在一定的社会环境的影响下,通过实践活动逐步形成和发展起来的。在遗传和环境的相互作用过程中,遗传为人格发展提供了可能性和发展方向,环境(主要是社会环境,包括家庭、社会文化等)把这种可能性转化为现实。大学生的人格也是通过实践活动,在人和环境的相互作用过程中形成和发展起来的。

(一) 遗传因素

遗传因素是人格形成和发展的生物学基础。在心理学研究中,双生子研究是用来研究人格形成和发展中遗传因素作用的方法。同卵双生子的遗传因素是完全相同的,异卵双生子则如同一般的兄弟姐妹。比较同卵双生子和异卵双生子的人格特征,就能大致看出遗传因素在人格形成和发展过程中的作用。

专栏 4-6　双生子的人格特征研究

> 我国发展心理学家林崇德教授研究了人格特征各个方面的遗传作用,结果表明:同卵双生子在对社会、集体和他人的态度方面的相关系数是 0.61,异卵双生子的相关系数是 0.54,两者差异是显著的;同卵双生子在对自己的态度方面的相关系数是 0.71,异卵双生子在对自己的态度方面的相关系数是 0.60,两者的差异也是显著的;同卵双生子在人格的情绪特征方面的相关系数是 0.72,异卵双生子的相关系数是 0.57,两者存在着非常显著的差异;同卵双生子在人格的意志特征方面的相关系数是 0.67,异卵双生子则为 0.61,两者没有显著的差异;同卵双生子和异卵双生子在品德方面也不存在显著差异,并没有发现品德不良与遗传因素有关。由此可见,遗传因素对人格特征各个方面的影响程度是不同的。

(二) 家庭因素

家庭对一个人的人格形成和发展具有重要而深远的影响。家庭是儿童生活的最初环境,社会和时代的要求往往是通过家庭在儿童心灵上打下烙印的。从出生到五六岁,是人格形成的最主要阶段。在这个阶段,绝大多数儿童在家庭中生活,在父母抚养中长大。因此,父母的教养态度对于一个人人格的形成和今后的发展起着重要作用。

美国心理学家包德温分别研究了父母教养态度与子女人格特征之间的关系,结果发现:支配、干涉、娇宠、拒绝、不关心、专制、严厉等教养态度,会导致子女形成不良的人格特征;而信任、民主、容忍等教养态度,会培养子女良好的人格特征,详见表 4-2。

表 4-2　父母的教养态度和孩子性格的关系

父母的态度	孩子的性格
支配	消极、缺乏主动性、依赖、顺从
干涉	幼稚、胆小、神经质、被动
娇宠	任性、幼稚、神经质、温和
拒绝	反抗、冷漠、自高自大
不关心	攻击、情绪不稳定、冷酷、自立
专制	反抗、情绪不稳定、依赖、服从
民主	合作、独立、温顺、社交

专栏 4-7　XYZ 型：三种家庭教养方式

> 嘉吉缇斯贝斯(1990)依据家庭中两代人之间的"独立—依赖"关系，归纳出了三种典型的家庭教养方式：
>
> X 型：家庭中父母与子女在物质与情感上的关系都是相互依赖的，亲子关系的取向是顺从，属于集体主义教养方式。如韩国与日本的母亲总是热心于保持与孩子的交互作用，母亲千方百计地要把自己与孩子"焊接"起来，她们认为母子的亲密关系是儿童健康发展的重要条件。在家庭教养中，母亲总是力图创造一种"关系上的协调"，但是她们却难以培养孩子的心理独立性。
>
> Z 型：家庭中两代人之间在物质和情感上都是相互独立的，亲子关系的取向是独立，属于个人主义教养方式。如美国和加拿大的母亲认为母子间的分离与个体化是孩子人格健康发展的条件。所以，母亲尽力把自己与孩子分离开，以培养孩子的独立自主性，母亲在家庭关系中创造的是一种"个体上的协调"，但是这也会带给双方情感上的孤独与失落。
>
> Y 型：将上述两种教养方式综合在一起，强调在物质上的独立和情感上的相互依赖。中国与土耳其的家庭近似这种教养方式。如对土耳其的研究发现，土耳其青年既忠于家庭，又注重本人才能的自我实现。在具有集体主义文化基础的发展中国家，在大规模的城市化和现代化背景下，家庭人际关系可能向 Y 型转化。

（三）社会文化因素

人格也可以理解为人们在长期认识世界和改造世界的过程中，将社会关系和文化特质内化到主体文化心理结构中所形成的相对稳定的价值观念、心理特质和行为方式。同样，大学生人格的表现方式、成熟的速度，不仅由生物性的因素决定，而且也受到特定社会的规范、价值观及对青年期人格成熟的期待等各种各样的社会、文化因素的影响。大学生作为社会中知识层次较高的人群，思想敏锐，接受新文化的速度较快，因此，不同的社会、文化背景，常常给大学生的人格发展添上了特殊的和具体的时代色彩。

专栏 4-8　人格与文化

> 个体主义文化与集体主义文化背景影响着人格的形成与发展。包括多数欧洲国家和美国在内的个体主义文化强调个人的需要和成就。生活在这种文化中的人倾向于把自己看作是独立的、独特的人。相反，生活在集体主义文化中的人倾向于把自己归属于一个较大的群体，如家庭、宗教或国家。这种文化背景下的人们对合作的兴趣胜过对竞争的兴趣。他们从群体成就中获得的满足，胜过从个人成就中获得的满足。亚洲的很多国家的情况符合上述的这种集体主义文化。

（四）实践活动

个人从事的实践活动是制约人格形成和发展又一要素。登山活动可锻炼人的顽强性；救护活动可锻炼人的机敏性；常年在田间劳作，使人懂得勤俭。某一特定的实践活动,要求人反复地扮演某种与这一活动相适应的角色,久而久之,便形成和发展了这一活动所必需的人格特点。不同的实践活动造就和发展不同的人格,这就要求大学生积极参加各种实践活动,积累人生的经验,促进自我成长和完善。

思考题

1. 试结合人格类型和大学生人格特点,分析自己的性格特点。
2. 大学生如何在实践中健全人格?

第二节 大学生常见人格问题

人格发展缺陷是介于健康人格与人格障碍之间的一种人格状态,表现为人格发展的不良倾向。对于一个人来说,人格是影响心理状态的最重要的因素,也是最复杂因素。可以肯定地说,几乎所有的人在其人格核心(即性格)的某些方面或多或少都存在着某些缺陷或问题,但这不属于人格障碍。需要强调的是,由于性格是人格的核心,人格发展缺陷绝大多数都表现在性格的偏移上。这里介绍的人格发展缺陷的类型也是以性格的偏移为代表的,通过了解和掌握相关知识,学会运用自我调适的方法,对于完善大学生的人格、提高其心理健康水平有着极其重要的意义。

一、自卑

案例4-2 自卑的感觉

> 张某,工科大学四年级男生。其诉说自己情绪变化很大,时好时坏,好的时候干什么都还可以,坏的时候感觉什么都没有意思,不能控制。比如,今天早晨起来就很难受,觉得"自己的存在没有什么必要"。压抑、恐怖、厌学等一些说不清楚的、莫名其妙的感觉常常袭扰着他。这种感觉他在中学时也有过,上大学后感到越来越严重,致使听课安不下心,作业懒得完成,已经好几门功课不及格了,学位是拿不到了。近来情绪特别不好,有时心里空荡荡的,有时又乱糟糟的,感觉自己好像不是自己。毕业后能干什么?经商?自己拿得起来吗?学点手艺挣钱?自己又有多大能力?就是这样,想一个问题,干一件事情,总是犹犹豫豫,问号太多,拿不定主意,而且没有把一件事坚持做到底的信心。一想到快毕业了,看着同学都忙忙碌碌、跃跃欲试地准备毕业前要完成的工作,而自己却六神无主。

自卑是指当心里期待的目标实现不了时,产生的对自己的能力和品质评价过低的心理现象。由第二章的介绍可知,自卑是对自己认识的不足与否定。每个人都有一定程度的自卑感,因为追求理想是人类的一种天性。从人格的角度看,自卑属于人格偏移的一种。自卑和自信正好是两种完全相反的心理品质,却都是青年人常有的心理表现。

自卑感严重的大学生,性格和行为中通常有以下的特点:① 性格内向、情感脆弱、体验深刻、多愁善感;② 常常自惭形秽,觉得自己处处不如别人;③ 总是感到别人看不起自己,又怕受到别人的伤害;④ 处事敏感,且比常人感受强烈,经受不起刺激;⑤ 处事多回避,处处退缩,不愿抛头露面,害怕当众出丑。

自卑感产生的原因多种多样,主要包括以下几点:

1. **自我认识不足** 每个人总是以他人为镜来认识自己的,如果他人对自己的评价过低,特别是当这些评价来自于较有权威的人时,就会影响他们对自己的认识,从而对自己评价过低,产生自卑心理。对自我形象不认同,觉得自己长得不好,或者是对自己的能力有所怀疑,进入大学后的优越感降低,觉得自己没有赢得别人尊重的本钱,于是产生了极强的失落感,原有的优越感一下子就成了自卑感。每个人都会在某个方面产生自卑感。

2. **家庭经济因素** 部分学生由于出身贫寒,生活困难,与别的同学相比,自觉家庭经济条件实在太差因而感到自卑。这几年,由于这方面因素引起自卑的大学生人数有增加的趋势。

3. **社会文化因素** 每个人都处在特定的社会文化环境中,文化对自卑心理影响很重要。根据米德等人对新几内亚的三个民族的人格特征的研究,发现居住在湖泊地带的张布里族,男、女角色差异明显:女性是社会的主体,她们每天劳动,掌握经济实权;男性处于从属地位,主要从事艺术工艺与祭祀活动并承担孩子的养育责任。这种分工使该地区的男性有明显的自卑感。

4. **成长经历** 人的一生不能说漫长也不能说太短,但真正对人产生深刻影响的关键时期就那么几个,其中童年经历的影响尤深。心理科学的研究已证实,不少心理问题都可在早期生活中找到症结,自卑作为一种消极的心态也不例外。

5. **个人性格特点** 气质抑郁、性格内向者大都对事物的感受性强,对事物带来的消极后果有放大趋向,而且不容易将其消极体验及时宣泄和排解出来。因而外界因素对他们心理的影响往往要比对其他气质、性格类型者的影响大,产生自卑的可能性也相应增大。而意志品质表现为自觉性、果断性和自制力的学生在其上进心、自尊心受到压抑时,不是变得自卑,而是激起更强烈的自尊,及时调整自己的行动,以更大的干劲冲破压抑,努力拼出一条成功之路来。但有自卑心理的学生则正好相反,如在经过一番努力后仍无效果,便会泄气,认为自己不行,于是变得自卑起来。

自卑感严重的话会对自身的生活、学习和人际交往产生巨大的负面影响。自卑感在心理学上可从以下几个方面进行调适:

1. **正确认识自己,提高自我评价** 自卑的人往往注重接受别人对他的低估评价,而不愿接受别人的高估评价。在与他人比较时,也多半喜欢拿自己的短处与他人的长处相比。越比越觉得自己不如别人,越比越泄气,自然产生自卑感。其实,我们每个人都有各自的优点和缺点。因此，有自卑心理的人，首先要正确认识自己，提高自我评价，要经常回忆自己的长处和经过努力获得成功的事例；要善于发现自己的优点，肯定自己，以此激发自己的自信心，不要因为自己某些缺点的存在而把自己看得一无是处，不能因为一次失败而以偏概全，认为自己什么都干不了。

2. 善于自我满足，消除自卑心理　　自卑的人一般都比较敏感脆弱，经不起挫折打击。一旦遭受挫折，就很容易意志消沉，增强自卑感。因此，凡事应不怀奢望，要善于自我满足，知足常乐，无论生活、工作或学习，目标都不要定得过高，这样，就容易达到目标，避免挫折的发生。同时必须明白和做到：努力的目的是完成自己的既定目标，而不是为了打败别人。而每次取得的成功体验，都是对自己的一种激励，这是十分有利于恢复自信心的。

3. 坦然面对挫折，加强心理平衡　　自卑的人心理防御机制多数是不健全的，自我评价多数偏低。因此，在遭受挫折与失败的时候，不要怨天尤人，也不要轻视自我，应客观地分析环境与自身条件，这样才可以找到心理平衡，才会发现人生处处是机会。

4. 广泛社会交往，增强生活勇气　　自卑的人多数比较孤僻、内向、不合群，常把自己孤立起来，少与周围人群交往，由于缺少心理沟通，易使心理活动走向片面。自卑者应多参与社会交往，以感受他人的喜、怒、哀、乐，丰富生活体验；通过交往，可以抒发被压抑的情感，增强生活勇气，走出自卑的泥潭；通过交往，可以增进相互间的友谊、情感，使自己的心情变得开朗，恢复自信。

二、极端内向

案例 4-3　极端内向者的自白

> 李某，大二女生，极端内向。她说："我并不是厌世，但我确实不知道生存在世上的意义。我对人、对事都没有特殊的爱恋，我希望可以躲起来不必面对这个世界。我每天早上都赖在床上不肯起来，外面的世界对我来说太难应付了，每天由教室回到家里的时候，我都有如释重负的感觉。放假的日子，我除非迫不得已，否则一定要留在家里，无论如何也不肯出去。我最怕的是人，我觉得自己什么都比不上别人，所以为了逃避与别人比较高低，我尽可能地避免与别人接触。我很怕向别人提出问题，我怕别人骂我笨，所以在学习及生活上有许多事一知半解、得过且过。可是我又怕别人识穿我的无知，因此我加倍谨慎，避免与人接触。虽然我躲在自己的'一人世界'里觉得安全，但同时我也觉得孤独。我向往能多交几个好朋友，我希望自己不要那么怕与人接触，我希望可以仔细地去了解自己学习和生活的环境，我希望可以真正地享受人生。"

极端内向是指内向超过了一定的限度而形成的心理现象，一般视为正常人格的偏移。这种偏移产生的原因是复杂的，既有主观上的原因，也有外界客观世界的影响，是多种因素综合影响的结果。大学生极端内向的行为主要表现为以下几个方面：① 沉默寡言，消极悲观，难以适应新的生活环境；② 敏感多疑，不喜欢参加集体活动；③ 情感脆弱，自卑感强，不能面对挫折、困难和失败；④ 紧张抑郁，不善言辞。

大学生应以积极的态度来改变或调整自己的极端内向心理。具体可尝试以下的措施：

1. 循序渐进，逐渐调整　首先要正视这种人格偏移，要敢于面对，要明白"冰冻三尺，非一日之寒"的道理。其次要认识到，不改变会给自己带来痛苦，然后下决心一点一滴地做。要多与周边的同学来往和沟通，多参加社会实践，扩大交往接触的范围，在集体环境中体验温暖和友情。

2. 正视自身不足　遇到问题要敢于剖析自己、分析自己的不足，能够跳到圈外去看事情（即客观看待事情），在人际交往中取长补短，形成健康的交往习惯。

3. 积极培养兴趣　通过兴趣丰富自己的生活，在这个过程中逐渐了解自己，从而增加纠正偏移人格的途径和方法，以便更好地完善自我。

三、嫉妒

案例 4-4　嫉妒断送了她的前途

> 女大学生唐某，从小娇生惯养，受到父母溺爱。进入大学后，她处处想拔尖、出人头地，想超过班上所有的同学。班干部竞选时，因为她没被选上，所以心里很不自在。从此，对老师和被选上的班干部怀恨在心。一次，班上有两位女同学考试分数比她高，她妒意大发，令人吃惊的是她利用下课的空闲，竟把人家的课本、作业本以及其他学习用品全偷了，使人学习不成。后来，此事被老师和同学们发现了，她理所当然受到了批评，但她不仅不悔改，竟趁别人上课时溜回宿舍，把一位同学价值500多元的衣物、被褥统统烧光。最后她因此触犯了国家法律，成了纵火犯，断送了原本美好的人生。

嫉妒是指当人发现自己的才能、机遇、名誉、地位不如他人时，产生的羞愧、怨恨和愤怒相混合的复杂心理。在大学生活中，由于功利主义的影响，同学间相互嫉妒的现象时有发生。我们发现，嫉妒受一定可比性的制约，两者不相上下时最易产生嫉妒，而两者差别越大，产生嫉妒的可能性越小。"没有比较的地方就没有嫉妒"。嫉妒是嫉妒者觉得自身利益、地位、名誉受到侵害时所产生的心理现象。嫉妒必然有对象，否则就不可能产生。严重的嫉妒心理可视为一种典型的人格发展缺陷，如果处理不当，产生报复行为，后果很可能不堪设想。在大学生活中，这种不良心理会妨碍正常的社会交往，并影响自身的心理健康。可以说，超过一定限度的嫉妒损人毁己，同时也影响个体的工作、学习和生活，危害国家和集体利益。

根据这一人格偏移的特点，我们可以尝试以下几种调适嫉妒心理的方法：① 当你嫉妒某人时，应使自己想到自己的长处和优势，即主动把注意力引到自己的优势和长处上来，通过注意力的调节产生一种平衡力，以弱化嫉妒心理；② 当你受到他人嫉妒时,应主动与嫉妒自己的人进行交往,通过相互的沟通来疏导对方的不满情绪;③ 提高修养,开阔眼界,坦荡胸怀,勇于面对他人的成绩与自己的不足;④ 学会适当的精神发泄,当你正受着嫉妒的煎熬时,首先要将郁积在心底的烦恼通过口头或书面的方式表达出来,与可信任的人交流,请其为自己出主意、提建议,在产生问题行为之前把心理问题消灭。这样有助于稳定情绪、保持良好的精神面貌和心理状态。

四、自我中心

案例 4-5　为什么大家不理我?

> 珊珊是一个大二的女生,在家是独生女,聪明漂亮,学习优秀,在堂、表兄弟姐妹中数她最出色,父母、长辈万千宠爱集于一身,家庭经济条件好,很早就有自己独立的卧室。到学校后,四人一间宿舍,她感到委屈和不适应,经常抱怨寝室同学,还要娇小姐脾气,支使别人干这干那,好像是理所当然的。这样,其他三位同学开始逐渐疏远她,她感到十分孤单,却又不知道别人为什么远离她。

自我中心是指在思考问题时只从自我的角度出发,不能站在他人的立场考虑问题,而且错误地以为自己的观点就是别人的观点。具有自我中心特点的人对问题的看法、判断往往是绝对的,只注意事物的突出特点,而不能全面观察事物,属于正常人格的一种偏移。

在大学生中,自我中心的心理通常有以下几个方面的表现:① 固执己见、唯我独尊;② 少关心别人,与他人关系疏远;③ 自尊心过强,过度防卫,有明显的嫉妒心理。

自我中心是现在大学生中常表现出的一种人格发展缺陷,特别是在独生子女大学生中,这种现象更为常见。我们可以采取以下的方法加以调适:① 树立健康的人生观,自觉地将自己、他人和集体结合起来,走出自己的小天地;② 恰当地评价自己,既不低估也不高估,既不妄自菲薄,也不自高自大;③ 尊重他人,获得友谊;④ 设身处地地从他人的角度思考问题,将心比心,真诚地关爱他人,从而做到"我爱人人,人人爱我"。

五、冷漠

案例 4-6　如此冷漠

> 2010 年 10 月 20 日 23 时许,大三学生药某某送完女朋友驾驶红色雪佛兰小轿车返回西安,当行驶至西北大学长安校区外西北角学府大道时,撞上前方同向骑电动车的张某。药某某下车查看,发现张某倒地呻吟,因怕张某看到其车牌号,以后找麻烦,便产生杀人灭口之恶念,遂从随身携带的包内取出一把尖刀,上前对倒地的被害

人张某连捅数刀,致张某当场死亡。杀人后,药某某驾车逃离现场,并再次将两情侣撞伤,最终在逃逸时被附近群众抓获。当被问及杀人理由时,他竟然说:被撞者是农村人,农村人很难缠!在他的思维中丝毫没有对于人生命的尊重,情感之冷漠令人发指。

冷漠是指在学习和生活过程中,对引起挫折的对象无法加以攻击,又无适当的替代对象可攻击时,强压愤怒情绪,表现出表面的冷漠、失去喜怒哀乐的表情以及对事物无动于衷的态度。在大学生中,冷漠心理通常表现为冷淡、消沉、怠惰、萎靡、不在乎、无所谓等情绪和消极态度。冷漠心理的形成原因同样很多,归纳起来主要有适应能力、学校教育、家庭教育三个方面因素,因此切不可把造成冷漠心理的原因归结于某一个方面。对于冷漠,我们可以从以下几个方面进行调适:① 重塑理想信念,促进自我转化。形成冷漠的一个症结就是理想和信念的丧失,只有对理想信念进行重塑,扬长避短,"失之东隅,收之桑榆",最终促成自我成功转化。② 认清形成过程,确立科学态度。要清醒地认识到,冷漠心理并非一朝一夕形成的,从而确立科学的态度,制订详细的调适计划。③ 摸清"心理禁区",激发积极情感。研究表明,存在这种现象的人的心里都存在着一个非常明显的"心理禁区",最怕被人触及。而积极的情感往往会产生理解、接纳、合作的行为效果。我们可以通过激发积极情感对其进行有效的心理补偿,克服"内心的冷漠"。

六、猜疑

案例 4-7　不相知,便相疑

武汉某高校一女大学生无意之中丢失了生活费,怀疑是一名同学所为,顿生报复之心,伙同两名同学将该同学先灌酒、后喂毒品、再抢劫。日前,武汉市江岸区人民法院以抢劫罪,判处张某等3名女大学生有期徒刑3年,缓刑3年,并各处罚金1万元。

张某、李某和王某今年均23岁,都是某高校在校大学生,且关系不错。去年,张某丢失了几百元生活费,一直怀疑是同学敏敏所为。随后张某将此事告诉了李某和王某,提出"想教训下敏敏,让她吃点亏"。

2006年7月22日,张某过生日,在和李某等人合谋后,遂邀请敏敏于当天下午5时参加生日宴会。酒桌上,张某等三人轮番和敏敏"碰杯"。饭后,张某又提议去汉口三阳路一家卡拉OK厅唱歌。在包房内,三人互使眼色后,张某拿出事先花几百元购买的K粉,让敏敏边尝边喝。见敏敏昏睡不醒,三人从敏敏身上摸走70元钱、一部手机和一枚铂金戒。

等敏敏数小时后醒来,包房内已空无一人,茶几上放着十元钱,老板告诉她:"你的朋友结账走了。"回家后,敏敏将遭遇告诉家人,家人报警。案发后,张某向警方投案自首。

猜疑心理是由主观推测而产生不信任感的一种复杂的不良心理。猜疑心理严重的人常常疑心重重,总觉着别人在背后议论自己,看不起自己,算计自己。这种人不但在社交中不信任他人,严重的还会产生心理疾病。猜疑心理往往是心胸狭隘、患得患失者易产生的不良心理。另外,也有一些人产生猜疑心理是由于在社交中发生误会或听信流言蜚语,而自己又缺乏相关证据。针对猜疑心理,我们可以采取以下方式进行调适:① 猜疑心理重的人首先应当改变自己为人处事的准则,逐渐开阔自己的胸襟,坦坦荡荡,不过于拘泥小事,不斤斤计较个人得失。社交中以诚信为基础,诚以待人,宽以待人。② 在社会交往中不轻信流言。当问题的原因不明时,应能冷静地以合理的方法去调查了解,以找到真实的证据,促成正确的分析判断。已证实是误会的,应及时矫正自己的猜疑心理,避免形成成见。③ 猜疑心理的产生往往是相互间缺少交流、沟通造成的,所以出现猜疑时,应暗示或督促自己加强交流与沟通,去了解、理解他人。

七、害羞

害羞在大学生尤其是女大学生中比较常见。一般说来,自我保护心理过强的大学生容易出现害羞心理,他(她)们往往有以下的人格特点:与人交往过于谨小慎微;过于自我关注,自尊心过强;自信心不足。害羞心理的产生和一个人的气质类型有关,黏液质与抑郁质气质类型的人容易出现此种心态,但更多的是受后天因素的影响,如家庭要求过严、受过贬低等。害羞之心人皆有之,但过分的害羞,在不该害羞时害羞,尤其当害羞成了一种习惯时,则是有害的,它会导致压抑、孤独、焦虑等负面情绪,还会阻碍人际交往,影响个人才能的发挥。要改善害羞的心理发展缺陷,我们可以从以下几方面努力:① 增强自信心。许多害羞者在知识才能和仪表方面并不比别人差。美国心理学家 J·可奇和 W·利布曼的一项研究表明,怕羞的女大学生自以为长得不美,但不相识的男生凭照片通常认为她们与那些社交活跃的女生一样动人。因此要正确评价自己,多看到自己的长处和优势。② 不过分在意他人评价。每个人都会说错话、做错事,没有完美的人和事。被人议论也属正常,俗话说:"哪个人后无人说?"没必要过分注重别人的议论,"走自己的路,让别人去说吧",这会使自己变得更洒脱。③ 有意识地锻炼自己。胆量和能力都是锻炼出来的,要敢于说第一句话,敢于迈第一步。上课、开会时尽量选择坐到前排;走路时抬头挺胸,把速度提高四分之一;主动大胆地和别人尤其是陌生人、异性、老师等讲话;与人说话时,正视对方的眼睛;在高兴时,开怀大笑,等等。④ 客观看待优势及不足。做到发挥优势,客观看待自己的不足,特别是接受自己那些不能改变的缺点。

专栏 4-9　害羞与人际交往

津巴多等人指出害羞的人有以下七种人际交往方面的困难：① 社交问题。不容易与人相识、结交新朋友、享受新的或不同的经验。② 负面的情绪。如焦虑、沮丧和寂寞。③ 难以自我肯定和表达自己的意见。④ 由于过度的沉默，致使他人无法认识自己真正的特质和才华。⑤ 不良的自我投射，给他人一种不友善、势利以及不愿与人交往的印象。⑥ 在他人尤其是陌生人或团体面前存在沟通和思考的困难。⑦ 过度的自我意识或过分在意自己的一举一动。

八、怯懦

案例 4-8　内向的困惑

学生陈某，性格内向、软弱，经常受到同学的欺负。有的同学让他去干某件事情，明明心里非常不情愿，可总是不能拒绝；与同学发生了矛盾和纠纷，明明是对方的错误，却不敢据理力争，而是听凭对方的指责；有的同学打他，他也只是逆来顺受，不反抗，久之便成了孤独的人。为了改变这种懦弱的性格，他看到电视上有性格的男人都会抽烟，他想："如果我学会了抽烟，在人们面前表现得很酷，也许同学们就不会欺负我了。"他学会抽烟后烟抽得不少，可是性格依然没有改变，同学们照样欺负他。

怯懦主要表现为缺乏勇气和信心，害怕可能面临的困难和挫折，在挫折、困难面前常常畏难而退，甚至不战而败。有些大学生，过去经历一帆风顺，因而特别担心失败。有些大学生由于胆怯，不敢与人讲话，不敢出头露面，也不敢表明自己的态度，甚至不敢向老师提问题。有些大学生由于软弱而不敢冒风险，不敢担重任，不敢与坏人坏事作斗争，不敢坚持自己正确的观点。"只能成功，不能失败"的非理性信念是造成一些大学生怯懦的认知因素。但越是这样回避矛盾、担心失败，越是容易体验到强烈的挫折感。在挑战与机遇并存的现代社会，怯懦会失去很多成功的机会，并可能成为落伍者。积极迎接挑战，争做生活的强者才是明智的选择。改变怯懦的最好办法是要敢于抓住机遇，积极锻炼，不怕失败，不怕丢面子，不怕担子重，多给自己鼓励和加压。

九、懒惰

案例 4-9　60 分万岁

星期天上午 10 时，我去某大学找学生小陈。一进宿舍门，呵，6 个学生都在睡大觉！我在小陈屁股上拍了一下，他才爬了起来，说昨晚他们玩到深夜。难怪要睡到日上三竿了！我问："不是要考试了吗？"他说："到时拿 60 分没问题！"原来是个 60 分主义者。我说："你们对学习就是这个劲头？"他反问我："60 分和 100 分有什么区别？"

> 我的心不禁往下沉：一个大学生不看重这种区别，他又怎能认真读书呢！曾听小陈说过，他班里有个同学开商店了，我问他情况怎样。小陈说，可惨了，店关门了，欠了一屁股债。我问他怎么看待这件事，他倒轻松："做一场发财梦也好嘛！"我说学习上的损失就不算了？他说："多读一年就是了。"我明白他说那同学留级了。留级也不要紧？这又使我吃了一惊。

大学校园内曾经流行着这样的打油诗："人生本该 HAPPY，何必整天 STUDY，只要考试 PASS，拿到文凭 GO AWAY。"这从一个侧面反映了他们拖拖沓沓、得过且过、做一天和尚撞一天钟、缺乏进取精神的懒惰心理。

懒惰是不少大学生为之苦恼又难以克服的一种人格发展缺陷，是意志活动无力的表现，懒惰是影响大学生积极进取、张扬青春活力的天敌，尤其是在国家改革开放、社会日新月异的今天，它与时代格格不入，必须进行改变，否则会有被时代淘汰的危险。处于懒惰状态的大学生也常为此感到内疚、自责、后悔，但又觉得无力自拔，想要改变却心有余而力不足。这主要是因为他们往往想得多而做得少，缺乏毅力。要克服懒惰，应充分认识到其危害性，振作精神，"起而行之"，从日常小事做起，并努力做到不给自己找借口，不原谅自己的偷懒，力争今日事今日毕，多与人交往，多关心外部世界，多参加有益身心的社会活动。而做到这一切，有一个坚定而有价值的理想是非常重要的。

 思考题

大学生如何认识和调适自己存在的人格缺陷？

第三节　大学生健康人格的培养

一、健康人格概述

健康人格是各种良好人格特征在个体身上的集中体现，一个人的人格是否健康会影响自身的行为和认知，当人格不健全时，他的行为和认知会出现偏差，大学生健康人格的培养具有重要意义。那么，何谓健康人格呢？根据国内外的研究，可以从以下几个方面概括健康人格的内涵：

（1）能有意识地控制自己的生活，控制自己的行为，把握自己的命运，而不被意外的、不能控制的、无意识的力量所驱使。

（2）能正确的认识自我，了解自己的实际情况，能意识到自己的优点和缺点，并能正确地看待。

（3）能立足于现实，而不是沉溺于过去的生活之中，在遇到失败和挫折时，能较快地摆脱其带来的阴影，在现实中找到解决问题的方法并付诸行动。

(4) 具有紧张而有节奏的工作和生活方式,不满足于平平淡淡的工作和生活,渴望挑战和激情,渴望新的目标和新的经历,不断丰富自己的人生阅历。

(5) 能给予爱也能接受爱,热爱学习和工作,并乐于承担责任,情绪成熟健全,经常保持愉快的心态,充满激情和活力。

(6) 有独立和自主的需要,不依赖于别人来求得安全感和满足感,乐于自己去思考和解决问题,有自己的主张和见解,不过分顾虑他人的态度。

(7) 有良好的人际关系和社会适应能力,既肯定自己,又尊重别人,能体谅他人的痛苦,并用各种办法来帮助他人,具有同他人共祸福的意识。

综上所述,健康人格是指各种人格特征的完美结合,是个体实现人生梦想必备的人格品质。

二、大学生健康人格的标准

根据国内外的研究,可以从三方面概括大学生健康人格的特点(高玉祥,1997):① 内部心理和谐发展;② 能正确处理人际关系,发展友谊;③ 能把自己的智慧和能力有效地运用到能获得成功的工作和事业上。大学生健康人格的特征有以下标准:

(1) 具有远大而稳定的奋斗目标:有坚定的社会主义信念和远大的共产主义理想,有科学的世界观和人生观。

(2) 具有强烈的道德责任感:能以社会主义、集体主义道德观为核心,正确处理生活和工作中的各种关系,具有正直诚实、谦虚谨慎、尊老爱幼等良好品质。

(3) 具有正确的自我意识:能够正确地认识自己,客观地评价自己,自尊、自信、悦纳自我;能够自我监督,自我调节,努力发展身心潜能;能够与环境保持平衡。

(4) 具有良好的情绪调节能力:经常保持愉快、开朗、乐观的心境,能合理地宣泄、排解消极情绪,富有幽默感。

(5) 具有良好的社会适应能力:能够正确观察和了解社会现象,关心社会发展变化,使自己的理想行为跟上社会发展的主流,对新环境具有较强的适应能力。

(6) 具有和谐的人际关系:在人际关系中能够相互沟通理解,尊重信任多于嫉妒怀疑他人,同时也能受到他人的尊重和接纳。

(7) 具有乐观向上的生活态度:对前途和生活充满希望和信心;对学习和工作抱有浓厚的兴趣,并充分发挥自身潜能;勇于面对困难和挫折,并设法克服困难,振作精神。

(8) 具有健康、崇高的审美情趣:有正确的审美理想、审美态度和对美的追求;抵制低级趣味的各种腐朽思想的侵蚀。

专栏 4-10　积极人格的标准

> 1. 阿尔波特"成熟、健全人"的标准　① 专注于某些活动,在这些活动中是一个真正的参与者;② 对父母、朋友等具有显示爱的能力;③ 有安全感;④ 能够客观地看待世界;⑤ 能够胜任自己所承担的工作;⑥ 能客观地认识自己;⑦ 有坚定的价值观和道德心。
>
> 2. 罗杰斯"机能健全人"的标准　① 情感和态度上是无拘无束的、开放性的,没有任何东西需要防备;② 对新的经验有很强的适应性,能够自由地分享这些经验;③ 信任自己的感觉;④ 有自由感;⑤ 具有极高的创造力。
>
> 3. 马斯洛"自我实现人"的标准　① 有良好的现实知觉;② 对人、对己、对大自然表现出最大的认可;③ 自发、单纯和自然;④ 以问题为中心,不是以自我为中心;⑤ 有独处和自立的需要;⑥ 不受环境和文化的支配;⑦ 对生活经验有永不衰退的欣赏力;⑧ 有神秘或高峰体验;⑨ 关心社会;⑩ 有深刻的人际关系;⑪ 有深厚的民主性格;⑫ 有明确的伦理道德标准;⑬ 富有哲理的幽默感;⑭ 富有创造性;⑮ 不受现存文化规范的束缚。

三、大学生健康人格的培养和塑造

现代社会正处于一个高淘汰率、高选择率的时代,作为一名成功者需要具备丰富的学识、适应变化的个性和坚忍不拔的意志。而这其中的关键就是要有良好的性格。如何让我们的"心灵"足够强大,足以直面人生的风风雨雨?我们可以从以下几个方面找到方法。

(一) 从小事做起,树立良好习惯

生活中的一些小事,也同样能体现我们的人格魅力。因此培养健康的人格,需要从小事做起,养成良好的习惯。

(1) 在公众场合、开会、上课的时候坐前面的位子,在显眼的地方坐下。

(2) 在讨论中,尝试一下第一个打破沉默当众表达自己的意见或看法。这样做,开始你可能觉得困难,但只要你开口,你会发现情况并不像你想像的那样,同学们一样会认真倾听,而这种被人重视的鼓励会使你狂跳的心平静下来,你对自己的表达能力会有一个全新的认识。

(3) 主动找那些学历或级别比自己高的人、阅历比自己丰富的人交谈、讨论,并尝试提出与他们不同的见解。

(4) 大胆地在众人面前适当展示自己的成绩。

(5) 走路时挺胸抬头,加快速度,加强自己与同学、朋友的交往。

(6) 如果你见到同学、老师,不敢看他的眼睛的话,就试着直视他的鼻子,主动和他打招呼。开始你可能怕别人不理你,拒绝你,但如果你这样做,你会发现对方一样会报以微笑,回应你的招呼,久而久之,你不再是一个没人发现的、不被重视的人。

(7) 尝试做一些自己不喜欢做的事情,缺乏自信者往往屈从于他人意愿和一些刻板的清规戒律以至于他们误认为自己生来就喜欢某些东西而不喜欢另一些东西,如"我喜欢独处"。应该认识到,你之所以每天都在重复这些,是由于你的懦弱和没有主见养成的习惯。如果你尝试做一些原来你不喜欢的事,你会品尝到一种全新的乐趣,从而慢慢地从老习惯中摆脱出来。

案例 4-10　珍爱自我

> 有这样一个故事:一个在孤儿院生活的男孩,觉得自己是个多余的人,没有人喜欢自己,因为连自己的亲生父母都不要自己了,活着一点意义都没有。院长知道了这件事,没有说什么,给了他一块石头,让他拿到集市上去卖,不过告诉他:无论对方给多少钱,都不要卖掉。小男孩拿着石头蹲在集上卖了一天,开始无人问津,后来开始有人出钱买这块石头,可是小男孩坚决不卖,又有一些人出钱买这块石头,价钱越出越高,小男孩仍坚持不卖。回到孤儿院,小男孩将这件事告诉了院长。第二天,院长让他拿着这块石头到珠宝市场去卖,有人出价比头一天高出十倍,并且越出越高,小男孩依然不卖。第三天,院长让他拿着这块石头到宝石市场去卖,价格又高出许多,小男孩就是不卖。人们纷纷在猜测着、传说着,认为这是一传世珍宝,有人不惜以重金购买。小男孩不明白为什么会出现这样的状况,院长说:"石头还是那块普通的石头,为什么会身价百倍呢?是因为你的珍惜!因为你珍惜它,才赋予了它价值。人也是这样,只有你珍爱自己,相信自己,才会使人们珍爱你,重视你。"
>
> 这个故事是不是给了你一定的启示?

(二) 培养自信心

自信,历来被人们认为是成功人士所必备的性格品质。但丁说:"走自己的路,让别人去说吧。"这尤其要求我们有自信心!生活中美好的事物从来只和敢于正视现实、迎接挑战、战胜危机的人结伴而行。自信绝非生来就有,它需要人们去培养。如何培育自信呢?

(1) 悦纳自我,发挥优势。每个人都有自己的优势,也有自己的弱点,让优势充分发挥出来,就能成为不可战胜的人。在天赋、才能方面,人与人之间存在差异是极其自然的事,但每个人都是独特的,每个人都有别人无法取代的价值,每个人都可以在这色彩纷呈的大千世界里创造出美好的东西,只要你相信自己。

(2) 正视自身价值,正确评价自我。

(3) 记住过去的成功,忘却往昔的失败。查尔斯·凯特林说过,任何一个年轻人如果想要成为一个科学家,都必须准备在获得一次成功之前失败九十九次,而且不因为这些失败而损伤自我。我们可以看到,在体育运动、推销商品等活动中,可以通过训练改进技巧而获得成功,其价值并不在于动作的"重复",否则,我们学到的将是失误而不是命中。因为在学会正确之前,你练习最多的是失误。不过,即使失误与命中的比例是十比一,经过练习之后,失误的次数也会逐渐减少,命中次数就会越来越多。这是因为你的脑子记住并强化了成功的尝试而忘掉了失误。过去你失败过多少次无关紧要,重要的是记住、强化和专注成功的尝试,将错误和过失作为一种学习的方式,然后把它们抛在脑后,同时有意识地记住并向自己描绘过去的成功。生动地回忆我们过去的成功和勇敢的时刻,是自信动摇时极有益的训练。自信很大程度上是在成功经验的基础上垒筑起来的。常常想想自己的优势,常常记起往昔成功的体验,当困境袭来时,人们便不会望而却步。

(三) 锻炼坚韧的意志

韧性,是一种心理的耐力。美国性格心理学测验专家落森茨威格最初使用"耐力"这一概念,并将它定义为:"能够战胜、驾驭心理适应。也就是说,可以抵抗挫折而没有什么不良适应反应的能力"。可见,韧性就是一种对困难和挫折的巨大心理承受能力,这无疑是完善人格的又一闪光处。

提高韧性可以从以下几个方面进行:

1. **要有明确的目的性**　大学生需要树立积极向上的人生观,建立符合自身能力的奋斗目标。在采取行动之前,为了强化其目的性,有必要反复地扪心自问:"我将要做什么?""我的选择有足以说服自己的根据吗?""我预期的目的是什么?""我有为达到目的而不懈努力的心理准备吗?"

2. **要在日常生活中锻炼韧性**　韧性的锻炼还需在日常的行为中进行,一个人如果做什么事都有头无尾,不能善始善终,就说明在他的性格中缺少坚韧的品质。为了培养自己的韧性,我们可以尝试一些具体的方法:① 要求自己每天早上跑 500 米,或每天睡觉前做 10 个仰卧起坐,坚持半年。② 找一本自己喜欢的字帖,制订一个每天 5 个字,每个字写 20 遍的计划,或者要求自己每天记 5 个外语单词,坚持半年。

上述的这些锻炼计划、学习计划,看起来不难落实,但真的做起来,却不一定能坚持到底。如果这些计划被落实了,还可以在原来的基础上提高要求、加大难度继续锻炼,你会逐渐发现这种练习对性格的作用。

3. **要灵活变通**　除了锻炼韧性,人们还需要锻炼自己在不轻易改变志向和原则的前提下,通过灵活调整具体目标和行为方式来达到目的的能力。

(四) 培养稳定的情绪

在现代社会心理学研究上,青年期被称为"疾风暴雨"的时期,足见青年情绪变化的剧烈。对于大学生来说,良好心境的酝酿是其大学生活快乐与否的关键,同时也是大学生是否拥有完善人格的标志之一。当我们无法摆脱恶劣情境困扰时,一张纸、一支笔也可以帮助你进行"自我疗法"。

(1) 第一步,用纸和笔记录下你的消极思想。可以随意地写,不必写得很有条理。因为在一张纸上胡言乱语比自我封闭的情感压抑要好得多。如果你确实不快乐,那么你就如实写下你为什么不快乐,同时你也不妨写一些你闷头生气时令人捧腹的荒诞表情,不要写太多,要精彩的。有时用一个词来提示你自己,只要能激发你的联想就行。

(2) 第二步,思考你写下的使自己闷闷不乐的事,找出更真实、更符合逻辑的解释。不要用自己习惯的思维方式去想,这时也许会发现你的思想是歪曲了事实真相的产物,是自己上了自己当的结果。你也许还会想到,人的脑力是有限的,又何必要为这种愚蠢的想法而闷闷不乐呢?

(3) 最后,你可以松一口气了。你已经把让你深深困扰的抑郁困在纸上了,你完全可以把你写的那几张纸扔到废纸篓里去——它们已经完成了使命,而你也感到一种超脱。就此时的情况而言,你已经迈出了克服性格中抑郁倾向的第一步。

(五) 建立良好的人际关系,融入集体

我们知道人格发展的过程也是个人社会化的过程。人格在集体中形成,也在集体中展现。集体是个人展现人格的平台,也是认识自我的一面镜子。首先,大学生应该接近他人、关心他人,与他人建立和谐的人际关系,了解他人需求,解决他人的困难,体察他人的喜怒,通过关心他人,培养助人为乐的好品格。其次,大学生应真诚与他人交流。真诚友好而适度地开放自己,达到与他人心灵的沟通,是建立良好人际关系的基础。

(六) 行为的训练

德国诗人歌德曾说过:"无论你能做什么,或者希望能够做什么,动手去做莫迟疑。"生活中从来就没有平坦的大道,逆境、挫折总会伴随左右,一些人在生活的挑战面前无精打采、自怨自艾、愤愤不平,让泪水、悔恨和懊丧伴随着一生,在空虚的等待中让岁月和青春流水般匆匆逝去。在人格完善的过程中只有及时行动才能真正实现美丽的结果。

1. **果敢** 空谈理想而不行动,只能在梦里获得收获。有人总是埋怨世上"伯乐"太少,自己这匹"千里马"总也不被赏识。这种埋怨虽有道理,但不全面,"千里马"如果不仰头长嘶,"伯乐"又怎么能发现他呢? 只有果断地行动、勇敢地拼搏才能迎来成功。

2. **学会选择** 性格优柔寡断的人,在面临选择的时候,总是瞻前顾后,难以割舍。选择就是一种放弃。古人告诉我们"舍鱼而取熊掌",但对我们来说关键在于哪一个是"熊掌"。当事者往往迷茫。如何决断呢? 不妨仔细分析一下这两个选择各自的优劣和自己的需求,尽量找到最有利的方案。一经决定,要说服自己无论遇到何种艰难险阻都不要退却,要坦然正视挫折,勇往直前。

专栏 4-11 马斯洛提出的成为自我实现人的 7 条建议

> 成为自我实现人的 7 条建议:
> (1) 放宽自己的感情出口,莫使心胸像个瓶颈。
> (2) 在任何情境中,都尝试从积极乐观的角度看问题,根据长远的利害做决定。
> (3) 对生活环境中的一切,多欣赏、少抱怨;有不如意之处,设法改善;坐而空谈,不如起而实行。

(4) 设定积极而有可行性的生活目标,然后全力以赴去实现;但不能期望未来的结果一定合乎心意。

(5) 对是非之争辩,只要自己认清真理正义之所在,纵使违反众议,也应挺身而出,站在正义的一边,坚持到底。

(6) 莫使自己的生活僵化,为自己在思想与行动上留一点弹性空间,偶尔放松一下身心,将有助于自己潜力的发挥。

(7) 与人坦率相处,让别人看见你的长处和缺点,也让别人分享你的快乐与痛苦。

人格的健全是心理健康的根本标志,重视健康人格的培养既是健康的需要,也是发展的需要;既是现实的需要,又是未来的需要。大学生要充分认识到健康人格对自身发展的必要性,既要充分发现自己的长处,又要寻找和承认自己的不足,勇敢地面对挑战,不断地发展自己,促使自身人格的完善。

案例 4-11　狐狸与葡萄的故事

在一位农夫的果园里,紫红色的葡萄挂满了枝头,令人垂涎欲滴。当然,这种美味也逃不过在附近安营扎寨的狐狸们的眼睛,它们早就想享受一下了。

第一只狐狸来到了葡萄架下。它发现葡萄架要远远超出它的身高。它站在下面想了想,不愿就此放弃,机会难得啊! 想了一会儿,它发现了葡萄架旁边的梯子,回想农夫曾经用过它。因此,它也学着农夫的样子爬上去,顺利地摘到了葡萄。

第二只狐狸来到了葡萄架下。它也发现以它的个头这一辈子是无法吃到葡萄了。因此,它心里想。这个葡萄肯定是酸的,吃到了也很难受,还不如不吃。于是,它心情愉快地离开了。

第三只狐狸来到了葡萄架下。它看到高高的葡萄架并没有气馁,它想:我可以向上跳,只要我努力,我就一定能够得到。"有志者,事竟成"的信念支撑着它,可是事与愿违,它跳得越来越低,最后累死在了葡萄架下,献身做了肥料。

第四只狐狸来到了葡萄架下,一看到葡萄架比自己高,愿望落空了,便破口大骂,撕咬下部的葡萄藤,正巧被农夫发现,一铁锹把它拍死了。

第五只狐狸来到了葡萄架下,它站在高高的葡萄架下,心情非常不好。它在想:为什么我吃不到呢,我的命运怎么这么悲惨啊,想吃个葡萄的愿望都满足不了,我的运气怎么这么差啊! 越想它越郁闷,最后郁郁而终。

第六只狐狸有艺术气质,葡萄唤醒了它心中的爱情。它凝望着葡萄架,日复一日,秋叶黄了,葡萄枯了,它也疯了。从此,人们常看见一只狐狸,蓬头垢面,走街串巷,边走边念念有词:"吃葡萄不吐葡萄皮,不吃葡萄倒吐葡萄皮……"

第七只狐狸来到了葡萄架下,同样是够不到葡萄。它心想,听别的狐狸说,柠檬的味道似乎和葡萄差不多,既然我吃不到葡萄,何不尝一尝柠檬呢,总不能在一棵树上吊死吧! 因此,它心满意足地离开去寻找柠檬了。

第八只狐狸来到了葡萄架下,它尝试着跳起来去够葡萄没有成功,它试图让自己不再去想葡萄,可是它抵抗不了,它还试了一些其他的办法也没有见效。它听说有别的狐狸吃到了葡萄,心情更加不好,最后它一头撞死在葡萄架下。

第九只狐狸来到了葡萄架下,它同样也面临着相同的问题。它转了一下眼睛,把几个同伴骗了来。然后趁它们不注意,用铁锹将它们拍昏,将同伴摞起来,踩着同伴的身体,如愿以偿地吃到了葡萄。

第十只狐狸来到了葡萄架下,它心想,我自己吃不到葡萄,别的狐狸来了也吃不到葡萄,为什么我们不学习猴子捞月的合作精神呢?它们有猴子捞月,我们有狐狸摘葡萄,说不定也会成为千古佳话呢!于是它动员所有想吃葡萄的狐狸合作,搭成狐狸梯,这样大家都吃到了甜甜的葡萄。

思考题

有智慧的同学,你愿意做哪一个狐狸?

(金鑫)

第五章
道德与心理健康

案例 5-1　16 岁男孩只身汶川救灾，被美国 9 所高校同时录取

美国高考 ACT 湖南特许教学中心公布 2009 届学生录取结果，长沙一中马天之同学被美国宾州州立大学、迈阿密大学等共 9 所美国名校同时录取，其中两校分别给予他 64000 美元和 16000 美元的高额奖学金。理由很简单：他是赴汶川救灾者中最年轻的湖南志愿者。

年仅 16 岁的马天之知道汶川大地震的消息后，大为震惊。他自备干粮、野营设备后，只身前往汶川地震的重灾区什邡，成为第一批进入什邡红白镇开展抢险救援的志愿者。

他是救援队里最小的成员，也是一个优秀的营救员。在脚踝多次受伤、负重 40 多千克，道路崎岖，生命随时受到威胁的情况下，护送多位老人翻山越岭 10 多千米抵达安全地区。

马天之汶川救灾这一经历，打动了 9 所美国名校的招生委员会。9 所大学纷纷表示，非常希望马天之选择去他们的大学就读。

思考题

1. 是什么促使马天之只身前去汶川救灾？
2. 9 所美国名校看中的是马天之的什么？

通过阅读以上的案例你肯定为马天之高尚的道德行为所震撼，而究竟什么是道德呢？道德包括哪些方面？本章将和大家一起讨论大学生的道德现状及健康道德的培养途径。

第一节 道德概述

一、什么是道德?

道德是人类文明生活永恒的主题,它最集中地揭示了人的社会性本质,最深刻地标记了每一社会的人文精神,最充分地折射了每一代人的生存方式与意义。那么,什么是道德呢?道德是指在一定经济基础上产生和形成的,以社会舆论、内心信念、传统习惯和教育力量维系,以善恶、荣辱为标准,评价人与人、人与社会间关系的态度和行为,调整人们相互关系的原则规范、心理意识和行为活动的总和。不同的时代、不同的阶级有不同的道德观念,没有任何一种道德是永恒不变的。道德也不是天生的,人类的道德观念是受到后天的宣传教育及社会舆论的长期影响而逐渐形成的。

专栏 5-1 "道德"一词的由来

> 道德一词,在汉语中可追溯到先秦思想家老子所著的《道德经》一书。老子说:"道生之,德蓄之,物形之,器成之。是以万物莫不尊道而贵德。道之尊,德之贵,夫莫之命而常自然。"其中"道"指自然运行与人世共通的真理;而"德"是指人世的德性、品行、王道。在当时"道"与"德"是两个概念,并无"道德"一词。"道德"两字连用始于荀子《劝学》篇:"故学至乎礼而止矣,夫是之谓道德之极。"在西方古代文化中,"道德"(Morality)一词起源于拉丁语的"Mores",意为风俗和习惯。在中国哲学史上,"道德"指"道"与"德"的关系。孔子主张:"志于道,据于德。"(《论语·述而》)这里的"道"指理想的人格或社会图景,"德"指立身根据和行为准则。因儒家以仁义为道德的重要内容,故也将仁义道德并称。《老子》中的"道"指事物运动变化所必须遵循的普遍规律或万物的本体。"德"和"得"意义相近,指具体事物从"道"所得的特殊规律或特殊性质;对于"道"的认识修养有得于己,亦称为"德"。韩非认为:"德者道之功",把"德"释为道的功用。北宋张载提出:"德,其体;道,其用,一于气而已。"(《正蒙·神化》)认为"德"是气之体,"道"是气之用。

二、道德的作用和作用方式

黑格尔曾指出:"一个人做了这样或那样一件合乎伦理的事,还不能说他是有德的;只有当这种行为方式成为他性格中的固定要求时,才可以说他是有德的。"道德作为一种行为规范是普遍、广泛起作用的,不是仅表现于某时某事,而是体现于一系列行为中的,甚至体现在人的一生中的。行为总是受到心理活动的支配,社会的道德要求内化成个体意识的有机组成部分时,就会很自然的在行为中得到表现,因此道德对行为的约束,作用范围远远大于法律。

道德主要通过以下的方式起作用:

1. 良心的自律　人在社会化后(即人知道并接受社会规范后),就会形成道德观念,产生道德心理,即知道什么可为、什么不可为,什么是好行为、什么是坏行为,同时,对自身的行为进行自我评判。如认为是好的,心里愉快;如认为是不好的,会心里不安。所以,人为了求得内心的平衡(心里不平衡是痛苦的),就会自我提醒、自我暗示,要做什么或不做什么。这就是道德通过良心的自律在个人实际生活中发挥作用。

2. 舆论的监督　这里说的舆论,包括众人的评价、议论。人在社会生活中的行为,会引起各种评价,或积极肯定或消极否定。人作为群体性的社会动物,必然在乎他人的评价。所以,人为了获得肯定的评价,就会采取社会(他人)认可的行为。这就是道德通过舆论的监督在个人实际生活中发挥作用。

第二节　当代大学生的道德现状

近几年来,大学生道德水准降低的问题成为社会各界关注的热点,随着媒体的介入,更使这一现象受到了广泛关注。作为社会骄子、时代精英的当代大学生的道德发展主流是积极向上的,这毋庸置疑。但是,对于大学生这个特殊的群体来说,其道德状况也存在一些不容忽视的问题,出现了大学生道德滑坡的趋势,这既有主观的原因,又有客观的原因,值得我们深思。

一、公民道德

英国哲学家罗素曾说过:"没有公民道德,社会就会灭亡;没有个人道德,他们的存在也就失去了价值。因此对一个美好的世界来说,公民道德和个人道德是同样必要的。"

案例5-2　女大学生为争公交车座位出狠招:出脚踢孕妇肚子

> 2009年4月7日某市的一辆公交车上,一名女大学生为了争抢座位与一名孕妇发生争执,情急之下竟然动手。孕妇大喊:"我是孕妇,不要踢我的肚子。"但那名女大学生却并不理会,一脚朝孕妇的肚子上踹去,导致孕妇当场腹痛被送往医院,所幸并无大碍。后来该女大学生被校方领回,受到严肃处理。

思考题

一名受过高等教育的大学生,为什么会作出这样的行为?

(一) 当代大学生公民道德现状

随着社会的发展和全球化的进一步深入,特别是在当前社会转型时期,利益主体的多样化、社会组织形式的多样化、生活方式的多样化日趋明显,这极大地冲击着大学生的思想观念、行为方式和价值取向,影响着大学生的价值观念和行为选择。这主要表现为以下几个方面：

1. 重个人前途，轻社会发展　有些大学生不愿意参加学校组织的各项公益活动，怕影响学习。有些大学生能说会道，表现出对社会发展的强烈的忧患意识和强烈的社会公民责任感，然而，这种责任感却仅仅停留在口头上。这些大学生希望自己出人头地，但仅仅局限于实现个人理想的梦幻里，很少想到自己的一言一行都是与他人、与社会、与国家、与自然是相互联系的，更没想到自己应负的责任。

2. 重个人利益，轻社会利益　相当一部分大学生凡事以"我"为中心，当公众利益与个人利益发生冲突时，只强调"自我"、并以"我"为主；缺乏为社会和集体牺牲的精神；在选择职业时主要考虑的因素是高收入和自我实现并重。

3. 责任意识淡薄　在心态上，许多大学生认为父母"养活"自己是理所当然的；在生活上，不珍惜父母的辛勤劳动、超现实消费、贪图享受、缺少家庭责任心；在追求上胸无大志，得过且过，不关心国家大事和社会的发展，没有社会责任感。

专栏 5-2　20 字公民道德规范

> 爱国守法、明礼诚信、团结友善、勤俭自强、敬业奉献。

（二）大学生公民道德现状原因分析

1. 社会环境的影响　在社会某些领域出现的拜金主义、享乐主义等不良思潮不可避免地影响到了校园内的大学生，使他们对道德准则的信任感开始减弱，对于公正的社会规范的信心开始产生动摇。

2. 学校教育体制的弊端　长期以来，人们认为成绩和分数对学生来说是最为重要和关键的东西，从而忽视了对其道德品质和行为习惯的培养。另一方面，由于应试教育体制的局限，使得对公民道德教育方面的研究和探索也非常缺乏，很多高校教育工作者是在实际工作中摸索前进的，以至于道德教育内容空洞、方法单一、说教性强、没有新意。

3. 家庭教育观念的偏差　目前的大学生多数是独生子女。首先，过分的宠爱容易使他们形成自我中心的错误观念，过于看重个人利益，进而养成任性、放纵、自私等不良性格；其次，父母对子女个人事情包办过多也会导致子女的独立意识减弱，责任感下降，意志力和刻苦精神淡漠；最后，父母盲目的迁就容易使子女养成铺张浪费的习惯，淡化子女自强不息、勤俭节约的传统意识。

 思考题

从大学生个体来看，公民道德是如何形成的？

二、职业道德

恩格斯曾说过："实际上，每一个阶级，甚至每一个行业，都有各自的道德。"永远不要透支你的职业道德,透支职业道德就是拿原则做交易,这样的人和战场上的叛徒一样可怕,随时都会成为安全隐患。因此,在你职业生涯中要时刻牢记:你要像保护你的生命一样遵守职业道德,永远不要犯原则性错误。

案例5-3　会计因情忘原则断送前途

> 某电子公司会计赵丽因工作努力,钻研业务,积极提出合理化建议,多次被公司评为先进会计工作者。赵丽的丈夫在一家私有电子企业任总经理,在其丈夫的多次请求下,赵丽将在工作中接触到的公司新产品研发计划及相关会计资料复印件提供给其丈夫,给公司带来一定的损失。公司认为赵丽不宜继续担任会计工作。

思考题

赵丽违反了哪些会计职业道德要求?

(一) 大学生职业道德现状

按常理,当学生进入大学校园时,职业道德教育也要随之提上日程,为大学生今后步入社会参加工作做好必要的准备。但是目前绝大多数高校仅将专业课作为主要任务来抓,道德教育相对较少,而其中涉及职业道德教育的则更是少之又少,有的也只是蜻蜓点水,或临毕业时突击培训一下。大学生无法对职业道德形成深刻印象,而且容易受到社会上一些不良风气的诱导,对职业道德形成错误的理解,导致错误的价值取向。这主要表现在以下几个方面:

1. **急功近利**　当前,受到一些不好的社会风气的影响,大学生在工作后往往容易急于求成,想走捷径。殊不知能力、经验的积累需要一步一步脚踏实地的实践才能取得,成功更是在各项条件都具备的情况下在合适的时机取得的。有些大学生的价值取向出现了问题,工作后评价自己工作好坏的标准往往以挣钱多少、职位高低来判断,而忽视了自己所从事的工作的意义。

2. **吃苦耐劳精神缺失**　现在的大学生普遍没有经历过太多的苦难历练,而刚参加工作时往往是从最基层的工作做起,有的工作环境条件差、工作强度大,很多学生由于吃不了苦选择了放弃,错失了很多机会,但往往越是基层、越艰苦的地方越锻炼人。

3. **职业技能的培养较少**　大学时期学习的更多的是理论知识和学习的方法,真正到了工作岗位以后发现岗位所要求技能往往会比较具体和深入,而对技能的培养需要潜下心来认真学习和研究,并在实践中不断锻炼才能掌握。

4. **求索取,不愿奉献**　一些人在做某项工作时首先想到的是自己能从中得到什么好处,有好处抢着干,没好处则推脱、敷衍了事。殊不知无论个人还是单位的进步都需要有人无私的奉献。

(二) 大学生职业道德现状成因

1. **社会因素**　许多人将市场经济的价值观盲目引入学校生活,使社会环境的不同价值取向形成鲜明反差,很大程度上冲淡了学校道德教育的作用。加之不良的社会风气的影响,使大学生产生消极的心理,在人生的道路上时常困惑,不知不觉地倾向于实现自我价值,而极少考虑社会责任和社会价值。

2. 学校因素　目前在高校的道德教育方面,灌输式教育仍占主导地位,学生被动接受得多,主动参与得少。在教学上,课程设置与社会需要之间的联系比较模糊,导致作为手段的学习和考试反倒成了目的。

3. 家庭因素　当前,大学教育面对的教育对象是一个独生子女占多数的群体。由于家庭的过分关心呵护,大学生的独立性、自理能力缺少锻炼,意志薄弱,克服困难的能力差,对任何事情都不关心。有的大学生没有劳动的习惯,怕苦、怕累,享乐思想严重。有的大学生从不关心他人,唯我独尊,逐渐形成了权利意识强和义务感、责任感弱的心态。

思考题

当代大学生应该怎样将学校生活与将来就业联系起来培养自己的职业道德?

三、诚信道德

案例5-4　考试作弊被开除,申诉无果告学校

> 2011年6月18日,全国大学英语四级考试。为顺利过关,小章买来了伪装成橡皮的电子信息接收工具。可是,在考场上,他被监考老师抓个正着。当天校园贴出通告,根据学校相关规定,给予小章开除学籍处分。随后,小章向学院和省教育厅提出申诉,但是结果并未改变。2011年11月,小章向法院提起行政诉讼,要求学院撤销对其开除学籍的决定。最后法院认为:原告在考试中,携带橡皮状接收器进入考场,违反考场纪律。且在考试过程中,其橡皮状接收器显示英文相关内容,故可以认定原告小章考试作弊。教育部发布的2005年9月1日施行的《普通高等学校学生管理规定》第25条规定,对有违法、违规、违纪的学生,学校应当给予批评教育或者纪律处分。学校给予学生的纪律处分,应当与学生违法、违规、违纪行为的性质和过错的严重程度相适应。因此,原告应受到与其过错相应处罚,以达教育的目的。现被告对原告小章作出开除学籍的处分,处罚偏重。故被告作出"处分决定"的程序违法,依法应予撤销。

思考题

1. 你是否有过考试作弊?
2. 如何杜绝作弊现象?

(一) 大学生诚信道德失范的主要表现

1. 考试作弊,屡禁不止　在当今大学生当中流传一种"平时不学,考试抄抄,照样考高"的错误诱导,致使一些大学生无视学校的考规、考纪,手机、暗号、夹带、替考等作弊手段层出不穷,而相当一部分大学生对考试作弊行为持宽容态度,分数造假已引起了教育界地广泛关注,各高校纷纷提出要严格考纪、诚信考试,以强硬措施遏制考试作弊行为。

2. 剽窃成风,蒙混过关 一些大学生把许多自习时间用在打牌下棋、上网聊天、花前月下上面,对于作业抄袭了事;一些同学学习态度不严谨,"调整"实验数据,写毕业论文敷衍了事,不深入调查做实验,"剪刀加糨糊"剽窃别人成果、蒙混过关,等等。

3. 求职履历"注水"成风 随着高校招生规模不断扩大,大学毕业生就业压力也越来越大,有些学生为谋求较好工作岗位便在求职简历上做文章,涂改成绩、夸大事实、伪造证书、虚构经历,绞尽脑汁"抬高"自己,骗取理想职业。

4. 不守承诺,拖欠贷款 为了让家庭困难的大学生顺利完成学业,国家实施了国家助学贷款政策,政府贴息、无需抵押。如期还贷,靠的是学生的诚信,但有个别学生不讲信用,拖欠贷款,给银行贷款、学校声誉带来很坏影响。

5. 求职择业,违约毁约 在市场经济双向选择的前提下,许多进入就业市场的大学生缺乏合同意识、诚信意识,在求职择业时更多地是以自身利益为出发点,不考虑用人单位的利益和学校的声誉,随意毁约、违约,给用人单位带来严重损失。

(二) 大学生诚信道德失范的主要原因

1. 家庭教育 中国目前的家庭教育观念只重视才智教育,忽略孩子的诚信教育,对孩子平时的不诚实现象没有足够关注,加之一部分家长也不能以身作则,从而导致孩子出现诚信危机。

2. 学校教育 目前我们的大学德育教育方法以灌输、说教为主,把德育教育当作知识"传授",结果培养出的是一批批言行不一、只会说大道理的行为"矮子",同时由于学校内部管理不严,未真正落实诚信措施,使学生诚信意识不强,诚信道德失范。

3. 社会环境 社会主义市场经济体制在带来经济效益、培养人们效率意识和竞争意识的同时,也带来了许多负面影响:大量假冒伪劣商品、坑蒙拐骗、企业假账……行骗手段花样翻新、失信现象林林总总,诚信缺失正严重伤害着我们的社会,也侵蚀着大学生的心灵。

4. 自身因素 当代大学生思维活跃,容易接受新思想,但辨别能力差,缺乏自我约束力,对良莠不齐的社会现象难分美丑。加上一部分大学生不注意加强自身的道德修养,对家长、学校的教育持逆反心理,存在"老实人吃亏""讲诚信过时"等错误思想,甚至有些以工具化态度对待诚信,"需要时就表现表现,不需要时就抛之脑后",为达到目的,不惜毁弃诚信等等。

四、爱情道德

爱情是一个古老而永远常青的话题,只要人类还有社会活动和交往的需要,爱情之花就会盛开。古往今来,美好的爱情故事,一直为世人所传颂,崇高圣洁的爱情也一直为人们所追求。毫无疑问,爱情是社会生活中不可缺少的重要组成部分,在人生中占据着重要位置。在大学里,谈恋爱也已经成为大学生活的一个重要组成部分。而爱情与性紧密相关,什么样的性观念是正确的、符合社会发展要求的呢?这是我们将要讨论的内容。

(一) 恋爱道德

案例 5-5　大学生因恋爱退学

> 刘某和罗某是成都某高校学生。2004年5月9日晚8时许,两人在教室里拥抱、接吻,随后顺势躺在地上。这一行为被学校监控室的工作人员发现并录制下来,学校以两人发生非法性行为为由,给予"勒令退学"处分。

思考题

你认为这两位学生在道德方面存在哪些问题?

当前在大学校园里,大学生恋爱已屡见不鲜。应当说,这些恋爱行为多数还是比较正常、健康的。但无可否认,有时也有问题发生,有的甚至相当严重,对当事人和校风建设都产生了不良影响。

专栏 5-3　大学生恋爱道德规范

> 根据马克思所倡导的爱情观,对大学生的恋爱道德要求有如下几个方面:
> 其一,恋爱之前秉承恋爱动机纯洁、端正以及自由恋爱的原则。
> 其二,双方一旦确立恋爱关系,彼此要对对方忠贞负责,尊重对方人格尊严、个性独立。恋爱举止要文明适度,对性行为要秉持谨慎互爱的态度,同时要正确处理好学业和恋爱的关系。
> 其三,正确处理失恋。如不幸失恋,也不能因此失态、失志甚至迁怒对方。

1. 大学生恋爱道德方面存在的问题

(1) 爱情、学业本末倒置:在实际行动中,很多同学是爱情至上,极端的甚至把爱情当作生活的唯一追求。一部分学生不能正确地处理爱情和学业的关系,为了爱情,忽视了学业。

(2) 恋爱动机功利化:部分大学生恋爱不是注重对方的内在品质,而是把能否获得理想的工作、满足自己的奢侈生活或留在大城市,当作选择恋爱对象的标准。

(3) 恋爱行为短期化:一些大学生在恋爱过程中,不是以慎重的态度来选择恋爱对象,而只是为了满足所谓的感觉,感觉没有了,爱情也就结束了,"不求天长地久,只在乎曾经拥有"成为了他们的口头禅。

(4) 恋爱责任感缺乏:一些调查显示,很多的大学生从没有认真地思考过在恋爱过程中对恋爱另一方应该承担哪些责任,尽哪些义务,也没有考虑过未来的生活,只是一味地追求眼前。

(5)恋爱公共道德的缺失:一些大学生在恋爱过程中,不分场合,在教室、餐厅、操场等公共场合旁若无人,拥抱接吻,作出亲密的举止,严重地影响了他人的正常生活和学校的教学秩序,在一定程度上对社会风气也造成不良的影响。

思考题

你怎么看待恋爱与婚姻的关系?

2. **大学生恋爱道德缺失的原因** 大学生恋爱道德的缺失,并不是由单一因素造成的,而是由多方面的因素共同作用的结果。归结起来,一方面,是由大学生这个群体自身的生理、心理特点所致;另一方面,是我国社会、家庭和学校三个环境的特点引起的。

(1)大学生自身因素:从生理因素来说,大学生年龄一般在17~24岁之间,按照青年心理学的划分,属于青年的中期,其生殖系统趋于成熟,性激素的分泌影响了生理平衡,因而对性的体验十分敏感,对异性的爱慕比较强烈,易产生性冲动,满足性冲动是大学生投入恋爱的重要诱因。从心理因素讲,大学生正处在一个心理"断乳"阶段,希望与异性建立亲密关系,渴望得到异性的认同和接纳,并试图尽快进行爱情的实践。这些都是由其心理发展导致的不成熟性和不稳定性,一旦缺失理性规范的制约,其恋爱过程便容易出现偏差,从而引起恋爱道德上的种种缺失。

(2)家庭教育因素:孩子的健康成长有赖于良好的家庭教育。父母的思想观念、行为方式对孩子的成长有着深远的影响。我国的家庭传统思想相对比较保守,对于恋爱及婚姻问题,特别是性方面的教育比较缺乏,加之家长本身跟孩子沟通较少,在孩子成长过程中,对子女正确的婚恋观的形成没有给予必要的指导,从而影响到孩子良好的恋爱道德观的形成,为以后的恋爱道德问题的产生提供了滋长的土壤。

(3)学校教育因素:高校对大学生婚恋观教育的重视和研究不够,对大学生的恋爱一般不提倡也不反对、采取回避的态度,极少有计划、有针对性地进行恋爱道德教育。在这种情况下,往往是平时不管不问,当学生犯下错误后校方才介入。这种教育方法过于简单、消极。

(4)社会不良文化因素:多元化的社会文化影响着当代大学生的思想,多媒体的发展、互联网的应用,给人类带了极大方便的同时,也带来许多不良信息,如不健康的文艺作品充斥着人们的眼球,也影响着当代大学生。

(二) 性道德

案例 5-6　大学生患梅毒！

> 据报载,一家医院的性病门诊,不久前接待了一位年仅 21 岁的大学生。经检查,这位尚未走出校门的大学生已经染上了梅毒。原来,这个学生因为沉迷于上网,在网上聊天室认识了几个女网友,多次发生性关系,染上了这种性病。

1. 大学生性道德调查情况　性一直是青年人热衷的话题,大学生年轻气盛、精力充沛,渴望成熟的行为,但又不懂得性究竟是什么。神秘的事物总是诱惑着一代又一代的青年男女。有项关于大学生性道德方面的调查结果显示:

(1) 对"性解放""性自由"的态度:有 58% 的学生"既不赞成,也不反对",有 15% 的学生"应坚决反对",有 17% 的学生认为"只要注意预防性病就可以提倡",有 7% 的学生认为"应该提倡",甚至有 3% 的认为"有益无害"。后三项之和的比例达 27%,可见有接近三分之一的人赞同或有条件地赞同"性解放"和"性自由"。

(2) 对婚前性行为的态度:有 43% 的学生认为"双方愿意就可以";有 27% 的学生认为"自己不可以,对别人表示理解";有 18% 的学生认为"只要基于爱情就可以",有 11% 的学生认为"会引发社会问题,应受道德谴责"。如果把"双方愿意"和"基于爱情"两项加起来,则达 61%,就是说有六成多的人同意婚前性行为。

(3) 独自性行为的总体情况:独自性行为是相对于人际性行为的概念,指自己独立从事的性活动。独自性行为在大学生中比较普遍。有 90.2% 的人出现过性唤起,83.2% 的人做过性梦,90.2% 的人有过性幻想,70.7% 的人有过自慰。其中,97.3% 男生出现过性唤起,比女生多 16 个百分点;97.1% 的男生做过性梦,比女生多 23 个百分点;98.2% 的男生有过性幻想,比女生多 18 个百分点;83.5% 的男生有过自慰行为,则比女生多 29 个百分点。由于受中国传统观念的影响,许多学生认为自慰是罪恶的、堕落的,在自慰后的感觉也多是困惑自卑的。此外,学校和家庭也缺乏对孩子进行正确、科学的性教育,从而使大学生在认识"性"这个问题上陷入误区。

专栏 5-4　性发育的总体模式

> 男生:性唤起(13 岁)—性幻想—遗精(14 岁)—性梦—爱上异性(15 岁)—自慰(16 岁)。
>
> 女生:月经(13.5 岁)—性唤起—爱上异性—自慰(16 岁)—性幻想(17 岁)—性梦(18 岁)。

2. 我国大学生性道德存在的问题

(1) 性与爱的分离:大部分学生对性爱与情爱无法形成正确的看法,经常把性吸引力当作了爱,性常被理解为就是爱本身;一些学生对爱的需求太强烈,错误地把性行为当作是爱的唯一表达,一些女生因为太爱自己的男友,觉得满足他的性要求就是爱他的表现,也有男生认为如果女方不愿意和其发生性关系就是不爱他的表现。

(2) 性与婚姻的背离：调查发现，对婚前性行为不认同的男生只占8.89%，女生只占11.3%，总体上有高达90%的同学认同婚前性交行为，虽然其中有19.8%的男生和15.5%的女生认同"只要有爱情就可以发生婚前性行为"，但是并不意味着就一定和他(她)结婚。在调查中，"如果你与恋人发生了性关系，是否一定要娶(嫁)她(他)"，回答"一定"的只有20.4%，不一定的占70.5%，"绝不"占1.3%，另外还有少部分同学没回答这个问题。

(3) 性责任感的缺失：由于性与爱、性与婚姻的背离，性道德责任感随之缺乏。这主要是因为大学生对性的生物性的理解强于对性的社会性的理解，强调性生理的需要，忽视性的心理满足和性的道德感，缺乏对行为负责的意识。当问及"为什么不能等到婚后才发生性关系"时，一些学生认为这是人的本能需要，是爱情的表达，认为婚后才能有性关系是不合时宜的，甚至有个别同学还认为等到结婚后才能有性关系，是对人性的压抑，是应当被抛弃的传统性道德观。

(4) 性贞洁观的迷失：所谓贞洁，就是忠贞、纯洁，这是男、女双方爱情美满、婚姻幸福的基础，不管社会如何变迁，强调性的贞洁始终都是性道德的一项重要的原则。但是如何看待贞洁，该怎样树立现代社会的贞洁观，这是很多大学生感到困惑的。

3. 原因分析　大学生在性道德方面表现出的问题，当然是社会的缩影，是社会现象在大学生身上的反映，其原因是多方面的。

(1) 传统德育对婚恋观、情感教育的忽视：当代大学生成长的过程中，婚恋观和情感教育几乎是一片空白，许多学生对爱情、婚姻、家庭的理解十分肤浅，对性与爱无法形成正确的看法，因而常将性误解为就是爱本身，经常把性吸引力当作了爱。也有部分同学由于自己身高、形体等外在条件不理想，对爱情和婚姻失去信心，而对内在的素质和精神因素在爱情婚姻中的作用缺乏认识。

(2) 性教育的严重缺失：部分大学生特别是部分女大学生不好意思谈论性问题，认为自己在这方面"很弱智"。他们说"中学几乎不学这个"，父母和周围的人很忌讳谈"这个问题"，大家对"这个问题很敏感""如果有人敢提出这个问题，大家会对你另眼相看"。大学生们既缺乏正规的学校性教育，又缺乏必要的家庭性教育。在性问题上，大家基本以自学为主，从大众传媒中学习与仿效。调查发现大学生了解性知识的主要渠道是报刊、杂志、影视、文艺书籍、网页、光碟等传媒，这共占了83.7%，由这些来源获得的性知识普遍较夸张、煽情、不真实、不科学，会误导甚至会毒害青年学生。

(3) 社会多元性文化的影响：如今的社会环境是开放的，在性问题上必然出现复杂性和多样性，如"家里红旗不倒，家外彩旗飘飘"的婚外情、婚外恋现象，屡禁不止的"三陪女"现象，还有呈蔓延之势的"包二奶"现象，这实际上是封建性文化在现实生活中的沉渣泛起。再加上西方文化中"性自由""性解放"的影响，一些全新的观念冲击着大学生的头脑,如"爱就该给被爱者自由,何必等到结婚以后""只要自己爱得快乐就行""性爱没有罪"。中西方性文化的碰撞冲击着有着深厚文化积淀的传统性道德。

 思考题

作为一个合格的大学生,应该树立什么样的性道德观?

五、家庭道德

家庭既是社会的基本细胞,又是社会的缩影,它作为人类社会生活的基本组织形式之一,为人们提供着生育、性爱、赡养、教育、生产、消费、休息、娱乐、交往等生存、生活、发展的最基本环境。正因为如此,家庭道德状况在某种程度上反映着整个社会的道德状况。

案例5-7 家庭美德事迹

> 郑某出生于一个军人干部家庭,从小在父亲严谨、认真、传统的教育下健康成长,工作后成了一名护士。她是一个细心孝顺的女儿,也是一个体贴入微的儿媳,她是家中老人的精神支柱,为老人排忧解虑,分担愁苦,对老人关怀备至。公公是一位高血压患者,她教会公公每天自己测量并记录血压,每周检查一次公公的血压记录,与公公交谈了解血压变化及用药情况,提供专业的服务指导、饮食调护。定期陪公公到医院进行专科检查。2012年12月婆婆发生交通事故住院,郑某在得知消息后立即前往照顾,在医院看护婆婆,帮其做基础护理工作,并且积极化解婆婆的担心,慢慢打开了婆婆的心结。她就是这样,从点滴中关爱着老人,从琐碎中牵挂着老人,用言行感染着老人,从平凡中体现了真诚,写下了一篇篇尊老诗篇,奏响了令人敬佩的敬老乐章。

(一)大学生家庭道德存在的问题

"80后""90后"在成长历程中,从幼儿期的"小皇帝",到青年期的"啃老族""月光族",直到后来的"房奴""车奴",甚至"孩奴",都成为被热议的社会现象。许多人认为,家庭道德与大学生关系不大,与高等教育无关。这种思想显然是片面的、错误的。家庭是社会的基础,对社会有着不可忽视的影响。大学生家庭道德素质,直接影响整个社会的道德水平。调查显示,大学生很少主动与父母及家人沟通,尤其是家在外地的大学生,与父母沟通少之又少。还有一些人认为,家庭道德无非就是"尊老爱幼"一类小学生学习的知识,对于大学生来说内容过于浅薄。然而,任何一个道德领域,都有完整的逻辑体系,包括道德行为、道德规范、道德理念,道德观念。大学生仅有外在的道德规范是不够的,必须有扎实的道德理论作为基础,从而使道德规范内化为道德心理,形成持久稳定的道德行为。

思考题

1. 你是如何看待"孝顺"的?
2. 如何提升自己的家庭道德素质?

(二) 造成家庭道德缺失的主要原因

1. **传统道德的失范** 改革开放以来,在国门打开的同时,西方的拜金主义、享乐主义、个人主义等腐朽思想和错误思潮亦如浩荡洪流滚滚而来,泛滥成灾,致使一些人丢弃了传统的文化道德。不仅如此,一些人甚至连最基本"是非观""耻辱感"都丢掉了,造成普遍的人性堕落。这种情况反映在婚姻家庭领域,则是纯洁美好爱情的幻灭、家庭矛盾激化、离婚率上升、单亲家庭增多、老人赡养问题严重等。

2. **社会转型过程中新的道德尚未确立** 改革开放和市场经济的发展,标志着中国从"传统"向"现代"的真正转型。社会的变革必然对婚姻家庭及人们的价值观念产生深刻影响,使传统婚姻家庭的生存模式、运作方式发生改变。原有的家庭道德规范因不适应现代社会生活而失去了作用,而新的家庭道德规范尚未建立起来,这种新旧规范同时并存而造成的冲突,使得家庭道德规范制约机制发生紊乱,道德规范的权威性受到严重侵蚀。

3. **家庭价值观念多元化** 社会的变革加剧了社会成员思想意识形态领域的失范,使人们的思想价值观念从一元走向多元,对家庭道德的评价标准也呈现出多样化的状态。一方面,婚姻家庭中的进步文明的因素增加,恋爱自由、婚姻自主以及男、女平等的民主观念深入人心;另一方面,愚昧落后的封建思想和消极颓废的资产阶级思想仍有一定的市场,重男轻女、买卖婚姻、重婚外遇、卖淫嫖娼现象不断增加。思想价值观念的混乱,容易产生对家庭不负责任、越轨失范等现象,由此发生的冲突也就不可避免。

4. **法制观念淡薄** 家庭也应该有法制,夫妻在家庭中地位平等,孩子有独立的人格,老人有要求赡养的权利。行为是需要约束的,在社会中如此,在家庭中亦然。但是,许多人看来,法律是不管家务事的,认为"清官难断家务事"、恪守"家丑不可外扬"的信条,致使家庭内部失去规范。

专栏5-5 家庭美德规范

> 家庭美德是指人们在家庭生活中调整家庭成员间关系、处理家庭问题时所遵循的高尚的道德规范。其内容主要包括:尊老爱幼、男女平等、夫妻和睦、勤俭持家、邻里团结。

六、网络道德

所谓网络道德,是指网民利用网络进行活动和交往时应遵循的原则与规范以及在此基础上形成的新型道德关系。中国互联网络信息中心(CNNIC)报告显示,截至2018年12月,我国网民规模达8.29亿人,互联网普及率为59.6%,手机网民规模达8.17亿人,较2017年底增加5663万人。网民中使用手机上网人群占比由2017年的97.5%提升至98.6%。网络是一把双刃剑,它在带来丰富信息资源的同时,也带来了很多负面影响,尤其是对大学生的道德观念、价值取向、心理发展和行为模式的影响越来越严重,已经引起各国教育者的重视。

案例5-8　网络造谣的危害

> 秦某某,曾利用互联网蓄意制造传播谣言、恶意侵害他人名誉,非法攫取经济利益。在一次全国重大交通事故后,故意编造、散布中国政府花2亿人民币的天价赔偿外籍旅客的谣言,2个小时就被转发1.2万次,挑动民众对政府的不满情绪;编造雷锋生活奢侈情节,污称这一道德楷模的形象完全是由国家制造的;利用"郭某某炫富事件"蓄意炒作,编造了一些地方公务员被要求必须向红十字会捐款的谣言,恶意攻击中国的慈善救援制度;捏造全国残联主席张海迪拥有日本国籍;并将著名军事专家、资深媒体记者、社会名人和一些普通群众作为攻击对象,无中生有编造故事,恶意造谣抹黑中伤。

思考题

1. 网络散布谣言的危害有哪些?
2. 秦某某这么做的原因可能是什么?

(一) 大学生网络道德失范的主要表现

1. 道德信念迷失　我国当前正处于社会全方位变革的时期,网络上各种思潮泛滥,其中很多不良信息泛滥成灾,使得各式各样的政治文化、道德观念、价值取向和生活方式严重冲击着当代大学生的头脑。在互联网这个虚拟平台上,大学生可以摆脱传统道德的影响,随心所欲地扮演各种角色,其身份、行为都可以篡改和隐匿,不需要承担任何责任和义务。几乎所有的学生都承认自己看过与色情相关的信息,很多学生对网恋持欣赏态度,对网上的诸多不道德行为表示宽容。

2. 网络病毒蔓延　计算机病毒是网络挥之不去的噩梦。自1987年10月在美国特拉华大学发现首例计算机病毒以来,计算机病毒的种类就一路飙升。据报道,全球每隔20分钟就有一种新的计算机病毒产生,这些病毒通过互联网以惊人的速度向全世界传播,这就意味着互联网中的计算机每隔20分钟就可能遭遇到一种新产生的病毒的攻击。大学生是一个掌握高深专门知识的群体,其中的极少数人凭借娴熟的技术在网上制造和传播网络病毒,蓄意破坏他人网络终端的系统数据,危害网络的正常运行。

3. 信息污染行为　网络空间是一个巨大的信息资源库,各种各样的信息交织在一起,鱼龙混杂、良莠杂陈,使互联网变成了一个名副其实的信息万花筒。网络中的色情内容、他人隐私、反动言论等不健康内容迅速漫延,诱惑着青年学生,一部分大学生也参与其中,编造形形色色的网络邮件,四处散布小道消息,将色情淫秽文字、图片发送到他人信箱,在聊天室对他人进行恶意攻击,发表一些低级庸俗言论等,把网络当成"泄愤"的场所。

4. 网络色情污染　大学生正处于青春期,在强烈渴望了解"性"的心理驱使下,加之没有稳定的价值观和自制力,导致其在网络上观看、复制、下载、传播色情信息,津津有味地吸食着"精神鸦片"。

5. 网络犯罪行为　网络犯罪行为是指利用网络技术或传播虚假信息从而达到非法占有他人物质或精神财富目的的行为。网络犯罪形式多样,可以说除必须通过身体的直接接触才能发生的犯罪行为外,其他几乎都可以在互联网上实现。在我国大学生网络犯罪始于1994年张男电子邮件诈骗案。此后,大学生利用网络信息技术从事盗窃等犯罪行为的报道屡屡见诸报端。

(二) 大学生网络道德失范的原因

1. 网络环境的自身的原因

(1) 网络交流的隐蔽性和匿名制:根据专家的研究分析,在匿名情况下,人们更易作出错误的行动。心理学家奥萨克就认为,人们热衷上网的主要原因是网上不需要他们道出自己的真实身份。由于网络环境的隐蔽性和匿名制,使大学生的个性在得到极大张扬的同时,也失去了正确的标准和准确的判断。

(2) 未建成完整的网络道德标准制度:与传统社会相比,在网络社会中,对道德的评价标准在一定程度上是不成熟的。

2. 社会原因

(1) 互联网在带来先进的沟通方式的同时,也带来了与我国文化大相径庭的西方文化:西方资本主义国家利用掌握的超强网络资源和先进的技术,将资产阶级的意识形态、政治制度、价值观念、文化思想充斥网络环境中,通过网络传向其他国家,强行灌输自己的文化标准和价值取向。大学生往往在无意识之中选择并接受了错误的思想观念。

(2) 学校德育弱化:传统的大学的德育比较强调培养学生的规范性,而教育政治化、教育模式单一、教育八股、教育空洞等缺乏创新性的教育模式已不能培养学生良好的个性品质。这种德育教育模式与网络时代的不适应是显而易见的,要么是政治功利性过强,要么是政治思想教育的色彩太浓,最终导致学习内容模式化、僵硬化,而逐渐失去对大学生的吸引力。

3. 个人原因　大学生希望张扬个性,但在现实中难以实现,这是当代大学生成长的一个特点。马斯洛的需要理论指出:人的最高层次的需要就是实现自我价值的需要。处在大学成长阶段的青年人具有超越自我、展示自我等心理特点,他们积极参加学校的各类活动,渴望在高校的舞台上展示自我。但很多学生由于对困难等估计不准,进而产生失望等消极心理,于是将目光转移至发泄郁闷情绪的场所,把现实的追求寄托于网络,而使自己前途陷入尴尬境地,甚至失去学习、生活方向和前进的动力。

七、违法与犯罪

据有关统计资料表明,我国高校在校学生违法犯罪的人占总在校学生人数的1.26%,每年都会有数以千计的学生因种种原因受到校规、校纪的处理,甚至有的因触犯刑律而锒铛入狱。如2004年云南某大学震惊全国的马某某案;同年北京某知名高校学生刘某某"伤熊"事件;2005年浙江温州"7·28"跨省抢劫杀人案,作案人员为长沙某知名高校学子;2008年,南京市800多名大学生"传销"事件;2010年西安某学院药某某事件。这些违法犯罪事件一次次将大学生违法犯罪现象推上风口浪尖,大学生违法犯罪已经成为一个不容忽视的社会问题。这些本不该发生在大学生身上的悲剧,如今却屡屡发生,这到底是为什么呢?

(一) 大学生违法犯罪特点

大学生是社会的一个特殊群体,是指接受过高等教育的人,是接受社会新技术、新思想的前沿群体,是国家培养的高级专门人才。大学生违法犯罪与其他违法犯罪没有本质的区别,可由于其特殊群体的身份,结合近几年大学生违反犯罪的事件,可归纳出如下几个特点:

1. 类型多样化 大学生犯罪几乎涵盖我国刑法规定的全部犯罪种类。据某监狱对大学生在押犯的罪名统计,侵犯财产罪占56.35%,盗窃罪占25.81%,抢劫罪占23.95%,诈骗罪占3.96%,故意伤害罪占8.06%,故意杀人罪占4.79%,强奸罪占3.9%。特别需要指出的是,近年来,一些新的犯罪种类,如贩毒、走私、组织介绍卖淫、利用网络违法犯罪等也开始发现有大学生参与,虽然这些犯罪数量较少,但危害极大。

2. 违法犯罪主体不断扩大 受到一些拜金主义和享受主义思想的不良影响,不少女大学生为了追求物质享受,不惜参与盗窃甚至卖淫等违法行为。

3. 自我保护意识差 法制观念淡薄或者是对法律有一定的认识,但心存侥幸心理。从2008年南京市800多名大学发生"传销"违法事件可以看出这点。

(二) 当代大学生违法犯罪的原因

为何被视为"天之骄子"的有文化、有素质、有道德、有修养的大学生会失去理智做出违法犯罪的举动呢?其实每个大学生的违法犯罪行为都是社会、学校、家庭或个人等多方面综合作用的产物。现将其成因分为外部和内部两个方面,外部因素包含了社会、家庭及高校等方面,内部因素即学生自身存在的问题。

1. 外部因素

(1) 社会方面:社会是我们生活、学习、工作的一个大环境,人们的意识行动不可避免受其影响,大学生也不例外。大学生出现违法犯罪的现象,也正是受社会当中消极、极端、片面、暴力、扭曲等意识综合影响的结果。社会上的一些不良文化影响了大学生价值观、世界观和人生观。不良文化如拜金主义、享乐主义、个人主义、封建迷信、黄赌毒泛滥等,不仅使社会的文化事业受到消极因素的严重冲击,也危害到了大学生身心的健康,使大学生的认知产生偏差。

(2) 家庭方面:家庭中存在的各类问题和缺陷是大学生出现违法犯罪的关键因素。家庭教育方式的失当,家庭结构的残缺,家境贫困及家庭关系僵硬、紧张对于大学生身心健康有着不同程度的影响。

(3) 学校方面:高校有效的培养与教育是减少大学生违法犯罪的重要因素。可就目前的教育体系发展来看,还是停留在学历教育层次,未达到素质教育的层次,其重视专业技能教学,而忽视道德、法制教育;同时随着各个高校过度扩招,不仅减慢了教育、教学体系的转型,还导致学校管理体系无法适应大学生数量迅速增加的现状,难以满足办学要求;另外,心理健康教育和危机干预的举措不够有力。

2. 内部因素 大学生心理素质方面存在偏差的因素,可以说是引发其违法犯罪的根源,研究其违法犯罪的心理特征,是有效引导大学生健康成才的必需措施。大学生不健康的心理主要表现在五个方面:盲目攀比、追求享受;心理障碍、心理失衡严重;整体性格状态存在偏激、单纯等弱点;遇事容易急躁,不冷静,好感情用事,不善于用理智控制情感;法律观念不够、法律意识模糊等。

第三节 大学生健康道德的培养

一、大学生健康道德培养的目标

案例 5-9 从公司招聘谈起

> 2004 年 7 月,重庆某科技产业有限公司招聘了 21 名大学生。让人始料未及的是,在随后不到 4 个月的时间里,该公司陆续开除了其中的 20 名本科生,仅仅留下了一名大专生。据该公司反映,这些大学生被开除的主要原因是他们的自身素质和道德修养不能胜任公司的人才需求。该公司老总就此事评论说:"有些大学生在刚跨入社会时,其角色转化、人际关系、思想认识等都可能存在一些问题。"

以上的案例中,20 名本科生终因修养不够、言多语失、睡懒觉、工作时间上网聊天、夸夸其谈、大声喧闹等一些"不拘小节"的原因被"炒鱿鱼",而一位女大专生虽然学历不高但却凭着"勤奋和谦逊""细微之处见匠心"的敬业精神成为"幸运儿"。这个"20 本<1 专"的事件确实让人唏嘘不已,有才少德一样会被"淘汰出局"。由此可见良好道德品质的重要性。

现在,大学教育可以说是"严进宽出",只要挤过高考这座"独木桥",基本上是高枕无忧了。在一些大学校园里,迟到早退、点名代到、不交或抄袭作业、缺乏公德心等现象比比皆是。而一些教育人士也表示,现在的大学生凡事倾向于"只要我喜欢,有什么不可以"。针对这些情况,早在 2001 年,我国有的大学校园就"重开"品德教育课程,目的只有一个:帮助大学生重新定位自己,养成良好的品格;鼓励学生去发现自己学习或工作之外的成绩,如真诚、仔细、忍耐、慷慨、诚恳等值得肯定的人格特质。

 思考题

健康道德的培养在我们的一生中起着怎样的作用?

"人而无信,不知其可",面对缺失的品德教育,面对毕业生就业难与部分学生素质低的双重困惑,仅仅依靠一本书、一个学期的课堂品德灌输似嫌不够。因此找出一条更好的品德修养教育之路,大力建设道德信用、重塑大学生形象;坚持道德的实践性本质,让"言德"变为"行德",让"天之骄子"在社会上展现自己"德才双馨"的形象,尽到责任、起到应有的社会优良示范作用是至关重要的。

二、如何培养大学生健康道德

1. **充分发挥大学生自我教育作用** 纵观古今,朱熹说过:"养,谓涵育熏陶,俟其自化也。"曾子曰:"吾日三省吾身。"孔子云:"为仁由己,而由人乎哉?"都是在强调自我教育、自我修养的方法与重要性。对大多数大学生而言,在社会公德方面应重点强调:爱国守法、明礼诚信、团结友善、勤俭自强、敬业奉献、行为文明、礼貌待人、谦虚和气、尊老爱幼、尊师敬长、见义勇为、助人为乐、言而有信、表里如一、讲究公共卫生、保护生态环境和资源等。在职业道德方面应强调:兢兢业业、恪尽职守、为人民服务、向人民负责、刻苦学习、精通业务。

2. **充分发挥教师的模范作用** 常言道:"学高为师、德高为范",没有高尚的师德,就培养不出"素质精良"的学生。教师的人格力量对学生树立正确的思想道德观起着潜移默化的作用,教师具有高尚的人格,在教学活动中才能以自己的思想和人格力量去教育学生,赢得学生的信任和尊敬,真正做到既教书又育人,起到正确引导大学生个人的道德修养和道德实践的作用。

3. **创造良好的舆论和环境氛围** 加强校园人文环境建设和自然环境建设,使道德教育在人性化的前提下,根据青年学生的特点健康有序地开展。校园阅报栏、学生活动中心、广播站、校园网络建设等应尽快完善,给学生创造一个良好的舆论氛围。

4. **在实践中完善自我** 道德最终是要靠行为表现出来的,大学生的道德应该在活动和行为中得到培养、完善。可以开展丰富多彩的校园文化活动,举办体育竞赛、知识竞赛、科技制作比赛,吸引学生积极参与,使学生在活动中得到教育,逐步培养学生的集体主义精神、团结协作精神和积极进取、勇于竞争的意识。

(黄慧兰)

第六章
恋爱与心理健康

案例6-1 "极端"的爱情

学生吴某来自四川一个偏远的山区。其成绩较好,口才也不错,算得上一个帅小伙。进校的时候,吴某本有满腔的抱负,准备在大学里大展宏图,并且加入了学校学生会。然而,在一次学生活动中,吴某认识了其他学院来自城市的女生林某。林某主动向其表示了好感,没有多长时间,两人就在一起了,成为众人眼里甜蜜的情侣。

吴某家住农村,其父母只承担了基本学费,生活费主要是依靠自己的奖学金和助学金。林某总觉得自己的男朋友不够潇洒,比如林某生日时,希望吴某能够请自己寝室的姐妹办个生日派对,然而,这笔开销对于吴某而言,无疑是不可能完成的任务。但是,吴某为了让林某开心,跟同班同学借了1000块钱,请林某寝室所有姐妹吃饭,自己则啃了一个月馒头。而林某家境较为优越,也没有为以后的工作发愁,在大学期间,根本没有考虑以后继续深造,也没有把心思用在学习上。而吴某进校伊始,就为自己定下了目标。但经常因为吴某要去自习室,而林某要求去逛街,造成两人之间的争吵,到最后往往是吴某妥协。以至到大三,吴某才勉强通过英语四级。

临近毕业的时候,矛盾更加突出。林某因为家里的关系,早早签了一家条件较好的公司。而吴某却因为大学期间落下了很多功课,不但要补修,也成了找工作的瓶颈,一直没有找到满意的工作。此时,林某家里也得知了他们两人的情况,本就对吴某的农村人身份不太认同,再加上其连找工作也有困难,立马提出反对。而林某此时,也开始改变了对吴某的看法。

林某开始避开吴某,且与另外一个男同学开始密切接触。吴某一方面因为找工作不如意,另一方面,也因为林某的态度开始心慌意乱。吴某认为,他跟林某之间是有深厚感情的,因此,当其他同学告诉他林某与另一个男生有较多接触时吴某并不相信。然而有一天在校园里,吴某终于发现林某与该男生手挽手散步,吴某冲动的跟该男生大打出手。吴某努力想挽回感情,然而林某却拒绝再见他。吴某心灰意冷,每天除了在寝室睡觉,就是到林某寝室下等,寝室同学不给其打饭就不吃,疯狂地给林某打电话,终于有一天,当林某在电话里骂他孬种,并关机拒绝再联系以后,吴某一口气喝了一整瓶白酒。

同学发现吴某昏迷以后立即把其送到医院。医生诊断其为酒精中毒,于是立即对其进行了抢救,不幸中的万幸,吴某终于清醒过来。然而,吴某清醒后拒绝与人交谈,沉默,还是给林某打电话,然而林某还是拒接。

大学阶段,是人生发展的重要时期。对于许多大学生来说,发生在青春岁月里的校园恋情,往往是比学校的学习生活更让人难忘的一段经历。当然,这难忘的原因是多方面的,可能因为那是第一次、因为那是最甜蜜的、因为那是最纯情的、因为那是心痛的、因为那是最彷徨的、那是追悔莫及的……

"爱"一个人意味着什么?大学生的恋爱有什么特点呢?为什么有些爱会持续而一些却消失得就像产生一样快呢?在本章中,我们将获得以上问题的答案,并通过学习一些相关理论,探讨健康的恋爱行为与学习的关系。

第一节 恋爱概述

一、什么是爱情

(一)爱情三成分理论

在西方学术界诸多的爱情理论中,斯滕伯格的爱情三成分理论是目前最重要且令人熟知的理论。斯滕伯格认为,爱情包括三种成分:亲密(Intimacy)、激情(Passion)及承诺(Commitment)。

所谓的亲密是指与伴侣间心灵相近、互相契合、互相归属的感觉,属于爱情的情感成分;激情是指强烈地渴望与伴侣结合,促使关系产生浪漫和外在吸引力的动机,也就是与"性"相关的动机驱力,属于爱情的动机成分;而承诺则包括短期和长期两个部分,短期的部分是指个体"决定"去爱一个人,长期的部分是指对两人之间亲密关系所作的持久性承诺,属于爱情的认知成分。

随着认识的时间增加及相处方式的改变,上述的三种成分将有所改变,爱情的三角形的形状与大小会因其中元素的增减而跟着改变。三角形的面积代表爱情的质与量,据斯滕伯格的说法:"三角形越大,爱情就越丰富。"

斯滕伯格进一步提出:在三种成分下有八种不同的爱情关系组合,其分别如下:

1. **无爱** 无爱指爱的三种成分都缺少。无爱是大部分人际关系具有的特征,它只有偶尔的相互作用,并不会涉及爱。

2. **喜欢** 喜欢指只经历亲密成分而缺少激情和决定/承诺的成分。喜欢在这里不仅仅用来描述一个人在生命中对熟人或过客的感觉,而是指在真正的友谊中拥有的感觉。一个人感觉到亲近、关联和温暖,而没有感觉到强烈的激情和长期的承诺。用另一种方式说,一个人对朋友感情上很亲密,但是朋友不会误解,也不会产生"爱上朋友"这样的念头或在余生中去爱朋友的计划。

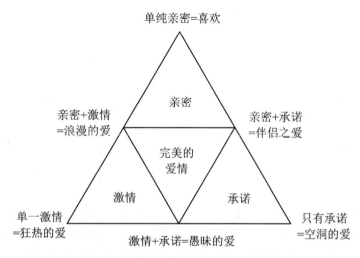

图 6-1　斯腾伯格的爱情三成分理论

3. 狂热的爱　狂热的爱是指"一见钟情"。简单地说,狂热,产生于激情而没有亲密和承诺。狂热通常很容易确定,虽然有时候陷入爱情的人比旁观者要茫然。在适当的环境下狂热会很快产生。狂热的特征是会产生生理、心理热度,比如说心跳加快、分泌激素等。

4. 空洞的爱　一个人决定去爱并对爱承诺,但是缺少爱的亲密和激情,这时候的爱就是空洞的爱。这种爱有时会在持续了很久的停滞的关系中存在,这种爱已经失去了精神上的情感和身体吸引。除非爱的承诺很有力量,否则这样的爱会结束,因为承诺很容易受到清醒的改变的影响。虽然在我们的社会中,很多人已经习惯了空洞的爱,因为它产生于长期关系的最终结果或接近最终的阶段。然而在某些社会,空洞的爱可能是长期关系的第一阶段。比如,在包办婚姻的社会,婚姻双方开始时候是因为承诺而结合,或者相互努力去爱。这种关系说明缺少爱未必是长期关系的最终阶段,也可能是开始阶段。

5. 浪漫的爱　这种爱由亲密和激情成分组合而成。本质上,它比喜欢多一个因素,就是身体的吸引。根据这种观点,浪漫的爱不只是身体上互相吸引,情感上也相互联系。这种爱和经典文学里的爱情很相似,比如"罗密欧与茱丽叶""特里斯坦和伊索尔德"。这种浪漫的爱跟哈德菲尔德和沃尔斯特在 1981 年提出的"爱"不同,他们认为浪漫的爱和狂热的爱相同。

6. 伴侣之爱　这种爱是亲密和决定/承诺的组合。它实质上是一个长期的、有承诺的友谊,经常发生在身体吸引力已经消失的婚姻中。这种观点在杜克的书

《生命中的朋友》中有论述。这种爱与波斯切特和沃尔斯特在 1978 年提出的观点相同。

7. 愚昧的爱　愚昧的爱产生于激情和决定/承诺的组合,但是缺少亲密成分。我们有时会将这种爱和好莱坞电影,或者旋风求爱相联系起来。在这种爱里,一对情侣在某一天相遇,两个星期后订婚,过一个月就结婚。这样将承诺建立在激情基础上而缺少因亲密成分带来的稳定因素的爱是愚昧的。虽然激情成分能很快产生,但是亲密却不能,因此由愚昧的爱建立的关系经不起考验,例如闪电结婚后离婚的概率很高。

8. 完美的爱　这种爱由三种成分共同组合而成。我们都追寻这样的爱,尤其是在浪漫的关系中。获得完美的爱和期望与在减肥中达到目标相类似,达到目标比保持要容易。获得完美的爱不代表爱会持续。实际上,它的失去有时和减肥中体重反弹类似:人们经常在目标丢失后才意识到。

完美的爱的形成和保持要依赖于建立和保持它的关系和环境。

(二) 恋爱中的男、女差异

恋爱意味着两个人的生活圈发生了重叠。两个人既有各自独立的生活领域,也有着共同的部分。只要是两个人,就会有着不同性格、不同经历,就需要彼此适应,更何况是不同性别的两个人。恋人之间产生矛盾在所难免,原因有很多,包括:男性与女性对事情有不同的心理感受;两个人个性不同;双方都不是完美无缺的等。可见,了解男、女的差异对于经营爱情非常重要,男、女之间的差异见表 6-1。

表 6-1　恋爱中男、女间的差异

	女　性	男　性
在产生爱情的速度上	较慢	常常迅速坠入爱河
在变心的速度上	通常不易变心,然而一旦变心,就很难回头	容易变心,也容易后悔
在感情的需求上	关心、照顾、了解、尊重、专一、肯定、保证	信任、接纳、欣赏、羡慕、认可、鼓励
在爱的关系中	需要感到被珍爱,而不仅是生活照顾、物质满足	需要感到他的能力被肯定而不是不请自来的忠告
在情绪低落时	需要别人聆听感受,而不仅是分析和建议	需要独自安静,而不是勉强他细说因由
在寻找自己价值时	从人际关系中肯定自己	从成就中建立自我
在增进爱情时	需要感到被对方了解和重视	需要感到被对方欣赏和感激
在互相沟通时	总是以为男方的沉默代表对她的不满和疏离	总是以为女方的宣泄代表向他寻求解决问题的方法

因此,要想得到美好的爱情,恋爱双方必须学会经营好爱情,了解男、女性别之

间的不同心理,遵循恋爱的规则,双方力争做到:真诚开放、甘苦共享、求同存异、互敬互爱。

 思考题

你能联系自己或身边人的若干实际,谈谈你对恋爱中的男、女差异的理解吗?

专栏 6-1　心理学上的"三个月法则"

> 有研究表明,心理学上有一个神奇的"三个月法则",就是养成习惯需要是三个月、伤筋动骨的恢复需要三个月、人和人相处产生感情需要三个月、失恋过后的恢复期需要三个月、追求一个人三个月还没有结果表明别人根本就不会爱上你。

二、大学生恋爱的心理过程

大学生爱情的产生和发展,一般来说,大致要经过好感、爱慕和相爱等阶段。

1. **好感**　好感是指在人际交往中所产生的一种彼此欣赏的情感体验。例如,人们在生活工作和学习中,通过接触、相识与往来而产生彼此希望进一步发展的心情。男、女之间的好感,并非是性爱,但却是爱情产生的必要前提。异性之间的好感会增强相互的吸引,形成一种内在动力,促使双方的接近和情感交流。

2. **爱慕**　男、女之间在好感的基础上,经过对对方的爱好、志趣、性格、为人等各方面的更多的了解,而产生的更深刻的情感体验,以致这种内在感情使人心旷神怡,萌发希望与其结合的强烈情感倾向,并在理智支配下,发展成对对方的爱慕之情。

3. **相爱**　男、女之间单方面的爱慕还不是爱情,只有相互爱慕,爱情才能建立。在恋爱中,从单方爱慕到互爱,有时可能是同步到来,有时也可能是异步的,或者还会经受一些波折与艰难,但只要双方心心相印,无论是谁首先打开自己的心扉,最终都会赢得对方的回应,开出绚丽多彩的爱情之花。

三、大学生恋爱的特点

进入 21 世纪以后,随着社会的发展和周围生活环境的变化,人们的价值观趋向多元化,在这些社会文化因素的影响下,大学生的恋爱观较以往的传统也有了一定的变化,呈现出明显的时代特点。

我国一些心理学专家研究认为,当代大学生在恋爱的态度、行为和方式上一般具有以下特点:

1. **恋爱行为公开化**　大学生是一个特殊的青年社会群体,他们思想比较开放,容易接受新观念,独立意识强。在今天这个开放的社会中,大学生往往注重突出个性,不太受他人尤其是长辈的影响,在恋爱问题上不再顾忌他人的评价,校园中的道路、草坪、食堂、教室等公共场合到处可见恋人们卿卿我我的身影。

2. **注重恋爱过程** 在校大学生谈恋爱一般不考虑经济、地位、家庭等社会性问题,情感的浪漫主义色彩浓厚,自主性强、约束性差、情感性强、理智性弱。大学生中流传着关于爱情的顺口溜——"只求曾经拥有,不求天长地久"。大学生谈恋爱注重情感体验和交流的过程,对恋爱的结果不太在意。恋爱向来被人们看作是为了寻觅生活伴侣,是婚姻的前奏。但是大学生恋爱一般不是指向婚姻的,注重的是恋爱过程本身。注重恋爱过程,从某种意义上来说有利于双方相互了解、加深认识,也有利于培养感情、增加心理相容度,同时也反映出大学生不落世俗、着意追求爱的真谛。但是,仅仅只注重恋爱过程,未免失之偏颇。一些大学生只把恋爱当作一种感情体验,借以寻求刺激;一些大学生则是为了充实课余生活,解除寂寞,填补空虚,把恋爱当作一种消遣和弥补。只重恋爱过程,轻视恋爱结果,实质上是只强调爱的权利,而不关注爱的责任,这也容易导致恋爱关系脆弱,双方往往不能理性地对待恋爱中的挫折。因此,大学生恋爱常常表现为恋爱率高、持久率低,能发展到缔结婚姻关系的则寥寥无几。

3. **重视恋爱的形式** 我们一般很容易发现男、女大学生是否在谈恋爱,因为他们在一起上自习、吃饭,一起在校园散步、看电影,所有流行的恋爱方式都不自觉地在他们身上出现。但只有这些外在行为不一定表明他们是在真心相爱。一方面大学生自身存在经济条件、年龄特点、工作地点等不稳定性因素,另一方面确实有些大学生谈恋爱追求的并不是走向婚姻殿堂。大学生中"有情人"虽多,但"终成眷属"者少,这样就会产生一批失恋大军。感情挫折后出现一个时期的心理困扰是正常的,大多数大学生通过找朋友诉说、自我调整,能够对自己和对方采取宽容的态度,尊重对方的选择。但仍有一部分学生摆脱不了情感危机,有的失去信心,放弃对爱情的追求;有的一蹶不振、自暴自弃,对生活失去信心,以至于悲观厌世;有的视对方如仇人,肆意诽谤,甚至作出极端行为伤害对方,这样的情况虽是少数,但影响恶劣。

4. **恋爱观念开放** 中国传统文化及伦理道德观虽对大学生影响较深,但随着时代的变迁,社会价值观多元化的发展,当代大学生的恋爱观念也日益开放,很多同学对婚前性行为持理解和宽容的态度,对部分在外租房同居的现象也能接纳。传统的贞操观在大学生的思想观念中逐渐淡化,恋爱方式公开化,甚至一些大学生在公共场所、大庭广众之下,旁若无人,作出过分亲密的动作,有的竟搞多角恋爱。过分开放的恋爱观念可能导致一些不良行为的发生,可能引发对恋爱双方造成伤害的问题。

三、恋爱对大学生的影响

关于恋爱对大学生将产生什么影响,有三种代表性的观点:

一是动力论,认为利多弊少,恋爱可以产生动力,促进学习、陶冶情感、丰富精神生活、激发大学生的潜能;二是阻力论,认为弊多利少,大学阶段学习紧张,时间有限,恋爱花费时间、耗费精力、妨碍学习、影响团结,不利于全面发展;三是均衡论,认为利弊均衡。

在现实生活中,恋爱对大学生学习和事业的作用具有两种可能性:一是恋爱关系处理得当,可以成为学习和事业的助推剂,使人学习努力、成绩上升;二是恋爱关系处理不当,可能分散精力、浪费时间、情绪波动、成绩下降。

恋爱对大学生的道德影响具有两重性。积极高尚的爱情对道德观念的形成和发展具有显著的催化和促进作用。与此相反,庸俗的爱情使大学生留恋或追求低级趣味,甚至行为越轨。因此,大学生只有树立正确的恋爱观,把爱情融进振兴中华的伟大志向中,把爱情建立在为实现崇高理想而共同奋斗的基础上,才能使爱情成为奋发向上的力量。

思考题

你能结合自己的实际,谈谈大学生适不适合谈恋爱吗?

第二节　大学生恋爱心理困扰

恋爱在给人带来幸福和甜蜜的同时,也给人带来烦恼和苦涩。尤其是大学生,在经济尚未独立、人格尚未成熟的时候就谈恋爱,对恋爱双方的人生有可能带来不利影响。所以,重视恋爱中的心理问题是十分必要的。

一、大学生常见的不良恋爱心理

(1) 性爱的好奇心理:由生理发育成熟导致的性冲动与性亲近要求而产生的。

(2) 急于求成的占有心理:与高校聚集着集才华、风度、气质于一身的特殊人群氛围直接相关。有些男大学生固执地认为,毕业后还没有男朋友的女孩都是别人挑剩下的,受"不恋爱就变态"等言语的蛊惑。

(3) 依赖心理:由独生子女的孤独感和习惯了他人的呵护与关爱所致,属于"情感寄托型"的恋爱动机,缺乏独立意识和自立能力,易受挫。

(4) 补偿心理:由功利型的恋爱动机所引发,即希望在交往对象那儿获得社会地位、经济等方面的补偿。

(5) 游戏人生心理:其恋爱动机是:满足与异性交往的欲望,寻求刺激、填补精神上的空虚,甚至发生婚前性行为。他们见一个爱一个,玩一个丢一个,完全是一种游离于婚姻之外的享受和消遣。

二、大学生恋爱中常见的心理困扰

(一) 单恋

案例 6-2　可怕的"单相思"

> 18岁的李斯带着憧憬走进了南方某大学校园。由于水土不服,李斯患上了思乡病,每天不思饮食,躺在床上浑身无力。这时,担任班级辅导员的孙老师来看望她,鼓励她、照顾她。李斯渐渐喜欢上了自己的老师。两年间,李斯对孙老师的迷恋越来越深,性格内向的她不敢和朋友倾诉,只得把所有的话都埋在心里。
>
> 对于李斯的反常情绪,孙老师有所察觉,并减少和李斯的接触,而且还安排几个同学包括李斯一起到自己家里做客,将自己幸福的家庭生活展现给李斯。希望通过此举,使李斯从这段单相思中走出来。但是事与愿违,从孙老师家回来后,李斯就以身体不好为由请假回家。在家里,李斯写下遗书,表达自己对老师的爱恋以及无法如愿的痛苦……

单恋是一方的倾慕情感苦于不被对方知晓和接受而造成的一厢情愿或对恋爱的渴望,俗称"单相思",它仅仅停留在个体单方面爱恋的状态而无法发展成相恋。单恋是一种深沉而无望的爱情,充满了毁灭性的激情和疯狂,在幻觉中自然、自愿奉献一切,具有痴迷而深刻的悲哀。深刻的单恋是一种难以矫正的心理障碍。

单恋有时会使人丧失自尊,不顾人格尊严地乞恋于所恋对象,严重影响人的知觉判断和理性选择,同时也干扰了所恋对象的学习和生活,有时会走向极端,以伤害的方式终结单恋。

单恋形成的原因很复杂,主要与单恋者的幻想特质、信念误差和认知偏差等有密切关系。

1. **幻想因素**　人的幻想特质与先天气质类型和后天的心理发展过程有密切联系。一个从没有被人爱过,且敏感、内心体验丰富的人,是难以爱上别人的;即使爱上别人,也羞于向人承认自己的爱,而且也不敢奢望被爱。但是,人都有爱和被爱的渴望。如果某人对爱的需要受阻,就往往转向自己,回到内心,自编自导一个玫瑰色的梦,并在这梦境中满足自己对爱和被爱的渴求。这样,当他(她)进入真正的异性之爱时,就很难适应正常的恋爱,于是只好退回到过去那种满足方式上,如儿童的反应方式一样把对爱的渴望当成现实的异性之爱,以其丰富的想像力,在幻想中得到异性爱的一切满足。

2. **信念误区**　单恋者往往信守"伟大的爱充满艰辛和痛苦,它往往是得不到回报的"这一信念,于是在得不到对方的爱时,就在单恋中自我暗示:"爱仅仅是为了爱,不要承诺,不要回报",并认为这种不顾一切的爱才是最伟大的爱。

3. **认知偏差**　单恋者往往对倾慕对象一往情深,希望得到对方的动机十分强烈。在这种心理的支配下,常常会把对方的言行举止纳入自己的主观需要的想像中,造成对他人的认知偏差。另外,有的单恋者不能正确地对待被拒绝的事实,认为如果承认事实,就是承认自己配不上对方。因此,为了自尊和面子,就强迫自己坚持求爱到底。显然,单恋是一个人的精彩,与对方无关。每个单恋的人都如一只辛勤的小蜘蛛,日夜织一张晶莹的网,这网的猎物是什么呢?空空的网,疼疼的心,认了,就把自己粘在上面,日复一日,任自己在网中心守着、念着、思着、痛着、恋着、苦着、甜着,却依然默默地等着。

我想对那些正处于单恋中的大学生说,如果你真想从自己的世界走出来,又不确定对方对自己的感觉是否是喜欢,那就不用急于表白,不如和她多接触一段时间,确定一下自己一直喜欢的到底是心中的那个她还是现实生活中的她?所谓"距离产生美"。对于一个人来说,往往有这样一种倾向:得不到的总是好的,结果却忽视了身边"优秀"的存在。

另外,处于单恋中的大学生还需要问自己:我身上有哪些值得一个异性喜欢的地方?我常常说,如果仅仅只有真诚、善良以及永不变心这三个"优点",是得不到异性的倾心的。因为,这三个优点几乎全世界的人都有。因此,即使有缘,幸福也要靠自己去争取!要想拥有好的对方,首先拥有好的自己。

(二)恋爱中的苦恼

案例6-3 恋爱要不要长相守?

> 我大一一直找不到合适的男朋友,大二不怎么想找了,但是机会却来了。我认识了一个男生,挺满意的,巧的是他竟然也喜欢我,并向我告白了。我是个多愁善感的女孩子,有点怕谈恋爱,以前没谈过。我感觉男孩子谈起恋爱就想得好远,甚至跟我说要把我带回家吃顿饭什么的,我怕怕的。我很想谈恋爱,但是也就想在大学里找个伴而已,没有和他进一步发展的意思。感觉有个男生关心关心我,一起吃饭他付钱,一起看看电影,两个人很单纯地在一起就够了。毕业了大家就各奔东西。就这样……我是不是想的太天真了啊?和他认识才半个月,我就答应他了。但是心里有点矛盾,我是出于孤单空虚才做他女朋友,根本不想和他深入交往,我该怎么办?想谈恋爱又害怕。难道我做他女朋友了,就一定要去见他父母吗?难道我们毕业后就一定要一起吗?

经常有人会问:为什么没谈恋爱的时候特别想谈恋爱,真谈起恋爱又觉得特别没意思?所有恋爱中的人都深感"相爱容易相处难"。在这个过程,男女双方首先要学会相互容忍,然后才是努力做到相互了解。

为什么要先容忍呢?因为了解这个词我们虽然常用,但是做到却很难。别看许多男、女在恋爱之后兴高采烈地说:我爱他是因为他很了解我。可是日子长了,或者是结婚以后才发现,对方并不了解自己,自己也并不了解对方。

人的思想和感情是很复杂的,相互了解其实是一件很不容易的事。刚恋爱不久,两个人在狂热中常误认为能谈得来便是了解,其实那只是一时的热情而已,那只是一种尽量宽恕对方,不计较对方缺点的情热,真正了解的成分是很少的。等到恋爱已久或是结婚以后,两个人回到了清醒的现实中,才发现一起过日子才是实实在在的。之后,就会发现对方也有很多的缺点,有很多和自己不协调的地方,于是很多人选择了分手。

那么,分手之后,让双方再来一次,会不会就意见相合了呢? 未必,假如没有容忍,还是难免分手。因为两个人闹别扭、吵架是不可避免的。只有在容忍中细心地体谅对方,了解对方,明白一个人难免有缺点,那么彼此相爱的双方才会因爱而容忍,因容忍而了解,因了解而宽恕,慢慢地就达到了这样一种境界:那是他/她的老毛病,不用计较他/她,过一段时间就好了。做到了这个境界,差不多就达到了恋爱、婚姻的最高境界了。

爱上一个人不需要靠努力,只需要靠"际遇",是上天的安排,但是"持续地爱一个人"就要靠"努力"了。在爱情的经营中,顺畅运转的要素就是沟通、体谅、包容与自制(面临诱惑有所自制)。有许多人总是为"际遇"所迷惑与苦恼,意念不停、欲念不断、追逐不散,而忘了培养经营感情的能力才是幸福的关键。

还记得大话西游里的那段话吗?

"曾经有一份真诚的爱情放在我面前,我没有珍惜,等到失去的时候我才后悔莫及,人世间最痛苦的事莫过于此。"要不要长相守,还要在生活中慢慢感悟。

案例6-4 为什么没有了刚开始的甜蜜?

> 您好,我是一个二十三岁的女孩子,现在正处于困境,真的不知道怎么办了,每天都快愁死了。我和现在的男友认识五年了,开始我们交往的还很好,可是在交往了两年后我感觉真不合适。他是个很老实的人,但是脾气却有点古怪,我们在一起天天吵架。例如,当我们有事情要商量的时候,我就问他这样做可以吗? 可是他要么什么也不说,要么就说:"随便吧,你自己看着办。"这弄得我很烦,为此我们经常吵架。想着和他分手算了,可从心理有点舍不得,毕竟我们有着五年的感情,哎,现在的心情乱死了,不知道怎么给您说,您说我们该怎么办呢?

有位心理学家曾写道,一个称得上真正成熟的爱情必须经过四个阶段,阶段之间转换所需的时间,因人而异。

第一个阶段:共存。通常是被另一个人的较为显而易见的特征所吸引。当双方相互吸引和相互满足都存在时,爱情关系就变得特别强烈,这时,恋人是在消费彼此的爱情,他们无时无刻不在相互眷恋,渴望在一起。这是热恋时期。

第二个阶段:反依赖。等到感情稳定后,至少会有一个想要做自己想做的事,这时另一方就会感到被冷落。

第三个阶段:独立。这是第二个阶段的延续,要求更多的独立自主的时间。

第四个阶段:共生。这时新的相处之道已经形成,你的他(她)已经成为你最亲的人,你们在一起相互扶持,一起开创属于你们自己的人生,你们在一起不会互相牵制,而会共同成长。

狂热和激情洋溢的初始阶段通常不会持续很久,大部分的人都通不过第二或第三阶段。因为,当恋人在一起消磨的时间多了,彼此了解的就多了,他们会发现对方身上某些让人不满的东西。此外,他们也开始发生冲突,两人并不总是一致的,他们的需求开始变化,发现当初让他们互相吸引的东西,现在变得厌倦了,于是双方就开始想到爱情将走向终结。他们断言:爱情已经死亡。在这个阶段有些恋人争吵不休,另一些恋人则互相回避,处于一种"冷战"状态。在此阶段,恋人也开始因为自己的痛苦而相互指责,彼此的爱都有所保留和衰减。于是,其中一方或双方开始寻找新的朋友,希望开始一场新的浪漫爱情。

对于处于这两个恋爱阶段却选择了分手的双方,我觉得是非常可惜的。两个人相遇、相恋是非常不容易的事,两个人的相聚是因为有缘,相知是因为有心,真的得好好珍惜这份福分,莫说分手不是无由。

因此,如果我们愿意进一步认识自己和认识所爱的人,如果我们愿意用我们的意志来帮助自己成长和变得更加完善,那么我们就能达到爱情关系的第四阶段。在此阶段,爱情关系被更高程度的自我认识和互相认识所加强。我们更多地发现彼此的优点和缺点,对彼此的需求和能力也有更多的认识,我们变得更有耐心,不再需要竞争。我们愿意鼓励对方,用更全面的视角来看待对方,承认对方的光明面并帮助对方进步与成长。以成熟一点的心态去看待你的爱人,你或许会发现,男人、女人其实都是一个样的。如果你无法成熟地看待爱情,不管重新遇到几段恋情,你都得不到心中最完美的爱情。

(三) 多角恋

案例 6-5　同时爱上了两个女孩

> 你好!心理老师,我想请教个问题。但不知道这是不是个问题。你说一个人会不会同时爱上两个人,或者更多呢?比如,一个男生已经和一个女生恋爱了,也确立了关系(他很喜欢她的),但他却同时也很喜欢另一个女孩子。他知道这样做是不对的,所以,他把他恋爱的事告诉了第二个女孩子了,他也知道第二个女孩子也很喜欢他。你说这种情况可能么?还是在他自己不知道的什么地方出现了差错。

所谓多角恋,是一个人同时被两个或两个以上的异性所追求或自己同时追求两个或两个以上的异性并建立了爱情关系。多角恋现象是爱情纠纷的主要原因之一。多角恋实质上是比单恋更为复杂、更为严重的异常现象。调查表明,由于性爱具有排他性、冲动性,因此无论何种多角恋都潜伏着极大的危险性,一旦理智失控,就会给对方及社会带来恶果。

导致多角恋的原因主要有以下几个方面:

1. **择偶标准不明确**　由于个性不成熟,生活经验不足,择偶时没有一个较为明确的标准。不知如何才能判断与自己关系密切的异性中哪一个更适合自己,所以只好颇费心思地多方应付、多头追逐,从而出现了选择性多角恋。

2. **择偶动机不良**　有的人从开始和异性交往时,就出现了动机冲突。一会儿认为张三英俊、潇洒,一会儿又觉得李四深沉、稳重;今天认为王某开朗、可爱,明天又觉得赵某妩媚、艳丽,各人的长处他(她)都想兼得,为了满足自己不同欲求,只好在不同角色中周旋以寻快乐,有的甚至发展到了玩弄异性的程度。

3. **虚荣心强**　总以为追求者越多,其身价就越高,若退出竞争,就是承认失败,承认自己比别人差,这就导致恋爱上的自私自利,是对别人和自己的感情不负责任的多角恋的主要原因。

4. **盲目崇拜**　明知对方已有对象,但由于盲目崇拜,加上嫉妒好胜、固执任性,从而导致盲目性、冲动性、竞争性的多角恋。

通常,一个人在一生中不会只爱一个人,可以在不同的时段爱上任何人。但是如果是同时爱上,那么也只有一个人是你爱的,其他的只是喜欢。喜欢和爱是不一样的概念,需要分清。

所以,如果同时对两个以上的异性有好感,那么有很大的可能只是在欣赏。应该说是两个人身上都有优点吸引到自己。当一个人出于这种状况时,常常会想,如果有一个集她(他)们的优点于一身的人出现该多好啊。所以应该说是,你爱她(他)们各自身上的优点,而不是爱她(他)们的人。

(四) 失恋

案例 6-6　分手了还是忘不了他

> 与男友分手已经快四个月了,可我还是忘不了他!
> 虽然过得还很潇洒,但是,在静下来的时候,心里还是他!这时候,那种难言的孤寂与悲哀总是让人很无助!有朋友说,我为他着了魔。可是,爱这个东西,本来就是无法控制的事,对不对?我,是个怀旧的人,也本是个对爱一腔赤诚的人,可是经历了一场轰轰烈烈的爱后,身心俱疲,我好累!我不知道还能不能相信爱情了,更不知道还能不能再爱了!如果连一颗敢爱的心,连一颗全力为爱付出的心都没有的话,我觉得我已经失去了爱的资本和权力了!爱,不应该全心全意吗?爱,难道,就不应该全力以赴吗?为何我曾做过的一切,在他眼里,在别人眼里,像一个傻子一样呢?我知道我为此付出的代价,是的,是很沉重。可是,我从来没有后悔过!即使失去了所有,只要能换回他,我仍然觉得值得,心甘情愿!可是,再多的爱,再真诚的一颗心,也挽回不了一份逝去的爱!余下的心痛,留下的伤痕,只有自己一个人懂!只有自己一个人独自神伤!到底要多久我才能走出去呢?是的,好久没有说过关于他的什么了。今天,对你说这些的时候,我还是忍不住流泪心疼!我为自己心疼!真的,我再也不要让自己那么痛了,再也不要了……

失恋是指恋爱的一方否认或中止恋爱关系后给另一方造成的一种严重的心理挫折。恋爱失败和失恋是两个不同的概念。恋爱失败是指恋爱关系的否定。它有两种表现:一是恋爱双方都不满意,彼此同意分手;二是恋爱的一方已无情地提出分手,而另一方却仍然情意绵绵,沉湎于恋情之中。失恋就是指恋爱失败的第二种表现。从心理角度来看,失恋可以说是大学生在校期间最严重的挫折之一。失恋会引起一系列心理反应,如难堪、羞辱、失落、悲伤、孤独、虚无、绝望和报复等。这些不良情绪,如果得不到及时的排除和转移,容易导致失恋者忧郁、自卑,严重者甚至采取报复乃至自杀等方式来排解心中的郁结。

由于恋爱关系是建立在相互完全自由选择的基础上的,因而是不稳定的。如恋爱双方不能把感情升华到相当程度,终会因各种原因而导致恋爱关系的终结。失恋后之所以产生种种不同的心理及其行为反应,与大学生的个性倾向有密切的关系。另外,单就大学生失恋现象而论,有一个值得重视的矛盾——异性爱慕的本能冲动与爱的能力之间不能协调。

在大学里,很多人之所以整天被感情上的事情困扰着,是因为在他们的心里只剩下爱情,认为拥有爱情才是自我救赎的唯一途径。殊不知,如果过分在意爱情,爱情就会变成你以及你爱的对象的负担,会把对方吓跑的。因为,爱是一种选择。也就是说,付出多少爱和付出的方式应该是能够使对方感知到,同时也必须能够得到对方的积极回应。否则,就是无效的爱。

对待感情,人们也许会想,只要争取了就一定会有回报。可事实恰恰相反,很多时候,感情是一种充满了未知数的怪物。越是希望拥有,就越是容易失去;越是不懂得如何回避和放弃,就越是会陷入悲剧的迷途。举一个例子:对方需要苹果,你却给了一个西瓜,你认为你付出了很多的爱(西瓜比苹果大,而且价格也高),但对方却可能根本感受不到,而这种不能感受到的爱是没有价值的。

有这样一句话:如果你不爱一个人,请放手,好让别人有机会爱她;如果你爱的人放弃了你,请放开自己,好让自己有机会爱别人。其实,每个人寻找自己幸福的过程,本身就是一个在爱与不爱之间接受和拒绝的艺术过程。苏格拉底说:时间是人最伟大的导师。心理学有一个神奇方法,叫作"伤痛管理"。根据统计,人类失去爱情后疗伤的时间大约需要 6 个月,所以你给自己最多 6 个月的时间去难过,而且每天只限定在某一个时段里难过,例如晚上 8 点到 8 点半。这段时间你安全地坐在家里,尽可能地回想过去的甜蜜,然后尽情放声痛哭,等到 8 点半一过,你就得强迫自己转移焦点,硬生生地把痛苦放到一旁,接着告诉自己如果需要可以明天晚上 8 点再接着痛苦。请相信我,只要认真实行这个方法,不出 6 个月你就会发现它不再是那么痛彻心扉了。

因此,要想从失恋中摆脱出来,必须走出二人世界的狭窄空间,用信仰和对生活的爱充实自己。

首先,找到人陪你玩,可以经常和一群朋友出去玩,唱歌、跳舞、打球都好,如果没有人陪,打个电话给以前的朋友,聊聊天,一定很开心的;其次,为自己找到一个切实的目标,在短期内让自己忙起来,充实起来;最后,记住:好的在后头呢!

专栏 6-2　失恋的哲学

> 古希腊哲学家苏格拉底见到一位年轻人茶饭不思,精神萎靡,其状甚哀。
> 苏格拉底:孩子,为什么悲伤?
> 失恋者:我失恋了。

苏格拉底：哦，这很正常。如果失恋了没有悲伤，恋爱大概也就没有什么味道。可是，年轻人，我怎么发现你对失恋的投入甚至比对恋爱的投入还要倾心呢？

失恋者：到手的葡萄给丢了，这份遗憾，这份失落，您非个中人，怎知其中的酸楚啊！

苏格拉底：丢了就是丢了，何不继续向前走去，鲜美的葡萄还有很多。

失恋者：我要等待，等到海枯石烂，直到她回心转意向我走来。

苏格拉底：但这一天也许永远不会到来。你最后会眼睁睁地看着她和另一个人走了。

失恋者：那我就用自杀来表示我的诚心。

苏格拉底：但如果这样，你不但失去了你的恋人，同时还失去了你自己，你会蒙受双倍的损失。

失恋者：那就狠狠地伤害她，我得不到的别人也别想得到。

苏格拉底：可这只能使你离她更远，而你本来是想与她更接近的。

失恋者：您说我该怎么办？我可真得很爱她。

苏格拉底：真得很爱？

失恋者：是的。

苏格拉底：那你当然希望你所爱的人幸福？

失恋者：那是自然。

苏格拉底：如果她认为离开你是一种幸福呢？

失恋者：不会的！她曾经跟我说，只有跟我在一起的时候她才感到幸福！

苏格拉底：那是曾经，是过去，可她现在并不这么认为。

失恋者：这就是说，她一直在骗我？

苏格拉底：不，她一直对你很忠诚。当她爱你的时候，她和你在一起；现在她不爱你，她就离去了，世界上再没有比这更大的忠诚了。如果她不再爱你，却还装得对你很有情谊，甚至跟你结婚、生子，那才是真正的欺骗呢。

失恋者：可我为她所投入的感情不是白白浪费了吗？谁来补偿我？

苏格拉底：不，你的感情从来没有浪费，根本不存在补偿的问题，因为在你付出感情的同时，她也对你付出了感情；在你给她快乐的时候，她也给了你快乐。

失恋者：可是，她现在不爱我了，我却还苦苦地爱着她，这多不公平啊！

苏格拉底：的确不公平，我是说你对所爱的那个人不公平。本来，爱她是你的权力，但爱不爱你则是她的权力，而你却想在自己行使权力的时候剥夺别人行使权力的自由。这是何等不公平啊！

失恋者：可是您看得明明白白，现在痛苦的是我而不是她，是我在为她痛苦。

苏格拉底：为她而痛苦？她的日子可能过得很好，不如说是你为自己而痛苦吧。明明是为自己，却还打着别人的旗号。年轻人，德行可不能丢哟。

失恋者：依您的说法，这一切倒成了我的错？

苏格拉底：是的，从一开始你就犯了错。如果你能给她带来幸福，她是不会从你的生活中离开的，要知道，没有人会逃避幸福。

失恋者：什么是幸福？难道我把我的整个身心都给了她还不够吗？您知道她为什么离开我吗？仅仅因为我没有钱！

苏格拉底：你也有健全的双手，为什么不去挣钱呢？

失恋者：可她连机会都不给我，您说可恶不可恶？

苏格拉底：当然可恶。好在你现在已经摆脱了这个可恶的人，你应该感到高兴，孩子。

失恋者：高兴？怎么可能呢，不管怎么说，我是被人给抛弃了，这总是叫人感到自卑的。

苏格拉底：不，年轻人的身上只能有自豪，不可自卑。要记住，被抛弃的并非是不好的。

失恋者：此话怎讲？

苏格拉底：有一次，我在商人那儿看中一套高贵的服装，可谓爱不释手，商人问我要不要。你猜我怎么说，我说质地太差，不要！其实，是我口袋里没有钱。年轻人，也许你就是这件被遗弃的华服。

失恋者：您真会安慰人，可惜您还是不能把我从失恋的痛苦中引出。

苏格拉底：是的，我很遗憾自己没有这个能力。但，可以向你推荐一位有能力的朋友。

失恋者：谁？

苏格拉底：时间，时间是人类最伟大的导师。我见过无数被失恋折磨得死去活来的人，是时间抚平了他们的心灵创伤，并重新为他们选择了梦中情人，最后他们都享受到了属于自己的那份人间之乐。

失恋者：但愿我也有这一天，可我的第一步该从哪里做起呢？

苏格拉底：去感谢那个抛弃你的人，为她祝福。

失恋者：为什么？

苏格拉底：因为她给了你一份忠诚，给了你寻找幸福的新的机会。

（五）网恋

案例6-7　网上的爱情有可靠吗？

天津某学院女大学生石某怎么也没想到，盗窃自家两张大额存单后提款的窃贼竟是两个月前在网上"一见钟情"而相识的男友。

7月中旬，家住河西区无业男青年李某在网上通过花言巧语与石某相识，并交起了朋友，感情发展迅速。9月3日，李某来到家住和平区洛阳道的石某家中游玩，其趁石某熟睡之机将其房门钥匙、户口本偷走。石某丢失房门钥匙后也未在意，只是又配了一把。9月6日上午10时许，李某趁石家无人之机窜入后将一张1万元大额存单盗走,并于中午在银行用事先偷来的户口本将存款提出。11日上午,李某又以同样的手段窜至石家盗窃一张存在6000元的存单,后又到银行支取。然后用于购买手机、手表等物挥霍。17日下午,石家发现被盗后,遂到公安和平分局民园派出所报案。经民警多方侦查,并在工商银行近日取款人的录像上发现了李某的身影。昨晚,民警在掌握大量证据情况下将李某传唤。经讯问,李某对盗窃石家存单后支取的事实供认不讳。

所谓网恋就是通过上网聊天的方式认识异性朋友,并且在进一步的交谈中产生感情,随着网上沟通的深入,逐步走到一起的恋爱过程。当然这个定义尚未得到公认,所以现在还不能完全定义网恋,但是既然有人提出来了,就有一定的代表性。

当代大学生最明显的特征就是接受新事物的能力特别强,紧跟潮流,所以网恋也就自然而然的成了大学生所追求的时尚之一。据一项网上调查表明:有78%的大学生经常上网,有56%的大学生曾经有过网恋,但是成功率却非常低,几乎是接近"绝望",可见网恋成功的可能性非常小。

现在让我们来看看网恋者的心态吧。大学阶段很多人都过得很空虚,空虚的时候他们不免会找点刺激的事情来做,而网恋正好迎合了这种心态,因此它成为众多大学生打发时间的方式之一。可以说追求刺激是大学生网恋的动机之一。其次,网恋给人的压力也没有现实生活中那么大,比如,网上那么多男男女女,即使失败了也无所谓,最多再找一个就是了。很多人在网上谈了一个又一个,然而,都是没有见过面的,这样也就不用为承担现实生活中的责任而苦恼,然而这也正是导致网恋失败的原因之一。

网恋为什么会失败呢,通过调查我们得出以下几点结论:首先,网恋过程中(见面之前),双方只能是通过声音、文字等表现自己、了解对方,手段相对来说是比较有限的。时间稍长,就逐渐对对方形成了某种所谓的"印象"。但这个印象只是一个人的一部分,而不是全部。对于这个"印象"以外的、无法通过网络表达的部分呢,也就由着我们人类完美主义的天性,在潜意识里给对方打了满分。我们毕竟是人,也必定是要活在现实中的,所以双方见面了。当把这份通过网络培养的感情带到现实中来的时候,那些现实和网络交集以外的东西,也就是前面说的通过网络无法表达的部分,也必然要出现。这也就意味着双方就像面对一个熟悉的陌生人一样。因为人无完人吗,我们在网络中给对方打了满分,可是见面后我们就发现他(她)不是这个样子的,离满分还远得很,所以双方都很失望,分手也就成了必然。

其次,归根结底,究竟失败在什么地方呢?

(1) 心理准备不足:没有意识到网络和现实是有很大距离的,没有做好心理准备,而且往往也太急于求成,经常是刚在聊天室里聊了几个小时,觉得比较投机,就匆匆忙忙地要见面。

(2) 双方太容易放弃:当我们觉得很失望的时候,应该去调整心态,想一想对方的优点,想一想当初是对方的哪一方面吸引了你?这时候不要轻言放弃,可以采取网络和现实两种方式继续接触,试着去了解现实中的对方,因为网络和现实还是有交集的,感情基础也是存在的。

面对网恋我们该做些什么呢?

① 不要太急于见面,要学会克制自己;② 不管现在是不是在一起,如果双方在将来不可能在一起,还是早早慧剑斩情丝为好,免得伤人误己;③ 不要欺骗,在网络中展现尽可能完整的自我;④ 多进行心的交流,而不要总停留在表层的问候上;⑤ 多探讨一些比较现实的问题,不要过多地停留在虚拟的网络上,比如两个人的性格是否合得来,看待一些问题的观点是否相近等。要把网络当作感情交流的一种手段,而不是感情存在的基础。

总之,网恋可能是看得见、抓不牢的海市蜃楼。

思考题

大学生在爱情方面有哪些心理困扰?应该如何处理?

第三节 大学生爱的能力培养

Erich Fromm 在《爱的艺术》中指出:恋爱的许多麻烦在于人们以被人爱代替了去爱人。人们求爱往往是为了摆脱孤独和空虚,爱情虽然能起到这种作用,但这种情感是短暂的。相反的是,成熟的爱情应该以自爱为基础,只有在自己的人格完全成熟时,知道自己需要怎样的爱,并且具有给予爱的能力时,才能真正体验爱的真谛。成熟的爱的原则是:"我被人爱,因为我爱人";不成熟的、幼稚的爱是:"我爱你,因为我需要你";而成熟的爱是:"我需要你,因为我爱你"。

爱的能力,首先表现为给予的能力,爱是一种奉献而非索取,爱是一种给予而不仅仅是获得。但是,这种给予、奉献并不是一般意义上的给予与奉献,这是用自己的人格来影响对方的人格,用自己的生命力去激发对方的生命力。爱的本质在于:双方爱的能力交互影响乃至最后完善融合。那么,如何获得这种能力呢?

一、提高自我心理成熟

一个人的成熟需要经过两次断乳。第一次是生理上摆脱对母乳的依赖。第二次则是从长辈的扶植下摆脱出来,成为一名平等和独立的社会成员。第二次断乳被称为"心理断乳"。心理断乳的早晚因人而异。如果一个人早期所受的教育越接近社会现实,个体社会化的历程越短,其断乳的时间就越早。人们在心理断乳的过程中,逐渐使理想的自我和现实的自我协调统一,达到心理的成熟。

心理成熟的表现是多种多样的。单就恋爱而言,成熟性的主要表现如下:

1. **具有确定的人生观、价值观和恰当的择偶标准** 恋爱不是一种纯粹的精神活动,它是个人生理、心理发展的需要,更是一种社会性的行为。恋爱择偶本身就体现了一个人的追求,即体现了一个人的人生观和价值观。只有在人生观和价值观确定时,才能懂得什么是真正的爱情,知道自己需要什么样的恋人以及爱情在其社会生活中的位置。

2. 具备独立的人格,健全的理性　具有独立人格的人能够正确地认识自己、悦纳自己、发展自己,对自己充满自信和勇气。他们不会因为外界的巨变而使自己改头换面,他们首先拥有的是对生活的信念和充实的生活,而后才拥有爱。而人格未完全独立的人,会因为生活的空虚而恋爱,感情也容易飘忽不定,一旦恋爱则陷于激情之中难以自拔;倘如失败,便对自己作出负性评价,丧失自信。实际上,爱与人格的独立并不矛盾,一个人的独立性强一分,他恋爱中的吸引力也就强一分,失恋对其打击便弱一分。因为独立的人格本身就具有强大的内在魅力。具有独立人格的人不会因爱情的丧失而否定生活的意义,也不会因爱情的获得丧失自我的发展空间。他们在恋爱中相互尊重,相互帮助,注重彼此的发展成长。正由于在独立人格的基础上,重视自我个性的完善和事业的发展,爱情才充满活力。

3. 能体察、关怀、与尊重他人　成熟的人具有对他人的敏感性,能知晓对方的需求、利益、观点和风格;能在此基础上包容对方,主动关心对方,与对方进行思想感情交流;尊重对方的人格独立,给对方以自信和力量。而心理不成熟的恋人则难以体察、关怀、尊重对方,他们基本上未摆脱青春期"自我关注""自我中心"的状态;没有关怀、照顾和尊重别人的能力。

4. 把恋爱看作人格再造的契机　心理成熟的人不是为恋爱而恋爱,而是把恋爱看作人格再造的契机。确实,恋爱不仅能检验人格而且能促进人格的完善。一方面,因为恋爱,就它的最细腻、最不着痕迹的表现而论,是一个男人和一个女人在人格方面发生最亲切的协调的结果。恋爱中双方关系的协调,各种矛盾的解决,都会丰富双方的生活经验,促使双方在心理上趋于成熟。另一方面,恋爱前后的男、女为了获得异性的爱,提高自己在对方心目中的形象,总是力图完善自己,爱成了一种强大的内在动力。爱升华了双方的人格,促进了人的新生,开发了人的潜能。拥有这种观念的人能够在恋爱中积极主动地化解矛盾,承担责任,并且善待恋爱,既不轻易地坠入爱河,也不会轻易地离开爱河。

当代大学生普遍存在心理晚熟的情况,在大学期间,许多人的人生观、价值观还未确立,人格的独立性较差,恋爱所应具备的心理条件还不成熟。在这种状态下开始的恋爱并不完美,有的甚至阻碍了人格的发展,导致心理疾患。所以,在心理尚未成熟,不具备爱的能力的情况下,不要轻易恋爱。

二、培养与异性交往的能力

异性间的友谊不仅有助于人的个性发展,且有助于培养健康性心理,为未来建立恋爱关系提供了一条有效途径。这不仅因为异性间的友谊自然、真挚,更因为它具有兼容性、不排他性。处在有异性存在的社交圈里,同学之间可以求得心理的接近和情绪的接近,满足青春期特有的心理需求。异性同学通过学习讨论、文娱体育和旅游活动等交往途径,增进了了解,认识到男、女之间生理、心理上的差异,逐渐掌握异性交往的方式,使对异性的向往变成学习和生活中的相互关心、帮助,进而提高对性问题的深刻认识,理解它的道德意义和道德责任。男、女同学之间如果缺乏正常的交往,对异性的好奇和神秘感就会转化为对性的过于敏感,想入非非。不可避讳的是,在异性交往的过程中,男、女同学多少会想到恋爱问题。但是,如果在恋爱前缺乏与异性的交往,那就无法避免对异性的好奇和神秘感,从而出现更多的虚假恋爱。异性间的交往应该注意如下要点:

1. **不要有过强的目的性** 近些年来,大学生的交往范围有不断扩展的趋势,从班级内交往到同乡间交往,更进一步到跨系、跨校交往,这为大学生交友提供了条件。在这种交往中我们应该排除目的性和功利色彩过强的心理,只有如此,才能轻松、自然地展示真实自我。

2. **注意交往的范围、间距** 异性交往应该有一个广泛的友爱圈,如没有对某一对象萌发爱意,那么就应注意交往的距离和频率。不要轻易涉入一对一的单独活动,切不可过于频繁地与某一特定对象长期交往,这容易引起恋爱幻想。

3. **注意交往的场所、分寸** 异性交往有敏感的地域,所以要注意交往的场所、分寸。如果不想谈恋爱,就不要轻易接受某个异性单独相处的邀请,更不要与某个异性在电影院、公园和酒吧等能引起性浪漫幻想的场所单独相处。

三、完善自我爱的能力

爱的能力对人一生的发展有着重要的意义。爱的能力不高或发展不够完善,常常影响人们爱的付出或得到,导致人们爱的心理需要得不到满足,从而带来心理健康方面的问题。良好的爱的能力会引导个体真正地爱他人,也真正地爱自己,也使自己更容易被爱。让人真正体验到爱与被爱的心理需要得到满足所带来的快乐和幸福。爱的能力实际上是一种综合的素质,既要有上面讲到的两个方面素质准备,还要有在爱的过程中体现出的多方面的能力准备。心理学专家提出以下几方面爱的能力的提高是必要的:

1. **表达爱的能力** 表达爱需要勇气和信心。很多大学生苦恼于不知如何表达自己的爱,从而错失爱情。当一个人爱上另一个人时,能否用恰当的方式和语言向对方表达出来,往往也是爱情成功与否的重要因素。同时我们应该知道表达爱是在表明一种爱的幸福,即使可能得不到回报,也满足了爱的心理需要。

2. **接受爱的能力** 当期望的爱来到了身边时能否勇敢地、正确地接受也是爱的能力的表现。有的大学生在面对别人向自己表达爱意时不知所措,明明心理喜欢可表达方式却让对方误解。有的大学生在别人向自己示爱后,内心挺高兴,但又不敢接受别人的爱,或者觉得自己不配、不值得爱,因此失去发展爱情的机会。

3. 拒绝爱的能力　有爱的能力的人不会对爱情来者不拒,或者因对方不是自己所爱就简单地拒之于千里之外,真正具备爱的能力也需要对并非自己想要的爱能合理恰当地拒绝。不少大学生在面对不爱之人向自己示爱时优柔寡断,既怕伤害对方,又怕对方误会,为此苦恼不已。拒绝爱的能力,一是表现出对他人的尊重,要感谢对方对自己的欣赏;二是要态度明确、表达清楚,不要给对方任何幻想,明确你们之间只能是同学或是一般朋友的关系,或者什么关系都不可能;三是行动与语言要一致,有些同学,虽然语言上拒绝了对方,但是行动上还与对方有亲密接触,他们自认为是怕对方受伤害,还单独和对方去看电影、吃饭、逛街等,使对方误解,导致情感纠缠不清甚至出现心理问题。

4. 鉴别爱的能力　鉴别爱是指能较好地区分清好感、喜欢和爱情。大学生群体对恋爱现象非常敏感,一看到男、女生单独在一起就会联想到恋爱,于是有些同学苦恼于一般友谊被说成爱情。有鉴别爱的能力的人,是自信并尊重别人的人,会自然地与别人交往,主动扩展交往的范围,珍惜友谊,尽量多地体验他人的感受,会用不同的行为方式区别不同的感情。

5. 持续爱的能力　爱需要双方真正地关心对方,理解对方的内心世界,以对方的快乐为自己的快乐。要保持爱情的长久,需要爱的智慧和持之以恒的奉献,同时又不能失去自己的个性,要有自己的追求与发展。及时更新知识、善于沟通、相互欣赏,是爱的重要源泉。保持爱情长久的能力,其实是上面多种能力的综合。有爱的能力的人是健康的人,有自己独立的价值观,有自己的生活空间,他们不排斥他人,懂得尊重他人、关心他人;他们会尊重对方的选择,尊重对方的个人隐私,尊重对方的发展方向。处理好恋爱与学业的关系,发展好与其他人的交往关系,将爱情作为发展的动力,也是保持爱情长久的能力。心中有美好爱情的人,会表现出积极的精神风貌,散发着生命的光彩,不断进取、积极向上,给人以美好的感受。

思考题

培养爱的能力对大学生的人生发展有什么意义?你认为怎样才能培养爱的能力?

专栏6-3　如何知晓爱情心理的成熟度?

　　如果对以下几个问题我们有确定的答案,那么我们的爱情心理就是成熟的,否则我们还要继续修炼哦!一起来测测吧!

(1) 你有确定的人生观与价值观吗?你知道自己需要什么样的恋人以及明白爱情在社会生活中的位置吗?

(2) 你有独立的人格与健全的理性吗?你能否认识自己、悦纳自己、发展自己、充满自信?

(3) 你能体察、关怀与尊重他人的品质吗？你是否对他人具有敏感性，可以包容对方、尊重对方，给对方以自信和力量，而不是"自我关注""自我中心"？

(4) 你能把恋爱看作人格再造的契机吗？

(5) 你的择偶标准恰当吗？

（张婷）

第七章
性心理与心理健康

案例 7-1　大学生咨询中心常见的性心理方面的困惑

> 小金,20 岁,中文系大二女生,她的男友在同校的另一个专业就读。"男朋友要求我跟他在外租房同居,我在这个问题上比较纠结。一方面我很爱他,如果我拒绝了他,也许就会失去他了。另一方面我有很多顾虑,万一以后两个人走不到一起怎么办。还有,如果怀孕了怎么办?在和闺蜜们聊天的时候就觉得堕胎特别恐怖,说得挺吓人的。"
>
> 小李,18 岁,计算机专业大一男生。"在大一第一学期,我平时没有好好学习,快到期末考试了,我特别焦虑,整夜睡不着。入睡困难时就自慰,发觉自慰能缓解焦虑,就'上瘾了',几乎每晚都要自慰。俗话说'一滴精等于十滴血',自慰会不会伤害身体?会不会导致我将来不育?还有,我发觉我的生殖器小,比网络图片上的生殖器小很多,会不会影响将来的性生活?"

思考题
1. 你自己或者身边的同学有上述困惑吗?
2. 你觉得这些大学生为什么会出现这些困惑?
3. 可以用哪些方法来帮助大学生解决类似的问题?

看了上述案例,你可能会联想到你的同学或者朋友也有类似的困惑,也想知道如何帮助他们答疑解惑,从而缓解他们的焦虑和恐惧。那么首先你就需要对大学生的性心理有较全面的了解。

第一节　性心理概述

人类的性行为是一种复杂的生物社会现象,是一种旨在满足个体生理上和心理上的性需求,并适应社会性文明规范的行为活动。当代的大学生,正处于青春后期和成年初期的过渡阶段,在成熟的性生理和尚未完全成熟的性心理之间,性的生物性需求与性伦理、性道德、性的社会规范之间有着矛盾和冲突。同时,当代大学生身处一个性信息较易获得的世界,一方面从家庭和学校接受到的是传统的和讳莫如深的性教育;另一方面,通过网络、电视、报刊、书籍以及同龄人那里得到的性信息,大多包含性的享乐、性的自由和性商品等内容,极易被误导。所以深刻理解、正确对待大学生性心理,对大学生的心理健康发展有着十分重要的现实意义。

一、什么是性心理

性心理是指在性生理的基础上,与性征、性欲和性行为有关的心理状态与心理过程,也包括了与异性交往和婚恋等心理状态。性生理是性心理发展的生物学基础,性生理发育的障碍或缺陷,会使性心理的发展出现偏差,如女青年因过胖或乳房过小,男青年因个子过矮或生殖器短小,而出现心理焦虑和不适等。此外,性生理发育得过早或过迟也会影响人的性心理,如性成熟过早的男孩,容易胆大、自信;性成熟晚的男孩,容易胆小、自卑;性成熟过早的女孩,会感到难为情和不适,等等。性心理包括以下一些心理现象与过程:

1. **性感知** 性感知是指主体对由视、听、嗅、触等感觉通道引起性冲动的反应和外生殖器受到刺激所得到的性快感,它是性心理的基本过程。视觉是选择异性的主要手段,所以在与异性交往中,外表的吸引力起着非常大的作用。触觉是性爱表现的最基本、最主要的一种方式,它既是唤起性兴奋的最新感受,又是性行为的主要体验方式。听觉对性兴奋的作用,女性强于男性,一般女性都喜欢低沉浑厚的男性声音,而讨厌"娘娘腔"的男性;男性则大多喜欢声音温柔且婉转的女性。与视觉和听觉对性兴奋的作用而言,人的嗅觉在性爱中占的比重较小。

2. **性思维** 性思维是指主体对有关性的问题的思考,它是性心理中核心的心理过程。随着性心理的逐步成熟和性感知不断积累,主体经常会自觉或不自觉地思考一些有关性的问题,从而对这些问题有所认识。

3. **性情绪情感** 性情绪情感是指主体对异性所持的态度以及同异性接触中所得到的态度和体验。在性感知和性思维以及日常与异性的接触中,主体逐渐认识了两性的差别及关系,对异性开始抱有一定的态度或感知到异性对自己的态度,如对异性的好感、思慕、爱恋和嫉妒等。

4. **性意志** 性意志是指主体自我意识调节性的能力。性意志强的人善于控制自己的性行为,把它约束在正常、合法的范围内;相反,性意志薄弱的人,易受性冲动左右,以致违反性道德甚至触犯法律。

二、大学生性心理的发展

从生理上看,青春期是性发展成熟的决定阶段。进入青春期后,性器官开始迅速发展,逐渐获得生殖机能。我国在校大学生年龄一般在18~23岁之间,他们正处于青春期的尾声,这一阶段,性的成熟与整个身体的发育已基本完成,但是性心理的发展并未达到成熟。大学生的性心理的发展大致可分为以下3个阶段:

1. **异性疏远期** 异性疏远一般是指在12~14岁,进入青春期的少男少女,由于生理发育的急剧变化,引起心理的不安、害羞,使男、女之间在心理和行为上出现隔阂,关系疏远甚至反感,以少女表现得尤为明显。这一阶段的主要问题是萌发的性冲动给自身带来的罪恶感,这种罪恶感可能贯穿整个青春期,影响正常的性心理发育。随着社会的现代化进程,由于各种传媒的发展及人们观念上的日趋开放,这一阶段的表现已越来越不明显。对部分性格内向、敏感或者性生理发育偏迟的大学生来说,他们在大一的时候可能会表现出异性疏远期的特点。

2. **异性接近期** 在完全进入青春期后,随着生理机能的进一步发展,生活阅历的增加,青少年对异性关系有了进一步的了解和认识,对性意识的情感体验也开始有了变化。这个阶段的青年男女已不再用排斥的方法对待异性,而是喜欢与异性相处,与异性伙伴在一起觉得心情愉快、兴奋和舒畅,青年男女都力求在异性面前留下一个美好的印象。男性往往喜欢以高谈阔论、逞能、做危险动作表现男子汉气概,甚至以起哄、开玩笑、恶作剧等方式来引起女性的注意;女性则以单相思、打扮自己、关心对方等方式吸引对方。大学生大多处于这一时期,有的大学生的性意识还未完全摆脱"异性疏远期"的影响,以至于对异性角色还未完全认同,这一部分学生通常难以和异性顺利交往。

3. **异性恋爱期** 进入青春后期,大学生性生理完全成熟,性心理也逐步成熟,自我意识、思维和人格也在积极发展。随着异性间交往增多,青年男女对恋爱的理解和认识更加深刻,对恋人的寻觅更加迫切,对异性的态度也更加客观。此时,男、女大学生开始对异性表现出主动接近。受社会文化的影响,男大学生表达爱情的方式往往比女大学生更主动和大胆。随着男、女双方交往增多,恋爱关系开始明确,从泛泛的异性爱慕过渡到钟情于某个人,从满足生理需求到满足精神需求,最终达到双方人格的相互融合。

三、大学生性心理的特征

大学生由于受文化层次、接受教育程度以及所处特殊环境的影响,其性心理除了具有这一年龄阶段青年的普遍性特征外,还有以下特征:

1. **本能性和朦胧性** 大学生尤其是低年级的大学生,性心理不具有深刻的社会内容,基本上还是一种由于生理上的急剧变化带来的本能作用,还常常在心中用自己童年、少年时期所经历、所见闻的与性有关的现象来解释性。大学生会对异性产生浓厚的兴趣、好感和爱慕,当心理需求得不到满足时,便借助影视、图书、网络等,力图对性的问题有一个明确、系统的了解。受传统观念和我国各级学校性教育缺乏的影响,性的问题一直蒙着一层神秘面纱。

2. **强烈性、隐蔽性和文饰性**　大学生随着性机能的成熟,在青春期出现的性欲望和性冲动此时会表现得更加强烈,这是身体发育中的正常生理和心理现象。大学生们希望接近异性,迫切希望与异性交往,以得到性的生物性满足。相关资料表明:看过黄色书刊和录像、浏览过黄色网站的大学生占51.2%,希望与异性交往的占78.6%。虽然希望满足性的生物性需求,但大学生十分注意自己在异性心目中的形象和评价;心里十分想同异性交往,但表面上却表现得不屑一顾,或故意作出回避和清高的样子;心里特别想体验亲昵的动作,表面上却似乎很讨厌。正是这种心理上的需要与行为上的矛盾表现,使他们产生了心理冲突和苦恼。

3. **动荡性和压抑性**　青年期是人的一生中性能量最旺盛的时期,但许多大学生因为性心理不成熟,未形成稳固的、正确的性道德观和恋爱观,自控力较差,因而他们的性心理容易受外界不良影响而动荡不安。有的大学生对性冲动持否定的态度,采取压抑的方式,其中有人由于性能量得不到合理的疏导和升华,从而出现过分性压抑,进而以扭曲的甚至以变态的行为方式表现出来,严重者还会导致性变态和性过错;还有一部分学生对性持无所谓和放纵的态度,以致精神空虚,情趣低下,甚至发生性过失、性犯罪。在对成都11所高校2600名在校学生的问卷调查中发现,有过同居行为的学生占14.6%,特别是临近毕业的大学生在校外租房同居的越来越多;有婚前性行为的占21%,其中体育类的学生竟高达61.6%,艺术类学生达31.8%;48.5%的大学生对婚前性行为表示理解,不支持也不反对;对性服务者,58.4%的学生理解她(他)们的存在,甚至还有极少数大学生加入到她(他)们的行列中。

4. **性别差异性**　大学生的性心理因性别的不同而有些差异。在对异性感情的流露上,男性表现得较为外显和热烈,女性往往表现得含蓄和深沉;在内心体验上,男性更多表现为新奇、喜悦和神秘,女性则更多表现为惊慌、羞涩和不知所措;在表达方式上,一般是男性较为主动,女性较为被动,往往采取暗示的表达方式;此外,男性的性冲动易被唤起,而女性易在听觉、触觉刺激下引起性兴奋。

思考题

请你谈谈自己的性心理有哪些特点。

第二节　大学生常见的性困惑

性困惑,也称性心理困惑,是指因对性生理变化、性角色等相关问题缺乏正确的认知而产生的不适现象。常见的性困惑与性生理、性角色、性压抑、性幻想、性梦等有关。

一、与性生理相关的困惑

与性生理相关的困惑大多见于获取性知识渠道不畅的大学生，他们对月经、性器官的发育、自慰、遗精等正常生理现象存在错误认知，从而导致焦虑、紧张、不知所措甚至厌恶的情绪。

1. 月经　月经是一种正常的生理现象，但一些女生受错误观念的影响，视月经为不干净、见不得人，对月经来潮有一种厌恶和排斥的心理，把来月经称为"倒霉"。部分女生在月经来潮期间会发生较大的生理和心理变化，如情绪易激动、烦躁、腰酸腿疼等，严重者会影响正常的学习和生活。情绪对于月经的状况及对月经的主观感受有明显影响，害羞、厌恶、恐慌的情绪以及外界环境的不良刺激所引起的焦虑、抑郁等情绪都可能引起不同程度的月经紊乱，负面情绪甚至会引起痛经、闭经。

2. 自慰　自慰，又叫手淫，狭义的概念是指用手来刺激自己的外生殖器，使生理和心理上得到满足的一种现象。从广义上讲，自慰是指任何方式的自我与互相间的抚摸以求安慰和满足的行为。男女老幼皆有自慰行为，自慰在青少年中是一种较普遍的现象。国内一组资料提示青少年86%有自慰史，自慰的起始年龄多数为12～16岁，平均起始年龄为14岁，与开始遗精的年龄吻合。

案例7-2　一封来自大学生的求救信

> 尊敬的大夫，救救我吧！
> 我有多年的自慰恶习，我在读高三的时候，有一天突然发现自己不能正常勃起了。我胡思乱想：这是我长期自慰的恶果？还是别的什么病所导致的？然而，无论如何，我阳痿了。从那天起，这个阴影就一直笼罩在我心头，我不敢向家里说，不敢去医院检查。在这里，我想请教您：我这病还有恢复的希望吗？是否必须去医院？不去医院还可以有什么补救措施？求您告诉我吧！——一位大学生
> 根据武汉某医学研究中心与湖北省两家电台合办的《性与健康》节目组提供的材料，前来咨询的大学生大都来自武汉市各高校，从大一到大四都有，还有不少是研究生，可这些高智商、高学历的人在性这个人类最基本问题上的表现却着实令人担忧。咨询中涉及最多的一个问题是自慰，占了总数的23%，绝大多数人还认为自慰已给他们带来了严重的身心伤害，甚至一些人流露出因为自慰而想"废了自己"或是自杀的倾向。

人从性成熟到能够合法地满足性要求——结婚，一般要等待7～8年或更久，而这段时间的性能量最高，总要寻找机会解除性紧张。在这种情况下，自慰是最方便、最安全的办法，它既不涉及异性或卷入感情纠葛，也不会导致性攻击甚至性犯罪的发生，所以是一种合理的解除性紧张的方式，同时也能够解决一部分因性问题而引起的社会问题。未婚男女，每月有规律的自慰1～2次，达到心理上的或生理上的满足，并不会影响健康。在医生指导下进行自慰还是诊疗某些性功能障碍的

手段,如临床上常用自慰的方法采集精液标本,以供检查。

其实,自慰的害处并不在于自慰本身,而在于"自慰有害论"带来的心理伤害。自慰后的恐惧心理、犯罪感、自我谴责和悔恨心理是自慰危害的真正根源。自慰是释放性能量、缓和性心理紧张的一种措施。当然,自慰过度也是不利的,过度的自慰会使肉体的性感高潮在无须异性的正常刺激下就得到满足,这是一种非常规的性满足方式,如果自慰时动作过分粗暴,还会使生殖器出现损伤、充血、破溃和感染。有的女大学生自慰过度,可能会引起盆腔充血或由于手不洁引起外阴部或尿道发炎等。

那么,何为过度自慰呢?关于自慰频度的问题,因每个人的年龄、发育与健康状况而千差万别,医学上并没有严格的定义和规定。只要是感觉心情舒畅、轻松愉快、精力充沛就是适度的;如果事后感觉疲劳、精神不振,则是过度。

大学生应正确对待自慰问题,应认识到自慰是正常的生理和心理现象。只要这些行为没有过于频繁,那它对身体的健康和正常的心理发育就不会构成危害,更不会影响日后的生育能力。大学生应当把主要精力放到多彩的生活中去,不要自寻烦恼。

专栏7-1 防止过度自慰的方法

自慰过度需要及时进行调整。如果恣意自慰,可能会荒废学业,损伤身体,尤其是处于性发育成熟期的大学生,其心理状态不稳定,更要提高自我控制和自我约束的能力。

1. 自我教育和自我暗示法 进行意志和毅力的锻炼,一旦出现性冲动,可以进行自我调节和自我控制,尽量控制自慰的欲念。先从减少次数开始,减少到只是极为偶然的自慰,直至戒除。

2. 分神法 每当出现自慰念头时,去做对自己来说最有吸引力、最感兴趣的事情,如可以去下棋、听音乐、运动、看书等,这样可以转移大脑性冲动的兴奋点,制约性冲动。

3. 抑制法 利用大脑皮层的机能特性——"优势法则",有意识地增强学习兴奋灶,抑制自慰冲动的杂念。在大脑皮层中形成学习优势兴奋灶,从而使其他部位处于抑制状态,学习越专注,处于优势兴奋灶的区域就越有良好的应激机能,并能进一步提高学习效率,有利于克服自慰习惯。

4. 活动法 积极地参加文体活动,扩大业余爱好,使课外生活丰富多彩,这可以淡化和转移性欲而无暇想自慰之事。

5. 培养有规律的生活习惯 按时睡眠、起床,不睡懒觉,不赖床,睡前避免过度兴奋,不看色情书、画。睡眠以右侧卧为佳,不要俯卧,被子不要过厚。

6. 选择科学的性知识读物 从医学和健康卫生的角度去了解性生理、性心理现象,并做出积极的、适当的反应,从而排除有碍身心健康发展的消极因素。

7. 消除形成自慰习惯的生理原因　如包皮过长、包茎应进行手术治疗。

8. 其他　经常清洗外阴,消除积垢对生殖器的刺激;不要憋尿,避免膀胱过分充盈引起刺激;内裤不要过紧,防止因摩擦外生殖器而引起刺激;多吃新鲜蔬菜和豆类食品,少吃刺激性食物。

二、性角色困惑

性角色指个人对自身是男性或女性的认知、确信和态度。这种观念形成于童年早期,一般在3岁时已经确立,性角色的获得与自我认识的形成密切相关。性角色也是社会舆论对某人性别表现的期望、规范或要求,即一个人的性别特征是否与其性别相吻合。比如我们常说男子应有阳刚之气,女子则应有阴柔之美等等。性角色一旦确立之后,便很难改变。京剧大师梅兰芳男扮女装,塑造了许多女性形象,有很高的艺术造诣,深受观众喜爱。但在现实生活中,如果他柔声细语、忸忸怩怩,可能就会受到非议。同样,人们喜欢花木兰的飒爽英姿,但对生活中的"假小子",多数男人也不太欣赏。性角色在大学生的自我认同中占有十分重要的位置,如果大学生对性角色的自我同一性适应不良会产生诸多心理问题。从另一个角度看,性角色困惑不仅仅是个人问题,而且是社会化的问题,性角色的混乱会产生一定的负面社会影响,我们应使大学生认识到在性角色方面应承担的社会责任和义务。

专栏 7-2　某市男大学生的"伪娘团"引来争议

某市的男大学生中,有这样一群人,在舞台上,他们千娇百媚;舞台下,他们个个都是纯爷们。他们的表演活跃在各种动漫秀舞台上和商业演出中。"我们的团员都是男生,也都是在校大学生。""伪娘团"的"经纪人"、副团长"小璐"这样和记者介绍自己的社团,他是个不折不扣的动漫爱好者。

整个"伪娘团"有团员20多人,来自该市多所高校。"伪娘团"开始只是一个非常普通的动漫社团,有一次参加活动时,团里的女学生正巧一个都不在,节目时间又很紧,于是,大家商量着由几个男生反串女生去参加,没有想到,演出收到了非常好的效果。回校后,大家开会商量,干脆成立了一个"伪娘团",专门搞反串,即男生扮演女生。

在舞台上,他们是"女人";舞台下,就还原到本色。打篮球、看球赛,男生钟爱的运动他们一样喜欢。不过,正因为他们和一般男生比起来,长得很俊俏,所以很得女孩子欢心,很多人都有自己的女朋友,有的团员平时会很虚心地向女朋友学习如何像女孩子一样走路、发音、撒娇,自己学会了再去教其他的团员。目前这个"伪娘团"在该市小有名气,经常会接到一些商演邀请,小伙子们的出场费是每次每人500元。但是团员共同表示,毕业了还是会正常地去找工作,不会继续从事"伪娘"性质的工作。

从社团成立开始,他们就饱受社会争议。有人认为"伪娘"是"人不人,鬼不鬼,男不男,女不女,伤风败俗",有人认为"伪娘"是比较低俗的文化。

《工人日报》发表署名文章认为:媒体对"伪娘"的报道,观众觉得有趣,说明社会舆论对新鲜事物已经越来越宽容,大众审美的包容性也越来越强。但"伪娘"的盛行也有其负面的影响:一方面"伪娘"的娱乐性是一种浅层的快餐式的文化消费,掩盖的是社会浮躁;另一方面,社会文化生活中的性别行为模式的学习、模仿和认同是形成性角色的重要方式。大众传媒对新事物猎奇式的大肆追捧报道,让处于成长期的青少年疏于分析、判断,从而全盘接受、认同和模仿,可能会伤害青少年健康性别意识的形成。

就一般而言,"伪娘"在心理上仍保持男性自我,有与普通男性相同的性别观念。"伪娘"现象是我国社会转型期内遇到的一个社会学问题。通过互联网的传播,"伪娘"现象开始产生一定的负面社会影响,需要引起社会的重视,相关部门应采取相应的措施,引导大学生形成正确的性别角色认同。

男、女在生物学上的差别,决定了男、女性别上的根本差别。但是,由于家庭教育的缺失、学校教育的缺位以及社会环境对青少年群体的影响,使得个别男、女大学生不能接纳自己的性身份。有的男孩说话嗲声嗲气,做事忸忸怩怩,没有男子汉气概,有的甚至希望自己是个女孩;个别女大学生对自身的生理变化缺乏思想准备,对女性月经、怀孕及其他女性生理现象极度厌恶,希望自己是个男性,从而给性角色的接纳带来困难。正确对待和接纳自己的性角色,关系到个人身心健康及成年后的幸福。无论男大学生或女大学生,都应当接纳自身的性角色,去追求与自己的性身份相吻合的言谈举止,追求与性身份相符合的健康美。无论男性或女性,都能发挥特长,为社会作出贡献。有意识模仿异性的行为举止,希望改变自身的性别是一种性心理偏离现象。

三、性压抑

性压抑,是指人对自身性欲望的制约与控制,表现为在一段时期内控制发生性行为的频率,将注意力从性欲中转移到其他事物上,对异性与性行为的极度渴望而却因种种原因而不能接近异性或不能发生性行为的一种心理与生理状态。

随着大学生性意识和性机能的发育成熟,其体内性激素的分泌增多,就已经有了较强烈的性情绪和性需要,女孩多表现为对情感的需要,男孩则表现为对性的渴求。但是很多时候他们这种需要在符合社会一般道德规范的前提下无法得到最大满足,即使是有人偷尝禁果,内心也常常会觉得不安与恐惧。于是,在他们当中,往往会出现两种极端——要么因压抑而扭曲,要么因放纵而扭曲。性压抑越重,往往副作用就越多,严重的可能会导致性变态和性犯罪等。

专栏 7-3　如何面对性压抑

> 首先,做好性教育。大学生的性压抑在很多情况下是由于缺乏必要的性教育而导致的。不少大学生由于不清楚性成熟带来的一系列生理上和心理上的变化,尤其是缺乏性道德、性情感的教育,缺乏处理两性关系和处理性问题的方法指导及帮助,因而他们在性问题上往往只能自行摸索。性教育的意义就在于让大学生对性问题有一个与其年龄相适应的、清楚而又理智的认识。这对他们解除性压抑、促进性心理健康发展是大有裨益的。
>
> 其次,要学会性转移。所谓性转移,是指通过学习、工作、文体活动、男女交往等多种合理的途径,使其生理能量能得到正当的释放和有效的转移。大学生给自己适当的学习、工作等压力,对于避免性压抑的不良影响是有利的。对异性的爱慕和向往是大学生性心理的正常表现,两性交往其实也是满足性欲望的一种方式,交往双方都可以从中减缓性紧张神秘感,有利于互相取长补短。
>
> 最后,要让性升华。性升华可使大学生的性欲转化为进取心和动力,成为工作热情和创造的源泉,它可把满足性心理需求和社会公众利益最大限度地统一起来,因而不失为解除性压抑的最佳方法。

四、性幻想

性幻想,又称性爱的白日梦,是人类最常见的性现象之一,是通过联想异性的形象,特别是异性的性特征、性表现外露的部分、一些性情景以及在已有性感的经验基础上编织出符合自己性审美的性爱对象而产生的。每个人性幻想的频率、长短、内容、性质以及对待它的态度等方面存在着较大的差异。研究表明,性幻想的翔实生动程度与以往性经历、想像力和所接受的媒体信息量成正比关系。有人在性幻想中爱做旁观者(像电影观众),有人在性幻想中则偏爱充当情节中的主人翁,还有人喜欢客串多重角色。性幻想多在性活动之中出现,特别是性高潮到来之前的"触发时刻"。此外,醒后睡前的空闲时间、性活动之前和刚刚结束之后也是不少人偏爱性幻想的时间。

案例 7-3　痛苦的性幻想

> 孟某,女,某重点大学三年级学生,容貌俏丽,但性格偏内向。自述经常因无法摆脱和控制的性幻想而苦恼万分。这种现象从高中时就已经开始,但当时仅仅是偶尔出现,对自己的影响不大。自从进入大学以后,住在集体宿舍,空闲的时间多了,她就看看小说和视频。书中的性爱描写和电影中的亲密镜头,强烈地激起了她高中时就已经有过的性幻想,常常想像着自己接受英俊潇洒的白马王子的亲昵与爱抚。最近,这种性幻想日益严重,晚上常常失眠,有时还做性梦。梦中的男人不是书或影视中的主人公,就是班上或校园里偶尔碰到的同学和老师,这使得她在上课见到曾经梦见的同学或老师时,感到羞愧难当。后来发展到白天上课也不能控制自己的性

幻想，看见男同学的胳膊就想像男人身体的某些隐蔽部位；看到男老师会想到晚上他回家后和爱人怎样怎样……甚至看见杂志上的男明星就想像和他亲热的情景。上课时，这种性幻想使她注意力不集中，心情焦躁以至于导致听课效率急剧下降；晚自习时，一旦脑海中出现性幻想，整个晚上就再也不能好好读书。几年来虽然自己刻苦学习，但成绩始终较差。她经常陷入深深地自责与懊悔之中，恨自己有这种"下流"的念头。她也曾无数次地强迫自己摆脱这种性幻想，但每次都是以失败告终，而且越是强迫摆脱，这种性幻想越是频繁与强烈。现在她已经基本丧失了自信心，在同学面前也抬不起头，尽量找借口避开各种集体活动。同宿舍的女生好多都有了男朋友，孟同学也想给自己找到感情归宿。也有不少的男生追求她，而且其中也不乏她中意的，但她都一概回绝了，因为她始终认为自己是个"坏女孩"，不配接受别人的爱，她长期陷入痛苦烦闷之中，无法自拔。她目前的处境非常糟糕，心情焦虑，记忆力明显下降，经常无缘无故地朝别人发火，事后又非常自责与内疚，因此导致同学关系比较紧张，甚至有人骂她是精神病。

思考题
1. 性幻想是一种病吗？
2. 她有性幻想意味着她的道德品质有问题吗？

当性欲只能被压抑而又没有现实的途径可以合理宣泄时，性幻想就产生了。一般而言，如果性幻想没有构成实际行为，对他人并无任何实质性的伤害时，并不构成问题。但如果整天沉溺于性幻想，就会干扰自身的学习和工作，并影响正常的人际交往，从而对生理和心理发育造成危害，产生性心理障碍。

那么如何正确认识和应对性幻想呢？请参见专栏7-4：解读性幻想。

专栏7-4 解读性幻想

1. **性幻想不是心理疾病** 性幻想是指人在清醒状态下对不能实现的与性有关事件的想像。性幻想是大脑皮层活动的产物之一，是对现实生活中暂时不能实现的愿望的精神满足，这种性幻想在青少年期是大量存在的，这种性幻想的出现是正常的、自然的。但是，如果过分沉溺于性幻想的白日梦而影响了正常生活，或者幻想过分离奇并坚信是真实的，就属于病理性幻想或妄想了，可能是精神分裂症或其他精神疾病的表现，应当及时寻求精神科医生的帮助。

2. **适度的性幻想有益于身心健康** 卡尔在2007年出版的《人类性幻想》一书中认为，当人正面临焦虑、冲突、抑郁或者因为突如其来的崩溃而感到恐惧时，性幻想可以立刻提供心理和生理上的舒缓。彼得斯塔阿茨是美国巴尔的摩的一家医院的医生，在医院里对一群大学生进行实验。他让大学生把双手放进冰凉的水里，直到他们冻得实在无法忍受时再把手拿出来。并让其中一些大学生在将双手放在水里的同时想像一些美好的事情来转移注意力。结果那些想像性爱的大学生的双手在冰水里的时间是其他人的两倍。

3. 如何应对性幻想　一是别太把性幻想当回事,有时候想了就想了,不必为此而自责自罪,这样反而会减少性幻想的频率。二是平时注意把自己的精力集中到学习和其他丰富多彩的活动上去。三是不要接触黄色淫秽书刊,不要浏览色情网站。这些渠道专门渲染性活动,对青少年有很强的挑逗和刺激作用。人的大脑在同一时间只能有一个兴奋中心,这就是常说的"一心不可二用"。当你满怀激情做自己更感兴趣的事情的时候,性幻想也就不辞而别了。

综上所述,"性幻想"并不是洪水猛兽,也不是道德品质的分界线,它是人正常的一种性心理反应。因此正视它、理解它、接纳它、解决它才是一种积极的人生态度。人的一切活动,均受一定"度"的制约。一旦超出限度,相关的"副作用"就会显现。不分时间、不分场合、不能控制的性幻想是不被提倡的,在接纳基础上的转移和升华是值得提倡的做法。

五、性梦

案例7-4　性梦的案例和解读

当事人(男)自述:我是个艺术专业的学生,平时会给一些杂志和书刊画插图来赚点生活费,虽然不富裕但也自得其乐。最近我找到了我爱的一个女生,她也很欣赏我对生活的这种淡然的态度,我们准备毕业后就结婚。然而,很不好意思,到了这样的关头,我却老是梦到以前分手的女朋友,并且和她疯狂做爱。

解读:一些人总会梦到自己和以前的恋人再度上床,可能是因为做梦的人有未完成的情结,即没有处理好过去的那段情感,于是潜意识就把这种感觉压抑了起来,但还没有足够的心理准备去面对当前的情感。这个男生梦到跟以前的恋人上床,其实就是潜意识希望自己圆满地结束过去的感情,彻底地了结,跟过去说永别。

当事人(女)自述:我最近认识了一个觉得还可以的男孩并且开始了和他的恋爱关系,但也发生了一件令我非常难以启齿的事情,即我经常在和男友约会完后梦到自己和哥哥上床。到底是为什么让我作出这样乱伦的梦来呢?

解读:其实,绝大多数乱伦的梦与乱伦的想法无关,只是表达了一种混乱不堪的状态。当一个人面临生活、学习、职场、友谊等混乱状况,而又恰恰受到一些情感或性的刺激时,潜意识就会将两者联系起来,让人作出乱伦的梦。这个梦是在警告当事人,现在的感情关系并未在情感上满足自己。

为什么会梦到自己和以前的恋人再度上床?为什么会做乱伦的梦?性梦与道德有关吗?回答这些问题需要我们能正确认识性梦和性梦产生的原因。

性梦是指在睡眠中出现的带有各种性内容色彩的景象,这也是青春期性成熟后出现的正常的心理、生理现象,在大学生中普遍存在。在国内一项研究中,研究者对250名大学生进行调查,结果表明其中66.4%的人做过关于性交的梦,如果加上其他形式的性内容,则几乎每个人都做过这类梦。统计还表明,性梦多发生于男性大学生当中,且性梦发生率有明显的年龄差异,一般随大学生年龄增长而增加。而且,男大学生的性梦发生与遗精有密切关系。

心理学家认为,性梦是在潜意识中被压抑的性欲望冲动的自发暴露,是性心理、性生理发育正常的标志。性梦不被人的意识所控制,梦和现实差别巨大,并不代表人的真正意愿。

如何正确对待性梦?首先要摆正态度,性梦是一种正常的生理和心理现象,与道德品质没有关系,人不会因为道德品质好就不做性梦,也不会因为道德败坏就夜夜做性梦,做梦人完全不必自寻烦恼;其次,不要过分压抑性幻想,长期过分压抑性幻想,只能是噩梦常伴;再次,避免过分接受不良信息,平时要把精力多放在学习和工作上,少看色情小说,不看黄色录像;最后,生活中保持积极、乐观的心态,善于表达自己的愿望,善于与别人谈心、交流。有过性梦体验的青年大学生,不必为自己的经历而焦虑和羞怯,应顺其自然,同时要把主要精力放在学习和工作上,避免过多地接受各种性信息和性干扰。

思考题
1. 谈谈你曾有过哪些性心理困惑,你是如何应对的?
2. 试评价你和你周围的同学当前的性心理状态。

第三节　大学生常见的性偏离行为

正常性行为原则是指男女性行为关系必须遵循的人性要求和道德准则,它包括自愿、婚姻缔约、无伤害、爱、平等和私密原则。变态心理学认为,凡是寻求性对象和满足性欲的方式与常人不同,并违反当地社会习俗的性活动和性表现都是性偏离行为。性偏离的表现形式之一,是性对象选择的异常,如恋童癖、恋兽症等;之二是性满足方式异常,即不通过性器官活动而达到性满足,如恋物症,属于性心理障碍。而本章节所指的大学生常见的性偏离行为特指违反了正常性行为原则的行为,下面介绍性侵犯和性骚扰两种性偏离行为。

案例7-5　两起大学生性犯罪的案例

1. **法律专业大学生浏览黄色网站,深夜性犯罪**　大学生刘某难耐寂寞,独自去网吧看黄片。夜深人静时,他将魔爪伸向过路女青年。犯罪嫌疑人刘某,现年22岁,系某大学法律专业大四在校学生。2013年6月2日,刘某在某网吧"包夜"上网,浏览了淫秽网站,至凌晨3时许离开网吧。处于亢奋中的刘某,行至附近一巷道时,遇到身穿超短裙的女青年张某某。于是刘某尾随张某某至巷道深处,见四下无人,遂上前对受害人实施了强奸。案发后,公安机关根据受害人报案及调取视频监控录像,于次日将刘某抓获。

2. 大学生看黄色录像成瘾,两月三次强奸、猥亵女生 19岁的翟某是某高校的一名大学生,因看黄色录像不能自拔,竟在两个月内先后三次强奸、猥亵女大学生。2012年10月15日晚7时许,20岁的女大学生艳艳被骑自行车的翟某以寻求帮助为由骗到校外。当艳艳行至偏僻处时,翟某采取捂嘴和言语威胁等手段对艳艳实施奸淫。10月19日下午,办案民警在某高校保卫部门的配合下,成功将19岁的犯罪嫌疑人翟某抓获。经过突审,翟某如实交代了自己受黄色录像诱惑,于15日晚强奸女大学生的犯罪事实。然而办案民警在随后的进一步审理中,翟某又如实交代了当年9月用同样手段两次强制猥亵女大学生的犯罪事实。

检察机关审查后认为,上述2个案件的罪犯,其行为已触犯《刑法》。依据《刑法》,刘某和翟某将面临法律的严惩。

由于社会不良风气和腐朽观念的影响与毒害,性犯罪近年有明显上升趋势。大学生实施性犯罪有其主观和客观的原因,性成熟带来的好奇心和探究欲,是大学生性意识发展的准备条件。遇事猎奇好问是大学生的心理特征。对别人越不让他们知道的事情,就越觉得新鲜,越想探索。但由于家长和社会对性知识教育采取闭锁的态度,大学生对性的好奇受到压制而被不正常地强化起来,在他们眼中性充满神秘感,他们渴望了解性的秘密。这时,如遇到外界的不良刺激,如电影、电视中的色情镜头,黄色刊物、裸体照片等,就很容易形成"我也试一试"的性欲冲动。若有些大学生缺乏道德和法制观念,这种性欲冲动便会逐步强化而使他们难以控制。

一、性侵犯

性侵犯是指在未经对方同意的情况下对其实施的性行为,包括用身体或物体与被害人发生性行为,被害人可能受到暴力、胁迫而缺乏行为能力。近年来,性侵害现象在大学校园里时有发生,严重危害着大学生的人身安全,并对大学生特别是对女大学生的身心造成极大的损伤。了解性侵犯的特点,采取正确的应对方法,对维护大学生的身心健康具有重要的现实意义。

性侵害的主要形式有两种,一是暴力式性侵害,主要是指犯罪分子采取暴力手段,如携带凶器威胁、劫持女同学,或以其他形式相威胁,向女生实施性侵害(调戏、猥亵、强奸等)。第二种是胁迫式性侵害,主要是利用受害人有求于己,或以受害人的个人隐私进行要挟、胁迫,使其就范。其主要形式有三种:一是以自己的职务、地位(如上下级关系、师生关系等),利用女生的某些要求和困难处境(如分配就业、课程考试等)对学生进行性侵害;或以花言巧语,骗取学生好感,制造假象,使学生上当。如某公司总经理,利用高校一些女毕业生求职心切的心理,以安排工作为诱饵,先后奸污了前来求职的7名女大学生;二是利用女生的过错或隐私,要挟女生;

三是诱惑式性侵害,主要指利用受害人追求享受、贪图钱财或意志薄弱,制造各种机会引诱受害人。

专栏 7-5　性侵害的应对措施

> 大学生如何应对性侵害?可以根据不同情况区别对待。
>
> 首先,应采取灵活的方法。在僻静的街道、楼房的拐角处、小树林等行人稀少的场所,遇到陌生人突袭式性侵害时,应尽量保持冷静,在与行凶者周旋之际,应迅速观察行凶者的举动及周围环境,寻找呼救或脱逃的机会,如无法逃脱,则应利用现场物品(如砖头、木棒等)或随身携带的物品向行凶者要害部位(如太阳穴、阴部、眼睛、小腹等处)猛击,若被行凶者推倒在地,双方体力悬殊、无力反抗时,受害人则应在罪犯实施性侵害时突然起脚猛踢其阴部,或用发夹、指甲等猛刺其阴部或眼睛,使其无法得逞。
>
> 第二,提高自卫意识。一些同学在与异性,特别是年龄比自己大、地位比自己高的异性接触时,总是对他们的"关怀""爱护"抱感激的态度,对他们有求必应,失去警惕,结果是自吞苦果。针对这种情况,应明确表示反对,态度应坚决。如果对方一意孤行,死搅蛮缠,则应不留情面,随即迅速离开现场,防范对方纠缠。万一不幸受辱,不要说刺激行凶者的话,避免刺激行凶者杀人灭口。必要时劝其采用安全套等预防进一步的伤害。事后一定要及时报警,并保留提交证据。如果一切努力都失败,还是受到侵害,这并不是你的错,而是坏人的错。一定不要感到羞耻,要勇敢面对现实,及时告诉自己的家长和老师并报警。
>
> 第三,要培养自己自信、稳重、正派、大方的性格品德,不被金钱、物质所诱惑。要珍惜自己的情感,做一个自尊、自强、自信、自立的大学生。外出,尤其是夏季出行时,应尽量避免穿单薄、裸露身体较多的衣物。
>
> 另外,女生宿舍尤其要做好防范。措施如下:
>
> 经常进行安全检查。如发现门窗损坏,应及时报告学校有关部门修理。回宿舍就寝时,要留心门窗是否完好,防止犯罪分子潜伏伺机作案。就寝前,要关好门窗,在天热时也不能例外,防止犯罪分子趁女生熟睡时作案。夜间如有人敲门,要问清是谁再开门。如发现有人想撬门砸窗闯进来,寝室的同学要一起呼救,并做好齐心协力反抗的准备。夜间去寝室外上厕所时,最好叫上一个同伴,并带上电筒,上厕所前先仔细查看一下。周末或节假日最好不要独自一人住在宿舍。

二、性骚扰

(一)性骚扰的界定

性骚扰是指通过利诱和威胁,将自己的性要求强加于他人,迫使他人屈从自己的性意志,满足其变态的性侵犯的欲望。广义的性骚扰并不限于异性间,对象亦不单指妇女而言,同性间亦可构成性骚扰。

性骚扰的表现形式尚无统一界定,一般认为有口头、行动、人为设立环境三种方式。口头方式性骚扰是指如以下流语言挑逗异性,向其讲述个人的性经历、黄色笑话或色情文艺内容;行动方式性骚扰是指故意触摸、碰撞、亲吻异性脸部、乳房、腿部、臀部、阴部等性敏感部位;设置环境方式性骚扰是指在工作场所周围布置淫秽图片、广告等,使对方感到难堪。

国内一项对6592名高校大学生进行了关于性骚扰的调查,在经历性骚扰后的反应方面。选择沉默和忍耐的女性占46.6%,男性占48.1%;选择"告知对方停止性骚扰行为"的女性占35.8%,男性38.8%;而选择报告校方或报警的女性仅占3.9%,男性占2.1%。是什么让受害者不得不噤若寒蝉?因为性骚扰举证难、调查难,定罪难,除了性骚扰实施者的"一次伤害"之外,不少受害者还承受着"二次伤害"。在性骚扰案件中,受害者常常成为被指责的对象:"怎么不骚扰别人的就骚扰你,肯定是你的问题,苍蝇不叮无缝的蛋。"

(二) 对性骚扰的错误认知

长期以来,"性骚扰"在中国一直被视为道德问题。中国最高立法机关全国人大常委会于2005年8月28日表决通过了《妇女权益保障法(修正草案)》。"禁止对妇女实施性骚扰,受害妇女有权向单位和有关机关投诉"被首次写入法律。2018年8月27日,提交全国人大常委会审议的《民法典·人格权编(草案)》规定,违背他人意愿,以言语、行动或者利用从属关系等方式对他人实施性骚扰的,受害人可以依法请求行为人承担民事责任。参见专栏7-6:惩治性骚扰的法律依据。

社会大众包括大学生在内,对性骚扰存在一些错误的认识,比如认为:

1. **只有女性才会受到性骚扰** 性骚扰大部分受害者为女性,但事实上男性也会遭受性骚扰。

2. **只有年轻、容貌好、身材好的人才会被性骚扰** 无论何人,不论她(他)的性别、年纪、外貌、特征或背景如何,均有可能受到性骚扰。

3. **身体上的性骚扰比语言上的性骚扰更普遍** 事实上,言语上的性骚扰更为普遍,如色情笑话等等。

4. **熟人不会骚扰我** 性骚扰不一定是来自陌生人,同学、恋人、老乡、老师等也可能实施性骚扰。

5. **性骚扰没有造成身体伤害,所以危害不大** 安全的校园环境里,遭遇性骚扰对人产生的心理影响可能有:安全感的丧失、人际关系的改变、自我怀疑、低自尊,造成危害可能更大。

专栏7-6 惩治性骚扰的法律依据

目前,我国对"性骚扰"行为的法律适用散见于法律法规。如《宪法》第38条规定,中华人民共和国公民的人格尊严不受侵犯,禁止用任何方法对公民进行侮辱、诽谤。《民法通则》第101条和第120条规定,公民享有名誉权,公民的人格尊严受法律保护,禁止用侮辱、诽谤等方式损害公民的名誉;公民有权要求停止侵害,恢复名誉,消除影响,赔礼道歉,并可以要求赔偿损失。

> 2005年修订后的《妇女权益保障法》明确提出了"性骚扰"的概念。第四十条规定:"禁止对妇女实施性骚扰。受害妇女有权向单位和有关机关投诉。"第39条规定,妇女的名誉权和人格尊严受法律保护,禁止用侮辱、诽谤、宣扬隐私等方式损害妇女的名誉和人格。《刑法》也规定有猥亵、侮辱妇女罪及侮辱、诽谤罪。《中华人民共和国治安管理处罚法》第四十四条规定:"猥亵他人的,或者在公共场所故意裸露身体,情节恶劣的,处五日以上十日以下拘留;猥亵智力残疾人、精神病人、不满十四周岁的人或者有其他严重情节的,处十日以上十五日以下拘留。"
>
> 北京市政府起草了《北京市实施〈中华人民共和国妇女权益保障法〉办法(修订草案)》提请审议,首次以立法形式明确了性骚扰具体形式。修订草案第三十八条规定,禁止以语言、文字、图像、电子信息、肢体行为等任何形式对妇女实施性骚扰。遭受性骚扰的妇女,可向本人所在单位、行为人所在单位,妇女联合会和有关机构投诉,也可以直接向法院起诉。用人单位、公共场所管理经营单位应当根据情况采取措施,预防和制止对妇女的性骚扰。
>
> 此外,我国各地在制定的《妇女权益保障法》实施办法中,对性骚扰问题作了进一步的规定,如《上海实施〈中华人民共和国妇女权益保障法〉办法》规定,禁止"以恋爱、征婚、招聘为名或者用其他方式玩弄(妇女)",禁止"非法搜查妇女的身体"等等,这些规定都是反对性骚扰的积极措施。此外,《天津市实施〈中华人民共和国妇女权益保障法〉办法》第二十九条规定:"禁止违背女性的意志以语言、文字、图像、电子信息、肢体行为等方式对妇女实施性骚扰。受害妇女有权向有关部门和单位进行投诉。有关部门和单位应当采取有效措施,预防和制止对妇女的性骚扰。"

(三)如何预防和应对性骚扰

因为女性在生理方面处于弱势,更容易受到性骚扰。下面就以女大学生为例,介绍如何预防和应对性骚扰的发生。

(1)行为端正,着装大方。不要穿过于透明、暴露的服装;与异性接触言行举止落落大方,对异性超出常理的馈赠和要求应婉言拒绝。

(2)避免独行。避免一个人在偏僻处学习,避免在图书馆或教室睡着,上卫生间要与同学结伴而行;尽量避免单独去男性宿舍。如果向男教师、男同学请教有关学习问题,最好约上几个要好的同学一起去。夜间不要走偏僻小路。夜间行路时如遇到有人尾随盯梢,要尽量与其保持足够距离,并迅速地走向有灯光处或者有行人的地方。

(3)提高识别能力。一旦发现某异性对自己不怀好意,如发送骚扰短信、微信、QQ,肢体试探性接触等时要警告,必要时严厉警告,可以保留相关截图或者照片作为以后维护自己权益的法律依据。

(4)态度明朗。发现性骚扰行为时态度明朗,严厉拒绝,打消对方纠缠的念头。在公共场合可大声呼救,大胆反抗;在非公共场合,应迅速离开现场并及时报警,若条件允许,可拍下案犯脸部照片留为证据。

（5）机智敏捷。乘公共汽车时不要挤在人群中间，遇到不怀好意之徒，可以选择躲避，也可以故作不经意踩对方脚，或者利用刹车惯性将其撞开。当遇到性骚扰时，立即警告对方，大声向周围乘客呼救，请求帮助。

思考题

1. 你觉得大学生应该如何预防性侵害的发生？
2. 大学生应该如何预防性骚扰的发生？

第四节 大学生健康性心理的培养与调适

性健康是个人素质全面发展的一个重要方面，接受正确的性教育是性健康的前提。因此，健康的性心理和行为已成为高校大学生素质教育的一项重要内容，也是大学生身心健康发展不可或缺的重要环节。

一、什么是健康性心理

世界卫生组织对健康性心理所下的定义是：通过丰富和完善人格、人际交往和爱情方式，达到性行为在肉体、感情、理智和社会诸方面的圆满和协调。性心理的实质是主体生理物质条件与社会化环境相互作用的结果，而性心理一旦达到了个体的"成熟阶段"，它就会具有相对的独立性。性心理是人格的重要构成部分，性心理健康也是心理健康的重要标志。性心理健康主要表现为以下几个方面：① 具有正常的性欲望；② 与同龄人的性心理发展水平相当；③ 具有较强的性适应能力。

健康性心理作为身心健康的一部分，与人的身体构造、生理功能、心理素质和社会适应密切相关，因而影响性心理健康的因素也是多方面的。一是父母的素质，在相当大的程度上，遗传基因和胚胎发育决定身心的状况；二是本人，因为个体对自身的身心发展拥有一定的支配能力和责任；三是家庭与社会的教育，凡生活在能够科学文明地对待社会和家庭环境的人，往往都能自然、自主而愉悦地面对性、对待性；而在谈性色变的家庭或社会环境里的人则被迫对性产生肮脏、神秘、不光彩的心理，这种逆自然性的精神状态，与自然的人生需求的矛盾，往往扭曲人性。这不仅导致性心理的不健康，而且还会对人的一生产生不良影响。

二、培养健康的性心理和性行为的意义

处于青春后期的大学生，其性发育已经成熟，但心理处于渐趋于成熟而又尚未成熟的阶段，从而不可避免地会遇到性生理、性心理和性道德等方面的问题。由于受到传统思想的影响，谈"性"色变，所以大多数同学未能从家庭、学校及社会宣传这些正规渠道获得科学、系统的性知识。同时，我国正处于传统与现代交织更替的

时代,价值观的多元化和西方"性解放""性自由"思想给中国大学生的性观念、性道德、性行为带来巨大的影响,大学生的婚前性行为、校外同居甚至性犯罪等社会问题已经出现,而此时我国的性健康教育却相对滞后。

值得强调的是,网络对当代大学生性心理和性行为产生重大影响。QQ、微信、微博、陌陌等社交工具已经成为大学生的主要社交渠道,全面而深刻地影响着他们的价值观和行为,当然也包括性观念和性行为,如果处理不当,会对大学生的生理和心理健康产生负面影响。如网络色情服务使部分大学生成为性消费者,极易染上性传播疾病;部分女生通过网络参加"援交"活动或网络"裸贷",给个人、家庭带来了伤害,败坏了社会风气。大学生应提高自控能力,自觉抵制网络中不良的"性"诱惑,国家有关部门应加大对网络的管理力度,扫除非法的网站以及网络色情服务。

总之,大学生应明确在爱情、婚姻、生育等方面应有的态度和责任,消除对性的神秘感和好奇心,自觉抵制不健康性观念的危害。同时,教育主管部门和高校也应该加强对大学生的性教育。

三、性心理健康培养的主要内容

对处于青春后期的大学生应该在以下几个方面进行有意识的培养。

1. 获得性生理知识 作为大学生应该对性生理有一个科学的认识,应当努力学习和系统、全面掌握了解男、女生殖系统的结构和生理机能以及性卫生等方面的知识。

2. 了解性心理知识 了解科学的性心理知识,并分析性心理障碍产生的原因和表现,消除不必要的恐惧和焦虑,树立健全人格,防止性心理疾病的发生。

3. 悦纳自我性身份 正确对待和接纳自己的性身份,追求和自己的性身份相吻合的言谈举止,追求与性身份相符合的健康美。

4. 调适自身性情感 正确处理与异性的关系,保持情绪的相对稳定,提高消除痛苦情绪和平复心情的能力。

5. 自觉抵制淫秽物品的诱惑,培养良好的意志品质 遇到一些与性有关的困扰时,要自觉抵制外界淫秽物品的诱惑,培养顽强的意志力,用适当的方法调整自我的冲动。

6. 树立健康的性道德,对性行为负起社会责任感 每一个成熟的大学生都应当了解个人性行为给他人、自我和社会带来的后果,尊重他人,尊重自我,对自我的行为负起责任。大学生要增强自己的性道德和性法律意识,用道德和法律规范自己的性行为。

总之,大学生应该知道什么是真正的爱情,应该树立怎样的恋爱观,什么是社会所提倡的性道德观念,了解两性关系的社会责任感和法制义务,不可把两性性行为视为儿戏,增强自己的性心理控制能力和性安全意识,避免性犯罪等。

四、良好的性道德培养

1. 担负起性责任　性责任主要包括两个方面：一是性的社会规范。大学生应该树立正确的性价值观，明确什么样的性意识、性行为是符合我国社会道德标准的。大学生应该懂得每个人都是社会群体的一员，性行为具有社会性，它不仅影响个人，也影响异性、家庭和社会，所以，必须用社会道德规范来约束自身的性行为，以符合社会的要求。二是性的权利和义务关系。大学生要明白对自己、对他人、对社会的责任和义务，懂得男、女之间的性关系总是与应尽义务联系在一起的。

2. 理性对待贞操观　贞操观体现了人类的羞耻感、自尊心，在对待贞操问题上，既反对把贞操视为女性纯洁的标志，更要反对把贞操视为儿戏的心态。现代大学生的性观念较之以前明显不同，变得更加开放、更加前卫、更加多元化。

3. 谨慎婚前性行为　与恋人是否发生性关系要特别慎重。有学者曾对大学生初次发生性关系的原因进行了调查，发现原因很复杂，有好奇心、对方吸引、心理上的满足、酒精作用、孤独、为维持恋爱关系等原因，其中，男生出于爱与女友发生性关系的仅仅占25%，女生则占44%。

因此，为了获得幸福美满的婚姻生活，大学生必须对婚前性行为的不良后果有足够的认识，增强自律。大学生尤其是女生应当懂得在生活中坚守必要的原则，没有义务去满足他人的所有要求，尤其不能满足他人那种不合法、不讲理的私欲。千万不要将"性"误解为"爱"，或将"爱"缩减为"性"。尽管很多大学生知道婚前性行为有诸多不良后果，但总有一些人会由于种种原因偷吃禁果。一旦出现这种情况，一般的建议是：为自己的选择负责，即你能够负多少的责任，你就做多少的事情。

专栏7-7　婚前性关系的不良影响

> 1. 影响爱情的健康发展　先恋爱后结婚，是因为双方需要经过恋爱这个"缓冲带"来相互认识了解、发展感情，慎重择偶，再行结婚。如果过早地发生婚前性行为，会使得两性关系只在肉体上逐步缩短了彼此的距离，但两人在个性、适应性、价值观等更重要层面的沟通就会松懈下来，从而阻碍恋人间的思想交流和感情发展，影响爱情的稳定性和完善性。
>
> 2. 影响身体健康　当前中国在校大学生基本上是一个未婚群体，他们的性行为对身体的影响：一是不洁，容易引起性传播疾病；二是匆忙中不能安全避孕，容易造成怀孕；三是怀孕后，偷偷地去做人工流产，时有并发症发生；四是流产后不敢正常休息和调养，容易遗留各种慢性疾病。所以，婚前性行为对女性身体健康造成的危害尤大。
>
> 3. 影响心理健康　婚前性行为不受法律保护。一些社会舆论也会将婚前性行为与当事人缺乏道德相联系。正因为这样，婚前性行为往往使当事人产生罪恶感，并因担惊受怕而产生压力感。

4. 影响性心理健康　婚前性行为通常伴随着恐惧心理,害怕被人发现,男子容易形成习惯性早泄,女子由于经常体验不到性快感,而出现性高潮缺乏。而且,在进行婚前性行为时,当事人往往来不及对时间和地点加以选择,因而很容易出现意外。比如,有男生趁同宿舍的同学周末回家偷偷在宿舍内发生性行为,而同宿舍人突然回来,使其受到意外惊吓造成阳痿。

5. 影响婚后夫妻关系和家庭稳定　恋爱中的男、女通过不断深入地了解、交往,如果彼此不满意,是可以也应该分手的。但如果未结婚而发生了性关系,为顾及名誉,有的人会心不甘情不愿地勉强结婚了事。这样的婚姻由于基础脆弱,日后发生婚变的可能性极大。

6. 容易产生"远期效应"　发生婚前性行为的女性,如果被男方抛弃,则会对她的一生产生重大影响,并留下难以磨灭的阴影,可能因此对所有男性产生仇恨,而抱独身主义;或因此改变道德观念,一错再错;或仓促与他人结婚,酿成苦酒;或出现伤害行为,有的甚至选择出家以逃避现实。如果当女方分娩时,男方却拂袖而去,或由于其他原因使孩子一生下来就缺乏家庭温暖和合理教育,这样也会导致下一代人产生身心健康问题。

五、掌握正确的性生理健康知识

健康的性心理的培养与性生理健康密切相关。作为大学生应该对自身的性生理有全面和科学的认识,这里重点介绍大学生的避孕和预防性传播疾病相关的知识。

1. 避孕　2004年教育部发布的《普通高等学校学生管理规定》中,取消了一些涉及学生婚恋的强制性规定,对学生能否结婚不再作特殊规定,即大学生在校可以结婚。如今,学生在校外的同居现象不少,他们过着"夫妻"般的生活。因此,掌握避孕与优生知识就显得非常必要,特别是在没有保护措施的情况下发生的性行为,应做好事后避孕的防护;如确已怀孕,建议女生去医院寻求帮助,切不可自行随意购买药物处理,以避免对身心造成更大的伤害。见专栏7-8:常用的避孕方法。

专栏7-8　常用的避孕方法

1. 安全期避孕法　避孕成功率70%～80%。原理:根据排卵规律避免生育期性生活。方法:月经规律的女性,大约在预算的下次月经前14～16天排卵,在此日期前后2～3天内不安全,其他日期是安全期,但是这个规律不是每个人都适用的。

2. 男用避孕套　避孕成功率98%左右。原理:避免精子与卵子相遇。方法:在性交前,由男方套在生殖器上。体外排精是无法避孕的,因为在性交过程中,男性射精前的分泌物中也会带有少量精子,而且大部分男性都不能准确地判断排精时间。

3. 宫内节育器　避孕成功率95%以上。原理:防止受精卵在子宫着床。方法:

由医生放入子宫内。

4. 口服短效避孕药　避孕成功率99.9%。原理：用药物抑制排卵及使子宫内颈膜发生变化。方法：首次服用应该在经期的第1~5天开始，每天一片，不要间断，功效从服用之后14天开始。

5. 避孕针　避孕成功率99.9%。原理：用药物抑制排卵及使子宫颈膜发生变化。方法：每月肌肉注射一次。

6. 皮下埋置药物避孕　避孕成功率99.9%。原理：通过血液流动使药物效果缓慢发挥作用，抑制排卵及使子宫颈膜发生变化，药效2~3年。方法：在上臂皮下切一个半厘米的口，扇形插入2或6个小棒样的避孕药。

7. 紧急避孕药　要求在无保护性交或避孕失败的性生活后24小时内首次使用，最迟不超过48小时。原理：改变子宫内膜，使孕卵不能着床。紧急避孕不应作为经常使用的避孕手段，因为它不能阻止排卵和受精，此种药物对子宫内膜和内分泌干扰很大，用后往往有不正常出血和闭经。

2. 预防艾滋病　2016年联合国艾滋病报告提示，全世界3670万HIV感染者中，2015年新增210万艾滋病病例。中国疾控中心提供的数据显示，截至2016年9月，我国总计13.7亿人当中，现存活艾滋病病毒感染者和患者65.4万例，累计死亡20.1万例，尚有三成未意识到的感染者未被发现。2016年前9个月，全国对1.2亿人次进行了艾滋病检测，新诊断发现艾滋病感染者9.6万，94.2%是经性途径传播。2011年到2015年，我国15~24岁大、中学生艾滋病病毒感染者净年均增长率达35%，且65%的学生感染是发生在18~22岁的大学期间。从艾滋病传播和流行的规律来看，中国艾滋病疫情已经处于由高危人群向普通人群大面积扩散的增长期，其传播方式将由血液传播为主转为性传播为主。根据各省市疾控中心统计，缺乏性教育、性安全教育导致的部分异性和同性的滥交、同性无防护性接触、异性无防护商业性行为、婚外无防护异性性接触等为艾滋病感染主因，注射传播、血液传播、母婴传播等为次因。我国艾滋病防控形势不容乐观。

专栏7-9　何以高校成为艾滋病重灾区

2017年4月24日，长沙市岳麓区疾控中心举行了"高校疫情通报和骨干成员培训"会议。会议报告指出，岳麓区内高校已发现报告为学生的感染者106人。大学生正成为受艾滋病影响的重点人群。

2016年9月，南昌市疾控中心公布数据显示，至2016年8月底，南昌全市已有37所高校报告艾滋病感染者或患者，共报告存活学生艾滋病感染者和患者135例，死亡7例，近5年来，青年学生艾滋病疫情年增长率为43.16%。在北京，2015年1月至10月新增艾滋病病例3000余例，青年学生感染人数上升较快。北京市大学生感染艾滋病每年新增100多例，以同性性行为传播为主。在上海，2015年共报告发现青年学生感染者92例，较2014年同期上升31.4%。在广州，从2002年开始发现学生感染艾滋病病例,截至2013年底已累计117例,九成都是经同性的性传播感染。在北、上、广等大城市高校艾滋病情上涨的同时,一些中部省份高校学生的情况也不容乐观。2011年到2015年,我国15～24岁大、中学生艾滋病病毒感染者净年均增长率达35%(扣除检测增加的因素),且65%的学生感染发生在18～22岁的大学期间。

业内人士分析,高校学生感染艾滋病的原因:一是有些大学生性观念开放、随意。二是性安全知识缺乏,不知如何保护自己。当时觉得自己离这个病很远,完全不知道自己被感染了。三是高校性教育滞后。高校性教育普遍滞后,大学生防艾形势变得更为严峻。

根据国家卫计委公布的数据,性传播是感染艾滋病的主要途径,而在青年学生中通过男性传播感染已达81.6%,形势非常严峻。

大学生防艾滋病小贴士:① 学习并掌握艾滋病相关知识,提高自我保护意识,规避感染风险。② 树立正确的性观念,培养积极向上的生活方式,树立正确的性观念,自尊自爱,做好个人性卫生保健,采取安全性行为,尽可能避免高危行为发生。③ 正确认识到注射吸毒共用针具极大地增加了感染艾滋病的风险,应该拒绝毒品。④ 高危行为发生后应及时主动进行的咨询与检测。尽可能降低艾滋病病毒对自身机体损害的机会,同时避免传播他人。

综上所述,为了有效培养大学生健康的性心理,大学生要发挥主动性,正确掌握科学的性生理和性心理知识,培养健康的性道德观和人格,为社会全面和谐的发展作出应有的贡献。

思考题

1. 你认为当前大学生的性健康教育有哪些不足?
2. 你希望大学里的性教育以怎样的形式来开展?
3. 你如何看待当前大学生同居现象?

(杭荣华)

第八章
生活习惯与心理健康

案例 8-1　熬夜伤身,为何你还"锲而不舍"?

> 自从上了大学,小林便体会到一种完全不同的生活:没有了父母的唠叨,没有了老师的叮嘱,没有了做不完的试卷刷不完的题……第一次住校的他和来自天南地北的室友卧谈甚欢,一起打游戏更令他兴奋不已。因为晚上熬夜看手机、玩游戏太晚,所以早上起不来,上课打瞌睡,看书也昏头昏脑。到了期末,为了能顺利通过考试,他不得不熬夜背书,压力很大,一度也感到后悔,希望改变自己的作息习惯。可是一到晚上,每当他拿起手机,时间就会不知不觉地过去。他也常常觉得自己状态不好:记忆力变差了,脾气变急躁了,身材变胖了,年轻人应有的朝气也不复存在。他也知道这些变化和自己熬夜有很大的关系,但就是很难改变。他也常常借用网络上流行的语句调侃和宽慰自己。为什么熬夜? 因为"夜晚才是属于自己的时间",因为"一时熬夜一时爽,一直熬夜一直爽"。

思考题

1. 熬夜有哪些危害?
2. 怎样才能让小林改掉熬夜的习惯?

作息无规律、饮食欠科学、休闲无节制、保健意识差,作为大学生,我们为何照顾不好自己? 良好的生活习惯是健康的保障,不良的生活习惯日积月累,如蚁穴溃堤,会给人的身体带来很大的伤害。什么是不良的生活习惯? 不良的生活习惯会给身体带来什么样的影响? 我们该如何改掉不良的生活习惯呢?

第一节 生活习惯概述

在日常生活中,饮食、娱乐、运动、睡眠等,都是个人不可缺少的"私事",每个人都会用最适合自己的方式来处理这些"私事",久而久之就形成了习惯,我们称之为个人生活习惯。

从心理学角度看,习惯是人们的一种行为倾向,是个体在一定情境下自动化地执行或完成某些动作或某种固定活动模式的需要和倾向。因而,习惯是一种稳定的,甚至是自动化的行为。生活中的各种活动都是由具体的行为组成,一旦某些行为被固定下来,甚至成为自动化的行为,就形成了生活习惯。习惯之所以形成,是因为该行为在当时以及一个相当长的时期内对个体产生了正性刺激,满足了内在的心理需求,实现了心理平衡。

从社会或伦理学的角度看,习惯可以分为良好的习惯和不良的习惯。良好的习惯有助于个体适应自己所生存的自然与社会环境,有助于个体掌握知识和技能,进行创造性的活动,有助于个性的完善和人生的发展;反之,不良的习惯对个体的身心健康及人生发展会起到阻碍作用。

人具有生物属性,这就决定了人有着与动物一致的本能需求,如饮食、睡眠、运动等,一旦这些基本生理需求的满足程度被打破,或是其规律被打破,就会出现病态的结果,影响健康。调查研究发现,相当多的大学生有不良的生活习惯,包括不吃早餐、睡眠不规律、长期缺乏运动及生活无规律等。随着年级的升高,这些大学生感到自己的身体健康每况愈下,远不如新生入学时的水平。

大学生在日常生活中的生活态度、生活方式、生活习惯都会影响健康水平。每个人都应该清楚地知道自己每天吃了些什么、想了些什么、做了些什么;也应清楚地知道自己去了什么地方,生活的规律如何,心情是否舒畅,睡眠状态如何;特别是要清楚地知道自己的生活中已经形成了怎样的一些习惯,哪些是良好的生活习惯,哪些是不良的生活习惯。

如何改变不良的生活习惯,建立良好的生活习惯是本章要探讨的内容。

第二节 饮食行为与健康

一、健康饮食

饮食决定了人的营养状况,并影响着人的身心健康。无论是营养不良,还是营养过剩,又或是不良的饮食习惯,都会有损健康。因此,我们需要健康的饮食,即合理膳食。合理膳食是指膳食要符合个体生长发育和生理状态的特点,含有人体所需的各种营养成分,且含量适当,不缺乏也不过多,全面满足身体的需要,能维持正常的生理功能,促进生长发育和健康。

为了提出符合我国居民营养健康状况和基本需求的膳食指导方案,中国政府于 1989 年首次发布了《中国居民膳食指南》,并于 2016 年 5 月 13 日由国家卫生计生委疾控局发布最新的修订版本。《中国居民膳食指南(2016)》针对 2 岁以上的所有健康人群提出了 6 条核心建议,分别为:① 食物多样,谷类为主。② 吃动平衡,健康体重。③ 多吃蔬果、奶类、大豆。④ 适量吃鱼、禽、蛋、瘦肉。⑤ 少盐少油,控糖限酒。⑥ 杜绝浪费,兴新食尚。在《中国居民平衡膳食宝塔》中,我们可以更加直观地看到合理膳食的标准(图 8-1)。

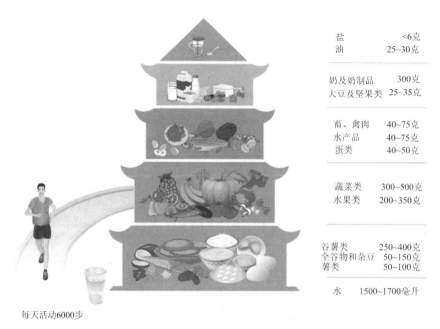

图 8-1　中国居民平衡膳食宝塔

(引自:《中国居民膳食指南(2016)》)

二、大学生常见的饮食问题及调适

大学生正处于青春期到成年期的过渡阶段,科学合理的饮食和营养有助于提高大学生的身体素质和学习效率。但在很多调查研究中,研究者发现当代大学生较普遍缺乏营养学知识,常出现一些不合理的饮食行为,能按照科学方式对待饮食的人为数不多。常出现的问题包括:

1. **不吃早餐或早餐营养质量不高**　大学生普遍不重视早餐,相当多的大学生不吃早餐或早餐营养质量不高。从全国 10 个省市 15 所大学的一份抽样调查中发现,只有 65% 的大学生每天吃早餐,13.6% 的大学生偶尔吃早餐。国内外许多研究表明,不吃早餐和早餐营养质量不高的学生,其数字运用、创造性想像力和身体发育等方面均会受到严重影响。

2. **偏爱零食** 大学生中喜欢吃零食的情况非常普遍，尤其是女生。零食所提供的能量、营养素不如正餐均衡、全面，而且多数零食味道浓厚，过于香甜或咸鲜，脂肪和糖、盐的含量较高，既影响大学生进食正餐的胃口，又容易造成钙、铁、锌、碘、维生素等多种营养素的缺乏。

3. **偏爱洋快餐** 从营养的角度看，洋快餐普遍为肉多、菜少、高能量、高脂肪、低膳食纤维、低维生素、低矿物质的食品，其烹制方式也不符合健康要求。比如，马铃薯的营养价值非常高，含有丰富的维生素、矿物质和优质淀粉，但用马铃薯炸制的薯片、薯条却吸收了大量的油脂，能量增加，维生素却被破坏了，是典型的"能量炸弹"。

4. **偏爱油炸食品** 油条、煎饼、油炸花生、煎鸡蛋等油炸食品以其鲜美酥脆的口感，深受大学生青睐。然而，此类食品不但能量高，而且经高温烹调后可产生大量不利于人体的丙烯酰胺、苯并芘等致癌物质。

5. **校外就餐** 大学生，尤其是男生在校外就餐的次数明显高于女生。他们选择校外就餐的原因很多：有的同学认为校外饭菜口味比学校食堂好；有的认为校外就餐自由方便，不受时间和地点的限制；有的是因为同学、朋友聚会而外出就餐。大多数大学生校外就餐的地点选择在学校周边餐馆、街边小店、小摊上，这些地方大多条件简陋、缺少消毒器具、用餐环境恶劣，存在严重的食品安全隐患。

在校外饮食问题中，还有一类特殊的形式是"外卖"。外卖简单方便、随叫随到、价格低廉、节省时间。但吃外卖食品的弊端也不少，除了与校外就餐一样存在营养和卫生问题外，经常吃外卖食品者活动量通常更少，不利于健康。另外，外卖还会造成环境污染问题。

6. **饮水偏少** 很多大学生没有主动饮水的习惯，每日饮水量不足，往往是渴极了才暴饮一顿。调查显示，17.2%的大学生日饮水总量达不到1000 mL。饮料代替白开水的现象也比较普遍。在选择饮料时，62.4%的大学生会选择含糖饮料。

专栏 8-1　饮料含糖知多少

"Rethink your drink!"是一项始于美国某高中的公益活动，自2011年开始后便广泛兴起。测量饮料含糖量的目的是帮助年轻人和成年人减少含糖饮料的消费，鼓励他们多饮用白开水和其他替代性的健康饮料，同时还传播含糖饮料和导致肥胖及糖尿病之间的关联知识。

我们将饮料瓶上标注的碳水化合物量换算成等量的白糖，就可以知道一瓶饮料的含糖量了。经过换算，我们发现一瓶600 mL的可口可乐含糖量是61.2 g，一瓶600 mL的雪碧含糖量是66 g，图8-2可以让我们更直观地感受到饮料的含糖量

(每块方糖重 5.5 g)。根据以上的计算方法,算一算你经常饮用的饮料的含糖量吧!

图 8-2　饮料的含糖量

7. **蔬菜和水果摄入量少**　大学生膳食结构不合理还表现为每餐主食摄入偏多,而蔬菜水果摄入量较少。这种情况在我国西北部大学的大学生中更为明显。

8. **饮食不规律**　有相当一部分大学生的进餐时间和进餐间隔无规律,三餐的食量分配也无任何规律,随意性非常大。摄食不足或饮食过度都会伤害胃肠功能。饮食不规律、饥一餐饱一顿是导致消化系统功能紊乱的主要原因。长期无规律的进餐也会导致疾病的发生。

专栏 8-2　高脂饮食让我们变笨?

> 随着世界的发展,各地饮食文化相互影响。在中国,以摄入红肉、精制糖和饱和脂肪为特色的西方饮食方式越来越普遍。众所周知,日常饮食中长期摄入高脂食品会增加肥胖、糖尿病和代谢综合征等病症的患病风险。但鲜少为人知的是,这样的饮食状况同样会增加阿尔兹海默症和其他形式的认知障碍的患病风险。
>
> 目前的研究表明,高脂饮食对机体的损伤不是单一的,除了对能量代谢系统、血脑屏障和神经系统造成损伤外,还会引起机体的氧化应激和炎症反应,对机体认知功能产生影响。绝大多数此类研究发现,食用高脂饮食对依赖海马体的学习和记忆功能有明显而长久的不利影响,其他大脑区域(尤其是前额皮质)很可能也被影响。
>
> 在以老鼠为实验对象的研究中发现,老鼠一生中任何时间食用任何量的高脂饮食都有可能会导致学习和记忆能力受损。越来越多的研究者正在进一步探索高脂饮食对人的学习记忆功能的影响并探讨这种影响的发生机制。
>
> (参考文献:赵美琪,张鹏,郭艳敏.高脂饮食对学习和记忆等认知功能影响的研究进展[J].食品科学,2017,38(9):258-264.)

如何纠正不良的饮食习惯呢?首先,我们需要了解科学的营养知识,合理地食用各种食物,从中获取种类齐全、数量适宜的营养素,这样能够预防营养不良或营养过剩,消除健康危险因素,保持身体健康。除了学校和社会要向大学生全面开展营养教育和宣传外,大学生也需要主动获取正确的知识。其次,要树立正确的营养观念。营养对健康的影响是一个渐进的过程,膳食结构不合理、偏食挑食、暴饮暴食等不良饮食习惯对身体的危害需要较长时间才能体现出来。人体只有获得全面而均衡的营养才能有效地维护身体健康。再次,形成健康的饮食消费习惯。根据《中国居民膳食指南(2016)》的建议,我们要大力推广营养餐,对大学生的营养问题实行干预,全面改善大学生的营养状况,预防与营养相关的各种慢性病。同时,大学生的自我约束、自我教育和自我实践对其形成健康的饮食消费行为习惯至关重要。通过科学的饮食实践,把良好的饮食习惯、对健康有益的食谱和摄食方式变成自己一生的好习惯,自觉地体现在日常生活中。

专栏 8-3　当好好吃饭变成一种奢望——进食障碍

> 食物的摄入本应给人带来能量,使人感到愉悦,充满活力。但对某些人而言并非如此,因为吃得越多,他们便越感抑郁,越发自责。他们可能刻意采取节食、拒食的行为,也可能会以暴食、催吐的方式呈现。一旦个体的进食行为在进食的方式、数量、规律或是进食的观念方面偏离了正常,背离了社会文化,影响了自身的身心健康,就可以称之为进食障碍(Eating Disorder,ED)。
>
> 进食障碍主要包括神经性厌食(Anorexia Nervosa,AN)和神经性贪食(Bulimia Nervosa,BN)。神经性厌食的主要特征是厌食者用节食等各种方法有意地造成体重过低,拒绝保持最低的标准体重;而神经性贪食的主要特征是反复出现的暴食以及暴食后不恰当的抵消行为,如诱吐、滥用利尿剂或泻药、节食或过度运动等。进食障碍会影响健康,导致身体出现明显的营养不良,伴随面色苍白、皮肤干燥、毛发枯萎、血压与体温下降、脉搏迟缓,甚至会产生水电解质紊乱、并发感染等症状。女性进食障碍者会出现乳房发育不全,月经稀少或闭经;男性可能会有生殖器呈幼稚状态,或性功能减退等表现。除了躯体问题,进食障碍者还常常伴有不同程度的焦虑、抑郁、强迫、易激惹等心理症状。
>
> 进食障碍产生的原因,目前比较普遍地认识是其与体像障碍、抑郁心境、负性情绪、内分泌功能紊乱等心理、社会文化及神经生物学因素相关。针对进食障碍的治疗方法包括躯体辅助治疗、心理治疗和精神药物治疗等三种。

第三节　睡眠行为与健康

一、睡眠

睡眠和进食一样,是人维持生存、保障生命、享受快乐所不可或缺的最基本的生理需要。人的学习、工作、娱乐、生活都需要在觉醒状态下,以充沛的精力和旺盛的体力作为保障。然而,任何人的精力和体力都是有限的,都是可能被耗竭的,只有通过充足的睡眠才能使精力和体力得以恢复。因此,睡眠对我们有重要的意义。

1. 维护身体机能

（1）适应生存。人的睡眠—觉醒节律是指睡眠随自然界昼夜交替而循环的现象,是人类对黑暗的一种本能的适应性反应。正如动物的蛰伏本能一样,这种节律的存在可以使人类减少在黑暗中遭受伤害的几率。

（2）消除疲劳,恢复和保持体力。睡眠不仅是修复体能的最佳时机,而且是胃肠道及其相关脏器合成并制造人体能量物质以供活动时使用的好时机。另外,由于体温、心率、血压下降,呼吸及部分内分泌减少,基础代谢率降低,也可以促进体力恢复。

（3）修复大脑神经细胞。睡眠是大脑暂时性休息的过程。这是一种保护性抑制,可以对那些很少使用但却至关重要的神经细胞群进行维修和保养。入睡后,人的视、听、嗅、触等感觉功能暂时减退,大脑耗氧量大大减少,有利于脑细胞的能量贮存。

（4）增强免疫力。充足的睡眠能提高机体抗御病原体的能力。实验研究表明,若将流感病毒注入白鼠体内,并在7天内剥夺睡眠,可观察到其抗体反应明显减弱,肺部存活的病毒数量增加近千倍;而睡眠充足的对照组动物,则明显表现出对流感病毒较强的免疫力,可完全自行消除体内的病毒。

2. 促进生长发育　和生长发育相关的很多激素都是在夜间睡眠中达到分泌高峰的。睡眠还可以加快各组织器官的自我修复。

3. 改善健康,促进长寿　适度且规律的睡眠对维护健康、促进长寿有着重要的意义。加州大学圣地亚哥分校的研究人员和美国癌症协会对年龄在30～102岁的100多万名美国人的睡眠习惯进行了长达6年的调查研究。他们发现,每晚一般睡眠6～7小时的人(这也是绝大多数人的睡眠情况)比每晚睡眠8小时(或更多),或每晚睡眠少于4小时的人更长寿。

4. 改善记忆　睡眠不仅为编码新的记忆做好了准备,而且为大脑提供了一个巩固、整合信息的机会。实验证明,睡眠能过滤白天获得的信息,可以让记忆抵御更多的干扰,使记忆更持久;睡眠还能识别、选择和保存记忆的关键特征,提高信息加工的能力,让第二天留下来的记忆更有用。

 思考题

1. 了解完睡眠的意义后,谈谈不健康的睡眠对我们的身心有什么损害?
2. 回忆一下,当你睡眠不足时有怎样的感受?

专栏8-4　睡眠周期

人的睡眠存在一个生物节律,我们称之为睡眠周期,一个睡眠周期通常持续90～100分钟,正常睡眠中每晚有4～5个睡眠周期。根据睡眠中脑电图的不同特征以及是否出现眼球阵发性快速运动等现象,可将每个睡眠周期分为两个阶段5个期:快动眼睡眠阶段(Rapid Eye Movement,REM)(第Ⅴ期)和非快眼动睡眠阶段(Non-Rapid Eye Movement,NREM)(Ⅰ~Ⅳ期)。

1. NREM Ⅰ期睡眠是清醒和睡眠之间的转换期,个体很容易在这个睡眠期醒来,占睡眠总时间的5%~10%;Ⅱ期睡眠属于中度睡眠,约占整个睡眠期的50%,其脑电图表现为4~7秒的θ波,出现睡眠纺锤波是这个睡眠期的特征;第Ⅲ、Ⅳ期称作深睡眠期,脑电图以缓慢的δ波为主,这个时期人体进行自我修复,约占整个睡眠的20%,其又被称作为再生期。

2. REM 这是第Ⅴ个睡眠期。此期睡眠中个体的眼球快速地从一侧转到另一侧,所以被称作为快动眼睡眠阶段,占总睡眠期的20%~25%。有80%的梦境发生在这个睡眠期。此期,在梦境发生的同时会伴有不规则的心率,且呼吸频率加快。睡眠中的人如果在此期醒来,能较完整地叙述正在进行的梦境,而其他睡眠期醒来所回忆的梦境是不完整的。

二、大学生常见的睡眠问题及调适

1. 熬夜 "晚上不想睡,早上不想起"是熬夜者最真实的写照。在大学校园中,熬夜已经成为一种普遍的现象。来自不同大学的多份调查报告显示,至少1/3的大学生每晚在零点之后睡眠。如果按照入睡时间应该在晚上11点之前的健康标准,大学生熬夜的比例将大大增加。

专栏8-5 半夜不睡觉,你在做什么?

2018年12月,"大学生失眠"问题出现在微博热搜上,大学生的睡眠状况究竟如何?"麦可思2018年大学生睡眠调查"给出了一组数据(图8-3)。调查时间从2018年11月24日开始,到2018年11月28日结束。调查方式为挂网调查,收到大学生有效答卷共2029份,其中男生835份,女生1194份。

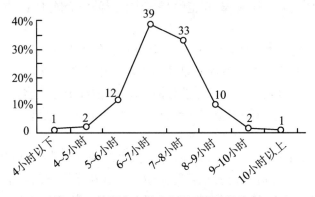

图8-3 被调查大学生夜间睡眠时间分布

数据来源:《麦可思2018年大学生睡眠调查(2018.11.24~2018.11.28)》

> 被调查大学生平均睡眠时间为7小时,15%的大学生每日睡眠不足6小时,1/3的大学生习惯熬夜。半夜不睡觉,你在做什么?
>
> "月朗星稀,宜刷手机"。被调查的大学生0点后入睡的原因主要是"线上娱乐活动"(75%),其次是"为考试做准备或赶功课"(27%)和"宿舍卧谈"(22%)。
>
> 2019年世界睡眠日,另一份由中国青年网校园通讯社对全国1134名大学生进行的问卷调查显示:超过3成的大学生0点之后睡觉且睡眠不足7小时,半数大学生对睡眠质量不满意,8成大学生有过失眠状况,超过8成的大学生认为熬夜会导致精神状态不佳和记忆力减退,超过7成的大学生认为应该养成早睡早起的习惯。熬夜、玩手机、打游戏是睡眠质量差的主要原因。

熬夜是一种不良的生活习惯,无益于身心健康。熬夜对健康的危害,主要可归纳为以下几个方面:

(1) 影响大脑功能。熬夜之后通常会使人感到疲倦、记忆力下降、注意力分散、反应迟钝,还会影响人的创造力。曾有科研人员把24名大学生分成两组,首次让他们进行测验,结果两组测验成绩相同。然后,让一组学生一夜不睡,另一组正常睡眠,再次进行测验。结果显示,无睡眠组学生的测验成绩大大低于正常睡眠组学生的成绩。

(2) 影响青少年的生长发育。青少年的生长发育除了与遗传、营养、锻炼等因素有关外,还与生长激素的分泌有关。生长激素在人熟睡后有一个大的分泌高峰,随后又有几个小的分泌高峰,而在非睡眠状态,生长激素分泌减少。所以,对正处于青年期的大学生来说,健康的睡眠非常必要。

(3) 影响皮肤健康。人的皮肤需要依靠皮下组织的毛细血管来提供充足的营养。睡眠不足会引起皮肤毛细血管瘀滞,循环受阻,使得皮肤的细胞得不到充足的营养,因而影响皮肤的新陈代谢,加速皮肤老化,使肤色显得晦暗、粗糙,易长青春痘等。根据人的新陈代谢规律,真正的"美容觉"时间应为晚上10点到第二天凌晨2点。

(4) 导致疾病发生。经常睡眠不足,会使人的免疫力降低,并导致多种疾病的发生,如感冒、胃肠疾病等。睡眠不足还会引起血中胆固醇含量增高,增加发生心脏病的风险。澳大利亚的一个研究学会提出,人体的细胞分裂多在睡眠中进行,睡眠不足或睡眠紊乱,会影响细胞的正常分裂,可能由此产生细胞突变而导致癌症的发生。

很多大学生知道熬夜对身体无益,也尝试去改变这种状态,但依然收效甚微。你是不是每天发誓"今晚一定要早睡",但还是没有在零点之前放下手机?你是不是总说熬夜不好,但却迟迟不愿结束这一天?到底是什么原因导致大学生熬夜?熬夜为何如此难以纠正呢?

大学生熬夜的原因可归纳为自身和外部两类因素。

自身因素一般包括：

(1) 缺乏自控力。自控力是需要意志力维持的，很多大学生自控力不足，在晚上进行各种休闲活动的时候没有节制，导致熬夜。比较多见的活动包括打游戏、聊天、刷微博和朋友圈、看电影、看小说等，然后第二天晚起或者逃课。

(2) 生物钟难以恢复正常。当生活作息不规律，尤其是熬夜频繁时，提前上床睡觉反而会出现辗转反侧、难以入睡的情形，使得睡眠问题产生恶性循环。

(3) 认为熬夜有利于灵感迸发。部分大学生认为，深夜安静的环境能让头脑变得清晰，有利于灵感迸发，所以当需要进行文字写作或者完成实验报告的时候，他们就会选择熬夜，以提高创作质量。

(4) 拖延。时间管理不善，任务无法及时完成，导致必须熬夜。

外部因素一般包括：

(1) 功课多，学业负担重。一些调查数据表明，约有 1/3 的大学生熬夜的原因是需要完成大量的作业；考研看书学习也是常见的熬夜原因。

(2) 受舍友干扰。很多大学生表示熬夜并非自愿，而是受舍友影响导致的"被熬夜"，进而引发集体熬夜的现象越来越严重。

(3) 学校管理放松。大学生在中、小学阶段普遍受到严格的、规律的管理，但到了大学，忽然放松的管理让缺乏自控力的大学生对时间分配随心所欲。

针对以上原因，要改变熬夜的习惯，减少对自身的伤害，需要大学生通过不同的方式努力克服：

(1) 充分了解熬夜对身心健康的危害，迫使自己减少熬夜的次数，并逐渐杜绝熬夜。在改变熬夜习惯的过程中，要明白，调整生物钟需要花一段时期，需逐步提早自己的睡眠时间，直至成功达到目标。

(2) 有效管理时间，增强自控能力。大学生因社团工作或学习任务熬夜的，如果能提高工作或学习效率，合理安排时间，就可以让自己有更多的时间休息，也会减少因拖延而带来的紧张焦虑情绪。

(3) 理性分析和看待熬夜。为了完成任务熬夜，第二天会因为熬夜而精力不足，使工作和学习的效率大大降低，陷入恶性循环。因此，熬夜是非常不明智的。

(4) 向身边的人求助。虽然知道熬夜的危害，但是如果自己很难改变这一习惯，可以主动向亲人、恋人、朋友和同学求助，让他们帮助自己、提醒自己、督促自己。在一些大学校园，有大学生通过组建互助小组来改变熬夜的不良习惯，如北京大学的"北大拒绝熬夜互助小组"，武汉理工大学的"早起联盟"等。

(5) 宿舍形成早睡的氛围。若舍友均早睡，会对熬夜的同学造成一定的心理触动，也会减少"被熬夜"同学的困扰。舍友间互相影响、潜移默化，是改善熬夜习惯比较切实可行的方法。

思考题

读到这里,请你试一试为小林制订一个有效的方案,帮助他摆脱熬夜的困扰。

专栏 8-6　你有晚睡强迫症吗?

> 对于一部分人来说,熬夜是习以为常的事情,还有很多人说,夜不够深的话就会睡不着。总之,身体在不由自主地等着一个钟点,确认已经劳累到不行了,已经深夜两三点了,才会恋恋不舍地进入梦乡。这类人在晚间多会沉溺于网络,或是在快节奏的强劲音乐中疏散压力,或是一定要等到夜深人静时才开始做事情,比如收拾房间、看杂志、写文章等。这种情况我们称之为"晚睡强迫症"。
>
> 晚睡强迫症是一个新兴名词,是指能意识到自己该睡眠了,但就是不想睡。其本源是"拖延症"的一种。有晚睡强迫症的人性格中有拖延的一面,不自觉地在工作、学习中形成拖拖拉拉的习惯,不到最后一刻不完成任务,面对压力形成"拖"的解决办法。晚睡强迫症者还有过于执著、敏感或完美主义的心理特征。

2. 失眠　成人的睡眠时间长短因人而异,并无一个绝对的标准,但青少年一般每天需要的睡眠量为 8 小时左右。充足的睡眠和良好的睡眠习惯可以使人的精神和体力得到充分调养,保持头脑清醒,全身舒适,从内心深处迸发出轻松自在的愉悦感。而失眠则会带来不良的身心体验。

失眠(Insomnia)是指较长时期内持续出现睡眠的质和(或)量不能令人满意的状况。失眠的主观体验为睡不着觉,通常表现为三种形式:

(1) 入睡困难。失眠者躺在床上,身体疲惫不堪,想很快入睡,可思绪却像脱缰的野马任意驰骋,无法控制,有时越想让自己不去想一些事情,就越停不下来,于是焦虑不安,辗转反侧,越发难以入睡。

(2) 睡眠中途转醒。有的人尚能入睡,但半夜时常醒来,醒来后就难以再回到睡梦中,这种人往往对睡眠环境的要求较高,睡眠的警觉性较高,一点小动静便会使其醒来,再也睡不着了。

(3) 早醒。有的人失眠表现为早醒,即清晨天还未亮就醒来睡不着觉了,即使前一天睡得晚也会早醒,一天睡眠的时数不足。以上三种症状可以单独出现,也可以同时存在。失眠的第二天通常会感到头昏眼花、身心疲惫、困乏无力,影响正常的学习和工作。

失眠是大学生群体较常见的睡眠问题。不同的调查资料表明,由于性别、专业等因素的影响,大学生有睡眠障碍的比例为 10%～20%,其中主要表现为失眠。大学生失眠的主要原因包括:

(1) 学习与就业的压力。学习与就业的压力是影响大学生睡眠的主要因素之一,当前社会竞争日趋激烈,就业问题给大学生造成的心理压力,使其易产生焦虑、抑郁等负面情绪,进而影响睡眠质量,或发生睡眠障碍。

（2）不良的生活习惯和生活方式。宿舍环境嘈杂、舍友相互干扰、家庭经济因素等也是影响大学生睡眠的原因。

（3）不良的睡眠和/或睡前习惯。不良的睡眠和/或睡前习惯也是导致失眠的原因，如熬夜或作息不规律，睡前看令大脑兴奋的书籍或电影，打游戏，睡前吃得过饱或喝浓茶、咖啡等饮料等。

除以上主要原因外，还有一些个别原因，如身体健康状况不佳、感情受挫、亲人亡故、经济损失等也会导致失眠。

针对不同的失眠原因，可以使用不同的方法进行自我调节。

（1）消除对失眠的恐惧。生活中偶尔遇到失眠的情况，不必过分忧虑，人体会自然调节适应，一两夜失眠不会造成任何不良的后果。

（2）养成良好的睡眠习惯。睡前忌饮浓茶、喝咖啡、吃东西，忌用脑过度，应保持平静的心情，有规律的起居。不要在白天过多睡眠，即使前一天晚上一夜没睡，也不要在白天长时间补觉，否则会打乱睡眠规律，不利于夜晚睡眠。

（3）调整睡眠环境。保持宿舍睡眠时的安静很重要，需要协调和约定大家的睡眠时间，减少相互干扰。

（4）适量锻炼。每天进行适度的有氧运动可以增加脑部的血氧供应，增加躯体疲劳感，有利于睡眠。但不要在临睡前锻炼，以早晨或者下午锻炼最佳。

（5）找到原发病因。如果睡眠障碍是由于身体疾病或心理困扰引起，积极处理原发病因才是有效改善失眠的方法。

当自己调节睡眠或处理原发病因有困难时，可以到专业的心理咨询与治疗机构寻求帮助，尽快解除症结，以恢复正常的睡眠。

专栏 8-7　睡眠质量自测

阿森斯失眠量表

本量表用于记录你遇到过的睡眠障碍的自我评估。对于以下列出的问题，如果在过去一个月内每星期至少发生三次在你身上，就请你圈点相应的自我评估结果。

1. 入睡时间（关灯后到睡着的时间）
   0：没问题　1：轻微延迟　2：显著延迟　3：延迟严重或没有睡眠
2. 夜间苏醒
   0：没问题　1：轻微影响　2：显著影响　3：严重影响或没有睡眠
3. 比期望的时间早醒
   0：没问题　1：轻微提早　2：显著提早　3：严重提早或没有睡眠
4. 总睡眠时间
   0：足够　1：轻微不足　2：显著不足　3：严重不足或没有睡眠
5. 总睡眠质量（无论睡多长）
   0：满意　1：轻微不满　2：显著不满　3：严重不满或没有睡眠

> 6. 白天情绪
> 0:正常　1:轻微低落　2:显著低落　3:严重低落
> 7. 白天身体功能(体力或精神,如记忆力、认知力和注意力等)
> 0:足够　1:轻微影响　2:显著影响　3:严重影响
> 8. 白天嗜睡
> 0:无嗜睡　1:轻微嗜睡　2:显著嗜睡　3:严重嗜睡。
> 得分:如果总分小于4分,无睡眠障碍;如果总分在4~6分,可疑失眠;总分在6分以上,失眠。

第四节　锻炼休闲行为与健康

一、锻炼与休闲

(一) 锻炼

锻炼(Exercise)是一种通过有效的身体运动方式达到促进健康目的的活动。与一般的活动不同,锻炼具有循序渐进性、稳定性和长期性的特点,是一种重要的健康习惯,可以给我们的身心带来很多益处。

1. 锻炼对身体的益处　定期锻炼对身体的益处主要有:

(1) 延缓器官老化。运动能加快身体的新陈代谢,延缓老化,还能改善肌肉的血液循环,增强肌肉的力量和韧带的力量以保持姿势。

(2) 增强心血管系统的功能。长期坚持锻炼者心肺功能提高,患心脏病的危险性降低。

(3) 增强呼吸功能。人体活动所需的大量氧气是靠肺部呼吸提供的,运动可增大肺活量和肺泡通气量,增强呼吸功能。

(4) 增强消化和吸收功能。运动时机体需氧量增加,促使呼吸加深加快,增大了横膈膜的运动幅度,加强了腹肌活动,促进胃肠消化和吸收功能以及肝、胆、脾、胰的功能。

2. 锻炼对心理的益处

(1) 提高大脑和神经功能。锻炼能使大脑反应敏捷、准确且不易疲劳。美国医生通过对运动爱好者和不爱运动者进行脑功能测验,发现前者脑细胞的衰老速度比后者要慢一些。

(2) 缓解抑郁,降低焦虑和应激水平。大量研究表明,有氧运动可以缓解压力,减轻抑郁和焦虑,与不常运动的人相比,经常运动的人能够更好地应对压力事件,展现出更强的自信心,精力充沛,且较少感到抑郁和疲劳,肌电图证实,15分钟中等强度的有氧运动练习,可降低神经紧张,至少相当于1小时的休息。

（3）维护自尊心与自我形象。规律锻炼最重要益处就在于改善身体状况，增强自我良好感，获得更高的自尊，研究表明，参加有氧舞蹈的成年女性对自身身体状况有着更为积极的评价。

（4）提高学习和工作能力。锻炼可以适当地提高认知能力（如记忆力），经常锻炼会使个体精力充沛，很少产生疲劳乏力的感觉，从而能够增强工作和学习能力。

专栏 8-8　锻炼为何让人变得更"聪明"？

> 不知道大家有没有运动之后耳聪目明的感觉？很多研究证实，锻炼可以改变大脑运动皮层，增强神经活动，改善学习记忆能力，持续锻炼可以取得更好的效果。2019年，暨南大学粤港澳中枢神经再生研究院张力副教授、苏国辉院士联合课题组在《科学进展》（Science Advances）杂志上发表了最新研究成果，揭示了锻炼改善学习记忆能力的分子机制。
>
> 在这项研究中，研究者们对小鼠进行连续三周、每天一小时的跑步机训练，并比较了运动组和静息组小鼠的脑结构，发现运动后的小鼠在皮层区域出现了明显增加的树突棘发生和更强的神经网络连接。这些结构变化都是可以改善学习能力的。根据这项研究成果，我们真的可以说锻炼让人变得更"聪明"。

（二）休闲

休闲之事自古有之。从字义的角度进行阐释，"休"为"吉庆""欢乐"之意；"闲"则富有多重含义，一指道德、法度的范围，二有限制、约束之意，且"闲"通"娴"，具有娴静、思想纯洁与安宁的意思。从词意的组合中，我们看到了休闲所特有的文化内涵。因此，休闲是日常生活的重要组成部分，不仅可以消除体力的疲劳，而且可以使人获得精神上的慰藉。

亚里士多德在他的《政治学》一书中曾提出这样的命题："休闲才是一切事物环绕的中心。"马克思认为，休闲有多重内涵：一是指"用于娱乐和休息的余暇时间"；二是指"发展智力，在精神上掌握自由的时间"；三是指"非劳动时间"和"不被生产劳动所吸收的时间"，它包括"个人受教育的时间、发展智力的时间、履行社会职能的时间、进行社交活动的时间、自由运用体力和智力的时间"。因此，休闲能反映一个时代物质文明和精神文明的发展。

思考题

1. 你在日常生活中用什么方式进行休闲？
2. 你的休闲方式是否健康？

二、大学生常见的锻炼与休闲问题及调适

(一) 大学生常见的锻炼问题及调适

大学生常见的锻炼问题主要表现在两个方面:锻炼不足和锻炼方法不当。

1. 锻炼不足　大学生长期缺乏体育锻炼已成为一个较普遍的问题。大学生体育锻炼不足直接体现在大学生身体素质下降上。与1985年相比,2010年中国大学生平均肺活量下降了近10%;大学女生800米跑、男生1000米跑的平均成绩分别下降了10.3%和10.9%;立定跳远平均成绩分别下降了2.72厘米和1.29厘米;学生近视率接近90%。为提高在校学生体质,增加体育锻炼的呼声越来越高,"阳光体育""每天锻炼一小时"等举措相继推出,但对于管理相对宽松、自主意识强的大学生而言,实施相对困难。近期对不同地区的调查结果表明,大学生中体育人口的比例仅为20%左右。所谓体育人口,我国的判定标准为:每周身体活动频度3次(含3次)以上;每次身体活动时间30分钟以上;每次身体活动强度中等程度以上。我们可以以此标准来判断大学生体育锻炼充足与否。

是什么原因导致大学生体育锻炼不足呢? 有超过50%的大学生认为学习和其他事情太多,占据了锻炼的时间;其次为缺乏毅力,没法坚持。其他原因还包括客观条件限制(如场地、费用等),没有合适的锻炼伙伴,身体素质和运动能力较差,不喜欢体育锻炼等。

长期不参加体育锻炼,会导致内脏器官功能下降,注意、记忆和思维减退,甚至诱发肥胖、腰腿痛、神经衰弱等问题。

2. 锻炼方法不恰当　不恰当的锻炼方法不但容易导致运动伤害,而且会减少坚持锻炼的可能性。大学生锻炼不恰当常常有以下几种情况:

(1) 缺乏锻炼计划。锻炼经常是"一时兴起",运动没有规律,也没有目标,运动量常过大或不足,导致锻炼没有效果,影响锻炼的信心。

(2) 运动缺乏安全意识。运动前缺乏合理的准备活动、运动时没有合理的运动负荷、运动后忽视整理活动都是缺乏运动安全意识的表现,安全意识的缺乏会导致运动伤害,造成不必要的痛苦。

(3) 缺乏运动保健知识。比如夏天运动后喝大量凉水或冷饮,在运动受伤后立即按摩、热敷等。

"生命在于运动",锻炼必不可少。大学生处于身心发展的重要时期,具有较大的可塑性。选择适宜自己的锻炼项目,坚持适度的体育锻炼,形成良好的运动习惯,对于增强体质、调节身心,提高自身素质是十分积极有益的。令人高兴的是,全民运动的兴起也带动了大学生,大学校园里跑步的学生正慢慢变多,大学生锻炼不足的问题有望得到改善。

专栏 8-9　如何让锻炼成为一种习惯

　　如果能把锻炼变成一种习惯,就像每天的刷牙、洗脸一样,你还会为"计划赶不上变化"而烦恼吗?在形成习惯的过程中,不妨试着用一些方法帮助自己吧!

　　1. 找一个合适的伙伴　跟朋友一起去锻炼有助于更好地执行锻炼计划,但你的朋友应该有着更高的锻炼自觉性。初学者和有锻炼计划的人结伴会比初学者单独锻炼获得更好的效果,并且两人能相互支持、相互鼓励,从群体责任感中受益。

　　2. 多种运动选择　人对于某种运动的热情可能会在几个月内消退,所以如果你觉得没有了热情,或无法再提高了,就换一种运动形式吧。

　　3. 每周运动3~5天　要想把锻炼变为一种日常习惯,就不要连续超过两天不去锻炼。每周只锻炼1~2次的人比每周锻炼3~4次的更容易半途而废。

　　4. 制订备用方案　应预先考虑到一些可能会影响锻炼的因素,如假期和工作安排,然后准备一套备用方案,这样无论何时遇到困难,你都能做到有备无患。

　　5. 目标要具体　"我要每天走30分钟"比"我要努力地锻炼"更容易坚持下来。慢慢调高你的目标,直到达到锻炼的最终目标。

　　6. 记下自己的进步　坚持记录自己的锻炼过程,在电子时代这很容易实现,手机软件、运动手环、运动手表都可以记录你的运动时间、运动距离、燃烧掉的热量等信息,见证你的点滴进步。

　　7. "微型"锻炼运动　如果你的时间实在太少,可以每天只抽出10~15分钟来运动,以保持身心处于一个良好的状态。研究发现,每天见缝插针进行锻炼的人,能够比坚持常规的30~45分钟锻炼项目的人积累更多的锻炼时间,如果你无法保证散步1小时,那么不如一有时间就出来运动,哪怕只有15分钟也可以。

　　8. 固定锻炼时间　当你每天在相同的时间做相同的事情时,就更容易逐渐养成习惯。

　　9. 学会奖赏自己　当你坚持了1个月,你可以给自己一个小奖励;坚持3个月,可以再给自己一个奖励。奖励的东西可以很简单,比如去看一部自己喜欢的电影,或者买一件新衣服等。

(二) 大学生常见的休闲问题及调适

　　中国古人很讲究休闲的内容,并赋予其很浓厚的文化内涵。收藏字画、篆刻临帖、弈棋鼓琴、栽花养鱼等,均列为休闲生活的方式。现代大学生的休闲生活如何呢?

　　与社会其他群体相比较,大学生拥有更加充裕的休闲时间。包括双休日和节假日在内,大学生一年有170天左右的时间处于休闲状态,即使在正常学习日,每天可自由支配的时间也有5小时左右。大学生主要的休闲方式包括网络游戏、学习知识和拓展交际、听音乐、运动、旅游和公益活动等。

　　在休闲活动中,大学生存在的主要问题是:

　　1. 休闲技能水平低　网络游戏、上网聊天、闲聊、逛街等休闲活动所占比例较高,大学生普遍感到所从事的休闲活动比较单调,缺少技能和方式,对从事的休闲活动缺少意义感和成就感。

2. 休闲幸福感低 休闲是增进人类幸福感的主要力量,是提升生命质量的重要保证。大学生拥有更多的自由时间,理应在休闲中获得幸福的体验,让生活充满意义。然而,感到休闲无聊、无趣和无奈的大学生比比皆是。有调查显示,约有17.9%的大学生认为休闲是"消磨时间、休息养神",把休闲看作是消遣娱乐的占27.5%,分别有21.1%和17.6%的大学生把休闲当作是增加知识和拓展交际的方式,而把休闲上升到"精神提升、实现自我"的只占15.7%。这种没有精神内容的休闲活动,使大学生很难从休闲中得到幸福感和价值感。

因此,除了改善客观条件(如家庭和学校的环境)外,大学生也可以主动寻求更加有意义的休闲方式。如选修一些课程(包括丰富的网络公开课),阅读课外书籍,参与自己感兴趣的研究,勤工俭学,参加公益活动,学一门乐器,参加体育健身活动和社团活动等。

第五节 成瘾行为与健康

你有这样的一些情况吗?比如不带手机会焦虑不安,比如不上网就不知道该做什么才好,比如忍不住购物的欲望,但买过又后悔。这些行为可能表示你有一些成瘾的行为倾向,但也可能是真的成瘾了。

所谓成瘾,是指个体强烈地或不可自制地反复渴求滥用某种药物或进行某种活动,尽管知道这样做会给自己带来各种不良后果,但仍然无法控制。在大学生中,可以见到以下几种成瘾行为或成瘾的行为倾向。

一、网络成瘾

互联网的飞速发展改变着信息存储、加工和传递的方式,给人类的社会生活带来了巨大的变革,对人们的生活方式、心理和行为产生了深刻的影响。青少年是网络成瘾的主要受害者,而大学生是这群受害者的重要组成部分。

案例8-2 你好,大学!再见,大学!

这是一个离我们很近的真实故事。

通过努力奋斗,小张同学取得了不错的高考成绩。在他人的建议下,小张选择了一所医学院校。但在上大学以后,面对"背也背不完的书本"和他不感兴趣的医学基础知识,他对学习的热情消减了很多。

不想去上课,没有高中般的严格作息要求,也没有父母的唠叨和监督,小张很快找到了一个新的兴趣——网络游戏,并从此一发不可收拾。他为这些游戏投入了时间、精力和金钱,但同时失去了学习的时间、人际交往的乐趣和健康的身体。在旷课和多门课程"挂科"以后,他留级了。虽然很懊恼,但留级并没有给予他离开网络的决心,直到他拿到了退学通知书……当父母到学校办理退学手续并接他回家时,他看着父母的白发和忧愁的面容,才突然感到后悔。

令人欣慰的是,他回家以后,决定拿起书本重新参加高考,并在第二年的高考中取得不错的成绩,进入了一所师范院校。

小张的大学生涯一波三折,但结果是令人欣慰的。也有一些大学生在进入网络世界后一发不可收拾,即便退学回家,也难以从网络中自拔,给家庭带来无尽的烦恼。但更多的大学生可能处于这种情况:大量的时间花费在网络上,作息不规律,饮食不健康,上课打瞌睡或干脆旷课,考试前临时抱佛脚,勉强通过考试后暗自庆幸……直到拿到大学毕业证。等到毕业后,回首大学时光,你会不会为浪费的青春感到遗憾或后悔?

网络是现代人工作、学习和生活的必需品,因此,长时间使用网络也不能确定为网络成瘾或有成瘾的行为倾向。美国心理学年会根据现代人的生活方式确定了网络成瘾的诊断标准,包括七种症状:

(1)耐受性增强。成瘾者要不断增加上网的时间才能获得和以往一样的满足。

(2)退瘾症状。一段时间(几小时到几天)不能上网会出现焦虑不安、不可抑制地想上网、时刻担心自己错过了什么等。

(3)上网频率总是比事先计划的要高,上网时间总是比事先计划的要长。

(4)企图缩短上网时间的努力,总是以失败告终。

(5)花费大量时间在和互联网有关的活动上。

(6)上网使患者的社交、职业和家庭生活受到严重影响。

(7)虽然能够意识到上网带来的严重问题,但患者仍然继续花大量时间上网。

标准规定,如果网络用户在12个月中的任何时期有多于所列的三种症状出现,即为网络成瘾。

对照上面的标准,看看自己有没有网络成瘾或成瘾的行为倾向吧!如果有上述情况,就需要及时进行调整了。每一位大学生都需要使用网络,为什么有些人会成瘾,而有些人不会呢?青少年网络成瘾的原因很复杂,目前认为主要有以下几个方面:

(1)个性特征。青少年兴趣广泛,好奇心强,心理发育不够稳定、成熟,很容易受外界影响,而自控力不足。相对而言,个性敏感、忧郁、脆弱、缺乏自信、逃避现实的人更容易网络成瘾。

(2)家庭和学校环境。研究发现,网络成瘾的青少年往往缺乏良好的亲子关系,或父母过于溺爱控制,或亲子间少有沟通。从学校环境的角度看,繁重的学习压力、枯燥的学习生活使青少年需要通过某一途径释放焦虑、缓解压力,而网络是最易得、最便捷的方式。

(3)网络自身特点。现代网络便捷、开放、内容丰富。无论通过电脑还是手机都能轻松地参与到网络互动中。

专栏 8-10　你对手机有"分离焦虑"吗?

> 在心理学中,"分离焦虑"是指婴幼儿因与亲人分离而引起的焦虑、不安或不愉快的情绪反应。当我们小时候与自己的妈妈分开时,就会产生这种情绪。而现在,很多人对一种非生物体也产生了类似的情绪反应,这种非生物体叫作"手机"。
>
> 你和你的手机之间有"分离焦虑"吗?出门忘带手机你能忍受吗?手机电池显示红格了,手边又没有充电线,你会心慌吗?如果手机彻底没电关机了,你会烦躁不安吗?如果以上表现你都有,那么你可能有 nomophobia 了。这是一个英文新造词,是 no-mobile-phone phobia 的缩写,中文直译为"无手机焦虑症"。这种症状主要表现为对手机产生很强的依赖心理,因此又称为"手机依赖症"或"手机成瘾"。
>
> 手机成瘾和网络成瘾的本质相同,但更具有广泛性和隐蔽性,对人的生理、心理危害更大。手机成瘾者除上述表现外,主要表现还包括:手机一刻不能离身,就连做饭、上厕所、洗澡,手机也要放在身旁;一到地下停车场、电梯、乡间等手机信号弱的地方就很焦虑;不停地用手机获取各种信息……由此出现的现象是走路时看手机、吃饭时看手机、坐车时看手机,甚至开车时看手机。对手机的依赖不仅伤害了我们的身心健康,还会危害公共安全。
>
> 虽然手机是社会发展的必然产物,给我们的生活带来了很多便利,但我们应适度使用。

由于网络成瘾的原因不可一概而论,因此对每一个过分依赖网络的人,调整的方式也不同,需要多方面共同努力。大学生可以怎么做呢?

(1) 言语暗示。通过自我暗示来减少过度的网络行为,如当意识到上网时间长了,就对自己说:已经上了这么长时间了,不上了。反复多次暗示自己。

(2) 自我控制。在每次上网前,先写个简单的目录,把这次上网想做的事写在纸上,然后按所列事项一样一样地完成,减少多余行为,从而达到控制上网时间的目的。

(3) 用其他自己喜爱的休闲方式代替上网休闲。

二、吸烟

自 1492 年哥伦布把烟草籽从美洲带到西班牙后,吸烟行为便逐渐散播到世界各地。作为人口大国,我国同时也是世界上最大的烟草生产及消费国。近年来,在各项控烟政策的颁布和实施下,中国的卷烟产量和吸烟率有所下降,但在 2018 年,我国的卷烟产量仍达到 23 356 亿支,15 岁以上的人群吸烟率为 26.6%。

吸烟有害健康,是多种疾病的诱发因素。肺癌患者中,吸烟者占 90% 以上;吸烟者患肺癌的死亡率比不吸烟者高10~30倍;吸烟者冠心病的发病率比不吸烟者高3~5倍;吸烟者喉癌的发病率比不吸烟者高6~10倍;吸烟还可加重患心脏病和高血压的危险。

在大学生吸烟的抽样调查中,由于调查的学校不同,结果也有较大差异。多份报告显示每天吸烟的大学生为20%,亦有报告称超过30%。在这些吸烟的学生中,约有一半的人初次尝试是在初、高中阶段。大学生吸烟的原因很多,出自好奇、互相模仿、显示风度、同学相劝、偶然吸上、消愁解闷、应付交际、缓解压力、寻求安慰等。虽然吸烟在短时间内可能使人提神解乏、摆脱烦恼,或者满足了一些社交需要,但长此以往,对身心的伤害是深远的,甚至可能导致亲友深受二手烟的伤害。

一旦吸烟成瘾,戒烟是比较困难的。在中国的吸烟人群中,选择戒烟的人多数是因为已经患病或担心患病,也有人因为家庭反对和环境影响等因素选择戒烟。而大学生作为高学历、高文化水平的群体,不要到悔之晚矣时再选择改变,因为越早戒烟,受益就越多。事实证明,戒烟一年后,患心脏疾病(例如,心肌梗塞)的风险将减少一半;戒烟15年后,这种风险就低到和不抽烟的人一样了;戒烟10年后,患肺癌的风险可以减少一半。所以,如果你还没开始吸烟,不要尝试去吸烟;如果你已经习惯吸烟,请开始戒烟!

思考题

1. 吸烟真的可以缓解心理压力吗?
2. 吸烟行为所满足的究竟是生理需要还是心理需要?
3. 怎样才能真正戒除烟瘾?

三、饮酒

中国的酒文化可谓博大精深,源远流长。在当代人际和国际交往中,每当举行宴会、签署条约、协议或其他重要文件时,主客双方举杯庆祝已是惯例。每逢佳节、朋友聚会或各种应酬时,饮酒已是人之常情,正如中国俗语所说"无酒不成宴"。酒与政治、文学创作、娱乐和养生保健都有不解之缘。适量饮酒有益于健康,但饮酒多少才算适量呢?世界卫生组织(WHO)指出:一般以男性每日饮酒中的乙醇总量20 g为标准,高于20 g为过量,低于20 g为少量或适量;女性以每日饮酒中乙醇总量不超过10 g为标准。也就是说男性每天饮酒不得超过2瓶啤酒或1两白酒,女性每天不超过1瓶啤酒。同时,每次饮酒应为单一品种,不可混饮。饮酒量越大,酒的度数越高,对人体的危害就越大。

过度饮酒损害健康。单次大量饮酒,通常会造成急性酒精中毒,俗称醉酒。如果过度饮酒并造成了躯体或精神的损害,就叫做酗酒。

1. 急性酒精中毒　急性酒精中毒的严重程度与饮酒速度、饮酒量、血中酒精浓度以及个体耐受性有关。我们通常将酒精中毒分为兴奋期、共济失调期及昏睡期。兴奋期酒精中毒者的眼睛发红、脸色潮红或苍白、轻微眩晕、语言增多、逞强好胜、口若悬河、夸夸其谈、举止轻浮、感情用事、打人毁物、喜怒无常。绝大多数人在此期都自认没有醉,继续举杯,不知节制;有的则酣然入睡。共济失调期酒精中毒者动作笨拙、步态蹒跚、语无伦次、发音含糊。昏睡期酒精中毒者脸色苍白、皮肤湿冷、口唇微紫、心跳加快、呼吸缓慢而有鼾声、瞳孔散大。严重者出现昏迷、抽搐、大小便失禁等症状,甚至会因呼吸衰竭而死亡。

2. 酗酒　酗酒会带来很多危害,首先是损害健康。经常酗酒则会引起营养不良,损害器官,破坏身体的防御系统,导致抵抗力下降,造成各种消化系统和代谢系统疾病,并可能导致酒精性肝硬化和癌症。长期大量饮酒的另一个常见后果就是酒精改变了脂肪储存的方式,即导致"啤酒肚"。另外,酗酒会损害大脑,引起高级认知功能减退,学习和利用新知识及解决问题的能力均下降。女性脂肪比例较男性多,酒精的亲脂性会造成女性比男性更容易受酒精危害。

其次,酗酒易引起交通事故。酒精进入人体后,其主要毒害作用是对大脑等高级神经系统功能的抑制,容易导致酒后交通事故。2/5的美国人会遭遇与酒相关的交通事故,与酗酒有关的交通事故是造成15~24岁间的美国青年死亡的头号杀手,我国也不例外。

再次,酗酒会造成社会危害。酗酒在很大程度上会诱发犯罪。在美国,酒后犯罪的人占了全部谋杀案的86%和全部强奸案的72%。许多证据表明,酗酒的人施行谋杀、强奸、抢劫、斗殴的可能性远高于吸食麻醉性毒品的人。

严格按照标准来衡量,虽然在大学生中真正酗酒的人数并不很多,但经常饮酒、偶尔醉酒者却不在少数,严重时会出现因醉酒而致死的事件。2015年来自湖南某大学的一份调查报告显示,大学生的饮酒率为30.3%,频繁饮酒率为16.2%,部分大学生存在一定程度的酒精依赖与危险饮酒行为。虽然这些数据不能普适于所有大学,但揭开了大学生饮酒状况的一角。大学生饮酒的主要问题在饮酒的方式和单次的饮酒量上,因此我们应有意识地防范此类情况,不劝酒、不拼酒、不恋酒。

四、赌博

所谓赌博,是指目的明确,但其结果全部或大部分由机会来决定成败的各种行为。而作为一种社会问题所指的是狭义的赌博,是指甘冒输钱的风险,有意识地参加全部或大部分由机会决定其结局的游戏活动。赌博的形式五花八门,既有最简单的猜数字、抛硬币、划拳,也有复杂的棋牌、麻将、电子游戏等。

赌博本身没有制造任何产品,没有创造任何财富,对经济的发展没有作出任何贡献。相反,赌博造成的社会危害难以用金钱衡量:人生前途尽毁,亲人朋友受苦,婚姻感情破裂,家业败落,负债累累,心灵挣扎与内疚等。大学生赌博现象在高校中的蔓延,腐蚀着社会未来的精英和栋梁。

案例 8-3　一发不可收的网络赌博

> 小方是一名大学生,今年21岁。在同学的介绍下,他加入了一个QQ群,通过押单双、大小来进行赌博。具体来说,每一轮游戏,网站会显示3个0~9之间的数字,加起来在0~27之间。14以上为大,14以下为小。玩家可以通过单独猜大小、单双,也可以通过同时猜大小、单双来赌博。前者押对双倍奖励,后者押对奖励高达4倍,交易通过支付宝完成。刚开始,小方屡屡猜中,没几天就赢了1万多元,这让他很高兴,感觉钱来得特别容易。随后,他越玩越大,但慢慢就开始只输不赢了。他越输就越想捞回本,短短几个月,就输了3万多元。而这些钱,绝大部分都是通过小额贷借来的。

赌博给在校大学生带来了严重的危害。

1. 影响学习,荒废学业　大学生参与赌博或变相赌博,容易对学习失去兴趣,并形成贪婪和投机取巧的心理。

2. 影响人际关系　参与赌博的学生,经常夜不归宿,无心与同学、舍友、朋友交往,无心上课、听讲、上自习,无心关注科学文化知识的积累和能力培养。一旦上瘾,置他人利益于不顾,通宵开灯作战,影响他人休息和睡眠。

3. 毒害心灵　赌博,带有刺激性和娱乐性。在赌博过程中,大学生体验着情感和情绪的跌宕起伏。投机取巧、不劳而获的贪欲很容易扭曲大学生的人生观和价值观。

4. 有害身体健康　经常参与赌博者,生物钟紊乱,作息时间不合理,容易导致精神衰弱和亢奋,抑制大脑活性,出现反应迟钝、抑郁失眠、精神恍惚、记忆力下降、早衰等症状。

5. 形成不良行为习惯,诱发不良事件　大学生经常参与赌博会导致迟到、早退、旷课、上课睡觉、晚上熬夜、白天不起床等现象,扰乱正常的教学秩序,违反校规校纪。赌博不但时常引起打架、偷窃、自杀、敲诈勒索等事件,严重的还可能会酿成伤害、凶杀等刑事案件。

成瘾性行为改正很难,所以我们应时时提防,时时警醒自己:不要去碰!

第六节　健康行为习惯的培养

一、坚持正确的生活态度,选择科学的生活方式

良好行为习惯的养成是与个体的人生价值观以及生活态度密切相关的。因为人生价值观决定个体行为方式的选择,生活态度决定个体行为习惯的养

成。大学生只有在自身成长的历程中树立起正确的世界观、人生观与价值观,才会对自己在学习和生活方方面面的行为有正确的导向,才会对自己各种行为发生的方式有足够的约束与限定。正确的人生价值观决定了大学生正确的生活态度,而正确的生活态度又决定了大学生生活中各种行为方式的稳定与否。有了正确的生活态度,就可以促使大学生保持稳定的、良好的行为方式,并逐步养成良好的行为习惯。

良好行为习惯的形成自然离不开科学的生活方式。在有了正确的生活态度的前提下,大学生最相信科学,最讲究科学,当然也应该最遵循科学。因此,在自己行为方式的选择过程中,切不可违背科学的规律,不可背离人类的理性,不可违反健康的原则。只有把遵循科学的行为方式固化为自己的习惯,才能养成良好的行为习惯。

二、养成健康的生活习惯,形成良好的自我风格

行为习惯的养成与个体的生活情趣是不可分割的。人类在进化发展的过程中,早已形成了丰富的情绪情感品质,个体对人、事、物,同时对绝大多数的行为方式的认知、态度及选择,无不受到情绪情感的强烈影响。在强烈情绪情感的作用下,较长时间选择的事物及行为方式,就自动会转化为所谓的兴趣,使个体在今后的长期生活中自动出现同类行为趋势,以获得心理的某些满足而达到身心愉悦。正因为如此,大学生良好行为习惯的培养需要建立在养成健康生活情趣的基础之上。大学生在学习生活中需要学会辨别行为方式的优劣良莠、健康与否,对身心可能的影响趋向。需要大学生有意识地养成良好的学习、生活、娱乐的兴趣爱好,并以此来丰富自己的生活内容,让自己的精神生活更加充实。

养成健康的生活情趣并不等于要求大学生的兴趣爱好和行为方式都整齐划一。不同的个体应有自己的行为特点和生活风格,应满足自己内在的健康心理需求,才能符合个性化发展的需要,才能使大学生活丰富多彩。因此,大学生在培养自己良好的行为习惯时,既需要有相互学习、相互借鉴的过程,更需要有自我独立选择,保持个性特点的过程。只有这样,每个大学生才能真正按照自己的意愿来塑造自己,才能保持自己优秀的独特风格。

三、抵制不良的行为方式,摒弃已有的恶劣习惯

大学本身就是一个小社会,大学生中难免会出现一些形形色色的不良行为方式,并相互产生不利的影响。同时,大学生正处于模仿力极强的时期,对自己言行的掌控力相对薄弱,没有形成稳定的行为特点,特别容易受到周围人与事的影响。因而,一些不良的行为方式对大学生极具诱惑力,很容易被一些心理品质相对较低的大学生所效仿,或完全认同和接受。

养成良好的行为方式,就需要大学生提高自己的意志品质,自觉抵制不良行为方式对自己的诱惑,提高自己抗干扰的能力。在不良行为方式侵袭自己的时候,能够把握住自己,不为其动心,切不可有"仅此一次,下不为例"的侥幸心理。坚持做自己行为的主人,坚持做理性的大学生。

如果在过去的日子里,不慎养成了一些不良的行为习惯,甚至已形成恶习,无需为之痛苦和悲观。只要充分认识到恶习的危害,有彻底改过的决心,摒弃已经形成的恶习,重新养成良好的行为习惯是完全有可能的。

思考题
1. 你所理解的良好的生活习惯是怎样的?
2. 怎样才能让自己养成良好的生活习惯?

(金明琦)

第九章
学习与心理健康

案例 9-1　落寞的高材生

> 陈某,"80后",是家里的独生子。中学时期他成绩非常好,长期担任班级的学习委员。他是出了名的认真学习的人,成绩在班级乃至学校名列前茅,是老师眼中的高材生,同学羡慕的对象。高考他如愿以偿地考进了某重点大学。本以为在大学可以大展身手,但没想到自己不再是一个中心人物。和身边的同学比起来,他认为自己没有任何优势,甚至有种被冷落的感觉。他常常感到孤独,有时还遭遇这样、那样的不顺。他甚至感到自己没有用、前途渺茫。他不知道怎样才能顺利完成大学学业,非常痛苦。在班主任老师的介绍下,他来到了学校心理咨询室。

"学习"对于大学生来说,是熟悉得不能再熟悉的事情。从咿呀学语到能说会道,甚至娴熟地掌握几门外国语言;从蹒跚学步到掌握复杂的实践操作技能。从出生到幼儿园,从小学到初中,然后到高中、大学,我们每天都在进行着学习。那么,什么是学习?大学学习又学些什么?大学学习与大学以前的学习又有哪些不同之处?怎样调适学习心理问题?怎样提高学习能力?这些都是本章需要解答的问题。

第一节　大学学习的特点

案例 9-2　小李的烦恼

> 小李高中时成绩中等偏上,高考以较好的成绩考进了某大学。入学后,与其他同学相比,他感到自己毫无优势可言。他不知道怎么学习,没有目标,感觉课程难,听不懂,甚至不能静下心来学习。

一、什么是学习

学习（Learning）是指依靠经验的积累而引起的动物或人类的行为产生的持久的、变化的过程。也就是说，学习集中地表现为由经验的积累而持久地改变行为的过程。这是广义的学习。这个概念包含以下几层含义：

1. **学习的结果就是学习者行为的改变**　例如，我们学习书写，经过反复练习，积累经验，掌握了书写的要领，便学会写字了。在这一学习过程中，学习者行为的改变就是从不会写字变为会书写，这则是学习的结果。

2. **强调经验的作用**　那些不依靠经验的积累而产生的行为变化，不是学习。例如，我们在初中阶段变声期产生的声音变化，这纯粹属于生理现象，它与我们经验的积累没有多大的关系。如果我们经过反复练习与训练学会了美声唱法的技巧，我们也因此可以用美声唱法来演绎歌曲，这则是学习的过程。

3. **行为的变化是持久性的，而不是暂时性的**　例如，我们学习某一数学公式时，偶然套用这个公式解决了某个数学问题，但不能由此断定学会了这个公式。只有当我们能够理解这个公式的含义、掌握公式运用的条件并能灵活运用它来解决数学难题时，才可以说我们学会了这个数学公式。因此，可以说学习所引起的行为变化具有相对稳定性。

二、大学生学习的特点

经历十数年的寒窗苦读，经过"黑色"六月的洗礼，新一批大学生总算踏进了大学校园。大学生可以在新的环境里汲取知识、文化和科技的养分，开始崭新的学习生活。大学学习已经明显不同于大学以前的学习。大学生学习具有以下几个特点：

1. **学习的自主性**　大学生学习除了课堂时间以外，还有大量的课余时间。这些时间都是留给学生自主学习的。由于高等教育的教学内容大幅增加，课堂上老师不可能面面俱到地讲授每一个问题，他们只是讲解知识的重点、难点、理论框架，或是一些前沿问题，或是一些个人心得感悟。老师不再注重知识的传播和灌输，而注重传授学习方法，培养学生积极思考、自主学习的能力。因此，与中学生相比，大学生有很多可自由支配的时间，这就要求我们大学生具有较强的学习计划能力、自学能力、自我监控与调节的能力。此外，现在的大学课程通常采用自主选择的方式，大学生可以根据自身情况，自主选择学习内容。如果大学生还采用高中或者高中以前的学习方法，等待老师的讲授，不主动自学，将很难适应大学学习生活，所学的内容也将十分有限，个人的学习能力也得不到提高。此外，大学生学习的自主性还表现在大学生需要有自主创新的学习能力。通过发现式学习、研究式学习，创造新知识、新技术。

2. **学习的专业性**　大学教育具有明显的职业定向特点。大学生的学习是在确定了基本的专业方向后进行的。我们每一名大学生都有自己的专业,因此大学生的学习是与专业的学习分不开的。无论是根据自身兴趣选择的专业,还是稀里糊涂选择的专业,抑或是迫于家人的期望作出的专业选择,无一例外的都是每一个大学生自己的专业。大学生的学习就是专业的学习,既要掌握与专业相关的基础知识与核心知识,又要了解本专业的经典理论和前沿知识。

3. 学习的广博性　大学生学习的内容十分广博。因此需要掌握的知识范围大、内容多、方面广。大学生要学习几十门甚至上百门课程;不仅要学习专业知识,也要学习专业以外的知识,还要学习和训练专门的技能,提升全面素质;不仅要有大量的课堂学习时间,也要有大量的自主学习时间,还需要有很多的社会实践经历。可以说大学生的学习是一个全面的学习,绝不简简单单是书本知识或专业知识的学习。具体大学学习的内容见后文。

4. 学习的多元性　大学生学习的多元性是指大学生的学习方式、学习途径是多种多样的。课堂学习只是众多学习渠道的一种。自学、实习、见习、社会实践、交流讨论、听学术报告和专题讲座、使用图书馆资源、参观、调查、互联网等等都是大学生学习的重要途径。此外,组织、参与校园文化活动、社团组织、社会公益志愿活动等等也是大学生学习不可或缺的方式。

思考题

想一想,大学学习与高中或者高中以前的学习有何不同?

第二节　大学生常见学习心理问题

案例 9-3　纠结的琪琪

> 琪琪,女,大二学生。她的高中学习成绩非常优异,进入大学以来一直对自己要求很高,但是成绩平平。她这样描述自己的大学生活:每学期开始时总是给自己制订很多的学习计划,但是从来没有按时完成过,经常打算去上自习,但是一旦有朋友邀约一起出去玩,便忍不住改变自己的计划,觉得改天学习也未尝不可。老师布置的作业不管留出了多长时间,在这段时间内她总顾着玩,任务总是拖到最后期限才匆匆完成,结果对取得的成绩很不满意,因而感到自责和内疚,觉得如果有计划地学习,肯定能取得更好的成绩。琪琪很想改变这种现状,但不知从何下手。

大学生学习心理问题是指影响学生正常学习行为和学习效能的心理因素或心理状态。大学生要从"要我学习"的被动学习者变为"我要学习"的自主学习者,从单纯地应对升学、考试到需要全面规划学业、人生,从以学习知识为主的学习到侧重能力的学习。大学生的学习难度明显增加,这对每一个大学生来说都是一个挑战。虽然大多数学生都能经得住这样的考验,顺利地完成学业,但几乎每一个学生都经历过不同程度的学习困难时期。造成学习困难的原因很多,心理因素是其中最主要的原因之一。据某高校数据统计,因心理问题而休学、退学的学生约占全部休学、退学的学生的七成,并且这个比重还有增高的趋势。大学生常见的学习心理问题包括:学习动机不当、考试焦虑、学习疲劳、学业拖延和专业与兴趣的冲突。

一、学习动机不当

(一) 什么是学习动机

学习动机是推动和维持人们产生学习需要和活动的内部机制。它是将学习愿望转变为学习行动的心理动因,是发动和维持学习的力量。学习动机反映了学生的学习需求与学习愿望,并体现在自觉有目的的、与克服困难相联系的学习行动中。

大学生学习有一个明确的学习动力系统,学习动力系统由学习动机、学习兴趣和学习态度组成。学习兴趣是学生的内部动机在学习上的体现,它来自学生内部的好奇心、求知欲和抱负。例如,我们读一本非常喜欢的书或者一篇非常有感觉的文章,就会兴致勃勃,恨不得一下子就读完它。这就是直接学习兴趣的力量,它可以让我们在学习中体验到愉悦和满足。再如,有的同学对在法庭上雄辩如流的大律师非常向往,于是非常努力的学习法律知识,训练自己的口才,准备以后做一名非常有影响力的律师。这是间接学习兴趣对学习的推动作用。学习态度则反映了学生对学习的情感是喜欢还是厌恶,学习行动上是主动钻研还是被动应付。

(二) 学习动机不当的表现

学习动机对学习活动起着发动、维护和推进的作用,但并不意味着学习动机的强度越大,学习效果就越好。心理学的研究表明,只有恰当适度的动机水平才能促进学习效果。大学生学习动机不当主要表现在两个方面:一方面,学习动机不足(学习没劲);另一方面,学习动机过强。

专栏 9-1　叶克斯-多德森定律——学习有最佳动机水平

> 在各种活动中都有一个动机最佳水平问题。动机最佳水平因课题性质的不同而不同。在比较容易的课题中,工作效率有随动机提高而呈上升的趋势;而在比较困难的课题中,动机水平有逐渐下降的趋势。这种现象,是叶克斯和多德森于1908年通过动物实验发现的。如图9-1所示,随着难度的增加,动机最佳水平有逐渐下降的趋势,这种现象称为叶克斯-多德森定律。

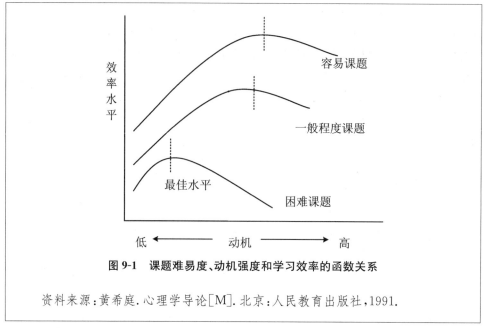

图9-1 课题难易度、动机强度和学习效率的函数关系

资料来源：黄希庭.心理学导论[M].北京：人民教育出版社,1991.

1. 学习动机不足

（1）没有明确的学习目标：既没有长期目标，也没有近期目标，对自己在大学期间以及每学年、每学期学习上要达到什么要求，内心没有标准，得过且过，浑浑噩噩过四年。

（2）没有学习计划：从不考虑每天的时间怎么安排，学些什么，读什么书，如何在很多课程中合理分配时间和精力。学到哪，就到哪，过一天算一天。

（3）学习没有成就感：没有抱负和理想，缺少求知欲，缺少压力、紧迫感，缺乏进取心。觉得学习成绩没有用，"60分万岁"，甚至认为那些学习非常用功的学生是"傻瓜""异类""外星人"，认为"学得好不如混得好"，大学时光是用来潇洒和享受的。

（4）学业倦怠、逃避学习：校园里流行这样的俏皮话："选修课必逃，必修课选逃""不逃课的大学生活是不完美的"。即使来上课了，也是"身在曹营心在汉"，一上课就没精打采，要么睡觉、看闲书、发短信，要么老师在上面讲，自己在下面和同学聊得火热；下课则生龙活虎。课程作业能拖就拖，能蒙就蒙，或者干脆拷贝网上的或抄袭同学的，更有甚者直接花钱找人代做。把主要精力放在打扑克、下象棋、玩游戏、上网、谈恋爱等事情上，也有些同学逃课缘于迷恋看电影、看录像、低水平的兼职工作、经商等。

2. 学习动机过强

（1）成就动机过强：争强好胜，过于看重结果，急于取得成就并超过他人。期望和抱负远远超过自己的实际能力。只追求成功，害怕失败，不能容忍自己的任何失败。心理压力大，精神紧张。

（2）奖惩动机过强：过度追求学习成绩好的奖励，避免受到惩罚。例如，有的同学努力学习就是为了期末能拿到奖学金,能被别人看得起,不辜负父母对自己的期望。非常看重学习成绩,而不注重学习能力与专业素养的提高。

(3) 学习强度过大:每天把所有能挤出来的时间都用在学习上,不给自己安排合理的休息、娱乐、放松时间;偶尔放松了一把,会自责很久;常常处于疲劳状态,并且学习效率很低;精神压力大,对学习产生厌烦、恐怖情绪,甚至睡眠质量也很差。

(三) 大学生学习动机不当的心理原因

1. *自我意识有待健全*　十七八岁到二十出头的大学生,正处在自我意识健全与健康发展的关键时期。身体、生理经过青春期的快速发展以后,心理自我也正在经历快速发展的阶段。这个时期大学生难免会对自我产生困惑与迷茫,开始了新的自我探索。时而信心百倍、自信满满,时而怀疑自我、充满失望;会在自信与自卑中跳跃,会重新思索"我是谁""我要去哪里""什么是我所喜欢的""什么是我要追求的"等问题。这时的大学生也不可避免地易受周围环境的影响,对于怎样完成大学学业还不明确,对以后的理想开始迷茫、彷徨。一些大学生会因为发现学校专业并不是想像的那样好而产生厌倦的心情,会因为某位老师的课不如意而对这门课程乃至专业失望,会因为社会传言某某专业毕业就失业而感到无望……这个时期的大学生对自己没有很大的确定感,学习动机也处于不确定的状态中,尤其是内部学习动机(源于学习活动本身的学习动机,主要包括学习兴趣、求知欲与好奇心等)经常处于变化之中。可能开始时学习劲头十足,没过多久就产生了厌学情绪。

2. *自我调控需要完善*　大学生自我调控的水平和策略与自我意识的发展是分不开的,大学生的自我意识处于一个快速发展的时期,自我调控水平也在逐步提高与完善。大学生在适应大学新环境的过程中必然会产生较多的负面情绪。如何调控这些情绪使它们不至于对自己的学习动机产生较大的影响是大学生需要学习的一个重要方面。此外,学习活动是有意识、有目的、有计划的行为,需要较好的自我调控与监控。如何合理地制订学习计划、适度调整,顺利地执行与完成学习计划是大学生需要学习的自我调控方面的重要内容。比如,适当地运用外部学习动机(源于学习之外的学习动机,如奖励和惩罚)来调整自我,这样可以促进学习成绩提高。例如,有的同学会有意无意地模仿高年级学生的做法,诸如"他们玩我也玩""他们谈恋爱我也谈恋爱",久而久之便失去了自控能力。有的大学生经受不起暂时失败的考验,因此一次考试成绩落后就一蹶不振。

3. *对学习的认知偏差*　很多大学生对大学学习存在着这样或那样的认知偏差,这对学习动机有较大的影响。比如,有的同学觉得大学学习毫无用处,于是学习动机明显不足;有的同学非常看重课堂学习与考试,把全部时间都放在书本专业知识的学习与考试上,这会导致学习动机过度。大学学习是围绕专业进行知识结构的建构与能力的培养。大学生需要合理的知识结构与比较广博的知识范围,需要在学习中培养能力,提升综合素质。

4. *学习方法不当*　高中的学习方法已经不适合大学学习。如果大学生继续运用高中的学习方法进行学习,会感到不适应,会有很大的学习压力,会对学习动机产生很大影响。不恰当的学习方法会影响他们的学习效率、效果,挫伤学习积极性,严重影响学习动机。

5. **心理障碍的影响**　有少部分同学心理健康状况比较差,受到心理障碍、心理疾病的困扰。这种心理不健康状态对学习动机产生严重影响,导致其中相当多的同学不能维持学业。例如,患有抑郁症的同学学习动机比较容易受抑郁状态的影响,可能很多时候他们学习动机过强,而处于比较严重的抑郁状态下时,学习兴趣、学习动机消失殆尽。

(四) 大学生学习动机不当的心理调适

1. **认识自我,健全自我意识**　通过认识他人,通过分析自己的活动结果,通过自我观察来认识自我。认识现实中的自我与理想自我。树立积极恰当的自我概念,确定自己的价值观、人生理想、兴趣、性格等各个方面。根据自身实际逐步树立比较清晰可行的学习目标,包括长期目标、短期目标与近期目标,形成积极而适度的抱负水平,建立合理的期望,从积极期望入手,在完成小目标的过程中培养成就感,不断尝试分析问题,解决问题,保持好奇心,追求真知、真理,保持不断进步的良好状态。比如,英语基础好、自学能力强的大学生能一次顺利考过英语四、六级,而英语基础差且自学能力较弱的大学生从心理上就不要盲目去"攀比"。没有必要给自己确立"必须一次过级达标"的目标,其实只要自己努力学习,善于总结学习规律和有效的学习方法,激发和维持学习兴趣,使成绩一次比一次提高,最终总能通过考试。这种经过多次努力而通过考试也是一种学习的成功和超越,应该值得肯定,并让自己感到满意。

2. **转变对大学学习的认知,进一步明确大学学习的意义**　明确学习的重要意义是培养和激发大学生学习动机的首要条件。当大学生认识到今天的学习是为了明天的幸福生活,为了生存的需要,为了社会与个人的发展时,学习就有了责任心和紧迫感。学习是为了自己,是对自己未来负责任的行动。只有不断学习的人才有可能赢得未来的竞争、个人的发展与成功。

3. **加强自我调控,创造良好的学习氛围**　大学生需要不断加强自我调控能力。掌握较多有效的应对负面情绪的方法,可以使自己保持较好的心情和学习动机。另外,加强自我控制能力,可以有效地制定与完成学习计划,也可以减少外在氛围对自己的影响。但外在氛围对人有较大的熏陶作用和约束作用。当大学生置身于一个有浓郁学习氛围的宿舍、班级时,如果每个同学都认真学习,那么这个宿舍、这个班级就会互相促进、共同进步,从而激发和增强每个人的学习动机。因此,大学生可以通过自己和身边同学的共同努力的学习行为,营造良好的学习氛围,以此激发每一位同学的学习动机。

4. **激发和培养学习兴趣**　大学生应当通过培养学科的兴趣和技能来激发和增强学习动机。当大学生开始学习一门新的学科时,常常由于新奇感而产生较强的求知欲,随着学习的不断深入,难度逐渐加大,好奇心就会逐渐丧失。所以要想办法激发、培养和维持这种学习兴趣和好奇心。兴趣是学习活动的动力。只有保持住这种激情,才能激发和增强学习动力,使学习任务顺利完成。

专栏 9-2　培养学习兴趣小妙招

> 妙招一:保持积极的探究心态。带着一颗好奇心,对自己不了解或者不甚了解的学科与知识进行探究,尝试知其然,知其所以然。
> 　　妙招二:不断积累成就感。在学习中通过不断完成小的学习目标,积累成就感。不断向大的学习目标奋进。
> 　　妙招三:拥有持续积极的情绪体验。在学习中经常保持愉悦、轻松、满足的心情。
> 　　妙招四:能全身心的投入与专注。在学习时能够集中全部注意力,全身心投入到你所需要学习的内容上。这就是美国著名心理学家马斯洛所提出的高峰体验。
> 　　上述小妙招不仅可以促进我们的学习兴趣,它们同样也是浓烈的学习兴趣所带来的结果。例如,某些领域的大师们觉得自己的专业领域"好玩",就是典型的拥有浓厚的学习兴趣的表现。再如,在我们玩自己特别喜欢的游戏时,也就达到了完全的忘我状态,同样保持着高度的兴趣。我国某位心理治疗专家曾说:"游戏精神是学习的最佳状态"。

5. **探索合适的学习方法**　大学学习进度快、疑难多,学习自立性和探索性高,所以,大学生要根据大学学习特点,掌握一定的学习技能和学习方法,以提高学习效率,克服学习中的困难,从而保持适度的学习动机。

6. **增进心理健康水平**　健康的心理状态有利于大学生的学习与学习结果。增进心理健康水平可以促进大学生树立适度的学习动机,保持良好的学习兴趣,极大地促进了学习成绩提高、学习能力发展和综合素质全面提升。

二、学习与考试焦虑

学习焦虑是指学生感觉到由于不能达到预期学习目标或不能克服学习上的各种困难,导致自信心受挫,而形成的一种带有恐惧情绪和紧张不安的精神状态。这种精神状态往往是在大学生面对学习上的矛盾与冲突时心理失去平衡而造成的心理压力下形成的。

考试焦虑是指在考试情境下(通常是考试前与考试中),以担忧为基本特征,以防御或逃避为行为方式,认知评价能力受到一定侵扰,通过不同程度的情绪性反应所表现出来的一种心理状态。

焦虑可分为3种水平:轻度焦虑、中度焦虑和重度焦虑。轻度和适度焦虑可以增强学习活动的效果,也有利于考试的发挥;但重度焦虑会阻碍学习活动,也严重影响考试临场效果。长期处于重度焦虑状态的学生很难完成学业。

(一) 大学生过度的学习与考试焦虑的表现

(1) 学习压力大,精神高度紧张,心情压抑,情绪躁动、不稳定。

(2) 担忧过度,怀疑自己的学习能力,感觉自己怎么也学不好,对可能取得的考试成绩忧心忡忡。

(3) 易夸大学习中的困难,紧张不安,心神不宁。

(4) 注意力易涣散,思维迟钝,记忆力下降。

(5) 反复出现失眠、心悸、尿频、尿急等生理症状。

(二) 大学生过度的学习与考试焦虑的原因

1. 自我意识不健全　对自己缺乏足够的信心与确定感,认为自己学习能力不行,认为自己很难完成学业与考试。

2. 成就动机过强　迫切希望通过取得好成绩以超过别人。

3. 错误的认知观念　往往很多存在学习与考试焦虑的同学都有很多错误的认知。比如,有同学认为焦虑是没必要存在的,任何的焦虑都会影响学习与考试。而正确的观念是:焦虑是经常存在的,轻度焦虑有利于我们的学习,过度焦虑才会严重影响学习。过度焦虑时,我们的认知观念往往会变得不理性,我们会产生很多否定自己、夸大困难的想法。例如,过度焦虑时,从没有挂过科的我们会怀疑自己这次考试通过不了,即使我们准备得比较充分。

4. 缺乏调节焦虑情绪的方法　已经十分焦虑和紧张了,还强迫要求自己不要紧张。试图忽略、否定自己的焦虑和紧张感受,试图自我欺骗。如此,循环往复,自己会越来越紧张,甚至还会掺杂自责和自我贬损等情绪。

(三) 大学生过度的学习与考试焦虑的调适

1. 健全自我意识,增强自我学习效能感　确立适当的学习目标,保持积极、适度的学习动机。运用爬山法,把大的学习目标划分为许多小的可以有效完成的学习目标。通过完成一个个小的目标,来完成大的学习目标,同时在学习的过程中,逐步实现学习目标可以不断增强学习的成就感与自我效能感。

2. 合理计划与运用学习时间　尤其是要考试之前充分复习,掌握一定的学习方法,利用好学习时间,牢固地掌握与运用知识是克服考试焦虑的最佳方式。

3. 调整认知法　有焦虑情绪不要紧,关键是大学生是否敢于面对它,不否认它,不强迫性压制焦虑情绪,而是接纳自己的焦虑情绪。只要焦虑情绪不严重影响到自己的学习生活,就保留这些情绪状态,因为焦虑是经常存在的,轻度焦虑有利于自己的学习,过度焦虑才会影响学习。因此,应对焦虑情绪的关键是能否把它控制在一个合理范围内。当大学生处在比较激烈的焦虑情绪状态时,头脑里可能会冒出一些否定自己,夸大学习困难之类的想法。这时大学生不能被这些非理性的想法所左右,要等到焦虑心情有所平复,恢复到一个比较平静的状态下再来客观评价这些观念。用理性、现实的态度检验这些观念,并用合理、现实的观念替代那些不合理的观念。

4. 学习更多的调整焦虑情绪的方法　常用的方法有:运动、倾诉等宣泄法,注意力转移法、放松训练、自我激励、系统脱敏等方法。当然寻求学校心理咨询中心的帮助也是一个不错的选择。

三、学习疲劳

学习疲劳是大学生学习中常见的问题之一。学习疲劳是指长时间持续进行紧张的学习,久而久之导致个体身心劳累、注意力分散、学习效率下降且难以维持学习的现象。

(一) 学习疲劳的表现与原因

学习疲劳包括生理疲劳和心理疲劳两种。生理疲劳是指生理、身体上的疲劳,如劳累、打瞌睡、长期保持一个动作或姿势导致肌肉麻木、僵硬、眼球胀痛、头晕、腰酸背疼等。心理疲劳通常是由于长期从事心智活动,大脑得不到休息而引起的,表现为思维迟钝、注意力涣散、情绪烦躁、厌烦等。在学习中的具体表现有学习错误增多、学习效率下降、对学习产生厌烦、厌倦情绪等。在学习疲劳中,心理疲劳是主要的。

学习疲劳是一种保护性抑制,是由于在长期、枯燥的学习活动中,大脑得不到休息,脑细胞处于抑制状态所引起的心理反应。一般经过适当的休息,学习疲劳可以得到恢复,这是符合生理、心理规律的,对大学生的身心发展不会造成什么影响。但如果长期处于疲劳状态下,强迫大脑有关部位持续保持兴奋状态,会导致大脑兴奋与抑制过程的失调,严重的会引起神经衰弱,就会严重影响到正常的学习生活。

大学生学习疲劳的原因有以下几个方面:① 长时间超负荷学习,学习压力大,学习动机过强,用脑过度,没有得到适当的休息;② 学习内容难度大,难以激发学习兴趣,但不得不学,只好强迫学习;③ 学习方法运用不恰当,学习不得其法,对学习内容也很难有兴趣。

(二) 学习疲劳调适

1. **调整学习动机,保持适度的学习动机** 为自己设定现实、可行的学习目标。不去盲目追求很难甚至根本无法企及的目标。

2. **学会科学用脑** 磨刀不误砍柴工,大脑神经的基本功能是兴奋和抑制,它有着自身的运行节律,因此在使用大脑的时候,要注意遵循生理、心理规律,讲究用脑卫生。同时,还要掌握一些科学用脑的技巧。例如,了解成人大脑持续集中注意力的时间只有25~30分钟,因此在学习30分钟后就应该稍作休息,或者利用这段时间来做个人卫生活动。大脑像发动机一样需要燃料,合理的营养和饮食结构也决定了大脑功能状态。人的大脑有左、右两个半球,两半球分别有不同的功能:左半球掌管着说话、阅读、书写和计算等逻辑思维活动。右半球则与空间概念、对言语的简单理解、色彩、音乐、幻想等非词语性思维活动有关。如果我们能把逻辑思维的学习与形象思维的学习活动结合起来,穿插进行,就能防止疲劳,起到事半功倍的效果。例如,长时间的理论知识学习以后,听听音乐,看看风景就是比较好的化解疲劳的方式。

3. **培养学习兴趣** 兴趣是最好的老师,为枯燥的学习创造乐趣和意义。例如某中医学院的学生这样来记忆方剂中的玉女煎——"玉女煎：十亩麦地一头牛（石膏、知母、麦冬、熟地、牛膝），胃热阴虚玉女愁"，就将枯燥难记的中药成分就变成形象、幽默便于记忆的趣味歌诀。

4. 创立并利用良好的学习环境　在有学习氛围、空气清新、整洁、安静的环境里，能使人心情舒畅，可以防止学习疲劳，增强学习效果。

四、学业拖延

（一）学业拖延的表现

当前大学生学业拖延现象十分普遍，学业拖延形式表现多样，如英语词汇表永远停留在"A"序列；作业（论文、实验报告）不管老师给了多长的时间，总是在上交前的最后一段时间突击完成；平时不看书，考前挑灯夜战，临时抱佛脚；学业管理性事务（选课、填表格、签到等）被动；制订的计划总是无法按时完成。拖延是个体即使能意识到拖延的负面后果，仍然主观地、有意识地延迟或回避为实现某个目标所必需的行为。拖延包括：行为意向与实际行动之间存在差距；不良的行为表现；心境的变化。学业拖延是常见类型，即学生在学习有关活动方面的拖延行为。学业拖延是个体明明知道会带来负面后果，但仍然自愿地延迟完成那些需要在固定时间里完成的学习任务。学业拖延不仅给大学生的学业成绩和个人发展带来负面的影响，同时拖延对个体心身健康也带来负面影响。当时间逼近任务期限时，拖延者的焦虑、抑郁水平都高于非拖延者，给个体造成巨大的心理压力。

（二）学业拖延的原因

造成大学生学业拖延的原因多种多样，总体归纳为以下几个方面：

1. 害怕失败以及任务难度过大　当大学生面对一项任务时，如果其评估难度过大，则会产生焦虑的情绪体验，而为了缓解焦虑情绪，就不自觉地选择回避这种情景或任务而产生拖延行为。难度越大的任务，越容易失败，大学生会使用拖延行为来回避失败。

2. 完美主义人格　完美主义是一种力求高标准的完成任务并伴随批评性自我评估倾向的人格特质。研究表明完美主义倾向和学业拖延之间存在显著的正相关。具有高度完美主义倾向的个体对自己要求苛刻，在某项活动没有十足的把握成功完成时，便会迟迟不肯采取行动，因而产生拖延行为。

3. 缺乏正确的时间管理策略　拖延的核心概念界定是错过最佳时间的延迟行为，因此，能否对时间有良好的控制及正确的感知会对拖延产生影响。有的学生对任务完成估计得过于简单，认为自己在很短的时间内能够完成，但是在实际做的过程中，发现会遇到很多事先没有料想到的困难和突发事件，从而影响任务完成的质量，因此而产生内疚心理。另一种是时间估计的误差，有的同学认为自己需要很长或完整的时间段才能完成一项任务，所以不自觉地浪费了许多零散的时间。

4. 学业拖延是一种自我防御机制　人对自己能力的评价通常是根据自己既

往的成功经验而确定的,事件的成功与自己的能力评价之间是一种等价关系。但是如何降低失败造成的自尊心的打击呢？拖延就是一种自我防御手段,个体可以评价自己的失败并不是由于自己的能力差造成的,而是因为自己有拖延行为,从而为自己的失败找到可以接纳的理由。

(三) 学业拖延的调适

1. 学会时间管理,合理利用时间　人生最宝贵的两项资产,一项是头脑,一项是时间。无论你做什么事情,即使不用脑子,也要花费时间。因此,管理时间的水平高低,会决定你学业和生活的成败。首先,要学会分清事情的轻重缓急,遵循一个原则：要事第一。确定对自己最重要的事情,不管是否紧急都需要及时主动处理,只有这样,才会变得越来越从容,真正能游刃有余地安排自己的生活(图 9-2)。其次,要了解自己的智力周期,就像和身体生物钟一样,每个人的智力存在周期性变化,利用自己最高效的时间段去处理最重要或者难度最大的事情,将会有事半功倍的效果。此外,其他的时间管理技巧还包括给制定的计划留有弹性的时间、合理利用零散的时间、创造不受干扰的学习环境等。

	紧急	不紧急
重要	马上执行； 给它较多时间	制订工作计划； 给较多时间
不重要	现在就做； 给少量时间	控制花在这些任务上的时间

图 9-2　时间管理表

2. 学会目标管理,降低任务难度　进入大学后,同学们往往志向远大,给自己设立许多目标,大到自己将来能够成名成家,小到这学期能够过英语四、六级或者计算机等级考试。但是往往由于目标过于远大或者概括化,具体实施时就显得虎头蛇尾,因而产生自责和内疚。那么什么样的目标才是合理的呢？

专栏 9-3　最简单实用的设定目标原则——SMART 原则

> SMART 原则主要遵循以下 5 个步骤,SMART 是 5 个步骤首字母的英文缩写：
> 1. 设定的目标必须是具体的(Specific)　比如把目标设定为"今天用一个小时复习单词表的 A 序列",比"要背完整本单词表"具体得多,可操作性更强。
> 2. 可以衡量的(Measurable)　可以通过简单明了的核查来确定是否达到目标。
> 3. 可以达到的(Attainable)　目标的设定是根据自己的能力和精力而设置的,中等难度的目标较为适宜,既有一定的挑战性,也不是高不可攀。
> 4. 实实在在的,可以证明和观察(Realistic)　目标是具体的可量化和可观察到的。
> 5. 必须具有明确的截止期限(Time-based)　要有一个最终完成的时间,要有一定压力。

如果大学生能有对自己的目标进行管理的意识,能把长远和模糊的目标转化为近期的和操作性强的目标,那么就会一步步地接近成功和实现自己的理想。

3. 正确地看待完美主义　完美主义是一把双刃剑,积极的完美主义能够使得任务出色和优质地完成,但是消极的完美主义则会滋生拖延。月满则亏,水满则溢,追求完美没有错误,但不要固执于完美。心理学通过实验研究发现,不同的竞选者在竞争同一岗位时,各方面条件类似的候选人,胜出的往往是各方面都较为优秀,但同时有一些小小缺陷的人,因为这样的人更加亲切和真实。所以要正确地看待完美主义,学会接受不完美中的完美。

五、大学专业和爱好的冲突

案例9-4　开巧克力店的快乐博士

> 杨志敏是生物工程的博士生,但博士学位还没拿到,他就开始认真、理智地分析自己的能力特征。他觉得自己不是发明创造性的人才,但是在改进和融合创新方面优势明显。通过一个偶然的机会他了解到国外的巧克力制造工艺。于是他就和妻子商量要自己创业。拿到博士学位后,他先是在一家巧克力公司供职,学会了制作巧克力的秘诀。于是在时机成熟之后,他决定自己创业。在富人区的一个角落里,杨志敏一家开了一个前店后厂的巧克力店,很快就吸引了很多前来买巧克力的客人。由于小店生产纯正的巧克力,并具有浓郁的文化氛围以及热情周到的服务,他们的名声也越传越远。杨志敏从没有后悔过当初的选择,看着自己研制的香甜可口的巧克力和回头客们满意的表情,他和爱人都感觉非常幸福和欣慰。在他看来无论是博士还是商人,自己做了自己想做的事情,这就足够了。

(一) 专业和兴趣冲突的表现

部分大学生进入大学以后,发现自己的兴趣爱好、能力特长和自己所学的专业相去甚远,自己对某一专业的想像和现实学的差异很大。一些性格外向活泼,喜欢人际交往的学生,选择了需要细心的会计专业;一些性格内向、不善言辞的学生却选择了需要和别人进行交流互动的销售、管理或教育专业;有的学法律的同学,最初对法律专业的感性认识,可能就是那些能言善辩的律师形象,但是真正学习该专业后却发现学习法律需要记忆大量较为枯燥和机械性的知识,甚至并不是所有的同学最终都能够成为律师,从而产生较大的心理落差。

(二) 专业和兴趣产生冲突的原因

1. 理想和现实的差距　高中生对大学充满了期待和向往,进入大学后发现所学的专业和自己的想像差距很大。产生差距的原因有:一方面,学生由于涉世未深,对某一专业认识可能仅仅是社会上该行业中的精英形象和一部分光鲜的工作内容,从而在理想和现实之间产生较大的差距;另一方面,很多高校最初开设的都是专业基础课程,而这类课程由于其自身特点,通常理论性偏强,应用性和趣味性较弱,从而使得一部分学生对专业学习产生失望的情绪。

2. 被动选择专业　高考填写志愿时,很多学生和家长事先可能对某一专业并不十分了解,一味填报热门专业,或填报某专业是不得已的选择,又或被调剂到不喜欢的专业。因而进入高校后对所学专业不感兴趣,学起来感觉费力。

3. 对专业了解不深入　大学课程门类众多,老师的教育方法和学习要求与高中时有很大差距。大学的学习更加强调学生的自主学习、探索式学习和同伴学习,很多同学由于没有及时意识到在学习方法上需要改进,进而出现学习困难。因此这些大学生对专业的了解非常狭隘和片面,未曾深入了解本专业便武断地认为该专业不适合自己,从而产生厌学情绪。

(三) 专业冲突问题的调适

1. 了解自己的职业兴趣取向　中国有句古语"人贵有自知之明",在校大学生对自己的能力和兴趣要有全面、客观的认识。第一,"以人为镜",在人际交往的过程中,通过他人的评价了解自己的能力所在;第二,"以史为镜",从自己过去成功和失败的经验中了解自己的优势和劣势;第三,"以测评为镜",即通过专业的心理测评了解自己的职业兴趣取向,从而对自己的职业发展进行理智的了解和评价。

2. 干一行爱一行,还是爱一行干一行　人生其实就是一个选择的过程,在每个十字路口都面临着选择,选择一条路就意味着放弃另一条路的风景,是个"舍"与"得"的过程。当进入大学后,每位同学都已经选择了某个专业,如果对自己的专业产生了厌学情绪,该何去何从呢? 第一,深入了解本专业,有的同学因为对专业的具体情况和未来发展并不是十分清楚,先要对自己的专业进行全面深入地了解。可以通过老师、高年级的学长或已经走上工作岗位的历届毕业生,更加全面、立体和感性地了解所学专业,认识该专业的发展前景、社会价值。同时,也要认识到专业和工作也可以培养和塑造一个人的性格。例如,男护士通过长期从事护理工作变得细心、谨慎、有强烈的责任感和爱心,进而认同本专业的价值,培养了自己的专业兴趣,不轻言放弃。第二,如果通过深入了解、深思熟虑,发现自己的兴趣、能力和专业实在差距太大,那么可以考虑其他的可能性,比如有的学校可以申请转专业,或者开设了相应的辅修专业,这些都是可供选择的途径,又或通过跨专业考研来达到换专业的目的,也可以选择把自己的兴趣当成业余爱好,成为生活的调味剂。第三,了解大学的教育,虽然说专业很重要,但作为大学生还要学会一些共性的东西。联合国 21 世纪教育委员会对于大学学什么提出了较为概括的阐述:学会求知;学会做事;学会共处;学会做人。这些方面可能和专业一样对我们的大学生活乃至一生来说都是一笔宝贵的财富。

思考题

你在大学学习中遇到了哪些学习心理问题? 你是如何调适的?

第三节 大学生健康学习心理的培养

一、大学生健康的学习心理

学习心理主要是指学生学习过程中产生的心理现象及其规律。培养大学生健康的学习心理,对于增进大学生心理健康水平,促进大学生成为学有专长的高级人才,具有十分重要的意义。大学生健康的学习心理主要表现在如下几个方面:

1. 健康的学习动力系统　包括适度的学习动机,良好的学习兴趣,积极的学习态度。

2. 良好的学习能力　能力是顺利完成某种活动所必需的,并且直接影响活动效率的个性心理特征。学习能力就是顺利完成学习活动所必需的,并直接影响学习效率的个性心理特征。

3. 健康的学习行为　包括张弛有度的有效学习行为与良好的学习习惯。

二、大学生健康学习心理培养

(一) 大学生健康的学习动力系统培养

大学生健康的学习动力系统来源于健康的学习兴趣与适度的学习动机,它表现在健康的学习态度上。因此,大学生健康的学习心理培养,不仅要培养健康的学习兴趣与适度的学习动机,更要培养健康的学习态度。

1. 什么是学习态度　学习态度是指学习者对学习所持有的一种持久且稳定的反应倾向。这种倾向不仅从学习者的学习行为中表现出来,而且还从学习者对待学习的认识、情绪情感、注意状态以及意志状态等方面显现出来。

2. 大学生健康学习态度的培养

(1) 激发和培养浓烈的学习兴趣:促使大学生对学习产生积极、恰当的认知,所谓"兴趣是最好的老师"。当大学生对大学学习产生浓烈的兴趣后,就会产生牢固的内在学习动力系统。他们也会对学习产生积极、恰当的认知,能够明确学习的目的、目标和意义。也因此会对大学学习产生健康、积极的学习态度,会真正做到"我要学",会采取主动、自主的方式进行学习。

(2) 培养积极的学习心态:在学习中合理掌控不良的情绪,增进积极情绪。当大学生在学习中经常体验到积极的情绪,如愉悦感、满足感、成就感、骄傲感乃至平静、放松的心态,而很少或甚至根本没有感到很厌倦、痛苦乃至压抑时,他们把学习继续下去就不会有任何的困难。当他们遇到困难时,也可以调整自身情绪状态,克服困难,把学习坚持下去。因此,在学习中培养和增进积极的情绪体验可以促进对健康学习态度的培养。

(3) 培养积极的学习行为,养成良好的学习习惯:比如,在学习中不断采取自我激励、自我奖赏,可以增进积极的情绪体验,促进积极、健康的学习态度。比如,制定学习计划,根据实际情况监控学习进程,计划完成后做总结等学习行为都能促进健康、积极学习态度的养成。当大学生长期、不间断地进行这些积极的学习行为时,就会形成学习习惯。长期的习惯就会成为自然,当那些健康、积极的学习行为成为自然时,他们就可以感受到更多的学习乐趣,那么就只需要更少意志努力来调控学习行为了。

(二) 大学生学习能力的培养

学习能力一般是指个体记忆、理解与灵活运用所学知识与技能的能力。大学生的学习能力是一个能力系统,它包括如下4个方面:

(1) 获取信息的能力,包括感知能力、阅读能力、搜集资料的能力等。

(2) 加工、应用、创造信息的能力,包括记忆能力、思维能力、表达能力(口头的、文字的)、动手操作能力、创造能力等。

(3) 学习的调控能力,包括确定学习目的、制订和调整学习计划、培养学习兴趣、克服学习困难等。

(4) 建立与完善自我意识和进行自我超越的能力。培养大学生的学习能力就需要培养大学生上述4个方面的能力,使大学生掌握有效的学习策略,学会学习,从而成为某些领域的高级专门人才。

1. 培养大学生掌握有效的学习策略 学习策略(Learning Strategies)是指学习者为了提高学习效率和效果,用以调节个人学习行为和认知活动的一种抽象、一般的方法。凡是有助于提高学习效率的程序、方法、规则、技巧以及调控方式均属于学习策略。它不等于具体的学习方法,而是学习方法的选择、组织与加工,又借助具体的学习方法表现出来。学习策略是调节如何学习、如何思考的高级认知能力,是衡量个体学习能力的重要尺度,是会不会学习的标志。

常见的学习策略有以下5种:

(1) 识记策略:即指积极地重复一定的材料或注意材料的关键部分。对于简单的机械识记,这一策略主要是指重复感知。对于较复杂的材料而言,识记策略包括重复关键部分、抄写、有选择的记录,对重要内容部分作出特别的记号等。

(2) 加工策略:是指建立新旧材料之间的联系。对于简单的学习来说,其主要包括形成记忆材料的表象,用句子把不同的记忆项目联系起来以及各种记忆术的使用等。对于较复杂的学习来说,其主要包括分段、归纳、类比、评论材料和自我提问等。

(3) 组织策略:即指把材料划分为不同的部分或归入某种更大的范畴,使之具有一定的结构。

(4) 理解监控策略:是指在阅读过程中保持对目标的意识,记住自己所用的策略及成功的程度,并及时作出调整。即对目标的学习与掌握过程中,在对目标保持有意识学习的同时,要不断评价目标的完成情况,必要时改变或调整自己的学习策略。

（5）情感策略：是指减少不利情感的干扰，保持良好的学习准备状态。其中包括确立和保持较高的学习动机，集中注意力，克服学习焦虑，有效地安排和使用时间。

2. 学会学习

（1）通过增强信息的获取能力来提升学习能力：增强信息的获取能力主要表现在增强阅读能力和信息搜集能力两个方面。阅读能力主要包括精读和速读能力。对专业基础知识与核心知识必须精读、细读，而对一些科普、休闲类的书刊、文章更多的需要采用速读、浏览的方式。阅读需要养成做读书笔记的好习惯，无论是做眉批、做摘录，还是写提要、写心得，都能够加深对知识的理解，促使我们思考、感悟，帮助我们把书上的内容转化为自己的想法与见解。

专栏9-4　高效学习——整体性学习

> 整体性学习与机械记忆相对，学习不是机械地重复，整体性学习理论更精确、全面地描述了我们的大脑是如何工作。整体性学习在于创造信息的网络，一个知识与另一个知识相互关联，那些相互关联的知识网络使你真正做到对知识的完全理解，从而轻松地驾驭知识。
>
> 整体性学习意味着知识的学习并不是孤立的。事实上，知识的学习从来就不是孤立的，学习任何知识（概念、定义、公式、问题、观念、理论等）都需要联系。你创造的联系越多，它们就会记得越牢、理解得越好。
>
> 机械记忆认为学习就像整理一个个大小不一的盒子。一个数学大盒子里装有代数、几何以及微积分这样的小盒子。微积分小盒子里又有更小的函数盒子和一些公式的应用盒子等。在你的微积分盒子里不可能找到生物、历史、绘画、舞蹈和科幻电影的踪迹。但是学习并不是整理盒子，学习就像编织一张大网。整体性学习者不会采取这样有组织的方法（整理盒子）储存信息（这可能会解释很多聪明的人组织能力却很差的现象）。整体性学习者可以将所有东西关联起来，公式并不仅仅是公式，它是一种感觉、一幅图像，你可以将它与天上飞行的超音速飞机联系在一起。
>
> 如果你学习时没有更好的方法可供选择，那么机械记忆看起来也有些作用。如果不知道学习的步骤和缺少完成这些步骤的学习技术，那只有简单地把信息塞进脑袋里了。这就像一个原始人用石头而不是步枪来猎杀猛犸象，不是他愚蠢到不用步枪，而是他没有步枪。不过今天的你不是原始人，有枪而不用，偏偏只会用机械记忆学习，成绩怎么会好？学习怎能不累？当你理解了学习的步骤和技术时，就会明白机械记忆是多么原始和低效了。当然，万不得已时，有一种方法总比什么也没有强！如何储存信息的整体性学习是关于有效学习的假说。之所以说它是假说，是因为目前整体性学习还缺少科学证据，更多的是实践总结。科学要发现学习的大脑生物机制还有漫长的路要走，整体性学习是通过观察聪明的人是如何学习

而得到的总结。电子是否真的像台球或小提琴琴弦一样在质子堆周围跳跃并不重要,这只是人们方便理解的一种比喻。同样,整体性学习也只是一种用来解释信息是如何被储存的理论,而不是描述脑袋里实际发生的生物学过程。整体性学习基于3种主要观点:

(1) 结构;

(2) 模型;

(3) 高速公路。

正如我将会解释的一样,明白这3种基本观点使应用整体性学习策略更加容易。整体性学习的基础就是将知识关联起来以达到记忆和应用知识的目的,开始学习的最佳技术是比喻、内在化、基于流程的记事和画图表法,这些方法构成了整体性学习的基础。

要了解整体性学的顺序,首先得思考信息是怎么得来的?任何学习都可以分成几个独立的步骤。如果只是为了通过一次考试,你并不需要完成所有步骤,也不需要理解得非常深入。完成步骤的顺序也不必固定不变,你完全可以完成第二步后再跳回第一步继续学习。每一个步骤对学习都很重要。如果你总是缺少某一步骤,或者某个步骤完成得不好。信息就不会储存得很好,这种学习就是失败的,因为信息不能整合到你的整体性认识中去。

为了看一看每一步是如何纳入到整体性学习理论中的,我们可以采取一些学习策略,通过这些策略,你可以弥补自己现有技术的不足。当然,你也可以自己发展出一些新的方法来替代不合适的环节。整体性学习的顺序:① 获取。② 理解。③ 拓展。④ 纠错。⑤ 应用。还有一个测验步骤是伴随上述每一步的。测验就是观察以上5个步骤做得好不好,严格的测验能发现问题出在哪里。以下是对这6个步骤的简单介绍。

1. **获取**　获取就是信息进入你的眼睛和耳朵,阅读、课堂上记笔记以及个人的种种经历都是获取。获取阶段的目标是获取的信息要准确,信息量要尽量压缩。

2. **理解**　理解就是了解信息的基本意思,并放在上下文中联系,这是学习的最基本联系。

3. **拓展**　拓展阶段是整体性学习中最花力气的地方,这一步将形成模型、高速公路和广泛的联系,从而获得良好的结构。

4. **纠错**　纠错阶段是在模型和高速公路中寻找错误,这个阶段要删除那些无效的联系。

5. **应用**　应用把纠错带入最后的水平,通过比较(知识)信息是如何在现实中运行的来进行调整,如果理解不符合现实世界,那么再多信息也无用。在这一步中典型的失败例子就是书呆子,即那些读书读得很好但是出了学校大门却茫然不知所措的家伙。

6. **测试**　上述阶段的每一步都需要测试,测试有助于你迅速找到学习中的问

> 题所在,帮助你改进学习技术,克服缺点。快速阅读用于获取信息,笔记流和比喻法有助于拓展,而模型纠错法和项目学习法用于对观点的纠错和实际应用。
>
> 资料来源:斯科特·扬.如何高效学习[M].程冕,译.北京:轻工业出版社,2014.

信息搜集能力的增强主要可以通过学习利用好网络、图书馆、老师、同学、媒体、资讯等工具来实现。准确有效地搜集到可以利用的信息,为学习服务,为我所用。因此,学习一些简便易行的检索方法,是能快速、准确地搜集到需要的信息所必需的。

（2）通过增强加工、应用、创造信息的能力以提高学习能力:增强加工、应用与创造信息的能力主要通过提高记忆能力、思维能力、表达能力和创造能力4个方面来实现。记忆能力的提高需要集中注意力、正确掌握记忆和遗忘的规律以及有效的记忆方法。德国心理学家艾宾浩斯通过实验发现了遗忘曲线(遗忘规律)。他指出,遗忘的进程是不均衡的,在识记后最初的一段时间内,遗忘得比较快,而后变慢。学习过的材料过了1小时之后,记住的仅仅剩下40%左右;再过1天,会忘掉2/3;6天后只剩下不到25%了,这就是遗忘曲线。我们需要根据遗忘规律,进行学习活动。常见的如理解记忆、有意记忆(集中注意力,设法记住需要识记的材料)、归类记忆、联想记忆以及组织记忆都是非常有效的记忆方法。合理、有效地运用这些方法可以较好地提高我们的记忆能力。

（3）增强自我意识,促进自我调控能力的提高:提高学习能力离不开提高学习的调控能力。学习调控能力是自我调控能力的一部分。因此,要培养良好的学习能力,就必须要培养良好的自我调控能力,促使大学生能够较好地调控学习进程,排除外在环境对正常学习活动的干扰。

(三) 大学生健康的学习行为养成

大学生健康的学习行为,即指大学生可以根据生理、心理以及学习的规律,科学用脑,张弛有度,保持明确、具体、可行的学习目标,保持适度的学习压力,采取科学有效的学习策略,循序渐进地进行学习活动。

三、构建合理的知识结构,做综合素质过硬的大学生

知识结构,即学生头脑中的知识体系,是学生知识的全部内容和组织构成。构建合理的知识框架,形成良好的结构是大学生良好学习能力的表现,也是大学生健康学习心理的表现。如今,信息化的时代对大学生建构合理的知识结构提出了新的要求:

第一,大学生的知识结构要"博"和"精"相结合。达到专业以外的知识涉猎范围广博,专业知识以及与专业相关的知识深入精通的状态,并且"精通"与"广博"相互结合,相互促进。

第二,大学生的知识结构需要与自身特点相结合,需要利用自身的特长与兴趣建构合理的知识范围与框架。

第三,大学生的知识结构还需要不断调整、更新与优化。

当代大学生需要结合自身特点,发挥自身特长,建立起以扎实的专业或特长为圆心,以基础知识、综合素质为外围的合理知识结构,并且能够根据时代和实际,不断更新、调整和优化,使自己成为综合素质过硬、全面发展的合格大学生。

 思考题

1. 如何培养良好的学习能力?
2. 你在学习中运用了哪些学习策略?
3. 大学生健康的学习心理要如何培养?

（张婷　何苗苗）

第十章
人际交往与心理健康

案例 10-1　我怎么变成了孤家寡人

小芹是某大学的一名大一新生。由于父母务农，家庭条件有限，她自小就被教导要好好学习，不要把心思用在无关紧要的事情上。所以她一直埋头苦读，终于如愿以偿地收到了心仪大学的录取通知书。然而进入大学短短几个月，小芹就陷入了深深的苦恼之中。原来她发现身边的同学都很优秀，他们成绩优异、能力出众、多才多艺，相比之下自己表达能力不强、英语口语水平差、知识面窄，没有一技之长，与他们交往时总觉得很没有底气。同宿舍的另外三个人都来自城市，她们的兴趣爱好也惊人的相似：喜欢动漫，都是cosplay爱好者。但对小芹来说，她只在小时候看过动画片，当室友装扮成各种卡通角色进行表演时，她欣赏不来。而她们经常购买的手办（即一种收藏性质的人物模型），更是贵得让她难以理解。在一起沟通交流时很难找到共同话题，小芹觉得和她们之间有一道无形的屏障，无论她怎么努力尝试，始终无法融入她们组成的"联盟"。出于无奈她选择了眼不见心不烦的策略，在图书馆和自习室打发自己的课余时间，或者宁愿在校园里游荡。一个人走在校园里，她感到特别的孤独和失落，低落的情绪甚至影响到了她的学习状态。明明期望在大学里认识更多的朋友，拥有自己的交往圈子，为什么最后反而变成了孤家寡人？

思考题

1. 你认为小芹苦恼的原因是什么？
2. 看完这个故事你有什么感受和启发？
3. 进入大学后的你遇到过类似的困扰吗？

良好的人际关系可以使大学生更好地适应大学生活，反之糟糕的人际关系却会给自己的学习、生活、情绪等各个方面带来一系列不良影响。故事中的小芹就是因为没有建立良好的人际关系而陷入苦恼的,可见学习怎样提高人际交往能力是大学生成长中的一门必修课。本章将帮助同学们了解人际交往方面的相关基本理论和知识,把握人际交往的基本原则和技巧,提高人际交往能力。

第一节 人际交往概述

一、什么是人际交往

人际交往指人们在生活实践中通过互相交往与相互作用形成的人与人之间的直接心理联系,也就是人们运用语言或非语言符号交换意见、交流思想、表达情感和需要的过程。

社会渗透理论认为人际交往主要有两个维度:一是交往的广度,即交往或交换的范围;二是交往的深度,即交往的亲密水平。关系发展的过程是由较窄范围内的表层交往向较广范围的密切交往发展。人们根据对交换成本和回报的计算来决定是否增加对关系的投入。而良好的人际关系的发展,一般需经过4个阶段:

1. 定向阶段 在人际交往中,有选择地挑选交往对象。进入一个交往场合时,人们往往会选择性地注意某些人,而对另外一些人视而不见,或者只是礼貌性地打个招呼。对于注意到的对象,人们会进行初步的沟通,谈谈无关紧要的话题,这些活动就是定向阶段的任务。在这个阶段,人们只进行表层的自我表露,例如谈谈自己的学习,对班级最近发生的事件发表看法等等。

2. 情感探索阶段 如果在定向阶段双方有好感,产生了继续交往的兴趣,那么就有可能进一步的自我表露,例如,大学生活的体验、感受等,并开始探索在哪些方面双方可以进行更深的交往。这时,双方有一定程度的情感卷入,但是还不会涉及私密性的领域。双方的交往还会受到角色规范、社会礼仪等方面的制约,还比较正式。

3. 情感交流阶段 如果在情感探索阶段双方能够谈得来,建立了基本的信任感,就可能发展到情感交流的阶段,彼此有比较深的情感卷入,谈论一些相对私人的问题,例如,相互诉说学习、生活中的烦恼,讨论家庭中的情况等。这时,双方的关系已经超越了正式规范的限制,比较放松,比较自由自在,如果有不同意见也能够坦率相告,不受拘束。

4. 稳定交往阶段 情感交流如果能够在一段时间内顺利进行,人们就有可能进入更加密切的阶段,双方成为亲密朋友,可以分享各自的生活空间、情感、财物等,自我表露更深更广,相互关心也更多。一般来说,能够达到这种境界的关系相当少,这也就是人们常说的"人生难得一知己,千古知音最难觅"。

专栏 10-1　人际交往的必要性

> 美国心理学家沙赫特做过这样一个实验，他以每小时15美元的酬金雇人到一个小房间去。这个小房间与外界完全隔绝，里面没有报纸、电话和信件，不可以携带任何个人物品，也不让其他人进去。最后有5个人应征参加实验。其中一人在小房间只待了两个小时就出来了，3个人待了2天，只有一个人待了8天。这个待了8天的人出来后说："如果让我再在里面待一分钟，我就要发疯了。"实验证明，没有一个人愿意同其他人隔绝，良好的人际交往是人们心理需要的重要标志。

二、人际交往的影响因素

心理学家认为迈向成功人际关系的第一步永远是人际吸引，即人与人之间的相互接纳和喜欢。那么什么因素会影响你喜欢别人或被别人喜欢呢？心理学家通过广泛研究后认为，人际吸引的条件主要是临近和熟悉、相似与互补、受欢迎的个人特征等。

（一）临近和熟悉

俗话说，远亲不如近邻。这说明了时空上的远近对人际关系建立的影响。空间上的距离越接近，彼此接近的机会就越多，就越能增进相互之间的了解，彼此变得更加熟悉。熟悉不是引起喜欢的唯一变量，但熟悉可以增加人们对积极和中性对象的喜欢程度。大学生进入大学后，最初的人际关系都是从室友开始的。相比之下，由于被安排在一个屋檐下，彼此的熟悉程度显然高于非本宿舍成员，大学生最好的朋友往往都在同一宿舍。因为临近常常能导致熟识，而熟识又引起喜欢，所以与他人频繁地接触不仅能使交往更加方便，而且会使你觉得对方看起来更加有吸引力。

专栏 10-2　熟悉真的能带来喜欢吗？

> 心理学家莫兰德做了一个有趣的实验研究来说明重复地接触他人，通常能增加我们对他们的喜欢程度。实验中，在大学学期开始时，研究者就让女大学生在某些课堂分别出现15次、10次或5次。这些女生从来不和教室里的其他学生交谈，只是坐在那里，她们出现的次数有多有少。然后，在学期末，让该课堂上真正的学生看这些女生的照片，并询问他们的反应。结果非常清楚：越熟悉的女生（即出现次数越多的女生），对学生越有吸引力，比那些从未看到过的女生更让他们喜欢。

（二）相似与互补

交往双方若在态度、信仰、价值观与兴趣、语言、种族、国籍、出生地、文化、宗教背景、教育水平、年龄、职业、社会阶层乃至生活的遭遇等方面彼此相似，则容易相互吸引，两者越相似，则越能相互吸引产生亲密感。其中态度是十分主要的因素，比如在对社会现象的看法等方面比较一致的人，在交往中更易有共同话题，情感上也更为融洽。俗语所说的"志同道合，情投意合"正是这个意思。

为什么相似的人容易互相吸引,可能有 3 方面的原因:

(1) 人们愿意与自己相似的人交往,相似使人们更加相互理解,有共同语言。如大学新生中的老乡之间的亲近感,相同家庭背景学生多一些共同语言等。

(2) 相似的人可以为人们的信仰和态度提供支持,使他们感到自己不是孤立的而是有社会支持的。相似者为他们提供了社会证实的作用。在大学,共同的兴趣爱好往往成为学生交往的重要因素,而志同道合更容易成为知己。相反,对于那些在重要问题上与他们意见不合的人,他们可能会对其作出负面的推断。

(3) 人们一般认为与自己相似的人会喜欢自己。因为人们倾向于喜欢与自己相似的人,因此想当然地认为人同此心、心同此理,觉得他们也会喜欢自己,这样就形成了良性循环。

与相似相联系的是互补。当交往双方的需要和满足途径正好成为互补关系时,双方之间的喜欢程度也会增加。例如一些外向性格的大学生与内向性格的同学相互欣赏,相处的很好;依赖性强的大学生更愿意与独立能力强的同学交朋友等。从表面上看,相似与互补是矛盾的,但实际上,两者是协同的。建立在态度与价值观一致性上的相似与互补有着重要意义。

(三) 个人特征

1. **才能** 人们对有能力的人的态度十分微妙。通常人们会认为在同等条件下,一个人能力越高、越完善,就越能受到大家的欢迎。然而研究结果表明,实际上在一个群体中最有能力、最能出好主意的人往往并不是最受喜爱的人。因为,一方面每个人都希望自己周围的人有才能,有一个令人愉快的人际关系圈;但另一方面如果某个人的才能使人可望而不可即,则会令他人产生心理压力。显然,才能与被人喜欢的程度在一定范围内成正比,超出这个范围,可能会产生逃避或拒绝。

2. **外貌** 大量的研究表明,人们似乎有一种"美即是好"的简单刻板印象,外貌能引发明显的"辐射效应",即人们对外貌具有吸引力的人的判断具有明显的倾向性。大学生组织的集体活动中,那些最先受到关注的学生总是在同等条件下具有外貌吸引力的人。人们对美貌者的其他方面也乐于给予积极评价,认为他们更有趣、更会社会交往,在生活和爱情方面也更能取得成功。由此可见,外貌因素虽然只是一种外在因素,但在人际交往中起着不可小视的作用,个人的外貌包括长相、仪态、风度、穿着等,这些都会影响人们彼此间的吸引,尤其在初次见面时。仪表之所以能成为影响人际吸引的一个重要因素,是因为爱美是人的一种普遍需要,美丽的外貌能使人们产生愉悦的情绪,构成一种精神酬赏,从而容易对交往的对象产生好感。但是研究也表明,随着交往时间的增长,双方了解的程度加深,外貌因素的作用也会越来越小,人际交往的吸引也会从外在的外貌逐渐进入人们内在的品质。

3. **个性品质** 有的大学生外貌不一定出众,但给人的感觉很愉快,颇有亲和力,不妨称这样的大学生具有更大的人格魅力或个性吸引性。乐群、幽默、尊重关心他人、理解他人、乐于助人、富有同情心、热心集体活动、工作认真负责、稳重耐心、宽容真诚、热情开朗是吸引性的个性特征。相反,有的大学生则以自我为中心、自私狭隘、不肯为他人的利益和处境着想、嫉妒心强、对集体工作缺乏责任感、对人冷淡、虚伪固执、爱吹毛求疵、苛求他人、不尊重他人、支配欲过强或过分自卑、缺乏自信心、过于服从或取悦他人、依赖性太强则不受欢迎。一般来说,大学生个性中具有吸引性的特质越多,其人际关系越好。

三、大学生人际交往的特点

对于新入学的大学生来说,大学校园是一个全新的生活环境。远离了父母,远离了昔日的师长同学,来到一个完全陌生的生活环境,这使他们既怀念昔日的亲情、友情,又渴望新的友谊。这种特殊的生活环境增加了大学生对人际交往的需求。同时随着身心的发育成熟,大学生的自我意识得到了迅速发展。大学生发现了自己的内心世界,对自己以及周围关系有了新的认识。因此大学生的人际交往具有与其他社会交往不同的特点。

1. 迫切性　大学生随着知识的增长、心理的逐步成熟,成人感也日益增强,加之进入了一个全新的人际环境,因而他们迫切希望别人了解自己,渴望得到他人的尊重和承认,也急于了解他人和社会。因此,大学生对于人际关系的建立抱有积极、美好的愿望。

2. 平等性　随着自我意识的发展,大学生独立性和自尊的要求日益增强,于是产生了强烈的成人感,交往的平等性要求越来越高。他们对他人平等相待,也希望他人对自己也一视同仁。大学生的个人阅历、社会经验、认知能力、思想观念都大致相同,因而就不会像上下级、父母子女之间那样形成服从和依赖的关系,而是比较容易产生平等的心理和意识,追求一种平等条件下的交往。

3. 开放性　大学生人际交往的特点从交往心理看,大学生交往呈多元与开放的特点。大学生渴望友谊,渴望结交更多的朋友,交流更多的信息,接受更多的新思想。在这种心理的作用下,大学生的人际交往呈现出前所未有的开放式交往趋势。

4. 理想性　由于心理尚未完全成熟,社会阅历有限,也由于家庭、社会及客观环境对人的限制,大学生不可能全面地接触社会,全面地了解现实的"人",很容易产生理想化的思维定式。大学生人际交往的动机相对单纯,情感的因素一般占绝大多数,对人际交往抱有较高的期望值,并将其理想化。

5. 不成熟性　大学生由于心理发育尚未成熟,自我意识的增长与认知能力的发展不太协调,情绪容易处于一种不稳定的状态。他们在选择交往对象以及维护人际关系上也就表现出明显的不稳定性和易变性。这与大学生人际交往的理想性有关,也体现出人际交往的不成熟性。

四、大学生人际交往的类型

大学生主要的人际关系有师生关系、同学关系、亲属关系、社会关系及朋友关系。

1. 与老师的交往　相对于中学阶段比较密切、严肃的师生关系，大学里师生之间的交往相对松散、活泼。大学生接触最多的是自己的辅导员、班主任。他们与学生的关系平等，会像朋友一样与学生交流思想、促膝谈心，并参与班级组织的各项文体活动。一般情况下，大学生与任课教师的接触机会相对较少，只是单纯的教学关系。但是大学生的自主意识增强，更愿意与学术水平高、教学态度好的老师接触，由衷地敬佩甚至崇拜这些老师。

然而随着社会的进一步变迁，高校和谐的师生关系也面临着新挑战，多元文化交织导致的师生价值观错位，功利主义的盛行，师生感情的日益淡漠等冲突逐渐凸显。因此，作为当代大学生应当树立正确的价值观，淡化功利取向，回归学生角色，积极主动地建立纯洁、理性的师生感情。

2. 与同学的交往　大学班集体由有着不同方言和生活习惯的大学生组成，同学间的交往情况发生了重要的变化。一方面，大学生年龄相仿、经历相似、兴趣爱好相近，又共同生活在一个集体中，学习相同的专业，沟通与交往容易；另一方面，大学生来自不同地域，有不同的家庭背景，有生活习惯、个性气质的差异，再加上大学生活动空间距离小、交往密度高、自我空间相对狭小，而对人际交往的期望又较高，一旦得不到满足，很容易采取消极退避的态度。大学同学间关系主要有：班级内的同学关系、宿舍关系、学生组织中的人际关系。班级同学交往以学习与班级活动为主，宿舍同学关系以情感交往与生活交往为主。室友关系——在学校这个特定的场所里，寝室室友之间的关系处理恐怕是最基本的人际交往了，它是这么的普通，每天都会遇到，并且它也是大学生活中不可缺少的一部分，如果处理得好，也许就会有几个知己；相反，如果处理得不好，那么，你将度日如年。学生组织中的人际关系则以兴趣与工作交往为主。

专栏 10-3　如何应对宿舍人际冲突

宿舍人际关系良好的寝室，冲突情境少，成员之间的关系较为融洽；而宿舍人际关系差的寝室，成员关系疏远、冷淡，矛盾冲突较多，使得宿舍关系成为一种压力源，致使宿舍成员常处于压抑、应激的状态。在宿舍冲突情境中，极端消极的应对方式甚至会酿成悲剧，例如云南大学的马某某杀人案、复旦大学的林某某给室友投毒事件等。作为大学生高度密切接触的人际关系——宿舍关系，在大学生心理健康中的作用值得引起高度重视。

然而研究认为，尽管人际冲突比较常见，但是冲突本身并不具有价值判断意义，不同的冲突应对策略才会导致截然不同的结果。大学生常用的冲突应对方式有合作、竞争、回避、顺从（或谦让）。相对而言，合作是积极的应对方式，竞争和回避则是消极的应对方式,而顺从的性质相对比较模糊。如果大学生采取积极的应对方式,就可以有效地缓解应激强度,降低大学生心理问题的发生率;而如果采取消极的应对方式,则个体出现抑郁、焦虑的可能性就会较高。

资料来源:赵冬梅,王婷,吴坤英,等.大学生宿舍人际关系与抑郁的关系:宿舍冲突应对方式的中介作用和性别的调节作用[J].心理发展与教育,2019,35(5):597-604.

3. **与父母的交往** 大多数的大学生觉得自己长大了,会有意识地、积极地调整心态以适应新的环境。他们能体谅父母对自己的思念之情,因此,他们会通过书信或电话及时地、主动地向父母汇报自己的学习、生活等情况,和父母加强思想感情的交流。有的同学因家境困难,很体谅父母的辛苦,进入大学就开始勤工俭学,经济上逐步独立,不仅减轻家里的负担,甚至有时还给家里一定帮助,让父母欣慰地感觉到,孩子真的长大了、懂事了。有些平时对父母依赖性很强的学生会非常想家,想父母时电话天天打,而且抽空或逃课回家,甚至有的要退学回家。这些大学生像长不大的孩子,他们的情绪常常会影响父母,只能让父母牵肠挂肚,放心不下。比如有的高校就出现过,家长申请到校陪读或者在校外给孩子租房子、雇保姆的事例。也有少数学生则完全相反,他们自认为是象牙塔里的天之骄子,随着知识的增加,和父母越来越没有共同语言,不再经常与父母联系,更不用说进行感情交流、沟通,只有缺钱了才想起父母。大学生究竟应该如何与自己父母沟通和联系,值得每一位同学认真思索。

4. **社会交往** 大学阶段,对大学生的人际沟通能力提出了更高的要求。就业压力日益增大的大学生,要想在激烈的竞争中脱颖而出,找到理想的工作,较强的社会交往能力是必不可少的。扩大社会交往的方式多种多样,如加入学生社团、参加社会公益活动、勤工助学等积极健康的社会实践活动,是扩大社会交往面的一个必不可少的途径。通过各种社会实践活动,大学生既可以增加对社会的了解,也可以扩大社会交往的范围,还能够提高自己独立谋生的本领。需要注意的是,大学生在培养自己社会交往能力的同时,还要有自我保护意识,谨慎交往,以免上当受骗。

5. **网络交往** 网络拓展了人类交往的空间,网络交往已经成为一种重要的新型人际交往方式。人们通过 E-mail(电子邮件)、微信、QQ 和微博等手段在网络虚拟社区中聊天、交友、游戏等。大学生在通过网络结交益友、获取信息、开拓思路的同时,也要掌握必要的网络伦理知识,培养自己的道德自律意识。

专栏 10-4 过度沉迷网络交往的不良影响

网络虚拟的情境和自由的交流内容、形式,使得人们无需掩饰自己。人们可以带上面具享受更多的自由,但却不知对方的真实特征,这种交往常常是短期的、随机的。当大学生沉迷于网络交往时,现实中认识新朋友的机会就大大减少,同时也减少了与现实中朋友的联系。一方面,他们是网络上交往的高手,喜欢在网上用多种既浪漫又幽默的方式与种种陌生人打交道;另一方面,他们在现实生活中却变得沉默寡言,不善言谈,甚至懒得与活生生的人进行感情交流。长期如此,他们对现实中的人际交往会感到不适应,导致生活孤独和对生活中同伴关系的不满,深深地陷入仅仅与机器打交道的孤独和抑郁中,缺少青年人应有的朝气和活力,对生活失去广泛兴趣,不愿主动与人交往,感觉迟钝、容易疲劳、自我封闭。心理学家马斯洛认为,人的基本需要得到满足以后就需要寻求爱和归属、尊重的满足,而这些需要的满足,只能在与他人的社会交往中实现。如果大学生只迷恋网络交往,放弃了现实的人际交往,以屏幕为界面来回避直接面对面的交流,就使得他们在很大程度上失去了与他人、与社会接触的机会,必然导致人际关系的淡化、冷漠。当大学生长期与网络社交打交道后,就容易失去对周围现实环境的感受力和积极参与的意识,可能造成孤僻、冷漠、紧张、缺乏责任感等。

五、大学生人际交往的重要性

大学时期是走向成人的关键时期,大学期间也是面临各种各样复杂人际关系的时期,大学生在这一段时期的交往经验将会对今后的成长产生重要影响。人际交往对大学生发展具有以下重要的作用和意义:

1. 有助于提高自我认知和自我完善　人的自我认知和完善的过程是在一定的文化环境中,通过个人与他人相互作用、相互认知从而认识自我、完善自我的过程。只有在与他人交往的过程中,通过他人对自己的评价和态度等与自己的认知相对比,才能真正、全面、客观地认知和完善自我。只有这样才能避免"自大""自卑"等负面极端心理。

2. 有助于增强信息交流和获取的意识和能力　人际交往本身就是一个信息传递、交流的过程。与不同的人或群体交往,是大学生增强自我表达交流能力、获得大量书本以外新知识的一个有效途径。

3. 有助于协调人际关系,便于以后走向社会　在人际交往中,每个人都或多或少存在着价值观以及行为习惯等方面的差异,由此可能引发一些矛盾和冲突。正确处理好这些不良影响,建立融洽和谐的人际关系就是一个不断协调的过程。这方面能力的锻炼、提高将成为以后迈向社会更复杂人际交往的一个演练和准备。

4. 有助于心理保健和身心健康　在与他人交往中,可以满足情感方面的需要。比如获得他人的尊敬、信任、支持,可以与朋友分享喜乐、分担忧愁。如果缺乏正常的人际交往,将产生负面情绪,并且如果没有合理的疏导和宣泄渠道,最终将导致严重的心理问题,影响身心健康。

在心理健康教育实践中,心理健康专家也注意到,绝大多数大学生的心理危机与缺乏正常人际交往和良好人际关系是相联系的。和谐的人际关系既是大学生心理健康不可缺少的条件,也是大学生获得心理健康的重要途径。

思考题
1. 谈谈你对人际交往的理解？本节内容对你有什么启发？
2. 看看自己现在的人际交往状况如何？有没有需要完善的地方呢？

第二节　大学生人际交往常见问题

处于青春期的大学生，思想活跃、精力充沛、兴趣广泛，对人际交往的需求极为强烈。他们力图通过人际交往去认识世界，获得友谊，满足自己物质上和精神上的各种需要。但在交往过程中，有的交往顺利，使人心情舒畅、身心健康；有的交往受挫，令人心情郁闷、身心受损，产生各种不良后果，这在大学生中极为常见。

案例10-2　总有小人要害我

> 小张从北方来到南方的一所省城大学读书。临行前在一家企业做人事主管的父亲反复告诫儿子，在大学里要和室友和谐相处，生活才会愉快，大学四年心里才有归属感。进校后，小张时刻谨记父亲的话，但是由于与一位同学在对很多事情的看法上相差甚远，经常斗嘴，导致彼此不服气，互相看不起，矛盾时有发生。而那位同学用小张的话说比自己更会处理人际关系，到最后同寝室同学都站到了自己的对立面。小张的寝室关系开始变得紧张起来，其他人都不理解甚至奚落他，自己对他们也充满怨恨和不信任，进而变得猜疑和敏感。只要有两位同学嘀咕几句，他就认为他们在说自己的坏话，心里十分苦闷。而那位和小张斗嘴的同学却好像整天都过得很开心。
>
> 在期末考试时，小张发现自己的笔记本不见了，他没有积极寻找，而是怀疑同寝室的那位同学拿走了，理由是他们之间一直不和，觉得对方一定是在报复自己，目的是让自己补考，于是破口大骂。这不但影响了小张自己的形象，而且使本就紧张的同学关系陷入僵局。对于这一切，小张在感到无能为力的同时又很伤心，一度产生了退学的念头。

思考题
你遇到过类似小张同学的情况吗？你是如何处理的？

一、多疑心理

案例中大学生小张明显存在多疑心理，类似现象在大学生中并不少见。如有的同学受了老师批评，认为是自己的同学背后告状；看到同学背着自己说话，便疑心是在讲自己的坏话；看到某同学没与自己打招呼，便猜疑该同学对自己有意见或不喜欢自己等等。多疑是指一种由主观推测而产生的、不信任的复杂情感体验,是一种消极有害的心理。有多疑心理的人,表现为心胸狭窄,过分计较个人得失,对他人怀有敌意,在交往中对别人不信任,喜欢主观猜测、怀疑别人、在自己遭受失败时认为是别人在捣鬼,于是心存戒备、处处设防,不能以诚相待,甚至是捕风捉影。这种主观随意的"猜疑",会在人和人之间产生距离,它是人际交往中的人为障碍,不利于良好人际关系的形成。

克服猜疑,建议从以下几个方面入手:

1. **学会信任别人** 大学生交往要以相互信任为前提,人活在世上需要信任,犹如需要空气和水。在猜疑心理的阴影笼罩下,猜疑者觉得被猜疑者的一言一行都带有可疑色彩。但人们如果不信任别人,对人便无法诚恳。人们如果戴了假面具不能对人坦白,会有多么拘束难受!一天到晚都提防别人,会害得自己脑筋瘫痪。要想受人爱戴,就得先信任别人。正如心理分析专家佛罗姆所说"不常信任别人的人,也就不常爱人"。

2. **改变封闭性的思维方式** 在猜疑心理的作用下,人会陷入作茧自缚、自圆其说的封闭思路中,即以某一假想目标为出发点,最后又回到假想目标上,把假想作为根据,又据此得出结论。因此要学会全面、辩证地分析问题,遇到问题要保持冷静,以客观事实代替主观猜测,千万不能冲动地处理问题,要辩证地看问题,注意全面分析和了解一个人,不要因为曾经的某些事或某种现象轻率结论。

3. **加强沟通** 多疑常建立在猜忌的基础上,往往缺乏事实依据,或由于误会或他人搬弄口舌引起,因此,开诚布公的交流有助于消除疑惑、误会,增进友情和信任感。加强同学之间的沟通,只要用心沟通,没有解决不了的问题。

4. **开阔心胸,不要过分计较** 猜疑者给人的感觉是过分注意自己的得失,心胸狭碍、气度狭小,常无端地怀疑别人在威胁自己的名誉、损坏自己的形象,把别人的一举一动都与自己联系起来,并看成是自己的阻碍。在这种心理状态下,猜疑者自身也常常感受到巨大的心理压力,很难与别人进行正常的人际交往,既影响个人潜能的发挥,又影响朋友关系的建立和发展。因此当你不再为区区小事过分计较时,也许就会发现烦恼少了很多。"海纳百川,有容乃大",用宽容开放的心态与人交往,才能取得良好的结果。

案例10-3 她为什么这样对待我

小萱与小周是某医学院大三的学生,同在一个宿舍生活。入学不久,两个人便成了形影不离的好朋友。小萱活泼开朗,受人欢迎,小周沉默寡言,不善交际。渐渐地,小周的心里变得很不是滋味,觉得自己像一只丑小鸭,而小萱却像一位美丽的公主,处处都比自己强,把风头占尽。大学三年级时的一天,小周去学院办公室勤工助学,辅导员便让小周顺便把小萱外出交流学习的审核表带回去。小周看着表格,心中十分不忿,回想起自己和小萱同时参加选拔,自己不幸落选,小萱却成功获得去外地交流学习一年的机会,不禁妒火中烧,趁小萱不在宿舍之机将审核表撕成碎片,扔在垃圾桶里,并且没有告诉小萱这件事,导致小萱未能按时提交相关材料,错过了宝贵的学习机会。后来小萱发现了这件事,非常生气和诧异,想不通为什么她要遭受这样的对待,也不知道今后该如何对待小周?

思考题

你遇到过类似小萱同学的情况吗?你是如何处理的?

二、嫉妒心理

小萱与小周从形影不离到反目成仇的变化令人十分惋惜。引起这场变故的根源,显然是嫉妒。嫉妒心理是对与自己有联系的而强过自己的人的一种不服、不悦、失落、仇视,甚至带有某种破坏性的危险情感,是通过把自己与他人进行对比而产生的一种消极心态,是一种损人损己的病态心理,会严重影响自己的身心健康。嫉妒的特点是:针对性——与自己有联系的人;对等性——往往是和自己职业、层次、年龄相似而超过自己的人;潜隐性——大多数人嫉妒心理潜伏较深,行为体现时较为隐秘。那么如何克服嫉妒心理呢?

1. **认清嫉妒的危害** 嫉妒的危害一方面打击了别人,另一方面也伤害了自己、贻误自己。遭到别人嫉妒的人自然是痛苦的,而嫉妒别人的人既影响了自己的身心健康,又由于整日沉溺于对别人的嫉妒之中,没有充沛的精力去思考如何提高自己,这恰恰又继续耽误了自己的前途,一举多害。认清这些是走出嫉妒误区的第一步。

2. **克服自私心理** 嫉妒是个人心理结构中"我"的位置过于膨胀的具体表现,总怕别人比自己强,对自己不利。因此,要根除嫉妒心理,首先要根除这种心态的"营养基"——自私,只有驱除私心杂念,拓宽自己的心胸,才能正确地看待别人,悦纳自己,即时常说的"心底无私天地宽"。

3. **正确认知嫉妒者** 总认为别人的成功是对自己的威胁,是对自己利益的侵占。实际上,别人的成功完全在于自身的努力,因此,既要学会客观公正地评价别人,也要客观公正地评价自己。别人取得了成绩并不等于自己的失败。"人贵有自知之明",强烈的进取心是人们成功的巨大动力,但冠军只有一个,"尺有所短,寸有所长",一个人不可能事事都走在人前,争强好胜不一定就能超越别人。一个人只有客观地认识自己的优势和劣势,现实地衡量自己的才能,为自己找到一个恰当的位置,才可能避免嫉妒心理的产生。

4. **将心比心,换位思考** 将心比心是老百姓常说的一句俗语,在心理学上叫"感情移入"。当嫉妒之火燃烧时,不妨设身处地为对方着想,如果你是他,会怎么想,又会怎么做?这样可以让你体验对方的情感,有利于理解别人,同时也有利于抑制不良的心理状态的蔓延,这是避免嫉妒心理行为的有效办法之一。

5. **努力提升自己** 嫉妒的起因就是看不惯别人比自己强,如果能够把这种不服气的心理引导到积极的方面,集中精力,不断地学习、探索,使自己的知识、技能、身心素质不断得到提高,那么,也可以减少嫉妒的诱因。

案例 10-4 真希望我是个透明人

> 小杨从小就不敢和人交往,家里来了亲戚、朋友,他总是想办法躲起来。进入大学以后稍微好一点,但在集体场合还是不敢讲话,除非大部分人都很熟悉,一般的聚会、集体活动他都不参加。尤其不敢和异性讲话,不敢看别人的眼睛,一讲话就脸红。一个人走在路上就会浑身不自在,担心有人注意到自己:"真希望我是个透明人,大家都看不到我就好了。"

思考题

你遇到过类似小杨同学的情况吗?你是如何处理的?

三、羞怯心理

羞怯心理主要是一种情绪反应,其往往导致大脑神经活动的暂时紊乱,使记忆发生故障,思绪出现差错,表现为语无伦次、词不达意、举止行为失当,对于人际关系的建立和发展是一大障碍。羞怯心理是绝大多数人都会有的一种心理。具有这种心理的人,往往在交际场所或大庭广众之下羞于启齿或害怕见人。由于过分的焦虑和不必要的担心,使得他们在言语上支支吾吾,行动上手足失措。长此以往,不利于同他人正常交往。

羞怯心理是害羞和胆怯的统称。胆怯是想与人交往却又害怕与人交往的一种心理准备状态,害羞是胆怯在交往中的心理表现。胆怯必定害羞,害羞加剧胆怯。几乎所有的人都有过不同程度的羞涩和胆怯,只不过有些人表现得特别严重。

羞怯心理较重的大学生在人际交往中表现为还没开口说话就先脸红、胆怯、拘谨、动作忸怩,说话的音量又低又小,有时还动作颤颤巍巍,很不自然。羞怯心理的产生,一方面是由于青春期生理变化引起的感应性反应,另一方面受自卑心理或者成长环境的影响。大学生正处于生理、心理发育最旺盛的时期,激素分泌较多,外界的刺激会使体内的平衡被打破而变得紧张,表现为冒汗、脸红、心慌等感应性反应。很多具有羞怯心理的大学生常常羞于与他人交往,特别是不敢与陌生人交往,其主要原因是对自己信心不足,害怕出错。此外,一些大学生在童年、少年期的人际交往中曾经受到过他人的训斥、嘲笑或戏弄,其造成的阴影也会留下很深的影响,以后进入类似环境或新环境时就会出现胆怯。羞怯心理会影响大学生的正常交往和心理健康,阻碍其更好地适应社会环境,不利于其发挥自己的聪明才智。那么,如何克服羞怯心理呢?

1. 努力丰富自身的知识 有了丰富的知识储备,娴熟的交往技巧,在交往中自然就会应对自如。知识可以丰富人的底蕴,增加人的风度,提高人的气质,它也是克服羞怯心理的良药。在大学期间,大学生要勤奋学习,努力拓宽知识面,掌握一些社交知识和技巧,通过知识的积累,增强交往的勇气。

2. 多参加社交活动,锻炼交往能力,在实践中掌握克服羞怯心理的有效方法

大学生在校园要努力增加表现自己的机会,多与他人交往,使自己的交往能力得到进步与发展。要为自己多创造一些交往的机会,在各种场合鼓励自己大胆讲话,勇于发言。在与人接触的过程中,要学会如何应对别人的问候或恭维,如何与陌生人进行开场白,要学会让谈话继续或中止的技巧,要锻炼在公共场合讲话的本领,提高语言表达能力和技巧,要多参加文体活动,扩大人际交往的圈子。这样在各种活动中羞怯心理会自然而然地消除了。

3. 克服自卑感、增强自信心　　羞怯是内心不安的一种反映,也是人的自卑感在作怪。自卑感的产生源于对自身盲目的否定,是自我意识的消极因素。羞怯者应认识到,人人都有其优势和长处,也有劣势和短处。停止对自己的消极评价,比如"我是一个笨蛋"以及"我真没用"这样的想法,当这些想法出现时,马上对自己说"不要这样想"。在进行自我评价时,试着把自己其他方面也考虑在内,强调积极的一面,牢记自己比他人优越的地方,确认自己是有才能的,然后便充满自信地去参加各种社交活动,经过一段时间,自卑心理便会逐渐消失。这样做的目的实际上是培养与锻炼自信心。要让别人承认自己,必须先得到自己的承认,不要对别人如何评价自己太敏感、太介意,要学会正确、客观地评价自己。自问一下:我真得不如别人吗? 我真得不能像他人那样交谈、处事吗? 如果不是这样,你就无须为此担心;如果真是这样,也没什么大不了的,只要今后把注意力放在如何改进上即可。

此外,还可以经常有意识地观察和模仿一些泰然自若、善于交际、活泼开朗的人的言谈举止,对照自己的弱点加以克服,并根据自己的气质形成自己的风格。只要我们勇敢一些,坚持用以上的方法来训练自己,就能克服在和人打交道时的羞怯心理。

案例 10－5　我就这样

> 小米从小就养成了良好的生活习惯,作息规律、早睡早起,而室友大多晚睡,他们不愿关灯,打游戏时键盘声响还弄得很大,甚至不用耳机而用音箱,严重影响了小米的休息。小米平时勤洗衣物,经常拖地搞卫生,但懒散惯了的室友不但不感激,还埋怨小米总把寝室搞得湿漉漉的,很不舒服。有一个同学做得特别过分,卫生习惯和生活习惯非常差劲,从不打开水,从不扫地,轮到他打扫卫生,就外出游荡不回宿舍,等到过了零点超出他值日的日子才回来。更让小米受不了的是他还不注意个人卫生,不爱洗澡、洗衣服,打完篮球回来,直接将脏衣服、臭袜子堆在床下,弄得整个寝室臭不可闻,对小米提出的意见他也不当一回事,并说你管不着,我就这样。

思考题

你遇到过类似小米的同学的那种情况吗? 你是如何处理的?

四、以自我为中心

小米的室友的主要问题是其在人际关系交往上以自我为中心来思考和看待问题,他只从自我的角度去思考其行为的合理性,而不从他人的角度去反思其行为的不合理性。人际交往的目的在于满足双方的需要,而以自我为中心者只从自己的经验和角度去认识人和事,不认可别人对同一事物的看法和观点,因而,对人或事的看法带有主观性。这些人在待人接物、为人处世中只关心自己的兴趣和需要,以"我"为圆心,以"我"的利益为半径,以"我"的一切为准则。这样的人是不可能与他人建立起良好的人际关系的。

为了有效地克服以自我为中心的心理,大学生应该把握好以下几点:

1. **平等相处,尊重他人** 克服以自我为中心倾向的关键在于改变自己的认识。人际交往讲究平等互惠的原则,在人际交往中,应该把每个人看成是和自己平等的人,若希望别人对自己好,那么自己也应该有相应的付出;若希望别人尊重你,那么自己也应当尊重别人,不能把别人看成满足自己需求的对象。如果在交往中只为了满足自己,处处维护自己的自尊,最终只会失去朋友,将自己与他人隔绝开来。

2. **接受批评,转变态度** 以自我为中心的致命弱点之一就是不愿接受别人的善意批评,不愿意转变自己的态度。接受批评并不是要完全服从他人,而是能虚心接受别人正确的意见,有则改之,无则加勉。

3. **客观地认识自己和别人** 以自我为中心者之所以固执己见,不关心他人,是因为他们既没有真正认识自己,也没有真正了解别人。人的自我意识主要来自别人的反映,以自我为中心者如果能把别人作为一面镜子来反射自己,从别人的评价中认识自己,又能抛开偏见去认识别人,就会逐步摆脱以自我为中心。

4. **加强自我控制** 充分认识到以自我为中心的不现实性、不合理性及危害性。学会控制自我的欲望与言行,把自我利益的满足置身于合情合理、不损害他人的基础之上。创造与他人交往的条件,强化同学间的交流,在与人的交往中,尊重别人的存在、利益和感受,学会善待他人。

第三节 良好人际交往心理的培养

大学生处在一个关注交往、需要理解、渴望友谊的青年时期。良好的人际关系是在交往中形成和发展起来的。大学生在培养自己的人际交往能力方面,除了以积极的态度和行为对待人际交往之外,要想建立和谐的人际关系,究竟还应该掌握哪些交往的知识呢?

一、遵循人际交往的原则

在人际交往中只有遵循正确的交往原则,才能达到理想的交往状态。

1. **平等的原则**　平等,指交往双方态度上的平等。每个人都拥有自己独立的人格、尊严和法律赋予的权利与义务,人与人之间的关系是平等的。在人际交往中,交往双方都要有一定的付出或投入,程度必须是平等的,平等是建立人际关系的前提。试想一下,如果在交往过程中,一方总是居高临下、盛气凌人、发号施令、颐指气使,那么另一方还会愿意长久地和他交往吗?恐怕很快人人都会敬而远之了。所以日常交往中,大学生绝不能因同学之间在出身、家庭、经历、长相等方面的客观差异就对人"另眼相看"。在坚持平等的交往原则下,更要正确地评价自己,不要只看到自己的优点而盛气凌人,也不要只看到自身的弱点而盲目自卑。

2. **尊重的原则**　人际沟通的首要原则是尊重,每个人都有自己的人格尊严,并有在各种场合中得到别人尊重的需要。尊重能够激发人的信任、坦诚等情感,缩短交往的心理距离。一般而言,大学生的自尊心都比较强,因此,大学生在人际交往中尤其要注意尊重的原则,经常承认或肯定他人的能力与成绩,不要损伤他人的名誉和人格,否则易导致人际关系的紧张和冲突。注意在人格上和态度上尊重同学,讲究语言文明、礼貌待人,不开恶作剧式的玩笑,不乱给同学取绰号,尊重同学的生活习惯。

3. **真诚的原则**　真诚是人与人之间沟通的桥梁,只有以诚相待,才能使交往双方建立信任感,并结成深厚的友谊,虚伪的敷衍和尔虞我诈的欺骗只会引起别人的反感,导致自己被孤立。坚持真诚的原则,必须做到热情关心他人、真心帮助他人,发现朋友的不足和缺陷也能诚恳批评。实事求是,不当面奉承人,也不在背后诽谤人,诚恳待人,胸怀坦荡。

4. **信用的原则**　信用是指一个人诚实、不欺骗、遵守诺言,并能取得他人的信任。人离不开交往,交往离不开信用。要做到说话算数,答应别人的事要尽力完成,不轻许诺言。一个讲信用的人很容易激发他人的交往动机,赢得别人的信任,产生使人乐于与你交往的魅力。

5. **相容的原则**　相容指人际交往中的心理相容,即人与人之间的融洽关系,与人相处时表现出的包涵、宽容及忍让。要做到心理相容,应注意保持谦虚和宽容的态度,为人处世要心胸开阔,宽以待人。体谅他人,即便别人犯了错误,或冒犯了自己,也能够换位思考,理智地寻求解决方法,切莫斤斤计较、睚眦必报。

6. **互动的原则**　良好的人际关系应能满足交往双方的需要,只有这样这段关系才会持续发展。因此,交往双方要本着互动的原则。互动的原则主要体现在互助和互利两个方面。互助,就是当一方需要帮助时,另一方要力所能及地给对方提供帮助。这种帮助可以是物质方面的,也可以是精神方面的;可以是脑力的,也可以是体力的。即要与人为善,乐于帮助别人;同时,又要善于向别人求助。别人帮助你克服了困难,他也会感到愉快,这也可以进一步沟通双方的情感。

专栏 10-5　人际交往的心理模式

美国著名的心理学家爱利克·伯奈提出了4种人际交往心理模式：

1. "我不好—你好"的心理模式　在大学生人际关系中表现为自卑，甚至是社交恐惧。著名心理学家阿德勒认为，人在生命的初始是依赖于周围的人而生存的，与周围的成人相比，儿童常感到自己的无能，因而从小就有自卑感，总觉得自己不行，别人行。处在心理成熟过程中的某些大学生，尚未完全摆脱小时候的那种心理模式，在人际交往中会不同程度地表现出自卑心态，严重影响了大学生人际交往心理的正常发展。

2. "我不好—你也不好"的心理模式　在大学生人际交往中通常表现为不喜欢自己也不喜欢别人，看不起别人也看不起自己。这导致自己人际关系很差，比较孤僻，阻碍了大学生人际交往，也不利于大学生的心理健康。

3. "我好—你不好"的心理模式　在大学生的人际交往中通常表现为以自我为中心，自以为是，总认为自己是对的，而别人是错的，把人际交往中失败的责任推在他人身上，从而常导致自己固执己见，唯我独尊。这种人际交往心理模式不利于大学生建立良好的人际关系，也是不符合大学生心理健康原则的。

4. "我好—你也好"的心理模式　在大学生的人际交往中表现出相信他人，能够接纳自己和他人，正视现实，并努力去改变他们能改变的事物，善于发现自己和他人的优点与长处，从而使自己保持一种积极、乐观、进取的心理状态。这是一种成熟、健康的人际交往心理模式，有助于大学生建立良好的人际关系。

二、克服人际交往中的知觉偏差

1. 首因效应　第一印象一经建立，对于后来获得信息的理解和组织有着强烈的定向作用。由于人的认知平衡和心理平衡的作用，人们必须使后来获得信息的意义与已经建立起来的观念保持一致。如一位大学生刚入大学时，出色的自我介绍会在同学的头脑中留下强有力的第一印象，即使以后他的表现不如以前，同学也会认为不是他的能力有问题，而是不够尽力。

最初获得的信息及由此信息形成的第一印象，在总的印象形成过程中作用更大，因为我们在最初接触陌生人的时候，注意的投入完全而充分，此时印象最为鲜明、强烈，而对后继信息的输入，我们的注意会游离，从而使其对我们的影响在下降。

专栏 10-6　建立良好第一印象的方法

建立良好第一印象的方法是善于表现自己，给别人留下良好、深刻的印象。社会心理学家艾根1977年根据研究得出同陌生人相遇时，按照 SOLER 模式表现自己，可以明显地增加别人对我们的接纳性：

S 表示坐或站要面对别人；

> O 表示姿势要自然放开；
> L 表示身体微微前倾；
> E 表示目光接触；
> R 表示放松。
>
> 从描述中，我们可以得出"我很尊重你，对你很有兴趣，我内心是接纳你的，请不要有压力"这样轻松良好的第一印象。
>
> 卡内基在其名著《怎样赢得朋友，怎样影响别人》一书中，总结了给人留下良好第一印象的 6 条途径，即真诚地对别人感兴趣，微笑；多提别人的名字；做一个耐心的听者；鼓励别人谈自己；谈别人感兴趣的话题；以真诚的方式让别人感到自己很重要。

2. 晕轮效应　晕轮效应的积极一面是通过某一方面的信息建立起有关别人的印象，它最迅速、最经济地帮助人们尽快适应多变的外部世界；其消极的一面在于以偏概全，使人们对别人的印象与其本来面目相差甚远。人们习惯于按照自己所知的对一个人的一种品质的存在的信息推断出他还具有的另外一些品质，这是一种普遍的倾向，如知道某人是正直的，则容易把这人想像成刚直不阿、真诚可信、办事认真、可信赖等等，甚至爱屋及乌。外表的吸引力有着明显的晕轮效应，当一个人的外表充满魅力时，其与外表无关的特征，也会得到更好的评价。晕轮效应虽然是能快速认识他人的一种策略、方式，但有时却可能会产生错误的结果。

3. 刻板效应　有些人习惯机械地将交往对象归类于某一类人，不管他是否表现出该类人的特征，都认为他是该类人的代表，并将对该类人的评价强加于他，从而影响正确认知，特别是当这类评价带有偏见时，会损害人际关系。如有的大学生认为南方人小气、自私，认为家庭社会地位高的学生傲气、不好相处等，这种刻板印象容易形成先入为主的定势效应，妨碍大学生正常人际关系的形成。

虽然刻板印象能快速地了解一个陌生或不太熟悉的人或群体的特征，但刻板印象也有其弊端：一是它夸大了群体内成员间的相似性，从而使对个体的知觉产生先入为主、以偏概全的偏差；二是夸大了群体间的差异性，容易产生偏见与歧视。

4. 定势效应　定势效应让人们与他人接触时，常会不自觉地产生一种有准备的心理状态，带有一种固定的观念或倾向进行评判。如成语"疑邻偷斧"就是定势效应的一个例子。再如在大学里对学生的评价：好学生与差学生。这些评价往往是单纯的对学业成绩的评价，而非对学生全面的评价。同样，人们在与陌生人进行人际交往的开始，往往借助于定势效应，从而将准备的心理状态用于对待人与事上。

5. 投射效应　人际关系中的投射效应，即"以小人之心，度君子之腹"，它指与人交往时，把自己具有的某些不讨人喜欢、不为人接受的观念、性格、态度或欲望转移到别人身上，认为别人也是如此，以掩盖自己不受人欢迎的特征。如自私的人总认为别人也很自私，而那些慷慨大方的人认为别人对自己也不应小气。由于投射作用的影响,人际交往中很容易产生误解。

三、掌握人际交往的技巧

1. **主动交往** 大学生的主动交往很重要,特别是当面临人际危机时,主动解释,消除误解,对重新建立良好的人际关系非常重要。在社会交往中,那些敢于主动交往、主动去接纳别人的人,在人际关系上显得更为自信。缺少主动交往有两方面的原因:一是缺乏自信,担心遭到拒绝,担心别人不会像自己期望的那样理解、应答,从而使自己处于窘迫的局面,伤害了自己的自尊。事实上,问题远没有人们想像的那么严重,因为人际关系中,双方都需要适应,需要人际关系来支持陌生情境。二是人们在人际关系方面有许多误解,如认为先同别人打招呼,在别人看来就低人一等"那些善于交往的人左右逢源,都有些世故,有些圆滑""我如此麻烦别人,别人会认为我无能,会讨厌我"等。

2. **换位思考** 西方人际交往中有一条黄金法则"你想要别人怎样对待你,你就要怎样对待别人",中国也有句古话叫作"己所不欲,勿施于人",这对建立良好的人际关系很重要。如果我们经常站在对方的角度去理解和处理问题,一切就会变得简单多了。善于交往的人,往往善于发现他人的价值,懂得尊重他人,愿意信任他人,宽容他人,能允许他人有不同的观点和行为,不斤斤计较他人的过失,在可能的范围内帮助他人而不是指责他人。

3. **善用赞扬和批评** 心理学家认为,赞扬能释放一个人身上的能量,调动人的积极性。真心真意、适时适度地表示你对别人的赞扬,能够增进彼此的关系。赞扬可以是直接的也可以是间接的;可以是有声的也可以是无声的。热情洋溢的话语是赞扬,微笑的面孔、肯定的姿势甚至一个轻抚的手势也可以传达出肯定与鼓励。有时候直言不讳的赞扬会被人拒绝,而发自内心的动作和表情则更显得真诚,使人乐于接受。

与赞扬相对应的是批评。一般情况下,应多作赞扬,少用批评,批评是负面刺激。通常只有在用意善良、符合事实、方法得当时,才有可能产生积极的效果,才能促进对方的进步。批评时应注意场合与环境,应对事不对人,不能对一个人作全盘否定,这样会挫伤对方的积极性与自尊心,应就现在的一件事而不是将以前的事重新翻出来,措辞与态度应是友好的、真诚的。

4. **帮助别人** 心理学家们发现,以帮助或相互帮助开端的人际关系,不仅良好的第一印象容易确立,而且人与人之间的心理距离可以迅速缩短,使良好的人际关系迅速建立起来。日常生活中的患难之交正说明这点。

5. **恰当的自我暴露** 自我暴露就是把自己隐私性的方面展示给别人。奥尔曼等人发现,良好的人际关系是随着自我暴露地增加而逐渐发展起来的。随着信任程度和接纳程度地提高,交往的双方会越来越多地暴露自己,因此自我暴露的广度和深度可以看作人际关系的晴雨表。有些大学生对他人充满了好奇,一见面就很热情地询问对方的情况,表现得对对方很感兴趣。虽然这是友好的表现,但如果在这个过程中,一些大学生不善于自我表露,闭口不谈自己的情况,这种交流就很快无法继续下去。所以,在交往的过程中,要学会适时地使用自我表露,当发现彼此的关系到达了一个高度时,为了推进关系的发展,就要主动向对方介绍自己,让对方有足够的安全感。当然,自我表露也要适量。总体来说,交往双方的自我表露水平应该基本一致,否则关系就容易发生失衡,甚至停滞。

专栏 10-7　自我表露

> 自我表露就是人们常说的"敞开心扉",即把有关自我的信息、自己的思想和情感暴露给对方。良好的人际关系是在交往双方的自我表露逐渐增加的过程中发展起来的。自我表露(Self-disclosure)可以增加他人对你的喜欢。自我表露本身具有很强的象征性,它给对方一个强有力的信号:你对他(她)相当信任,愿意有进一步的交往。而且,对他人的自我表露可以引发他人做自我表露,由此可以增进相互理解、相互信任。心理学家布瑞格斯认为自我表露对他人的益处包括:一是他们知道彼此相似与不同点在何处,还能了解相似与不同的程度;二是准确地向他人表露自我,是健康人格的体现;三是自我表露增强了自我觉察的能力;四是分享体验,帮助个体发现这不是他们唯一存在的问题;五是自我表露可以从他人处获得反馈,减少不必要的行为。
>
> 当然,自我表露也必须注意分寸,过分的表露会让人不舒服。一般来说,表露的范围和深度是随着关系的发展而逐步增加的,对于不同的关系对象,在不同的发展阶段,自我表露的广度和深度明显不同。在非常亲密的朋友中,自我表露往往十分深入,达到无话不说的地步。但是,需要注意的是,无论关系多么亲密,人们都可能存在不愿意暴露的领域,这就是所谓的"隐私"问题。前几年,"隐私"曾经成为中国社会的一个热门话题,不少人对它还有一些误解与偏见,需要加以澄清。布瑞格斯也认为,自我表露也存在风险,主要包括:最实质的风险包括来自不同目标人的攻击、嘲笑、拒绝与不关心等;个人表露可能会遭到听者的伤害;不适当的自我表露,可能会引起他人的退缩或拒绝。对不适宜的人或在不适当的时间过分表露的人,被认为是社会化不良的标志。
>
> 在人际交往中,个人往往将部分隐私袒露给自己信任的亲友。除了隐私需要,人还有沟通的需求,需要向"知己"说一些知心话。亲密关系本身也要求人们坦诚相待。但是,这并不意味着关系亲密的人之间就不应该有任何隐私。只有隐私需求和沟通需求之间保持适度的平衡,亲密关系才能正常发展。

6. 积极有效地倾听　听只是对声波振动的获得,而倾听则是弄懂所听到内容的意义,它要求对声音刺激给予注意、解释和记忆。怎样做才能实现有效的倾听呢?

(1) 保持目光接触。与别人交流时保持目光接触,别人总是通过观察你的眼睛来判断你是否在倾听。

(2) 展现赞许性的点头和恰当的面部表情。有效的倾听者会对所听到的信息感兴趣,可通过你的动作和表情把你的兴趣表现出来。

(3) 避免分心的举动或手势。在倾听时,应该尽量避免看表、心不在焉地翻阅文件、乱写乱画等动作,这样会使说话者认为你对他讲的话题不感兴趣,也会使你的精力不集中。

(4) 提问。在倾听时进行提问,可以使自己更准确地理解内容,还会增强交流者双方的互动。

(5) 复述。用自己的话重复所听的内容,可以检验自己对所听内容理解的准确性。

(6) 避免打断说话者。在别人说话时尽量耐心听,等别人说完了自己再说。

(7) 不要多说。大多数人都乐于滔滔不绝地表现自己,而忽略了别人,优秀的倾听者应该能够克制自己,多听别人说,而自己少说。

(8) 自觉转换听者与说者的角色。虽然优秀的倾听者应该全神贯注于说话者所表达的内容,但优秀的倾听者不应该只顾着自己的角色,而应该能够做到从说话者到倾听者再回到说话者的角色转换。

思考题

怎样利用这些人际交往的技巧来帮助开篇案例中的小芹进行人际交往呢?

专栏 10-8　人际交往中的非言语技巧

虽然非语言行为通常只是语言行为的辅助和强化手段,但它有时可以代替语言传情达意,还可以微妙地传递语言难以表达的"弦外之音"。非语言交往的因素主要包括目光、表情、体势、声调、服饰等非语言行为以及人际空间距离等。

1. 目光技巧　眼睛是心灵的窗口,目光是人际间最能传神的非语言交往方式。目光的诚挚来自心地的纯真,在交往中通过目光的交流可以促进双方的沟通。目光的方向、眼球的转动、眨眼的频率、闭目的时间长短,都表示了特定的意思,流露出特定的情感。正视表示尊重,斜视表示轻蔑,双目炯炯会使听者精神振奋;柔和、热诚的目光会流露出对别人的热情、赞许、鼓励和喜爱;呆滞的目光表现出对对方讲的话不感兴趣或不信服;虚晃的目光则表示自己内心的焦虑和束手无策;目光东移西转,会让人感到心不在焉。交往中,适当的目光接触可以表达彼此的关注,比较自信的人比缺乏自信的人会更主动地进行目光接触,但目光接触过多又会增加对方的心理压力。沉默时,眼睛时开时合,对方就会猜疑你已厌倦谈话。因此,在人际交往中,眼神的作用万万不能忽视,平时应该经常培养自己用眼睛"说话"的能力。

2. 体势技巧　体势包括体态和身体的动作、手势。在人际交往中,人的举手投足、回眸顾盼,都能传达特定的态度和含义。身体略微倾向于对方,表示热情和感兴趣;微微欠身,表示谦恭有礼;身体后仰,显得轻视和傲慢;身体侧转或背向对方,表示厌恶反感、不屑一顾。不同的手势也具有不同的含义。比如摆手表示制止或否定;双手外推表示拒绝;双手外摊表示无可奈何;双臂外展表示阻拦;搔头皮或脖颈表示困惑;搓手表示紧张;拍脑袋表示自责或醒悟;竖起大拇指表示夸奖;伸出中指表示轻蔑。

3. 声调技巧　同一句话用不同的声调、在不同的场合说出来,可以表达不同的,甚至是相反的意思和情感。在人际交往中,恰当地运用声调,也是保证交往顺利进行的重要条件。在一般情况下,柔和的声调表示坦率与友情;高且尖并略有颤抖的声调表示恐怖或不满、愤怒而导致的激动;缓慢、低沉的声调表示对对方的同情;不管说什么话,阴阳怪气就意味着冷嘲热讽;用鼻音和哼声则往往显示傲慢、冷漠、鄙视和不服,自然会引起对方的不快和反感。所以,大学生在人际交往中要细心体会声调的微妙作用,学会正确运用声调,以加强语言表达的效果。

4. 距离技巧　人都有一种保护自己个人空间的需要,个人空间如同一个无形的"气泡",为自己割据了一定的"领土"。个人空间距离的大小与交往的对象、内容、场合和情境有关。一般来说,人们之间的关系越密切,他们的人际空间距离就越小。心理学根据不同的交往对象和情境,划分了4种交往距离:0.45米以内为亲密距离,这个距离属于家庭成员、挚友等关系最密切的人;1米左右为开放区域,同学和普通朋友可以自由地进入这个空间;1~4米为社交距离,一般出现在工作环境或社交聚会上,谈话的内容也较为正式和公开;4米以上为单向交往,如在礼堂里做演讲、报告时的距离等。

(范佳丽)

第十一章
职业生涯与心理健康

案例 11-1　寝室里大一新生的故事

> 王某是一所高校的一年级学生。一天,他来到学校大学生心理咨询中心向老师讲述了他的故事。他是这样描述自己现在的处境:"上大学以后就觉得解脱了,自己感觉好像从地狱走进了天堂。刚进校时,老乡对我说'分不在高,及格就行',我也就认为无需再为学习成绩而长时间奋斗煎熬。渐渐地,我开始不愿意学习,只想着玩,哪怕是坐着发呆都可以,就是不思学习。现在,我对什么都提不起兴趣。上课,枯燥、没劲;自习,无聊、没劲;睡眠,多了也累,没劲;打工,累死累活,没劲……"

案例 11-2　职场——让人欢喜让人忧

> 带着对未来的憧憬,大学毕业生钱某进入了一家大型国有企业。新的环境、新的工作,让钱某兴奋不已,他心里暗暗想:我一定要努力工作,回报父母和社会对我的培养。然而,短短的两个月过去了,没有了原先的兴奋,剩下的是难以名状的苦涩。由于在其工作的部门里,他年龄最小,资历最浅,很多事情,原本不该自己做的,同事们也推给了他。为了做好这些事情,他不得不牺牲很多个人的休息时间,加班加点。更让他受不了的是,就是这样还有同事背后议论他,说现在的年轻人就爱巴结领导,出风头。

思考题

1. 导致王某目前学习、生活现状的原因是什么?
2. 进入大学以后,你也有过迷茫吗?你是如何克服的?
3. 刚刚步入职场的钱某该如何改善现在的状况?

其实,像王某和钱某这样的情况不在少数。不少刚刚进入大学的新生,由于高考的目标已经完成,新的目标尚未确立,处于理想和目标的真空期,对未来感到迷茫,不知道以后该做什么;也有不少大学毕业生步入职场后,感到工作起来不仅压力大而且紧张,难以适应。我们究竟该如何规划自己的未来?如何在职业生涯中维持健康的心理?

第一节 职业生涯概述

一、生涯与职业生涯

"生涯"(Career)一词来自希腊文"Viacarraria"及拉丁文"Carras",两者的含义均指古代的战车,后来引申为道路,即人生的发展道路,指一个人一生的发展过程,也指一个人一生中所扮演的系列角色与职位的总和。"生涯"的内容是比较宽泛的,包括人生经历、生活道路和职业、专业、事业等。但它不仅仅局限于"工作"或"职业",还包括了个人的"生活风格",即包含一个人在其一生中所从事的所有活动。

职业生涯,一般是指个人生活中与工作相关的各个方面。对其的研究始于20世纪60年代,20世纪90年代中期从西方国家传入中国。目前,学术上对职业生涯还没有统一的定义。不同国家的学者从不同的角度对职业生涯的内涵有不同的界定。美国学者罗斯威尔和思莱德认为职业生涯是人的一生中与工作相关的活动、行为、态度、价值观、愿望的有机整体。我国学者吴国存将职业生涯分为狭义职业生涯和广义职业生涯。狭义职业生涯是指一个人从职业学习开始,踏入社会、从事工作直到职业劳动的结束、离开工作岗位为止这段人生职业工作历程;广义职业生涯是指从职业能力的获得、职业兴趣的培养、选择职业、就职,直至最后完全退出职业劳动这样一个完整的职业发展过程。综合不同学者对职业生涯内涵的界定,简而言之,职业生涯就是指一个人一生连续从事和承担的职业、职务、职位的历程。

二、职业生涯的特点

虽然上述对职业生涯定义的角度或方式不同,但可以看出职业生涯具有以下的特点:

1. **独特性** 职业生涯是每个人依据自己的人生理想,为了充实自我、实现自我而逐渐展开的一种独特的生命历程,具有个体差异性。也许有些人的职业生涯发展在表面上有着相似之处,但是其过程却是完全不同的。职业生涯的独特性决定了并不存在一条适合所有人发展的职业道路,每个人应该根据自身特点选择一条适合自己发展的职业道路。

2. **发展性** 职业生涯是一个动态的发展过程,个人在不同的人生发展阶段会有不同的诉求,这些诉求不断地在工作生活中表达出来,并寻求满足。个人正是通过对这些诉求的表达,而成为自身职业生涯的主动塑造者。

3. **内外性** 职业生涯的内在性是指职业生涯发展表现在观念更新、心理素质提高、技能提升、经验丰富等内在因素上;职业生涯的外在性是指职业生涯发展表现在职位提升、待遇提高、工作环境改善、工作权限增加等外在因素上。职业生涯的内在性和外在性是相互联动的,内职业生涯发展是外职业生涯发展的基础,外职业生涯发展会促进内职业生涯的提升。

4. **无边界性** 职业转换的增加导致了个人的职业生涯也越来越表现出跨组织、跨地域和跨职业的特点。

5. **综合性** 职业生涯是以个体生命演进的发展为主轴,并包含了一生中所拥有的所有职位、角色的总和,这个总和不只局限于职业角色,也包括学生、子女、父母、公民等涵盖人生整体发展的各个层面的角色,故具备综合性特征。

三、职业生涯规划

职业生涯规划,是指个人依据自身情况、眼前机遇和制约因素,为自己确立职业目标,选择职业发展路径,确定教育、培训和发展计划等,为实现职业生涯目标而预先设计的系统安排。职业生涯规划具有个人主导性的特点,即职业目标的实现需要个人以负责任的态度,积极、主动地开展职业发展方面的实践。简单地说,职业生涯规划=知己+知彼+抉择+设定目标+行动+调整。

职业生涯规划应该涉及与个体角色职责相关的各个领域,总体上来看,可以把这些领域归纳为八个,即健康、家庭、工作、人际关系、理财、心智、休闲以及心灵。健康规划是为身心健康而进行的规划,是职业生涯规划的基础,没有健康就没有一切。家庭规划是指对即时家庭的规划,是指个体离开原生家庭而组建的新的家庭,家庭规划主要涉及何时组建家庭,与谁组建家庭,如何担当家长角色等。工作事业规划也可以看成是职业生涯规划,是职业生涯规划的核心与主体,它不仅包括正式职业规划,还包括正式职业之外的兼职规划。人际关系发展规划主要是指对自己的社会归属性进行规划,爱与归属的需要是人的基本需要之一,每个人总是要处于一定的组织之中。进行人际关系规划就是建立人的支持系统,营造将来的工作、生活环境。理财规划就是对财务进行的规划,包括基金、股票和兼职做第二份工作等。心智规划是指知识、技能、观念和心理状态的发展规划。判断一个人是否成年的标准不仅仅是年龄,心智的成熟与否也是重要的标准。心智成熟的人更容易走向成功,个体需要对自己的心智进行规划。休闲规划是指工作之外所从事的非谋生娱乐活动,主要源自个人的兴趣爱好,良好的休闲规划有利于人们释放自己的压力。心灵规划主要是指思想道德的发展以及人生思想境界、信仰等方面的规划。

专栏 11-1　与职业生涯规划有关的几个概念

　　1. 职业生涯开发与管理　这是指企业组织环境下所设计的一系列员工职业发展方面的活动或措施,旨在改善员工的工作习惯,提高员工工作的胜任度以提高企业组织的生产力和经济效益。
　　2. 职业生涯教育　这是指在教育情境中所设计的一系列职业发展方面的活动或措施,其目的是增进学生的职业生涯意识,能主动地为自己将来的职业生涯做充分的准备。
　　3. 职业指导　这是指围绕职业发展过程提供的指导、辅导、咨询等服务,它是由有经验的人通过谈话的形式对个人职业的困惑进行指导。在指导关系中,指导者与被指导者的地位是不对等的,指导者居于主导地位。
　　4. 职业生涯咨询/辅导　这是指通过一个以语言沟通的历程,咨询师与来访者建立一种平等合作的关系,应用各种咨询技能,协助来访者解决自己职业发展方面的问题。

思考题

联系自己的实际情况,谈谈个人的职业生涯规划的八个领域都是什么状况?

四、职业生涯规划的重要意义

案例 11-3　到底该找什么样的工作

　　在名牌大学上研究生的琳琳从小学到大学成绩都很优秀,接近毕业时她手中的各种证书就有十几本。守着这些"硬通货",她始终觉得自己一定能容易地找到一个令人羡慕的工作。抱着这种想法,她应聘的企业都是大公司,瞄准的职位也都是管理职位。然而几次面试无果后,她开始怀疑自己的能力。在家人的劝说下,她试着降低了自己的标准,可总觉得那些招聘者还不如自己。到底什么样的工作最适合她,琳琳的内心非常矛盾。
　　琳琳为什么会在毕业求职时遇到这么多苦恼的事?是不是每个大学生求职择业都会遇到这些麻烦,都会产生这样或那样的心理问题?假如琳琳在校期间,制订了适合自身的职业生涯规划,那么她在求职中还会遇到这些困惑吗?

　　大学生首先要认识到职业生涯规划的重要意义。职业生涯活动将伴随他们的后半生,进行职业生涯规划,便有了努力奋斗的目标,学习就从被动变为主动,择业心态就会变得积极进取,从而实现人生价值和全面发展。
　　1. 增强职业发展的目的性与计划性　部分人的职业生涯是盲目的或是由父母决定的,自己并未经过慎重的思考。个人一旦制订了职业生涯规划,那么整个职业生涯就有了目标,可以按照计划去一步一步的前进,成功的概率就会增加。
　　2. 促进人的全面发展　职业生涯规划是以人为本的,人的自由、全面发展是职业规划教育的最终目标,因此职业生涯规划与人的全面发展有着密不可分的关系。职业生涯是人的全面发展的重要手段,我们追求成功的职业生涯,最终是要获得个人的全面发展。

3. 有助于理想与实际的统一　职业生涯规划可以帮助大学生认识自己、了解自己,发掘自我潜能。制订一个明确的职业生涯规划,就需要明确给自己定位,根据自身特点和现实条件,确立自己的职业生涯目标。大学生合理设计自己的职业生涯规划可以帮助他们充分地认识自己,客观分析外在环境,正确选择职业,采取有效的措施克服职业生涯发展中的各种困扰,从而实现自己的理想,做到理想与实际的统一。

职业生涯规划应该从大学生入学就开始引导、培养和训练,以便为学生未来一生的职业发展打下坚实的基础。大学生学习和掌握职业生涯规划的知识和方法,可以明确人生方向和目标;培养积极进取的人生态度;增强自我管理和自我发展的能力;提高自我核心竞争力,促进今后的就业和职业发展;开发个体潜能,实现全面发展,收获一个有意义的人生。

思考题

联系自己的实际情况,谈谈进行职业生涯规划的重要意义?

第二节　职业生涯规划的制订

案例 11-4　我的未来,我做主

小刘是一名即将毕业的大四学生,目前已签了某知名通讯公司,职位是销售代表。为什么能够这么顺利找到自己理想的工作?小刘在与同学们分享经验时谈到,这是因为其实自己一直以来对市场销售很感兴趣,并且在踏入大学校门之后,就对自己的职业生涯进行了规划,并在实践中不断调整。

[规划期限]四年。
[起止时间]2006年9月至2010年7月。
[年龄跨度]18岁至22岁。
[阶段目标]顺利毕业;成为一个有一定经验的市场营销人员(职业方向)。
[总体目标]成为一家大公司的总裁。
[个人分析]自己是属于那种很外向的人,善于沟通,曾经有过兼职推销人员的经历,并取得了相当不错的成绩。而且,自己所学的专业也是市场营销专业,这也正是自己兴趣所在。
[职业分析]社会的发展将会对市场营销的职业产生重要的影响,对市场营销的依赖性将越来越大。而且,社会对市场营销的需求将越来越大。个人选择的行业还没有最后确定,但比较感兴趣是制药、保险和食品。这些行业都是社会不可缺少的行业,而且随着社会的发展,这些行业的发展空间也会相当大。

[社会环境分析]中国现在是一个政治稳定、经济、文化高速发展的国家,这种状况为每一个人都提供了很好的发展机遇。随着经济的发展,市场在经济活动中的作用将越来越明显。

[目标分解与目标组合]

(1)目标分解:目标可分解成两个大的目标——一个是顺利毕业,另一个是成为有一定经验的市场营销人员。

对于第一个目标,又可分解为把专业课学好和把选修课学好,以便修完足够的学分,顺利毕业。接下来,还可以细分:在专业课程中,如何学好每一门课程;在选修课程中,需要选择哪些课程,如何学好……

对于第二目标,又可分解为接触市场阶段、了解市场阶段、熟悉市场阶段。接下来,还可以细分:在接触市场阶段,要采用什么办法;和哪些公司保持联系……

(2)目标组合:顺利毕业的前提是学好专业课程,而专业课程的学习则对职业目标(成为一个有一定经验的市场营销人员)有促进作用。

[具体实施方案]

要成为一个有一定经验的市场营销人员,就需要缩小自己和有一定经验的市场营销人员的差距。这些差距包括:

(1)思想观念上的差距:刚从事销售的人一般会认为销售只是卖出商品,但有一定经验的人则会认为销售是"卖出自己"——客户只有相信销售者,才可能购买销售者销售的商品。为了缩小这种差距,需要向有经验的销售人员请教,并在实践中去体会这一点。

(2)知识上的差距:书本知识的欠缺只是一个方面,更重要的应当是实践的差距。为了缩小这种差距,需要在学习书本知识的同时,多参与真正的市场销售,在实践中体会。

(3)心理素质的差距:市场销售需要百折不挠的精神,而作为一个被人称为"天之骄子"的大学生,缺少的可能恰恰正是这一点,往往遇到些许挫折和失败就会退缩。这种差距,需要在实践中逐步消除。

(4)能力的差距:这一点可能是最重要的。为了缩小这种差距,除了在实践中逐步学习外,还要和七八名销售高手保持密切的联系,以便随时请教和学习。

[检查和反馈]

(1)在向高手请教的过程中,发现自己需要学习的书本知识很不够,特别是外语方面能力需要提高,否则,就无法适应现在的销售要求。所以决定加强英语的学习,准备报一个英语口语班,每周上一次课;同时,准备参加学校里的英语角,切实提高英语水平。

(2)在销售过程中还发现,在销售中有很多仅属事务性的活动,没有太多的智力成分。所以决定以后减少参加类似活动的次数,把精力用在那些对自己有锻炼意义的事情上去。

每个人都希望能在自己理想的工作岗位上工作并能成就一番事业,但是很少有人能做到这一步。是这些人不够努力?还是没有好好奋斗?其实都不是,因为人生事业的发展也是需要策略与方法的,然后按着这个规划努力去奋斗,就会取得满意的结果,而这个策略与方法就是职业生涯规划。大学生应该在踏入校门之际就应该规划好自己的职业生涯,如果等到择业时再来考虑,就会处于被动的地位,往往会陷入择业的困惑之中。因此,大学生应该在择业前制订好自己的职业生涯规划,然后在实践中不断去调整,从而帮助自己更好地实现梦想。

职业生涯的规划对于个体的全面的发展有着重要意义,其制订是一个庞大的工程,不仅要对个体的知识水平、个性以及社会支持程度等做全面的了解和评估,还要对外在的环境、社会发展的方向等有准确判断。一个比较合理的职业规划能帮助大学生走向成功,不合理或片面的职业生涯规划的作用就会小很多。下面具体谈下怎么全面合理地制订职业生涯规划。

一、职业生涯规划的评估

1. **自我评估** 自我评估是自我意识的一种形式,是个体对自己思想、愿望、行为、个性和能力特点的判断和评价。自我评估不仅具有独特的自我功能,促进自我发展、自我完善、自我实现,而且具有重要的社会功能,会极大地影响人与人之间的交往方式以及未来的工作能力等。

2. **职业评估** 是指大学生对以后选择的职业是否符合自身的评估。大学生在大学里都是进行专业的学习,大多数大学生以后的工作会围绕自己的大学所学的专业,但并不是所有的大学生大学期间所学习的专业都符合自身的发展,所以个体需要去慎重思考,怎么将所学的知识与将来的职业完美有效地结合起来,尽可能地向有竞争优势的方向去发展职业。

3. **社会的发展趋势评估** 就是定期将个人的职业发展放在社会发展的大环境中评估分析,确保自身职业始终处在良好的状态中。个人和职业都是在社会大环境中生存、发展并不断变化着的。做好眼前的事是应该的,但却还不够,必须根据社会发展的大趋势,不断自我调整,不断对职业的新变化、新要求有所了解、有所准备、有所适应。

二、职业生涯规划的基本原则

1. **择业所需原则** 寻找并从事自己所需要的职业,这种职业需要不仅是物质上的需要还是精神上的需要。一般情况下,某一职业难以充分满足个人的这两种需要,所以个人在选择自己所需要的职业时,就得作出抉择,慎重考虑,有所取舍。

2. **择己所爱原则** 寻找自己所喜爱的职业,这种职业往往与自己的兴趣相联系,所以大多数工作时间是比较专注的、愉悦的。但部分这样的事业是不能随社会变化而发展的,所以个人在选择职业的时候,就需要考虑自己喜爱的职业的持续发展性。

3. 择己所长原则　寻找自己所擅长的职业,这往往与自己大学所学的知识和专业密切相关,大部分大学生在大学毕业以后所从事的职业与自己的大学所学习的专业相符合,因为该种职业在专业范围内的持续发展性较好。

三、职业生涯规划的关键问题

1. 职业目标　职业目标的确定是职业发展规划中最基本、最重要的内容。职业目标的确定既要科学合理,更要明确可行。一般原则是由远而近,由粗而细。如果对长期目标较为模糊,则可用一些表明追求的句子代替具体的职业,如用"活得有权威、有意义"代替"政府高级官员""企业老总"等较具体的职位名称。近期目标必须明确具体,可以有多种选择。

2. 预期收益　每一阶段的预期收益都与职业目标息息有关,而每个目标必然伴随一定的经济收益和个人追求的其他收益。其他收益不好衡量,因为其可能是追求为人类和平和生存环境改善多做贡献,也可能是追求一定的社会政治地位等等。经济收益则比较方便计量。在预期收益中应将一生的经济收益用金钱等价地规划出来,它是一个很明确有效的评价调控指标。在给出预期收益的同时,最好还要根据生活及职业发展的需要,列出一生的预期花费。

3. 发展策略　发展策略实际上就是实现职业发展目标的行动计划,它由一系列与具体目标有关的特定的时间阶段、行动途径、措施、必要准备以及必须付出的努力等内容组成。在不同的职业发展阶段,行为的重点不同。例如在高中阶段如果目标是上大学,则行动的重点有两个:一是要付出巨大努力,一定要超过高考相应的录取分数线;二是根据个人所爱所长及社会需要选择合适的大学和专业。在大学阶段如果目标是谋取一个较理想的职业,则行动的重点有三个:一是学好专业知识,具备期望职位的资质;二是善于沟通,掌握人际交往技巧;三是学会学习,提高创新能力。当然在实施过程还会有更多、更细致的系列行动。所有这些,都要在具体的发展策略中有所体现,越是眼前要做的,越是要详细具体。

4. 评估调控　评估调控就是在职业发展过程中,通过对目标收益实际实现情况的及时有效评估,调整发展策略,实现对职业发展过程的有效控制,确保职业发展目标的不断实现。

四、职业生涯规划的影响因素

1. 身心状况　所谓身心状况也就是个人的身体和心理状况与职业对其要求的特点是否适当的问题。首先身心健康对于职业选择特别重要。几乎所有的职业都需要健康的身心,不仅如此,职业也与身心状况有内在的关系,有的职业要求视力、身高、体重达标;有的职业要求反应敏捷;有的职业要求耐心、细心;有的职业需要不断创新;有的职业需要不断地按程序重复操作等等。

2. 教育　教育是赋予一个人才能,塑造人格,从而促进个人发展的活动。获得不同程度教育的人,在个人职业选择或被选择时,具有不同能量。一般来说,接受过较高水平教育的人,在就业以后会有较大的发展;在职业不如意时,再次进行职业选择的能力和竞争力也较强。另外,人们所接受教育的专业、学科门类对职业生涯起着决定性作用。人们在选择职业、转换职业时往往与所学的专业有一定的联系,或以该专业的理论知识、技术能力为基础,流动到更高层次的职业岗位上去。因此,教育职业的进展深受正规教育或专业培训的影响,教育程度是事业成功中不可缺少的因素。凡是社会阶层高过其父母所属的阶层的人都觉得,教育是改变社会地位的主要动力。但是对大多数的职业而言,这也未必尽然。雇主往往对录用者能干什么有更大的兴趣,而不只注意他们所具备的教育资历。

3. 义务　任何满18岁的成年人必定会受各种义务的束缚。事实上,有些毕业生因为家庭负担过重,不得不考虑现实利益,放弃自己的理想职业期望,而从事较为现实的职业,但也有的是待条件成熟再选择理想的职业。

4. 性别　虽然男女平等的观念已普遍被现代社会所接受,但"性别因素"仍然扮演着重要的角色。事实上,男性与女性生理上的差别,在择业和适应职业上会形成自然差别,男性与女性在择业价值观上也会根据生理条件而形成差别。

5. 社会环境　主要是指社会的政治、经济体制、人才市场的管理体制、社会文化风俗、职业的社会评价等。社会环境因素决定了社会对社会职业岗位的数量、结构、层次等,决定了人们对不同职业岗位的接受、赞誉或贬低的程度,决定了个人步入职业生涯的基本方式、开始职业生涯后的基本态度以及由此引起的个人职业生涯的变化。比如在计划经济和市场经济的条件下,国家对高校毕业生就业的管理方式是截然不同的。在计划经济体制下,国家对大学生进行统包分配,毕业生和用人单位均无自主权可言;在市场经济条件下,我国高校普遍建立了学校和各级政府推荐,学校和用人单位双向选择的毕业生就业工作模式,用人单位和大学毕业生都有了选择的自主权。

6. 机遇　机遇是影响职业生涯的偶然因素,但是对个人的职业生涯而言,有时又具有决定性的作用。机遇是随机出现的、具有偶然性因素的事物,它包括社会各种职业对一个人展示的随机性的岗位,也包括能够给个人提供发展的职业机遇。机遇本身是客观存在的,但只会垂青那些有准备的人。个人的能动性会帮助自己寻求到新的发展机会,或者自己创造机会。

思考题

有人说,大学生进行职业生涯规划的重点就是规划好自己的大学学习、生活,你是如何看待的?

五、职业生涯规划的步骤

职业生涯规划是一个周而复始的、长期的连续过程,需要设计一套程序来保证其顺利实施,这个过程包括:清晰的个人生涯愿景;自我评估;评估环境;确定职业发展目标;设定职业生涯发展路线;制订弥补差距的行动方案;实施、评估与修订七个步骤。其流程见图11-1。

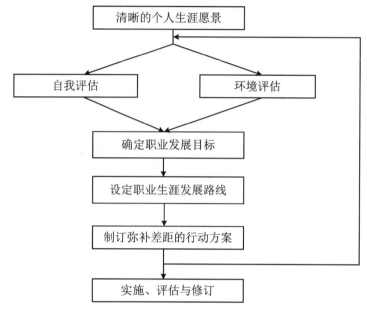

图11-1　大学生职业生涯规划步骤流程图

1. 清晰的个人生涯愿景　大学生在为自己制订职业生涯发展规划的时候,需要清楚自己将来到底想过哪种生活,即个人生涯愿景。生涯愿景是个人发自内心的、一生最热切渴望达成的结果,它是一种对未来的期望。由于人在一生中要扮演多个角色,因此生涯愿景也必然是多方面的。总的来说,个人的生涯愿景主要包括以下内容:

(1) 自我形象:自己希望成为什么样的人,假如可以变成自己向往的那种人,自己将具有哪些特征?

(2) 有形财产:希望拥有哪些物质财产?希望拥有多大的数量?

(3) 家庭生活:自己未来的家庭生活是什么样子?

(4) 个人健康:对于自己的健康、身材、运动以及其他与身体有关的事情有什么期望?

(5) 人际关系:自己希望与同事、家人、朋友以及其他人拥有什么样的关系?

(6) 工作状况:自己理想中的工作环境是什么样子?可取得什么样的成就?

(7) 社会贡献:对社会作出什么样的贡献?

(8) 个人休闲:期望拥有什么样的休闲生活?

2. 自我评估　自我评估相当于内在条件的评估,目的是认识自己。因为只有认识了自己,才能对自己的职业发展作出正确的选择,才能选定适合自己发展的职业生涯路线,才能对自己的职业生涯目标作出最佳抉择。自我评估的内容主要包括自己的兴趣、特长、性格、学识、技能、智商、情商、思维方式、思维方法、道德水准以及社会中的自我等。这部分内容可以借助职业心理测评来实现,更多的则是在实际生活中体验。

3. 环境评估　环境评估相当于外在条件的评估,目的主要是评估各种环境因素对自己职业生涯发展的影响。每一个人都处在一定的环境之中,离开了这个环境,便无法生存与成长。所以,在制订个人的职业生涯规划时,必须要分析环境条件的特点、环境的发展变化情况、自己与环境的关系、自己在这个环境中的地位、环境对自己提出的要求以及环境对自己有利与不利的影响等。只有对这些环境因素充分了解,才能做到在复杂的环境中避害趋利,使职业生涯规划更具有实际意义。

4. 确定职业发展目标　这是指期望在职业发展道路上达到一个什么样的位置,简单地说就是要做到什么样的职位。说到职业发展目标,有人说"我的目标是事业有成",这不是目标,仅是美好愿望而已;也有人说"我的目标是成为优秀的人力资源工作者",这也不是目标,仅是职业发展的方向而已;还有人说"我的目标是成为优秀的机械工程师",这才是我们所说的看得见、摸得着的职业发展目标。

职业发展目标的设定,是职业生涯规划的核心。一个人的事业成败,很大程度上取决于有无正确、适当的目标,没有目标就如同驶入大海的孤舟,没有方向,不知道走向何方。职业发展目标是以自己的最佳才能、最优性格、最大兴趣、最有利的环境等信息为依据而设定的。

专栏 11 - 2　职业目标的确定

职业目标的确定首先从明确人生追求开始,有四项内容:

人生追求⇨职业目标⇨阶段目标⇨当前目标。

1. 人生追求是确定职业目标的指针　人生追求的描述应简洁、重点突出,如"以天下为己任""生活富足而有意义""活得有尊严、有地位""自主而富有创造性""脱贫致富""简约、安定、快乐""拥有学问,拥有财富"等等。

2. 职业目标是个人希望攀登的最高山峰　职业目标的确定要与人生追求一致,目标应尽可能明确,如"政府公务员""学者教授""科学家""企业家""艺术创造人员""军事专家""指挥官""著名律师"等等。如果不能确定很明确的职业目标,则可以用较为模糊的词语表示,如"工作或事业成功""充分发挥个人潜能""能合理获取较多金钱"等等。

3. 阶段目标是通向职业高峰的一系列渐渐升高的山峰　从职业目标高峰到你的脚下,一条漫长的攀登路是由一系列阶段目标连贯起来的。阶段目标由远而近,越来越清晰,越来越具体,如一个学者教授的阶段目标可能依次是:

著名教授⇦教授⇦副教授⇦讲师⇦助教。

4. 当前目标是即将攀登的具体山峰　其他目标都可以模糊,可以高不可攀,唯有当前目标必须十分清晰、十分具体,虽有高度,但经过努力,一定可以成功攀登。

5. 设定职业生涯发展路线　个人现在所处的位置与总体目标总是有距离的（距离的大小要根据总体目标而定），个人不可能一步就能达成总体目标。要完成总体职业发展目标，就必须将总体目标进行层层分解，分解成多个阶段性目标逐步完成。

大学生毕业后，主要有四条路径：就业、考研、自主创业和出国留学。选择的出路不一样，大学生涯规划的侧重点也不一样。如怎样在考研和就业之间做选择，可能是很多同学难以抉择的问题。到底是考研，还是就业？要综合考虑多方面的因素，但最根本的原则是选择一条最能帮助自己实现职业发展目标的路径。

专栏 11-3　职业生涯路线的选择

就选定一条职业发展路线而言，不同的发展路线对从业者的素质要求不同，发展目标也不同。一般来说，有以下三种职业生涯路线可供选择。

1. 专业技术型发展路线　专业技术型发展路线是指工程技术、工程管理、技术经济等职能性专业方向。通常情况下，职业由本人所学的专业确定。如果具备了一定的专业技术知识、技能，对专业技术及相关活动感兴趣，并追求这方面的提高和成就，专业技术型发展路线是最好的选择。相应的发展阶梯是技术职位的晋升。如果开始选择了专业技术方向，以后对管理也感兴趣，这并不妨碍你今后在管理岗位上作出成绩。在当今社会中，由技术工作转为管理工作的情况屡见不鲜。一些公司经理或部门经理甚至各级行政领导很多原先就都是从事技术工作的，他们在升迁之后多数又不再从事一线技术工作。

2. 行政管理型发展路线　如果热爱管理工作，稳重、老练，善于与人打交道，协调能力强，不喜欢做具体技术工作，或者所学专业的技术发展的前景不大，行政管理型发展路线便是最佳选择。一般来说，管理工作需要从基层职能部门开始，如果你的管理才能、业绩得以展现和被认可，行政职位就可以逐步向高层提升。管理工作做久了改做技术工作，会有许多困难，社会上的许多技术部门（单位）也不乏技术型的"双肩挑"干部，但是两方面工作都做好也不容易，要付出超出常人的更多努力。

行政管理型发展路线与专业技术型发展路线之间可以互换，但要看主客观条件，换得不好对组织和个人都是一种损失；"双肩挑"在基层相对容易，层次越高、年龄越大就越难。

3. 自主创业型发展路线　国家鼓励和支持大学生自主创业，现在不少人也选择了自主创业的道路。自主创业对人生是一个挑战，有艰辛、有快乐、有失败、也有成功。自主创业与以上参与性岗位的工作不同，对创业者的素质要求较高，还要结合自己的专业特长，特别要善于把握机遇、勇于创新，心理素质要好，要能够承受风险和挫折，还要善于学习。一段时期以来，大量行政干部和技术人员也走上了创业的道路，说明了这些发展路线之间转换存在现实可能性。

6. 制订弥补差距的行动方案　职业生涯每次质的飞跃，都是以学习新知识、获取新技能为前提的。为了顺利达到目标,个人首先需要对达到目标所要求的条件进行分析,然后对照自己找出差距,并找到弥补差距的具体办法。比如,为了弥补在组织管理能力上的差距,可以通过参加教育培训班,或通过当学生干部自我锻炼。

7. 实施、评估与修订　制订好规划固然重要,但更重要的是将规划付诸实施并取得预期的成效;为此,在自己职业生涯规划实施的过程中,大学生还要根据自身所处的内、外部环境以及自身条件的发展与变化对职业生涯规划进行再评估与修订,从而使得规划更加符合自身情况和社会需求,让它变得更加行之有效。

思考题

结合自己所学专业和个人兴趣,请规划一下你的职业生涯。

第三节　职业生涯心理问题的调适

案例 11-5　不同的自我,不同的生涯

> 十几年前,小王作为某高校一位在班上很拔尖的英语专业优秀毕业生,选择了去中学做一名普通的英语教师。当时,她的许多同学都选择了去外企或收入高的单位工作。大家很不理解她的选择,她却微笑着回答大家:"因为我喜欢,我适合做中学教师。"虽然在工作中遇到了很多挫折和困难,但是她每次都积极主动地去面对,在朋友和家人地鼓励下,没有被现实打败。十几年过去了,现在她已经成为全国著名的中学英语特级教师,职业发展很成功。她的成功源于她不盲目追随他人和社会潮流,对自己、职业和社会环境都有一个正确的认识,恰当地规划了自己的职业生涯,并在遇到问题时及时采取合适的方法进行解决。
>
> 但是她的同学小张则是选择了不同的职业生涯。小张毕业时选择在一家不错的外企工作,但是不到半年,因工作能力不强被炒鱿鱼;之后他应聘一家翻译公司,可是由于工作节奏太紧张,压力太大,一年后他选择辞职;后来又应聘到国家机关,但是待在办公室的闲适生活让他觉得与专业不对口,提不起兴趣,于是,一年后又再次跳槽。这样多次跳槽,总觉得没有适合自己的最佳工作,而且连着几份工作时间都不是很长,让招聘单位心存顾虑。到现在小张还未找到适合自己长期从事的工作,并且对于自己的职业未来感到很迷茫。他的困惑源于他对自己缺少一个明确的定位和规划,并且在遇到问题时只是一味地躲避,没有采取积极的措施去主动适应工作环境。

思考题

是什么原因导致了小王和小张职业生涯的结果不同?

职业选择与发展是人生重大课题之一,认识自我是职业选择与发展的前提和基础。如果不能在职业问题上正确认识自我,就很难选择适合自己的职业发展道路,进而影响人生道路的顺利发展。在职业生涯规划中,职业价值观、性格、兴趣和能力优势是大学生进行职业生涯决策时最需要考虑的四个因素。价值观决定职业满意度,性格决定了职业适应度,兴趣是职业选择的基础,能力是职业选择的前提。同时个人职业生涯和他们的生活质量密切相关,处理好工作场所的生活事件和人际关系,完成职业角色规定的任务,就会产生胜任和愉快的感觉。许多心理健康的人都热爱自己的职业,也能创造性地应对自己面临的挑战,并出色地完成工作任务。在他们看来,工作不仅不会让他们厌烦,反而是他们生活乐趣的来源。同时,也必须清醒地看到,职业生涯中充满了紧张性的刺激因素,应当采取积极的应对措施以保持稳定的情绪和健康的心理状态。

一、大学生择业中常见的心理障碍

大学生毕业后的第一次职业选择对其终身的职业发展有着重要的意义。因此,大学毕业生在择业前要做好充分的心理准备,学会自我心理调适,在择业过程中保持健康的心理,尤其需要注重一些常见的心理问题。

1. 焦虑 焦虑是由心理冲突或挫折而引起的,是一种复杂情绪的反应。毕业前夕,绝大多数大学生心理活动表现为焦虑。他们焦虑的问题主要是:能否找到一个适合自己专业特长、工作环境的优越的单位,自己的理想能否实现;用人单位能否选中自己;屡屡被用人单位拒之门外怎么办等。要克服焦虑的心理,主要是要更新就业观念,打破中国传统的事事求稳、求顺的思想,树立市场竞争的新观念。市场经济就是竞争经济,生活在市场经济社会中,竞争恐怕要伴随人的一生。大学生求职过程就是竞争的过程,即使你得到了比较理想的职业,如果没有竞争意识,不继续努力,也还可能丢掉这个工作。有竞争必定会有风险和失败,确立竞争意识,不怕风险和挫折,焦虑的心理必定得到缓解或克服。当然还应克服择业心切、急于求成的思想。择业心切容易使择业失败,而失败的体验又会强化沮丧、忧虑的情感。客观地分析自己,合理地设计求职目标,尽量减少挫折,增强求职的勇气,这样也会减轻心理焦虑的程度。

2. 自卑 一些大学生过低地估价了自己,总是自惭形秽,自己看不起自己。在求职择业中,他们往往缺乏自信心,缺乏勇气,不敢竞争。这种现象多见于自我意识发展不健全、性格内向或有生理缺陷的大学生。在屡遭挫折之后,一些大学生容易产生强烈的自卑心理,胆小、畏缩,觉得自己事事不如人。自卑是一种缺乏自信心的表现,是一种消极的失去心理平衡的心理状态,常和怯懦、依赖等心理交织在一起。它不仅使一些学生悲观失望、忧郁孤僻、不思进取,而且有碍自身聪明才智的正常发挥。过度自卑,还会产生精神不振、心灵扭曲以及沮丧、失望、孤寂、脆弱等心理现象。要克服自卑心理,首先,要正确评价自己,纠正过低的自我评价,多找自己的长处,增强自信;其次,要经常对自己进行积极的心理暗示;再次,要克服惧怕心理。不要怕失败,因为失败并不表示你不如别人,更不表示你一事无成。

3. 孤傲 是指孤僻高傲、超然,对他人标准要求高,对他人的情感、意见或利益的冷漠。具体表现为一部分学生对自己估价过高,自认为高人一等,非常傲气;或认为自己学习了很多的知识,各方面条件也不错,不会没有好的归宿,哪个单位录用自己是其荣幸;或认为现实太落后,英雄无用武之地。在择业中,这些大学生好高骛远,期望值过高,看不上这个单位,瞧不起那种职业,觉得没有自己满意的。孤傲心理是缺乏客观的自我分析和自我评价的表现。一旦有了这种心理,就很容易脱离实际,以幻想代替现实,使自己的择业目标与现实产生很大的反差。倘若未能如愿,则情绪会一落千丈,从而产生孤独、失落、烦躁、抑郁等心理现象。要克服孤傲的心理,首先,要正确地自我认知,冷静地做一些自我分析,清楚自己的优势与特长、劣势与不足,对自己有一个全面、客观、正确的评价。其次,要及时调整自己的就业期望值。调整期望值不是降低职业理想,而是要在迈出择业第一步时,不要过于追求职业声望,不要对职业条件要求太高,不能过于讲工作条件和物质生活待遇,应在职业理想的引导下,立足现实的社会需要,抵制功利主义、享受主义的影响,充分体现发展事业、服务社会、奉献社会的精神面貌。再次,要保持达观的择业心态。择业心理是与个人的思想、品质、修养分不开的。大学生应不断加强自我修养,使自己达观大度,宽容悦纳,不尽如人意之事莫耿耿于怀,自己力不能及之事莫一味强求。

4. 冷漠 一些大学生当在择业中受到挫折而感到无能为力、失去信心时,就会表现出不思进取、情绪低落、情感淡漠、沮丧失落、意志麻木。他们自认为看破了红尘,决定听天由命,任凭发落。冷漠是遇到挫折后的一种心理反应,是逃避现实、缺乏斗志的表现。这种心理是与就业的竞争机制不相适应的。

5. 躯体化症状 躯体化症状是由于心理压力和生活方式而导致的异常的生理反应。毕业前的大学生,由于心理应激水平高、心理冲突强度大、挫折体验多,加之一部分大学生性格上本来并不十分健全,因此容易导致某些躯体化症状,如头痛、头昏、血压异常、消化紊乱、背痛、肌肉酸痛、口干、心慌、尿频、饮食障碍或睡眠障碍等。这些症状若不及时排除,则会危及学生的身体健康及心理健康。

二、职业生涯中的紧张因素

心理紧张有积极与消极两方面的意义。从积极角度来看,在工作中适度的紧张可以消除单调的操作引起的厌烦情绪,同时可以提高工作效率。但是,关于心理紧张的研究,大量集中在消极方面。心理紧张对健康的影响来自两个方面:第一是心理紧张可以加重已有的疾病;第二是心理因素作为促发因素参与疾病的发生。

人们通常把职业性质和职业环境看作是社会生活中最重要的部分,因为它决定着自己的安宁、幸福和前途。同时,人们也意识到自己从事的工作往往是挫折和困扰的来源,职业特点和工作环境往往产生各种紧张性应激反应。研究表明,有两大类与工作相关的应激因素:一类是职业内在的因素,包括劳动条件、劳动范围、工作负荷等;另一类是职业人际关系及管理因素,包括组织结构和团体气氛、职业人际关系、个体职业角色、个人职业经历等。

1. 职业内在因素　工作环境和工作安排会直接影响工作人员的心身健康。在工矿企业中,由于工作疲劳和精神紧张往往产生各种心理障碍,工作引起的心理应激和心身功能低下是重要的诱发因素。据调查,大约85%的灾难性事故是由人为因素造成的。人为因素可能来自于两个方面:一方面是身体不适、疲劳和疾病致使精神状态和工作效能发生变异;另一方面是不良生活事件导致情绪波动,出现紧张、焦虑、抑郁的现象。这两方面的因素都使员工不能将注意力集中于工作,最终酿成事故。

劳动的性质和状态也是影响心理健康的重要因素。有些劳动是简单重复性的操作,很容易引起疲劳和烦躁。如有学者报道,有些职业操作不到1分钟就要重复进行,另有些职业操作间隔3~30分钟才要重复一次。两者比较,前者比后者更易患失眠、胃肠病和抑郁症。海员、飞行员、矿工等特殊职业从业人员都有其独特的心理问题,需要针对性地制定心理卫生措施。另外,变动频繁、无章可循的工作易使生活节律紊乱,引起生理和心理不适——例如,出租车司机。这类工作往往破坏饮食起居的规律性,没有好的应对措施就容易出现生理与心理障碍。劳动环境污染、过量噪音、粉尘、高温、冷冻、潮湿、振动、拥挤、放射线等不良环境因素都会对从业人员的身心健康产生损害,引起情绪和行为的变化。如长期在超量噪音环境中工作,会使中枢神经系统受到损害,出现植物性神经功能紊乱,诱发血压升高、心律不齐、消化功能减弱、听力下降,严重的会导致行为异常。

2. 职业人际关系及管理因素　在职业群体中,个体对自己、同事、工作内容是否满意,上下级关系是否融洽,能否与他人协调合作,都会影响个人的心理状态和劳动效率。工作要求高于个人能力、与个人愿望不符,工作性质突然发生变化,责任的突然增加或减少都会使人产生各种心理问题。此外,工作负担过重、领导方式简单粗暴也会成为职业性心理应激的来源,影响职工的心理健康。企事业单位的领导者应当努力提高职业满意度、促进人际关系和谐、实现工作环境优化和劳动管理科学化,从而提高职工的心理健康水平。

三、职业生涯中的心理健康的维护

古希腊哲学家赫拉克利特曾指出:"如果没有健康,智慧就难以表现,文化无从施展,力量不能战斗,财富变成废物,知识无法利用。"健康的心理也是大学毕业生顺利择业的重要保证,然而各种矛盾汇集的择业过程,使每一位大学生都可能会遭遇失败与挫折,其心态也会发生复杂的变化,会产生各种积极或消极的情绪。对于个体来说,改变环境的力量是有限的,主要的任务是提高自己对社会环境的适应能力,个体可以通过以下三种途径改善适应状态。

1. **主动适应环境** 被动适应是对环境无可奈何、被迫顺应的心理反应,是一种消极的适应,常伴有压抑、紧张、焦虑、痛苦等感受。如下岗职工在家里郁郁寡欢,生活在贫困地区的人产生的自卑自怜。主动适应是面对现实环境积极地寻求适应,是充分调动主观能动性努力克服困难和走向成功的过程。主动适应往往伴有因积极向上获得成功而产生的喜悦和兴奋的心理体验。如下岗职工不安于现状,摆正自己的位置,努力挖掘潜能,重谋职业,寻求新的发展;在贫困中生活的人自强不息,变压力为动力,集思广益,勤劳致富。主动适应有利于人的才能和潜能的充分发展,是人们心理健康的重要标志。因此,当我们遇到困难和挫折时,要学会在心理和躯体上放松,善于积极主动地去适应环境,以维护和增进心理健康水平。

专栏11-4 放松的小妙招

(1) 随时放松你自己,使你的身体软得像一只旧袜子。

(2) 学习和工作时采取舒服的姿态:要记住,身体的紧张会产生肩膀的疼痛和精神上的疲劳。

(3) 每天自我检讨5次,问问你自己:"我有没有使我的学习变得比实际上更复杂了,更困难了?""我有没有用一些和我的学习毫无关系的肌肉?"

(4) 每天晚上再检讨1次,问问你自己:"我有多疲倦?如果我感到疲倦,这不是我过分劳心的缘故,而是因为我做事的方法不对。"

(5) 当你神经紧张时,你可以默念,也可以用平静的声音说道:"我要放松,我要放松。放松,放松,再放松!"

(6) 把心事说出来:① 准备一本"供给动力"的剪贴簿,贴上自己喜欢的诗、格言,从中找到信心;② 向朋友、亲人写信以倾诉烦恼,或者写给自己,也可以达到放松的目的。

(7) 感悟:闭上你的眼睛对自己说:"太阳在头上照着,天空蓝得发亮,大自然非常沉静,控制着整个世界——而我,是大自然的孩子,也能和整个宇宙和谐一致。"

(8) 现在,你慢慢地把你的10只脚趾头卷曲起来——然后让它们放松;收紧你的腿部肌肉——然后让它们放松;慢慢地朝上,运动各部分肌肉,最后一直到你的颈部。然后让你自己的头向四周转动着,好像你的头是一个足球。要不断地对你的肌肉说:"放松……放松……"

2. **适当回避挫折** 在实际生活中,有些环境人们难以适应,同时也有回避的可能。在这种情况下,人们可以采用回避的方法来减少或消除环境对个体的不良刺激。如心理承受能力低的人就不宜炒股票、做期货生意。下岗再就业职工就不宜从事投资过大的事业,避免造成新的、严重的挫折,而应当循序渐进、从小到大地逐步发展。回避法虽然缺乏积极意义，但是在一定情况下运用得当也可以解除或避免心理困扰，但不能经常及过度使用。

3. 寻求社会支持 社会支持是指个体在遭受挫折时所得到的他人关心、帮助。医学心理学研究表明，社会支持可以起到降低生活事件造成的紧张性，促进适应社会环境的作用。朋友、家庭、群众团体、党团组织、行政机构都能够为个体提供社会支持。社会支持不仅是物质上、经济上的有形支持，更重要的是心理支持。如有的生活困难者获取社会经济资助，虽然这会使他们缓解生活困难，但是难以消除其自卑心理。社会的心理支持可以帮助他们树立自强向上的精神，使其消除自卑感，挖掘潜力、发展能力，赢得人生的成功。

专栏 11-5　正确的择业心态

> 1. **正视现实** 正视现实，才能保持清醒的头脑，审时度势，将主观愿望与客观实际结合起来，在择业中确定恰当的就业目标。只有确定了恰当的目标，毕业生才能在求职过程中保持平和的心态，正确地面对可能的失败和挫折，并及时调整自己的就业期望和就业方向。
>
> 2. **敢于竞争** "双向选择"的大学生就业制度，充分体现了竞争机制，使大学生能够根据国家赋予自己的权力，结合自己的专业、爱好、性格、特长、愿望等挑选工作岗位，可以通过适当的途径和方式展示自己、推荐自己，获得用人单位的青睐。毕业生在择业过程中，要认清形势，敢于竞争。
>
> 3. **不怕挫折** 在毕业生求职择业的过程中，挫折在所难免。挫折有时也是一种资源，是一种宝贵的经验，对于初涉求职场的毕业生来说，最缺乏的就是经验。遇到挫折后，毕业生要认真反思失败的原因，做到心中有数，这样才能更好地调节心理，以利再战。真正的强者，应该是愈挫愈勇，不达目的绝不罢休的。一个人战胜挫折的能力绝不是一时的努力所能培养出来的，它还有赖于大学生平日不断增强自身修养，学会科学地认识分析事物，特别是主动经受一些磨难，增加一些挫折经历。
>
> 4. **坦然自信** 在求职中，毕业生一定要意识到求职择业也是一门必修课，天上不会掉馅饼，只有坦然面对，才能战而胜之。这种坦然应体现在两个方面：一方面相信"天生我材必有用"，十几年的寒窗苦读，虽不能说才高八斗、学富五车，至少也有一技在身，只要不好高骛远，生存不成问题；另一方面要明白该来的考验总是会来的，躲避不是明智的办法，心态坦然，反而能增加获胜的概率。
>
> 5. **放眼未来** 有些毕业生由于最后签约的单位在基层或者在边远地区，总感到自己怀才不遇，心情郁闷，对前途失去信心。其实我们要认识到基层是锻炼人的最好地方。我国的现状是大城市、大机关、科研单位、高校人才济济，基层却是人才匮乏。大学生要想成才，没有什么捷径可走，只有立足基层，才能有所作为。同时，毕业生要看到边远地区与发达地区的差距正在缩小，边远地区采取了很多吸引人才和有利于人才成长的措施。有理想、有抱负的青年大学生，应该怀着满腔热血，到祖国最需要的地方去建功立业、奉献青春，全身心地投入其中，才能使自己成长、

发展、充实、满足,从而实现人生的目的,实现服务于社会的目的。首次择业未成功或未能如愿,还可以有第二次、第三次甚至更多的择业机会,只要在实践中不断积累经验,提高能力,毕业生的择业前景将十分广阔。

 思考题

1. 尝试对自己的职业价值观、性格、兴趣和能力进行探索。
2. 你有朋友在职业生涯中遇到过心理问题吗?他们是如何克服的?

(许亚军)

第十二章
压力挫折与心理健康

案例 12-1　小张的烦恼

> 某大学四年级学生小张,家住农村,家庭经济状况一般。他认为自己有责任挑起家庭的重担,但又觉得力不从心,面临毕业,他心中一片茫然,总担心找不到理想的工作。他学习成绩中等,当看到其他同学都在准备考研究生时,自己也想考,但是又不能集中精力学习。坐在教室里看书时,小张总担心会有人坐在身后并干扰自己,有强烈的不安全感,以致只能坐在角落或者靠墙而坐,否则无法安心看书。他对同寝室一位同学使用电脑时放大音量的行为非常反感,甚至对室友敲击键盘和鼠标的声音也很敏感,有时简直难以忍受,尤其是午睡时总觉得有声音干扰自己,从而睡不着觉,经常休息不好。但他又不好意思跟室友直言,因为觉得为这种小事起冲突,别人会觉得自己太斤斤计较。很长时间都不能摆脱这种心理困境,非常苦恼,严重影响了他的日常生活和学习。

思考题

1. 哪些原因导致了小张的心理困境?
2. 如何缓解小张的心理困境?

第一节　压力概述

一、什么是压力

当今社会正在经历着急剧变化,大学生即使作为青年人中最具活力的代表,在心理和生理上仍然承受着巨大压力。一般而言,大学生所遇到的任何变动或习惯改变都可称为压力,愉快与不愉快的事情都会造成压力,只是不愉快的事件产生的压力程度通常比愉快事件产生的压力程度要高一些。

关于压力的概念可以追溯到 18 世纪,当时"负荷"一词是指物体所承载的外部重量。到了 19 世纪,首次出版了将压力应用于人类体验的医学著作,它是由身心研究的先驱——威廉·奥斯勒编写的。20 世纪 20 年代,加拿大著名内分泌专家塞里博士在实验室中对老鼠的应激反应进行了深入而细致的研究。在此基础上,塞里认为,压力是表现出来某种特殊症状的一种状态。这种状态是由生理系统中应对刺激的反应所引发的非特定性变化中组成的。

国内比较普遍的关于压力的定义,是指由刺激引起的、伴有躯体机能以及心理活动改变的一种身心紧张状态,即压力是人在环境中受到种种刺激因素的影响而产生的紧张情绪。

二、压力的分类

人们在生活中面临的压力并不都是由重大事件引起的,更多的是由轻微而繁琐的小事引起的,如交通堵塞、夫妻矛盾、噪声污染等都是生活中最常见的压力源。

通常根据压力的性质和主观反应不同,可以把压力分为正压力和负压力。正压力是一种积极愉快的、满意的体验,如参加大型的体育活动竞赛、参加节目演出、参加演讲比赛;负压力是有破坏性或不愉快的体验,是一种愤怒、恐惧、担忧和激愤状态,是消极的、痛苦的、想要避免的。其实压力是"正"还是"负",不是绝对不变的,即使是正压力,其强度超过一定限度,也会变成负压力。人体就像弹簧,是有一定承重限制的。限制之内是正压,即"动力";限制之外是负压,即"阻力"。

从压力的规模划分,可以分成大压力和小压力。大压力主要指灾难性的应激。相对而言,小压力是指令人激恼的、使人有挫折感的、令人烦恼的应激,它具有持久性,不如灾难性应激强烈,是由日常生活小事件引起的应激,如不断被打扰、没有足够的闲暇时间、最匆忙的时候手机忘带了、急着出门鞋带断了等等。研究表明,小压力与疾病的关系大于生活变迁与疾病的关系。也就是说,生活中小压力的堆积,对人的心理危害比大事件更大。这就好比"最后一根稻草压断了骆驼的脊梁"。

按压力涉及的范围,可分为家庭压力、工作压力和环境压力。家庭压力指破坏或改变家庭体系的压力,主要涉及家庭变迁、单亲家庭、家庭暴力等;工作压力包括超负荷工作、倒班工作、工作中的决策和责任、工作变动、工作单调等,对于大学生而言就是学业的压力;环境压力包括各种自然灾害、噪音和空气污染、过度拥挤等。

 思考题

你能联系自己的实际生活,谈谈在你身边的不同压力吗?

三、压力的反应

(一) 压力反应的阶段

当一个压力源出现时,人们通常会体验到一种情绪和生理反应模式。例如,当你走在一辆汽车前面,有人按喇叭时会吓你一跳。你经历了惊吓,心跳会加快,血压会上升,手掌、脚掌开始冒汗。这种反应模式通常被称为反抗-逃跑反应,是受交感神经系统活动性增强所控制的。心跳加快和血压升高使个体产生反抗行动或是逃跑反应。手脚出汗也是一种拿起武器或逃跑的准备。这种生理反应通常比较短暂,而且,如果压力源是像有人按喇叭吓你一跳这类小事,你也许不到一分钟就能恢复原态。然而,当人体在面对重大持续性的压力时,则会出现连续性的三个阶段:警觉阶段、抵抗阶段和衰竭阶段,即塞里所称的一般适应症候群。

1. **警觉阶段** 警觉阶段由各种生理变化所组成,这些生理变化可使受威胁的有机体迅速地恢复正常功能。不论压力来源是身体方面(诸如不当的饮食、睡眠不足、疾病或是身体受伤),还是心理方面的(诸如失去所爱的人,或是失去安全感),警觉反应都由几个相同的一般形态的生理变化所组成的,诸如头痛、发烧、疲倦、肌肉和关节酸痛。警觉反应是动员身体的防御系统来保护生命的安全和抵抗力。

2. **抵抗阶段** 继警觉反应之后,人体会出现抵抗阶段。在这个阶段中,人体已发展出对压力来源的抗拒,在警觉反应时期被搅乱的生理历程这时基本恢复到正常状态。但是,如果这种压力一直持续下去,我们的能量就会耗尽,适应能力也跟着下降,最终出现第三个阶段。

3. **衰竭阶段** 假使个体被继续置于压力之中,很可能再也无法维持其抵抗反应,这就会进入一般性适应症状的第三个阶段——衰竭阶段。许多警觉阶段的症状又重新出现,时间久了就会导致身体构造和功能的损害。假使压力来源继续持续下去,则可能导致机体极端衰竭,甚至死亡。

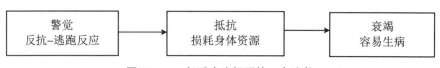

图 12-1 一般适应症候群的三个阶段

(二) 压力反应的表现

大多数人认为压力是一种消极因素,殊不知压力在某种意义上也有其积极的一面。生活在没有压力的环境中是不可想像的——就好比在没有摩擦力的情况下行走,或如同在没有路面支撑力的情况下骑自行车一样是绝对不可能的。压力的积极因素之一是促人上进,从失败中振作起来。例如,一次考试的失败所产生的压力可能会使一个学生卧薪尝胆、发奋学习,最后在期末考试中名列前茅。压力对人的影响因人而异:一些人可能会表现为头痛,另一些人则可能会表现为焦躁不安、恐惧、惊慌等情绪,还有一些人则会产生行为上的变化——改变睡眠方式,改变胃口及性功能等。常见的压力反应主要体现在以下三个方面：

1. **生理反应**　在压力状态下，机体必然伴随有不同程度的生理反应，主要表现在中枢神经、内分泌系统和免疫系统等方面。比如心率加快、心肌收缩力增强、血压升高、呼吸急促、各种激素分泌增加、消化道蠕动和分泌减少、出汗等。这些生理反应，调动了机体的潜在能量，提高了机体对外界刺激的感受和适应能力，从而使机体能更有效地应付外界环境条件的变化。但过度的压力会使人口干、腹泻、呕吐、头痛、口吃等。

2. **心理反应**　压力引起的心理反应有警觉、注意力集中、思维敏捷、精神振奋，这是适应的心理反应，有助于个体应付环境。例如学生考试、运动员参赛，在适度压力下竞争容易出成绩。但是，过度的压力会带来负面反应。短期的压力所引起的负面情绪反应，会伴随压力的消失而消失，不一定会对人产生不良影响。只有长期的压力所引起的负面情绪反应，才会对人的身心健康造成不利影响，导致出现消极的情绪，如忧虑、焦躁、愤怒、沮丧、悲观失望、抑郁等，会使人思维狭窄、自我评价降低、自信心减弱、注意力分散、记忆力下降，表现出消极被动，并由此引起一系列心理疾病，如认知异常、情绪障碍、行为异常等。

3. **行为反应**　压力状态下的行为反应可分为直接反应与间接反应。直接的行为反应是指直接面临紧张刺激时，为了消除刺激源而作出的反应。间接的行为反应是指为了减少或暂时消除与压力体验有关的苦恼，如借酒、烟、麻醉品等，使自己暂时缓解紧张状态。

专栏 12-1　体验一杯水的力量

活动步骤：
(1) 老师举起一杯水，问学生：各位认为这杯水有多重？
(2) 同学们的回答可能各种各样。老师继续说：这杯水的重量并不重要，重要的是你能举多久。
(3) 邀请几位同学现场进行"平举水杯耐力比赛"，并计算时间。
(4) 请参赛同学谈自己的心理感受与认识。
(5) 请观看比赛的其他同学谈心理感受与认识。

教师提问：手举水杯时心里感觉如何？为什么？随着时间推移，比赛继续进行，心里感觉又如何？为什么？观看比赛时心里有何感觉？为什么？

情绪到认识，这是人心理体验的过程。情绪变化因人而异，感觉、认识在同一项比赛中会得出相似甚至一致的结论。一杯水的重量虽不变，但手举得时间越久，越会觉得沉重。这与人们日常生活与工作中承担的压力是一样的，刚开始没觉得怎样，日复一日，月复一月，就会觉得压力越来越大，难以承受。必须先放下这杯水，休息一下，再举起，这样才可以举得更久。对待压力，道理与做法均相同。

思考题

说说你在压力情境中有什么样的反应?

第二节 大学生挫折的原因

专栏 12-2 美国前总统亚伯拉罕·林肯的一生

亚伯拉罕·林肯,第16任美国总统,生下来就一贫如洗,其一生都在面对挫败,八次竞选八次落败,两次经商失败,甚至还精神崩溃过一次。好多次,他本可以放弃,但他并没有如此,也正因为他没有放弃,最终才成为美国历史上最伟大的总统之一。以下是林肯进驻白宫前的简历:

- 1809年2月12日,出生。
- 1818年(9岁),母亲去世。
- 1831年(22岁),经商失败。
- 1832年(23岁),竞选州议员落选;工作丢了;想就读法学院,但未获入学资格。
- 1833年(24岁),向朋友借钱经商,年底,再次破产。
- 1834年(25岁),再次竞选州议员,这次赢了。
- 1835年(26岁),订婚后即将结婚时,未婚妻死了。
- 1836年(27岁),精神完全崩溃,卧病在床6个月。
- 1838年(29岁),争取成为州议员的发言人——没有成功。
- 1840年(31岁),争取成为选举人——落选了。
- 1843年(34岁),参加国会大选——又落选了。
- 1846年(37岁),再次参加国会大选——这回当选了,表现可圈可点。
- 1848年(39岁),寻求国会议员连任,失败。
- 1849年(40岁),想在自己州内担任土地局长,遭到拒绝。
- 1854年(45岁),竞选美国参议员,落选。
- 1856年(47岁),在共和党内争取副总统的提名——得票不足100张。
- 1860年(51岁),当选美国总统,成为美国历史上最伟大的总统之一。

思考题

你在人生道路上经历过哪些挫折? 你是如何应对的?

一、什么是挫折

"人生不如意事,十有八九。"人的一生不可能一帆风顺,从心理学上分析,人的行为总是从一定的动机出发,经过努力达到一定的目标。如果在实现目标的过程中,碰到了困难,遇到了障碍,就会产生挫折。因此,在心理学上,挫折指个体有目的的行为受到阻碍而产生的必然的情绪反应。

大学生在遭受挫折后,常会产生一系列的反应。在情绪上,常表现为强烈的紧张、愤怒、焦虑等。在生理上,会表现为血压升高、心跳加快,易诱发心血管疾病;胃酸分泌减少,会导致溃疡、胃穿孔等。在行为上,甚至表现为对人讥讽、谩骂或拳脚相加和损物伤人等攻击性行为。当然在消极反应的同时,也有一些大学生在遭受挫折后,能采取积极的态度面对现实,审时度势,通过各种努力使问题得到解决,使自己的心态在新的水平上达到平衡。

二、大学生挫折产生的原因

随着我国教育事业的不断快速发展,大学已经成为学生进入社会前的主要实践场所。在大学里,学生会遇到类似于社会中发生的诸多事情,例如在大学里的成绩不理想与在社会中的工作不顺利相类似,学生之间的关系相处与工作中同事之间的关系相处相类似等。学生在校期间遇到挫折是在所难免的事,造成大学生受挫的主要原因有经济困难、自我期望值过高、人际关系紧张、生理缺陷、就业形势严峻等。可见,大学生挫折感的产生不是单纯某一方面的原因,而是受多维因素的影响。基于对当前大学生的挫折原因分析,可见,其挫折感的产生主要受客观和主观两个方面因素的影响。

(一) 客观因素

挫折的客观因素是指由于外界的事物或情况给人带来的阻碍和限制,使人的需要不能满足(动机受阻)而引起挫折。客观因素包括社会环境和自然环境两方面。

1. **社会环境因素** 大学生生活在社会之中,一切政治的、经济的、宗教的、伦理道德的、种族的、家庭的因素以及一切风俗、习惯等,都可能是引起大学生挫折的原因。例如,当今社会飞速发展,高学历人才也与日俱增,致使社会大学生就业的缺口相对减少,毕业就等于失业的压力让大学生时刻怀揣着焦虑心理。又如,在高校学习的一部分大学生,可能来自贫困家庭,他们正常的学习、生活受到冲击,学习积极性受到动摇,这是经济因素导致的挫折。

2. **自然环境因素** 各种非人为力量所造成的时空限制、天灾人祸等,使人的行为无法达到目标而造成挫折的因素属于自然环境因素。例如,自然灾害(台风、地震、洪水等)以及由于自然因素影响而引起的疾病、事故等等。又如任何人都不能实现长生不老、返老还童的愿望,大都难免遭遇生离死别的境况。这些都是人们无法克服的、客观的因素。

(二) 主观因素

生活中不同的人在同一情境中经受同一强度的挫折会有不同的反应,原因就在于个体在主观因素方面具有差异性。

1. **个体条件因素** 个体生理条件(身材、容貌、个性、智力等)的制约,常导致学习、就业、交往和恋爱的受挫。例如,一个高度近视者不能担任飞行员或适应需要良好视力的其他工作。假如一个身材矮小的人想成为职业篮球运动员,那这个愿望显然很难实现,会使他体验到挫折感。一个色盲者无法从事医疗或美术等工作,也会使他体验到挫折感。在这种情形下,需要大学生正确认识环境和认识自己,扬长避短,以积极的心态悦纳自己、悦纳环境。

2. **自我期望水平过高** 期望水平是指个体在从事某种行动之前自我估计所能达到的目标水平。在现实生活中,如果一个人过于自信,过高地估计了自己的能力,就会对自己提出不切实际的要求,制订很高的甚至无法达到的目标或计划,进而产生强烈的挫折感。例如,一位大学生一入学就给自己定了很高的目标:拿特等奖学金、当三好学生。对于这位大学生积极向上的精神应当鼓励,然而这位大学生并不充分了解进入该大学的学生的整体水平,也不十分了解奖学金、三好学生评比的有关规定和要求,主观盲目地给自己制订了过高的目标,一旦其目标无法顺利实现,失败的经历就会给这位大一学生带来挫折感。

3. **动机冲突** 动机冲突(又称心理冲突)是指一个人在某种活动中,同时存在着一个或数个所欲求的目标,或存在两个或两个以上互相排斥的动机。当处于相互矛盾的状态时,个体难以决定取舍,表现为行动上的犹豫不决,这种相互冲击的心理状态,称为动机冲突,动机冲突是造成挫折的一个重要原因。对于大学生而言,丰富多彩的大学生活在为大学生的全面发展提供有利条件的同时,也给大学生带来了选择的冲突。这些动机冲突导致大学生挫折感的出现。一般可归纳为以下四种典型的冲突情境。

(1) 双趋冲突:指两种对个体都具有吸引力的目标同时出现时,形成强度相同的两个动机。由于条件限制,只能选其中的一个目标,此时个体往往会表现出难以取舍的矛盾心理,这就是双趋冲突。"鱼与熊掌不可兼得"就是双趋冲突的真实写照。例如,两门都很感兴趣的选修课,都想去听,但时间冲突,一时难以取舍。

(2) 双避冲突:指两种对个体都具有威胁性的目标同时出现时,个体对这两个目标均产生逃避动机,但由于条件和环境的限制,也只能选择其中的一个目标,这种选择时的心理冲突称为双避冲突。"前遇大河,后有追兵"正是这种处境的真实写照。例如,有些大学生既害怕考试挂科,平时又不愿努力学习。

(3) 趋避冲突:指某一事物对个体有利与弊的双重意义时,会使人产生两种动机态度:一方面好而趋之,另一方面则恶而远之。所谓"想吃鱼又怕鱼刺"就是这种冲突的表现。例如,有些大学生想多参加社会活动,锻炼和发展自己的才能,同时又担心占用太多学习时间,影响学习。

(4)双重趋避冲突:在实际生活中,人们的趋避冲突常常表现出一种更复杂的形式,即人们面对着两个或两个以上的目标,而每个目标又分别具有吸引和排斥两方面的作用。人们无法简单地选择一个目标,而回避或拒绝另一个目标,必须进行多重选择。由此引起的冲突叫作双重趋避冲突。例如,身处学习气氛不浓的宿舍,有的学生想认真学习,但又怕被周围人讥笑;想不理会他们,又担心影响人际关系;想随大流,又觉得虚度光阴,于心不安。

大学生要学会分析和了解引起挫折的原因,从而给自己的大学生活以及将来走上社会做好充分的思想准备。每个人都应当给自己定一个合理的目标,认识到人生的旅程不可能一帆风顺,总不可避免要遇到各种困难和障碍。

思考题

你能联系自己曾经的挫折,谈谈它产生的原因吗?

第三节 大学生常见压力与挫折

大学阶段是人生发展所经历的特殊阶段,大学生面临的压力和挫折必然带有这一阶段的特色。研究认为,目前我国大学生的心理健康状况要远远低于同年龄阶段的其他群体,大学生中有20%~30%的人存在着不同程度的心理问题,其中,存在较严重心理障碍的大学生占总体的10%左右。另一项有关大学生心理疲劳的调查也表明,大学生中有心理疲劳倾向的占26.8%,低度心理疲劳的占13.4%。除了数据统计之外,报纸杂志上也登载了关于大学生跳楼自杀等相关事件的报道,而这些事件大多被认为与大学生面临的压力和挫折有关。对于大学生这一群体,压力和挫折主要集中于学业问题、人际关系问题、经济问题、恋爱问题和就业问题等方面。

一、学业压力

案例12-2 "挂科"的烦恼

小李,某大学二年级学生,自述从大一下学期就开始经常逃课,认为考试前熬夜看几天书就能通过考试,但事与愿违,挂了两门课。新学期开始后仍然不能很好地去课堂听课,坐在教室里总是东想西想,注意力不能集中。他对自己的状态很不满意,很烦恼,非常担心这样下去自己大学毕业时会拿不到毕业证。小李有时甚至不想再读下去,想要退学,但想到父母把未来的希望全寄托在她的身上,就觉得对不起父母。平时不愿回家,小李感到压力很大,也感到很烦恼和迷茫,不知该怎么办。

与中学相比,大学的学习环境、学习任务、学习方法都发生了很大变化。大学的课程多、难度大、要求高，最大的差别是大学学习更强调自学和独立思考的能力，学习时间由自己掌握，教师很少像中学那样对学生进行指导。面对这样的环境，很多大学生不知道该如何安排自己的学习时间，不知道该学习些什么，也不知道该如何学习。如果学生在入学初期没有做好心理准备，对高校的学习适应不好的话，就可能出现考试成绩低于期望值或者忙忙碌碌一学期却感觉没有收获的情况，从而产生压力。

进入大学后，很多大学生的任务重心发生了转移，他们愿意多参加一些社团组织来锻炼自己的能力，而不再把主要精力集中在学习上，因而学业挫折是大学阶段常见的挫折之一。例如，对所学专业不感兴趣、学习吃力、自己感兴趣的课教师讲得乏味、考试失败等，都会让大学生感到没有前途，从而产生挫折感。

现代社会的飞速发展对大学生提出了更高的要求，进入大学后扑面而来的英语四六级考试、计算机等级考试、各类职业资格考试以及各种考研热、考博热、出国热，这些大小不一的种种考试都给广大学生带来了巨大的压力。

二、人际关系压力

案例 12-3　宿舍人际关系危机

小陈，男，某医学院在校学生。他在咨询室中说道："某天早晨，正在睡梦中的我被一阵声响吵醒，当时我就喊道'一大早搞什么啊，吵死了'，这时传来室友小何的声音'太阳都晒到屁股啦，还早？真可笑！'继而哼起了小曲。"在这之后，只要宿舍一遇到事情小陈就觉得其他室友都在针对自己，帮助小何。他一回到宿舍便心情郁闷，慢慢地就脱离了群体，把自己封闭起来。小陈与室友关系越来越差，逐渐成为了宿舍的"边缘人"，宿舍的集体活动不再参加，觉得待在宿舍有一种窒息感。之后他又开始自责，是不是那天早晨自己太冲动，应该忍一忍。时间一长，小陈发现自己与人相处变得很小心，不敢表达自己的想法，不管跟谁发生矛盾，都认为是自己的错，然后深深自责，或者把怨气都闷在心里。有时强烈希望改变自己，虽然做过很大的努力，但一直得不到明显改观，内心非常苦恼。非常担心毕业后不能适应社会生活。近来更是觉得自己一无是处，极度自卑，没有勇气参加任何活动。

大学生进入大学后，人际交往的需求特别强烈，他们渴望融入新的社会关系网络，渴望通过人际交往去认识世界，获得友谊和支持，但是由于周围同学来自全国各地，不同的生活习惯、成长经历、性格、爱好等使大学生的人际关系客观上比以前的生活环境复杂，而大学生的交往知识和技巧相对匮乏，彼此在交往中难免会有冲突。如有人爱干净、讲卫生，有人则没有养成注意保持个人及环境卫生的好习惯；有人作息有规律，早睡早起，有人作息则毫无规律，随兴熬夜；有人喜欢安静，在宿舍里自习，有人则性格活泼，不拘小节，经常在寝室里煲电话粥或者大声呼叫等等。人与人之间的差异，是大家每天都要面对，无法躲开的。时间一长，小矛盾、小摩擦积累到一定程度就会以外部冲突与激化的形式爆发出来，直接导致寝室里的人际关系高度紧张，造成大学生巨大的心理压力。

其次，当今大学生以自我为中心的思想意识较强烈，只关心自己的利益和兴趣，不关心他人，忽视他人的利益和处境，不会换位思考等，都让大学生难以找到知己，形成人际关系危机。

另外，有些大学生由于自我评价不恰当，或自命不凡或畏缩不前，无法与他人和谐相处，人际关系紧张，自然会产生心理挫折。

三、经济压力

案例 12-4　贫困生小吴

> 小吴，大一学生，家庭贫困，课余时间在学校附近的餐馆做服务员以挣足生活费。最近遇到同班几位男生到该餐馆就餐，很鄙视地盯着正在勤工俭学的小吴，嘴里还冷嘲热讽的，小吴每每想起来心里都觉得不是滋味。有时同学要小吴一起出去吃饭，去吧，没有那么多钱；不去吧，又觉得不合适，怕别人说自己"小家子气"。这样的尴尬时刻还有很多，但最后总被虚荣心所压服，每次出去消费之后，生活就陷入了困境之中。"家里贫困让我感到很自卑，自卑让我觉得低人一等，不敢正视别人，不敢发表自己正确的见解，不敢和别人交流，更不敢和老师对话，人多的场合我只能偷偷地逃离。"

在大学校园中，有这样一部分学生，其父母为工薪阶层或出生农村贫困家庭，供子女读书的经济负担很重。这一部分学生可能要承担更多的心理压力，他们不得不节衣缩食，利用闲暇时间勤工俭学，但又常常担心自己被人瞧不起，从而产生压力和挫折。

四、恋爱压力

案例 12-5　只有我没有男朋友

> 小王，大三学生，向咨询师表示她现在最害怕过周末。因为以前周末室友们都会在一起过，逛逛街、吃吃饭、看看电影。但是现在大三了，室友们都有了男朋友，一到周末，就她一个人留守在宿舍。最难受的是室友们约会回来后，兴高采烈地交流着与男友今天都去哪些地方玩了、吃了什么、看了什么电影，唯有她无法插上话。时间一久，她也不知道自己是怎么了，是不是长得不美，是不是个性不好，是不是……总之，她对自己产生了很多怀疑，觉得自己不够好，所以才没有男友。这样的困惑一直缠绕着她，现在的她对自己越来越没有信心了，觉得自己什么都做不好。

随着生理的成熟，性意识的觉醒，大学生渴望与异性亲密接触，向往美好的爱情。埃里克森的理论也提出，在成年初期，个体的主要任务是发展亲密关系。恋爱是这个时期的个体正在经历或已经经历的过程。但是在爱情中，会有一系列复杂、独特而微妙的情感体验，成为焦虑、紧张、挫折的来源。有的学生想恋爱，但又担心父母不同意，担心对方不接受自己等，各种心理冲突都会对大学生产生压力。有的学生因失恋变得情绪低落、自卑感强烈,影响学习,甚至产生自杀、杀人等不良行为。另外有一部分大学生,就如案例12-5中的小王,渴望恋爱,但又苦于找不到对象,进而产生自卑心理。

五、就业压力

案例 12-6　担心"毕业即失业"的小杨

> 小杨,大三学生,上大学后学习很努力,但成绩并非名列前茅。看见大四的师兄、师姐们天天为工作奔波,他想到自己前途渺茫,出现烦躁焦虑的情绪,感觉压力很大。这在一定程度上影响了正常的学习生活和人际交往。在大四的师兄、师姐们找工作的时候,小杨也去感受过招聘现场的严峻形势,听过几位师兄、师姐们讲就业的压力很大而且用人单位的要求很高。他想到自己什么都不会,很担心自己毕业找不到一份满意的工作,特别害怕辜负了父母,所以总是很焦虑很烦躁,注意力难以集中,情绪低落,学习效率低,爱发脾气。

随着连续多年的高校扩招,大学生就业形势日趋严峻,使得部分在校大学生产生"毕业之际就是失业之时"的压力和挫折。在择业过程中,当主观愿望与客观实际、理想与现实发生脱节时,不少大学生便惊慌失措,产生种种心理障碍,陷入长时间不良情绪的困扰而不能自拔,有的甚至走入极端,造成严重后果。

专栏 12-3　寻找压力源

> 压力源又称应激源或紧张源,是导致个体产生压力反应的情景、刺激、活动和事件。解决压力的前提,是先要精确地找到自己的压力源,了解压力是怎么来的。这就可以使用压力日志。在一天之内,每小时一次,详细记录自己所遇到的压力事件,评价压力大小以及描述由压力引发的心理感受,对那些容易带来压力的事件应当给予高度关注。压力日志内容如下:
> 你有多高兴?(评分是1~10)
> 你有多压抑?(评分是1~10)
> 你喜欢自己的学习/工作吗?
> 你现在的学习/工作效率如何?
> 另外,任何时候发生了可能带来压力的事情都应当及时记录,不一定是在上述规定的记录时间内发生的压力事件。
> 发生了什么?
> 是在哪里发生的?
> 你有多压抑?(评分是1~10)
> 你是怎样处理的?
> 连续记录两个星期,自己就可以发现一些规律。寻找那些重复发生的压力事件,认真体会它们带给你的内心感觉以及个人对压力的处理方式,以便更好地管理压力。

第四节　大学生压力管理与挫折应对

专栏 12-4　压力应对能力测验

> 下面是一个测验,它可以测验出你应付压力的能力大小。
> (1) 你有一个支持你的家庭吗?
> (2) 你是否以积极的态度执著追求一种爱好?
> (3) 你是否参加每个月有一次集会的社会活动团体?
> (4) 根据你的健康、年龄、骨骼结构情况,你的体重保持在"理想"状态以内吗?
> (5) 你经常做一些所谓的深度放松吗?至少一周要做 3 次,这包括安神、静思、想像、瑜伽等。
> (6) 你每周有几次半小时以上的身体锻炼呢?
> (7) 你每天至少吃一顿营养丰富且全面的饭菜吗?
> (8) 你每周都做一些你真正喜欢做的事情吗?
> (9) 你在家中备有专门供你独处和放松的房间吗?
> (10) 你在日常生活中很会巧妙地支配时间吗?
> (11) 你平均每天至少抽一包香烟吗?
> (12) 你每周是否至少有一晚要依赖于饮酒或吃安眠药入睡?
> (13) 你每周是否至少有一次要靠饮酒或镇静药来稳定急躁情绪?
> (14) 你是否经常因白天的工作做不完而开夜车?
> 评分标准与结果分析:
> (1) 是,加 10 分　　(2) 是,加 10 分　　(3) 是,加 10 分
> (4) 是,加 15 分　　(5) 是,加 15 分　　(6) 是,加 5 分
> (7) 是,加 5 分　　(8) 是,加 5 分　　(9) 是,加 10 分
> (10) 是,加 10 分　　(11) 是,减 10 分　　(12) 是,减 5 分
> (13) 是,减 10 分　　(14) 是,减 10 分
> 理想的得分应该是 115 分。得分越高,你对付压力的能力就越强。如果你的得分在 50~60 分以上,证明你已具备了应付一般性压力的能力。
> 注:本测验的结果仅供参考。

因为每个人经受压力和挫折时的心理状态不同,对压力和挫折的认知、态度、评价、理解不同,导致不同的人在同一情境中受到相等强度的压力和挫折时,会有不同的反应,压力管理和挫折应对的表现也有明显的不同。大学生压力管理和挫折应对的策略主要有以下几点。

一、认知重构,正确归因

在生活中,人们经常会对自己行为的成功与失败进行归因。归因中,有些人倾

向于外部归因,认为外部复杂且难以预料的力量是主宰行为的原因。这种外部力量可以是运气、机会、命运、他人的权力、自然界的力量等无法预料和支配的因素。例如一个学生认为自己成绩不好,主要是由于教师教学能力有限或是考卷难度太大等方面的原因。有些人则倾向于内部归因,即认为自身的努力、能力是影响事情的发展与行为结果的主要原因。例如,一个学生认为自己成绩不好是由于学习不够努力造成的。

一般来说,进行内部归因的学生对自己的行为与学习有更多的自我责任定向与积极态度。但是从对失败的归因方面来看,由于他们倾向于把原因归于主观因素,就容易自我埋怨、自我责备。如果这种自责、悔恨过度,就会给他们带来挫折感和心理损伤。

因此,大学生要学会进行正确归因,对造成压力和挫折的原因进行实事求是的分析,弄清压力和挫折的原因到底是外部的,还是内部的,或是内、外部两种因素相互交织,共同起作用的。正确的分析和归因,是应付和解决压力和挫折的必要基础。

专栏 12-5　合理情绪疗法

合理情绪疗法也称"理性情绪疗法",是帮助求助者解决因不合理信念产生的情绪困扰的一种心理治疗方法。它是20世纪50年代由阿尔伯特·艾利斯在美国创立的。合理情绪疗法是认知心理治疗中的一种疗法,因它也采用行为疗法的一些方法,故被称为认知—行为疗法。其理论认为引起人们情绪困扰的并不是外界发生的事件,而是人们对事件的态度、看法、评价等认知内容,因此要改变情绪困扰不是致力于改变外界事件,而是应该改变认知,通过改变认知,进而改变情绪。艾利斯认为外界事件为 A(Activating Events),人们的认知为 B(Beliefs),情绪和行为反应为 C(Emotional and Behavioral Consequences),因此其核心理论又称 ABC 理论。

不合理信念就是个体内心中不现实的、不合逻辑的、站不住脚的信念,即那些绝对化的、过分概括化的、极端化的思想认识。艾利斯在1962年总结出来了自认为具有普遍意义的、通常会导致各种各样神经症症状的11种主要的不合理信念。心理学家韦斯勒将不合理信念简化为三个主要特征:绝对化要求、过度概括化和糟糕至极。

1. 绝对化要求　个体以自己的意愿为出发点,认为某一事物必定会发生或不会发生的信念。这种特征通常是与"必须""应该""最好""一定"这类词联系在一起,如"我必须获得成功""我必须拿奖学金"等等。当某些事物的发生与其对事物的绝对化要求相悖时,他们就会受不了,感到难以接受、难以适应,并陷入情绪困扰。

> 2. 过度概括化　这是一种以偏概全、以一括十的不合理思维方式的表现。一方面，表现为对自身的不合理评价。自己做错了一件事就认为自己一无是处，以某一件或几件事来评价自己的整体价值，其结果往往是导致自罪自责、自卑自弃，从而产生焦虑和抑郁等情绪。另一方面，表现为对他人的不合理评价。别人稍有一点对不住自己，就认为他坏透了，完全否定他人，一味责备他人，从而产生敌意和愤怒等情绪。
>
> 3. 糟糕至极　一种把事物的可能后果想像、推论到非常可怕、非常糟糕，甚至是灾难性结果的非理性观念，进而陷入极度的负性情绪体验中。

二、正确认识，评价自我

案例 12-7　自我定位错误的小汪

> 小汪，从某边远地区考入某二本院校。进校后的第一学期，小汪表现积极，参加了五个学生社团，担任学生会干部，积极参加各项活动。用她自己的话说，"就是要把自己塑造成全面发展的高素质的人才"。她的理想是尽快完成大学本科学业后，考入超一流大学攻读硕士学位，然后到国外读博士学位。可由于她的基础较差，第一学期就有五门课程不及格，面临退学的危险处境，还陷入了过度的自卑和自责中，情绪波动很大，不能自拔。

案例 12-7 中的小汪，在中、小学期间经常受到老师的表扬和邻居的好评，因此在她的自我意识中，认为自己是最优秀的，自己做的事情都是对的，自我评价过高。在进入大学后，没有能形成正确的自我认识，对自己的学习发展定位明显偏高，诸如一学期参加了五个社团，没有根据实际情况进行自我调整，人为地制造了很多的压力情境和挫折体验，导致自我情绪起伏较大，学习成绩下降。小汪过于看重过去经历，忽视了对现实中自我的正确评价，没有给自己正确的定位。其实，上大学后，环境变了，应结合实际，实事求是地确立自己的目标，一步一个脚印，把自己放到新的参照体系中去认识自我，评价自己，调整自己的行为，才能尽快地适应大学全新的学习生活，才能使自己获得真正的发展。

三、建立友谊，获得支持

大学生在面对挫折时，除了积极改变自我之外，还应学会交往，与他人建立良好的人际关系，获得社会支持，这对压力的缓解也是很有帮助的。交往是人们为了交流思想和感情而彼此间相互作用的过程，它使人们在关系互动过程中相互了解、相互依赖，形成稳定的心理联系，满足人们的情感需要。俗话说，"当局者迷，旁观者清""一个篱笆三个桩，一个好汉三个帮""三个臭皮匠，顶个诸葛亮"。不要羞于开口，主动寻求帮助并不意味一个人无能，恰恰相反，这是心理成熟的表现。同时，由交往形成的人际关系又可以满足人的归属、情谊、认可等社会性需要。因此，学会交往、建立友谊、获得支持是提高大学生应对挫折压力的有效手段。

四、学会放松，锻炼身体

放松训练，又称松弛训练，它是按一定的练习程序，学习有意识地控制或调节自身的心理生理活动，以达到降低机体唤醒水平，调整那些因紧张刺激而紊乱了的功能的方法，是应对压力的很重要的技巧之一。在压力的情况下，人的心理和生理都会发生变化，放松训练即通过意识控制使肌肉放松，同时间接地松弛紧张情绪，从而达到心理轻松的状态，有利于身心健康。放松是忙碌者最好的运动方式，它不需要任何精心准备，操作简单又无需花钱，而且随时可以实施。心理学上常用的放松技巧有腹式呼吸、冥想、生物反馈等等。另外，练习瑜伽、进行喜爱的活动（如烹饪、阅读、运动等）、听舒缓的音乐、养宠物等等也是可以随时随地在日常生活中进行的放松方式。

运动是身心减压的好方法。科学研究发现，进行一次良好的运动，能够加速身体分泌"感觉良好"激素，即 β-内啡呔——当大脑处于清醒松弛的状态时，会分泌这种有益的激素，这种激素的化学结构与毒品吗啡的分子结构十分相似，因此又称为"脑内吗啡"。经常性的运动对人体有以下诸多益处：降低血压、降低血脂、提高肺活量、改善血液循环系统功能、有助于脑电波稳定、减轻肌肉的紧张程度、改善流向大脑的血液以及大脑内部的血液流动。

怎样才能通过运动科学缓解压力呢？首先，从参加一些运动量小、较为缓和的运动项目开始，比如慢跑、打太极拳等，使心情平静下来，然后再逐渐过渡到运动量大的项目。如果压力是来源于工作上的，那么就参加一些以相互配合为主的集体运动，如篮球、排球等，通过这些运动在集体协作、默契配合中享受愉悦、快乐、幸福，使忧烦的心绪得以排解。

其次，变换运动环境。人都有一种求新求异的心理，变换环境其实就是满足了这种心理，一旦环境变化就会对缓解压力起到意想不到的效果。比如，经常在室内工作的人，到户外去爬山，到小树林里去跑步，会感觉轻松愉快。

第三，运动前调节心理有利于在运动中更好地释放压力。比如在安静的地方闭目养神，做几次深呼吸；或对着镜子对自己鼓励；或听一段喜欢的音乐，转移注意力，以达到最好的放松、减压的效果。

第四，运动时必须想到呼吸，让它匀称，注意阳光、天空和风，使身体有新的感受，必须让思想腾飞。

第五，不要固定进行某一项体育锻炼，而应多项体育运动交替进行。如果只从事某一项体育运动，则易引起单调感。进行不同内容的体育运动，既能改变情绪，又可扩大视野，在精神上、身体上都会得到好处。

第六，运动后吃碱性食物。一般正常人的体液呈弱碱性。人在体育锻炼后，感到肌肉、关节酸胀和精神疲乏,其主要原因是体内的糖、脂肪、蛋白质被大量分解,在分解过程中,产生乳酸、磷酸等酸性物质。这些酸性物质刺激人体组织器官,使人感到肌肉、关节酸胀和精神疲乏。此时应多食用牛奶、豆制品、蔬菜、水果等碱性食物,中和体内的酸性成分,缓解疲劳,当然也有利于调节不良心绪。

专栏 12-6　学会放松

放松训练的常见步骤如下:

(1) 以舒服的姿势坐下来:闭上眼睛,让自己尽量放松。仔细听你所能听到的所有声音,在心里把这些声音列出一个单子。你会感到惊讶,原来,你周围有这么多种不同的声音。确保所有的声音都列入了你的清单。现在,握紧右手,其他部位仍旧放松。把右手握得越来越紧,注意体会右手的紧张。握紧右手,体验右手和前臂的紧张……现在放松,把右手手指松开,注意体验放松的感觉。全身放松。深深地吸气,深深地呼气。

(2) 左拳重复上述过程:左拳握紧,身体其他部位放松。把左拳握得越来越紧,体验左拳的紧张和不适……放松。体会手和臂放松时紧张逐渐消失的感觉。随着紧张的消除,你会觉得手臂变得越来越沉重、越来越舒服。放松全身。深深地吸气,深深地呼气。

(3) 现在,握紧双拳,曲肘,绷紧二头肌……继续,让你的双臂绷紧,越来越紧张……双拳紧张,前臂也紧张,体会这种感觉……现在放松。你的手变得松弛和沉重,你的胳膊沉重、放松。体会紧张的消失,注意体会。现在让这种放松、沉重的感觉弥漫全身,你越来越放松。深深地吸气,深深地呼气。

(4) 现在,皱紧前额,皱紧……现在放松。别再皱额头,让它放松。放松前额,头皮越来越平和。接下来,紧紧地皱眉,让额头也皱起来,体会紧张的感觉……放松。消除紧张,让前额更加松弛。随着紧张的消逝,前额越来越放松,越来越平和。现在,收紧下颚,咬紧牙关,让下颚和喉部紧张……现在放松,让下颚松弛、放松,体会紧张从面部消逝;你的前额很松弛,头皮很放松,你的下颚和喉部也放松。让放松的感觉扩展开来。

(5) 现在拉紧腹肌,使腹肌紧张:保持紧张,注意体会……现在放松。让你的腹部完全松弛,紧张逐渐离开你的躯体,松弛的感觉扩展到胸部……肩部……前臂。现在,你的全身非常放松,紧张逐渐消失,继续放松,体会更深的放松。

(6) 现在绷紧臀部和大腿:用力压紧你的脚跟,绷紧大腿。注意体会大腿和臀部的紧张和不适。现在放松,继续放松,温暖、沉重、舒适的感觉进入你的身体,这种放松的状态逐渐扩散,逐渐加重。注意体会放松的感觉,体验紧张和放松之间的区别。

> (7) 自然、平静地呼吸，继续放松身体的各部分，手臂……肩部……胸部……腹部……大腿……小腿。让全身的肌肉都放松。继续放松，放松，越来越放松。深深地吸气……慢慢地把气呼出来……放松。眼睛仍然闭着，身体的所有肌肉变得放松和沉重。在这种深度放松的状态中，你觉得一点儿都不想动，不想移动你身体的任何一块肌肉。现在，设想自己要举起右臂，当你这么想的时候，看你是否感觉到肩部和手臂隐隐地有些紧张。现在，你决定不抬手臂了，你要继续放松，体验全身松弛的感觉……肩臂的紧张逐渐消失……很好……你可以让自己完全放松，这是很容易的，你觉得很舒服，浑身越来越沉重……越来越放松。安静地躺在那儿，自然地呼吸，惬意、温暖、舒适的感觉从你全身散发出来，你觉得很快乐。保持这种状态，继续放松……
>
> (8) 你想起来的时候，你可以起来。从4倒数到1，你会感到清醒、镇静、精神振奋。

五、磨炼意志，克服困境

意志是指一个人自觉确定目的，根据目的支配、调节行动，克服困难，从而实现预定目的的心理过程。意志是人类特有的心理现象，它是反映人的心理健康水平的指标之一。人生的道路上没有坦途。面对生活中的不如意，意志坚强者坦然面对，意志脆弱者消极应对。良好的意志品质是大学生学业成功的保证，也是大学生心理健康的基础。

在人的意志行动过程中，主要的意志品质有自觉性、果断性、自制性和坚韧性。意志品质是衡量一个人意志力强弱的标准。然而大学生的意志力存在许多不够成熟的方面，比如盲从与独断、优柔寡断、自制力差、缺乏恒心等。大学生要有意识地培养自己的意志品质，讲究方法，循序渐进。磨炼意志最主要表现在行动上，而不是停留在口头上。"与其临渊羡鱼，不如退而结网"，与其坐而论道，不如起而行动。学习之余，大学生应积极参加社团活动，到企业实习，在实践中学会克服困难、战胜挫折、磨炼意志。例如，团中央、教育部启动的大学生志愿服务西部计划，为大学生提供了更多的实践锻炼平台，广大高校毕业生志愿到西部最艰苦的地方，为当地的经济社会发展贡献自己的青春和力量，在实践中开阔了视野，增强了适应环境的意志品质。付诸行动要从小事做起，从今天做起，日积月累，就会有所收获。

专栏 12-7 意志力培养的方法

> (1) 每天都要让自己做一件原来不愿意做的事。
> (2) 把每一件小事做好，做完美。
> (3) 每天要坚持读一篇难文章。
> (4) 每天坚持爬100级楼梯。
> (5) 每天坚持至少向10个人微笑和表示赞扬。

(6) 每天坚持做一件不求回报的善事。

(7) 自我肯定也非常重要。要经常对自己说：我是一个有意志力的人！我能圆满地完成自己每天的任务，获得应有的成长！我能控制我的情绪和欲望，让它们朝着积极的方向发展！

六、积极应对，战胜挫折

大学生在遭受挫折后，常会产生一系列的反应，其反应性质可能是积极的，也可能是消极的，或者积极和消极并存。这既与挫折本身的性质有关，又与大学生如何看待和把握它有关。一些大学生在遭受挫折后，能采取积极的态度面对现实，审时度势，通过各种努力使问题得到解决，使自己的心态在新的水平上达到平衡。这是一种理智性的反应，比如升华、补偿、幽默等。一些同学在遭受挫折后，由于对挫折的容忍力弱，伴随强烈的紧张、愤怒、焦虑等情绪反应，作出一些盲目和冲动的举动，这些都是消极的反应。大学生中常见的消极反应有：攻击、倒退、固执、逃避等。

专栏 12-8　心理防御机制

心理防御机制是弗洛伊德提出的心理学名词，是指个体在面临挫折或冲突的紧张情境时，其内部心理活动中具有的自觉或不自觉地解脱烦恼、减轻内心不安以恢复心理平衡与稳定的一种适应性倾向。心理防御机制的积极意义在于能够使主体在遭受困难与挫折后减轻或免除精神压力，恢复心理平衡，甚至激发主体的主观能动性，激励主体以顽强的毅力克服困难、战胜挫折。其消极的意义在于使主体可能因压力缓解而自足，或出现退缩甚至恐惧而导致心理疾病。常见的心理防御机制有以下几种：

1. 否认　指拒绝承认现实的某些方面，借以减轻焦虑和痛苦的一种心理防御机制。

2. 压抑　指一个人把不能被社会或自己意识所接受的欲望、情感和行为，在不知不觉中压抑到潜意识中去，使自己意识不到，而使内心保持"纯洁""安宁"。

3. 退行　指人们在受到挫折或面临焦虑时，放弃已经学到的比较成熟的适应技巧或方式，而退行到早期生活阶段的某种行为方式，以原始、幼稚的方法来应付当前情景，降低自己的焦虑。

4. 投射　指一个人把自己的过失归咎于他人，或者将自己内心那些不能为社会规范或自我良心所接受的感觉、欲望、意念等放到别人身上，以掩饰自己，逃避或减轻内心的焦虑与痛苦。

5. 反向作用　指一个人表现出与自己的欲望、动机、观念等截然相反的态度和行为，以减少焦虑，维护安宁。

6. 幽默　指以表面的开心欢乐来不知不觉地化解挫折困境、尴尬场面和内心的失落。

7. 隔离　指把部分的事实从意识境界中加以隔离,不让自己意识到,以免引起精神上的不愉快。

8. 补偿　指当个体因本身生理或心理上的缺陷致使目的不能达成时,改以其他方式来弥补这些缺陷,以减轻其焦虑,建立其自尊心。

9. 转移　指一个人把对某一对象的欲望、情感或行为意向不自觉地转向其他对象上去,以减轻自己的心理负担。

10. 抵消　指一个人以象征性的动作、语言和行为,来抵消已经发生了的不愉快的事情,以弥补内心的愧疚。

11. 合理化　指一个人给自己的行为或处境寻找能为自我和社会认可的理由的做法。

12. 升华　指一个人将被压抑的本能欲望导向为人们所接受、为社会所赞许的活动上面来。

七、有效沟通,减少压力

案例 12-8　被误解的烦恼

小张最近很郁闷,毕业论文第一次答辩没有通过,如果第二次答辩还不能通过,可能会影响毕业。小张打电话给指导老师,想请指导老师予以帮助。没想到指导老师回答说,你知道为什么没写好吗?主要是你的态度不端正。小张觉得很委屈。找到了辅导员周老师,周老师问他,是不是像指导老师说的没有认真准备?小张说,指导老师真的误会我了,我对毕业论文十分重视,也查了许多资料,这点同学可以作证。周老师又问,在写论文的过程中,和指导老师沟通过几次?小张说:"只在开题的时候和指导老师见了一次面,其余时间主要是通过电子邮件的方式和老师沟通。指导老师说了,论文中有些问题,只靠邮件是解释不清楚的,希望到学校来当面讨论指导。可是我忙于找工作,没有去。周老师,你看我怎么办?"周老师当着小张的面打了电话给指导老师,指导老师的回答还是认为小张态度不认真。经过周老师的解释,指导老师答应与小张第二天见面沟通。

思考题

为什么指导老师认为小张写作论文的态度不端正?

所谓有效的沟通,是通过听、说、读、写等载体,通过演讲、会见、对话、讨论、信件等方式将思维准确、恰当地表达出来,以促使对方更好地接受。生活中的许多压力和挫折都源于无效、错误的沟通,不仅说的内容会引起误解,说的方式也会引起误解。这就要求我们学习一定的沟通技巧。所谓沟通技巧,是指人具有收集和发送信息的能力,能通过书写、口头与肢体语言的媒介,有效与明确地向他人表达自己的想法、感受与态度,亦能较快、正确地解读他人的信息,从而了解他人的想法、感受与态度。沟通技能涉及许多方面,如简化运用语言、积极倾听、重视反馈、控制情绪等等。案例12-8中的小张完全可以采用和指导老师面对面沟通的方式,认真聆听老师的意见,及时作出回应,减少自己的压力与挫折体验。

专栏12-9　沟通技巧

(1) 表达准确直接,尽可能清楚地将你的想法用语言表达出来。
(2) 对事不对人,把沟通的焦点放在问题上,避免人身攻击。
(3) 不要让第三方帮你传话,最有效的沟通是面对面的交流。
(4) 遇到问题就解决问题,不要回避。
(5) 注意倾听对方的表达,避免误解对方的意思,并及时回应。
(6) 主动澄清误解。

(丁伶灵)

第十三章
心理障碍及其防治

案例 13-1　心理医生手记

已经是晚上 10 点多,我在电脑边工作。手机突然响起。

"喂,你好!"我非常亲切地说。

那边是抽泣声,听得出是一位年轻的男性。

"你不要着急,慢慢跟我说。"我试探性地安慰着。

那边仍然是抽泣、沉默。过一会儿才说:"我不想活了,我想死……"听得出他很激动。

"什么问题? 你跟我讲,我尽量帮帮你。"

沉默了很久。

"你知道我的电话? 你是本校的学生吗?"我努力在判断。

"嗯……"

"既然给我打电话,你肯定相信我! 我是心理医生,又是老师(非专业语言),我认为什么问题都会有办法的。你不妨和我说说,我帮帮你!"

他开始平静下来,倾诉他非常悲伤和痛苦,他心情低落,欲哭无泪……

我坚定地说:"你这是情绪障碍,并不复杂,是可以治好的!"

他不语,但未表明态度。

"你知道,病都可以治愈嘛! 你的问题我能帮助你解决,你周六下午去我的门诊直接找我,你不需要挂号,我能帮你解决。"

"嗯……"他显然答应了。

"你能告诉我你的主要个人信息吗?"

他告诉了他的年级和专业,表示愿意去我的门诊。

我继续予以安慰,巩固关系,告诉他门诊的地址及就诊的注意事项。

思考题
1. 你能看出这位大学生的心理问题吗?
2. 他的心理痛苦有可能是哪种心理障碍?

第一节 心理障碍概述

一、什么是心理障碍

人的心理活动宛如江河之水奔流不息,时而风平浪静,时而汹涌澎湃;既有碧波荡漾,也有暗礁浊流。这意味着我们每一个人,无论是普通人、伟人还是明星等,在享受着阳光灿烂感觉的同时,也体验过刻骨铭心的痛苦,这种痛苦甚至可能达到严重影响生活、学习和工作的地步。我们将这些表现各异且程度不等的、非正常的心理活动统称为心理障碍(Mental Disorder),也称为精神障碍、异常心理、变态行为和行为障碍等。狭义的心理障碍是指达到"病"的程度并符合症状或综合征诊断的类别。

其实,人的正常心理和异常心理是相对的。人的心理状态几乎每时每刻都在随着外界环境的改变而不断地发生变化,并且也随着某些内在的生理、心理环境的改变而变化。无论从人类生命发展历程的纵向观察,还是从心理现象展开的横断面考察,都不存在心理上始终如一、完美无缺的人。同样,在心理活动的所有方面完全变态的人也基本上不存在。正常心理和异常心理是一种相互交叉、相互移行、相互转化和不断演变的动态过程,人的心理健康状态也只能是不断变化和相对稳定的连续体。如果把这一连续体的一端假设为最佳的心理健康状态,而将另一端假设为最严重的变态,则中间就是一个渐变的序列。我们每一个人在其生命过程中,在心理现象的各个方面,都在这条轴线上的一定范围内不停地移动着。心理的正常及其偏移状态是生命的组成部分,正常心理与异常心理是一个相对过程。

当一个人出现心理异常时,有时表现得非常明显而强烈,让人一目了然;有时表现得却十分隐蔽,特别是对于那些尚处于潜伏期或早期的、症状轻微到难以觉察到的异常,判别其心理活动的正常与否有时是非常困难的。而目前医学和心理学尚未找到区别两者的生物学指标和绝对的社会学标准。这就使得我们对自己的异常心理和行为要保持必要的警惕性。

二、心理障碍的特征

心理障碍是对许多不同种类的心理、情绪和行为失常的统称。了解心理障碍的特点有利于我们对异常心理的识别,也有利于对心理健康的维护。

1. **心理障碍是统计学的偏移** 判断一个人的心理是否正常,一个普通的方法是将他的行为与社会上的大多数人进行量化比较,看是否一致,如果不一致就有可能是不正常。这种量化研究和描述的方法称为统计学标准。此观点认为,人的行为是呈正态分布的,大多数人的行为处于中间状态,变态是少见的行为,即统计学的偏移。按此观点,极端的内向或外向、极度的兴奋或抑郁都不正常。例如智力,当一个人的智商小于 70 时,我们将考虑他的智力不正常。但是,人们的大多数行为是不能定量的。即使是智力,我们也只能确定智商低者为异常,而不能认为高于常态分布是异常。

2. **心理障碍是社会规范的偏离** 心理障碍偏离或违反社会规范是显而易见的,例如,反社会人格障碍、某些性变态、精神患者急性期的攻击行为等,他们的行为往往与社会标准相抵触,因此可以用此标准来衡量。但此标准的缺陷不是太宽就是太窄。例如,政治犯和性交易者行为是违反社会规范的,但目前还不是变态心理诊断系统的内容;而严重焦虑或抑郁通常不违背社会规范,却是明显的异常。此外,文化的多样性显著地影响着社会规范标准。同样的行为,在不同的文化环境中或在不同的历史阶段中都有不同的标准。

3. **心理障碍是个人痛苦的体验** 一个人对自己心理或行为痛苦的主观体验是衡量是否存在心理障碍的重要特征。焦虑、抑郁、恐惧和强迫行为等,是人们经常感觉到的异常心理,也往往是患者求治的主要原因。无论是心理医生还是其他人群,均能意识到有明显内心痛苦体验的人,都存在着不同程度的异常。这是我们在判断心理和行为的正常和异常时使用最多的主观体验标准。但是,此标准不能排除所有的异常,即没有主观痛苦体验的人不一定没有心理障碍。例如,大多数反社会型人格障碍和严重的精神分裂症患者可能自我感觉良好,而实际上已经有严重的障碍。另一方面,具有主观痛苦的感觉也不一定是变态,例如,饥饿或分娩时的体验就不被认为异常,而属于其他情况。

4. **心理障碍是行为功能的异常** 变态行为的重要特征是异常行为导致个人生活领域的心理功能低下(Disability)或功能障碍(Disfunction),包括个人社会功能或职业功能、生活能力和人际关系能力低下等。此特征在变态心理中十分普遍,如智力低下、分裂症、抑郁症等,都有不同程度的功能障碍或低下。行为功能障碍在很多情况下被作为评价心理障碍严重程度的必要条件或标准。当一个人的心理或行为异常尚不足以影响他的职业功能和日常生活时,如果不存在个人痛苦,在大多数情况下,我们不认为该现象具有诊断学意义。同样,对功能低下也存在着如何确定标准和定义问题。例如,对于钢琴演奏这类职业活动,一般人做不好也不属于功能低下。因此,这里讲的功能低下,是指那些执行或按常理应该可以完成的某些功能出现障碍,或者是他本来具有的功能表现,在非生理变化情况下的明显削弱或丧失。

5. **对上述特征的综合考虑** 我们通过对上述心理障碍特征的讨论可以发现,

每一种标准对异常心理都有相当高的判断价值,但又不能适用于全部情况,没有哪一种标准可以作为判断所有异常心理的必要条件。这说明心理障碍的特点具有多样性和多变性。大量的研究似乎表明,健康专业永远无法就"障碍"给出让人绝对满意的定义。因此,在鉴别心理活动是否正常时,还要综合考虑、全面衡量,不能仅凭某一标准就断言某种心理活动存在障碍。

思考题

想想除了这些标准,心理障碍还可能有其他哪些特点吗?

三、心理障碍的分类

关于心理障碍的命名、分类和诊断标准等一直是个棘手的问题,迄今为止还没有一种非常科学、完整的体系。目前对心理障碍的描述通常在"症状学"和"疾病学"两个层面上进行考虑。

(一) 心理障碍的"症状学"表现

人的心理活动既是大脑的机能,又是客观现实在人脑的反映。大脑对现实世界的主观反映是通过心理活动的形式表现出来的,谓之心理现象。心理现象又包括心理过程和个性心理两个方面,心理过程是心理现象的动态表现形式,是人的心理活动的发生、发展过程;个性心理是心理现象的静态表现形式,是在心理过程中所表现出来的具有个人特色的、稳定的心理特点。心理障碍实际上是指异常的心理现象,它包括了心理过程障碍和个性心理障碍。心理与精神在心理学中属于同一层含义,心理障碍就是精神障碍,只是在不同的心理学科中习惯上有不同的称谓。

在这一层面上,是按照心理现象的展开,从心理过程和个性心理两个方面描述心理障碍的基本症状(见图 13-1)。

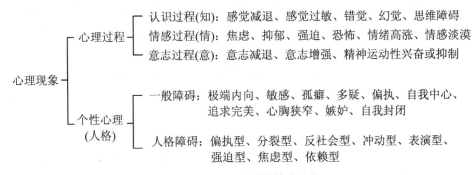

图 13-1 心理障碍的基本症状

(二) 心理障碍的"疾病学"表现

在现实生活中,人们出现心理障碍并不仅表现为一个症状,而往往如同躯体疾病一样同时或先后出现多个症状,这些症状有一定的内在联系,即以"综合征"(为多种症状的集合)的形式表现。我们比照疾病对待,就意味着有不同类别的"心理疾病"。

对此类心理障碍较为完善的分类系统有两种:一是世界卫生组织(WHO)的《国际疾病和相关健康问题分类》第十一版(ICD—11,2018);二是美国制定的《精神障碍诊断和统计手册》第五版(DSM—5,2015)。我国参照上述分类系统制定了《中国精神障碍分类与诊断标准》第三版(CCMD—3,2001)。目前在精神病学和临床心理学专业领域,广泛采用这些分类系统,使心理障碍的诊断取得较为一致的意见,从而有助于相互间的学术交流和提高治疗水平。

本章主要介绍大学生活中比较多见的心理障碍或精神疾病。目的是提高对这些心理障碍的识别能力,以促进心理疾病的早期发现和早期治疗,并改善预防效果。

第二节 神 经 症

神经症是一组主要表现为焦虑、抑郁、恐惧、强迫、疑病、人格解体或神经衰弱症状的心理障碍,以往还包括癔症(歇斯底里)。此类障碍有一定人格基础,起病常受心理社会因素的影响。临床表现与患者的现实处境并不相称,但患者感到痛苦和无能为力,自知力完整或基本完整,病程多迁延,没有可证实的器质性病变作基础。类似症状或其组合可见于感染、中毒、内脏、内分泌或代谢和脑器质性疾病,称神经症样综合征。

一、焦虑症

焦虑症是以焦虑为主要临床相的神经症,发作性或持续性地出现焦虑、紧张、恐惧,伴有头晕、心悸、胸闷、呼吸急促、出汗、口干等自主神经系统症状,出现肌肉紧张和运动性不安。其焦虑情绪并非由具体的或实际的威胁引起,而是一种没有明确客观对象和具体观念内容的、恐惧不安的心境。焦虑症者往往体验到一种莫名其妙的恐惧和烦躁不安,对未来有不祥预感,同时伴有一些躯体不适。焦虑症有惊恐障碍和广泛性焦虑障碍两种最主要的临床表现形式。

(一) 表现

1. 惊恐障碍 惊恐障碍(Panic Disorder,PD)又称"急性焦虑",是一种以反复的惊恐发作(Panic Attacks)为主要原发症状的神经症。这种发作并不局限于特定的情境,因此具有不可预测性。其典型表现是常突然发作,患者处于一种无原因的极度恐怖状态:呼吸困难、心悸、喉部梗塞、震颤、头晕、无力、恶心、胸闷、四肢发麻,有"大祸临头"感或濒死感。此时,患者面色苍白或潮红、呼吸急促、多汗、运动性不安,甚至会做出一些不可理解的冲动性行为。病情较轻者可能只有短暂的心慌、气闷,往往试图离开自己所处的环境以寻求帮助。急性焦虑发作的持续时间为数分钟至数十分钟,很少超过1小时,然后会自行缓解。在发作间歇期,患者常因担心再次发作而惴惴不安,产生期待性焦虑。在躯体方面,患者往往害怕自己因为心脏或呼吸系统疾病而致死。不少人认为心悸以及心前区疼痛是心绞痛发作,约20%的患者发作时有晕厥表现。由于发作时过度换气,有可能引起呼吸性碱中毒,从而出现其他与之相关的症状。

2. 广泛性焦虑障碍　广泛性焦虑障碍(Generalized Anxiety Disorder, GAD)又称慢性焦虑,是指一种以缺乏明确对象和具体内容的提心吊胆和紧张不安为主的焦虑症,并有显著的自主神经症状、肌肉紧张及运动性不安。患者因难以忍受又无法解脱而感到痛苦。典型表现为表情紧张、双眉紧锁、姿势僵硬而不自然,常伴有震颤、皮肤苍白多汗。同时有程度不等的运动性不安,包括无效小动作增多、不能静坐等。主要自述为持续的或经常的无固定内容或明确对象的紧张不安,或对现实中的某些问题或现象过分担忧和烦恼。有的患者则反复呈现不祥预感或期待性焦虑,总担心有什么不测的事情要发生。他们为并不存在的某种危险或威胁而担惊受怕、忧心忡忡、坐立不安和心烦意乱,注意力不集中,记忆力和思维能力下降。心理生理症状主要是烦躁不安、心悸、胸闷、疲乏无力、气急、易激惹和神经过敏等。因交感神经功能亢进,而出现呼吸急促、胸闷、口干、上腹不适、心动过速、胀气、尿频和尿急等,常伴有睡眠障碍。也可能因肌肉紧张而出现紧张性头痛、肌肉紧张痛(如腰背痛等)、双手轻微震颤等。

(二) 治疗

焦虑障碍的患者常有一定的人格基础,多表现有追求完美、爱面子、对现实期望值过高等特征,有的对躯体健康过分关注,遇事总爱往坏处想,担心结局,长期处于高度警觉中,因此对真实的环境和事实产生歪曲的认知,成为疾病迁延不愈的原因。所以认知心理治疗对于焦虑障碍治疗是必要的。此外,行为治疗对惊恐障碍患者的回避性行为和预期焦虑有明显的疗效。抗焦虑药物、抗抑郁药也有较好的疗效,但要在医师指导下使用。

二、强迫症

强迫性障碍(Obsessive Compulsive Disorder, OCD)或强迫症的特点是有意识的自我强迫与反强迫同时存在,两者的尖锐冲突使患者焦虑和痛苦。患者体验到冲动或观念系来自于自我,意识到强迫症状是异常的,但无法摆脱。强迫症的部分患者病情能在一年内缓解,超过一年者通常是持续波动的病程,可达数年甚至更长。强迫症状严重或伴有强迫人格特征及持续遭遇较多生活事件的患者预后较差。

案例 13-2　阿弦的担心

> 患者阿弦,24岁,大三学生。患者生性细致胆小,做事谨小慎微、力求完美,遇到不如意的时候又容易急躁。半年前某日,患者听说校园里某人骑自行车从山坡上往下冲的时候,不小心撞上行人。此后患者骑车便愈加小心翼翼,总担心万一撞伤人不好办。渐渐患者不自觉地减少了骑车的频率,最后更是不敢骑车了。于是将自行车卖给一位同学,回头一想又甚觉不妥,万一此同学骑车撞了人,由于自行车是自己卖的,终不能脱了干系,于是又将自行车索回,乘月黑风高的夜晚将车弃于垃圾场。回寝室后,阿弦仍心不安,万一车子被人捡回去骑上它撞了人怎么办?于是又起床赶往垃圾场,幸亏车子还在,阿弦暗自庆幸。于是花钱请人将车子拆成小块分别抛弃。尽管如此,阿弦仍心有余悸,万一有人将零部件捡回又装配成车,骑上它撞了人怎么办?现在已无法回收了,于是阿弦上街或在校园里总是关注周围有没有人骑着自己曾经拥有的那辆车子。阿弦也深知此举多余,这种担心实属过分和毫无必要,但又无法克服,为此非常痛苦。现在她又开始担忧电饭锅的事情。前些日子买了一只电饭锅,尽管没出现任何故障,但阿弦还是担心,万一漏电怎么办?于是收了起来,又担心室友拿出来用,被电了怎么办?于是送回家,同样担心家里人被电了怎么办?要求家人送回学校再毁掉。家人觉得甚是可惜,借口已扔掉不肯送回。于是患者再一次陷入的痛苦的轮回中。在医院的各项检查中,患者并无其他疾病,精神状态除强迫观念和强迫行为外,无其他精神病症状。自知力完整。
>
> 诊断:强迫症。

(一) 表现

强迫症状主要有两类表现方式:强迫观念和强迫行为,有的则两者同时存在。

1. **强迫观念**　强迫观念或强迫思维是本症的核心症状,最为常见。主要表现是患者反复而持久地思考某些并无实际意义的问题,既可以是持久的观念、思想和印象,也可以是冲动念头。这些体验虽不是自愿产生,但仍属于患者自己的意识。患者力图摆脱,但却摆脱不了并因此十分紧张苦恼、心烦意乱、焦虑不安,还可出现一些躯体症状。

2. **强迫行为**　强迫症的强迫行为一般是继发的,大致可以分为两类:

(1) 屈从性强迫行为(Yielding Compulsion):这是为满足强迫观念的需要,例如,因怀疑被污染而一天数十次洗手或反复地洗涤,因怀疑门未锁好而往返多次进行检查等。

(2) 对抗性或控制性强迫行为(Controlling Compulsion):这类行为是为对抗强迫思维、冲动或强迫表象的,继发于强迫观念或某个欲望,它可能是意在消灭灾祸,或是防患于未然。

(二) 治疗

强迫症主要有心理治疗和药物治疗两种方法。高度结构化的心理治疗的效果要优于药物治疗,例如,暴露和预防行为仪式(Exposure and Ritual Prevention,

ERP)。研究表明,无论是否合并药物疗法,ERP 都比单纯的药物治疗有效。药物治疗对 OCD 的有效率为 50%~80%,目前使用最多的是新型抗抑郁药。

新近的研究表明,心理治疗与药物治疗的结合疗法效果较好,能明显提高患者对治疗的依从性,有利于树立患者对治疗疾病的信心和耐心。

三、恐惧症

恐惧症(Phobia)是指患者对某种客观事物或情境产生异乎寻常的恐惧紧张,并常伴有明显的自主神经症状。患者所表现出的恐惧强度与他所面临的实际威胁极不相称,患者明知这种恐惧反应是过分的或不合理的,但在相同场合下仍反复出现,难以控制。由于不能自我控制,因而极为回避所害怕的事物或情境,影响正常的社会活动。

案例 13-3 裴非的心病

> 裴非,19 岁,大学二年级,在家系独生子,父母均为教师,家教严格。患者从小听话,胆小而羞怯,自律而严谨。上大学后与同寝室的一位同学交情深厚,俩人无话不谈。一次同学告诉患者,可以通过手淫的方法缓解性欲。患者感到非常惊奇和刺激,手淫的冲动挥之不去。不久后的一天,患者独自一人在寝室,终于有了第一次手淫。患者感到无比的快慰和刺激,此后便日益频繁起来,但又觉得手淫对身体有害,而且有悖自己一贯的信念和主张,为此感到焦虑和不安,可又欲罢不能,内心无比的挣扎。这使他上课时注意力无法集中,想到自己手淫之事便心发慌、脸发红、呼吸急促、手足出汗,生怕被班上同学窥出自己内心的阴暗。他渐渐不敢到公共场所,如课堂、饭厅、图书馆以及人多的场合;他主动与同学疏远,连自己最要好的同寝室朋友也不再来往,迫不得已要在班上发言或出席公共场合也事先紧张许久,临场还吞吞吐吐、语无伦次、手足无措;他害怕与人目光对接、怕被人注视。因担心手淫会影响生育,他极度地自卑和抑郁,想告诉父母又怕遭到严厉批评,有时也觉得这样的恐惧毫无道理,但就是无法摆脱。经过检查,患者并无其他躯体疾病,对症状也有充分的认识。
>
> 诊断:社交恐惧症。

(一) 表现

恐惧症的表现形式多种多样,按患者所恐惧的对象可分为:场所恐惧症、社交恐惧症和特定恐惧症等。

1. **场所恐惧症** 又称广场恐惧症,恐惧的对象为某些特定的场所或环境。如商店、剧院、车站、机场、广场、闭室、拥挤场所和黑暗场所等。患者对公共场所产生恐惧,不敢到这些地方去。因为患者在看到周围都是人时,会产生极度恐惧,担心自己昏倒而无亲友救助,或失去自控又无法迅速离开或出现濒死感等。

2. **社交恐惧症** 恐惧的对象主要为社交场合和人际接触,大学生中此种类型较多。患者的核心症状是对人际交往感到紧张和害怕,因而避免和其他人打交道。

患者在大庭广众面前怕被人注视，担心出丑，故产生害羞、胆怯、局促不安、尴尬和笨拙。严重者表现面红耳赤、出汗、心慌、震颤、呕吐和眩晕等。病情较轻者害怕见生人，较重者可能因恐怖而回避朋友，与社会隔绝；少数与家人接触也很害羞。因此，患者无法坚持正常学习、工作和社会活动。有的患者害怕与别人对视，怕看别人的眼睛，或担心自己目光伤人，称为视线恐怖；有的患者害怕与人相处时，会脸红或坚信自己见人就脸红，称为赤面恐怖。

3. 特定恐惧症　又称单纯恐惧症。患者所恐惧的对象主要为以上两种以外的特定物体或情境，如动物、鲜血、尖锐锋利的物体或高空、雷电等。最常见的是动物恐惧，害怕猫、老鼠、狗、鸟、蛇或小昆虫等小动物。

(二) 心理治疗

有认知行为治疗和分析性心理治疗等，在各种恐惧障碍特别是社交恐惧中的应用较多，研究证明认知行为治疗对单纯恐惧和非广泛性社交恐惧的疗效较好，分析性心理治疗可帮助患者理解恐惧症状的来源、性质和继发获益的现象，了解其回避性行为产生机制和作用，使患者寻求对付恐惧性对象或情境的健康行为模式。药物治疗主要使用抗抑郁药。

四、神经衰弱

神经衰弱的出现常与心理冲突有关，大多缓慢起病，症状呈慢性波动。因此，具有易感素质的个体如果生活中应激事件较多，疾病往往波动且病程迁延。

案例 13-4　难以入睡的女大学生

> 某大二女生，21岁，因头痛、头昏、失眠、记忆力下降、注意力集中困难、易疲劳和易发火等一年余而入医院检查。患者自高中时起，每晚面壁苦读，但成绩一直不如意。高三时一次感冒、发烧，使患者有几天不能上学。患者特别焦急，至再次上学，奋起直追，每晚加班加点，最终导致失眠、辗转反侧、夜不能寐，即便有幸入眠也是多梦而易惊醒。白天精神萎靡，上课注意力难以集中，哈欠连天，浑身酸软乏力。后来服安眠药、健脑药等好转。考上大学后，开始阶段还没有出现上述症状。大一的下学期，功课日渐紧张，偏偏又一次感冒，患者担心会出现高中时的情形，开始失眠、睡眠浅、多梦，继而白天困倦、易疲劳，晚上精神反而出奇的好。因此患者为每晚的睡眠而紧张、烦恼、焦虑，渐渐地感觉自己没有精神、脑子迟钝、记忆力下降、注意力不集中、做事持久性差、思考问题的效率下降、易出汗，但又无法休息，即便休息了，也不能恢复正常的精神状态。患者感觉大脑不停地运转、脾气日益变坏、缺乏耐心，有时还头痛、头晕、浑身肌肉酸胀，还有诸如耳鸣眼花、心慌心悸、胸闷腹胀、消化不良、多汗尿频、月经紊乱等等，不一而足。这种现象时好时坏、反反复复、此消彼长，挥之不去、不招亦来。她到过多家医院，做过无数检查，结果是检查愈做愈正常，病却愈演愈烈，安眠药、止痛片、健脑丸已是毫无作用了。躯体检查无异常。精神检查：神志清楚、充分合作、自知力完整、求治欲强烈。主诉：上床久久难以入眠，稍有声响便

惊醒,一夜过来,晚间发生的一切似乎全都知道;上课不能聚精会神听讲,思想容易开小差,老师所讲的内容转瞬即忘;脾气急躁,易发火,为鸡毛蒜皮小事而争吵,事后无比后悔。未发现记忆障碍和精神病性症状。给予常规化验亦均正常。

诊断:神经衰弱。

(一) 表现

1. 脑功能衰竭症状　其表现在两个方面:一是精神容易兴奋、易激惹,如联想和回忆增多,难以自制,注意力涣散,感觉过敏;二是精神易疲劳、脑力下降,用脑稍久便感到十分疲惫,记忆力差,注意力不集中,整天昏头昏脑,严重者只要用脑就觉得头疼脑胀,致使学习和工作效率明显下降。

2. 情绪症状　其主要有易激惹、烦恼、情绪紧张和控制力低,可导致人际关系失调,常伴有继发性焦虑。一旦精神兴奋与情绪症状结合,则回忆和联想的内容几乎都是不愉快的事,连绵不绝。

3. 心理生理症状　其主要表现为睡眠障碍和自主神经功能紊乱。白天无精打采,昏昏沉沉,全身酸痛或头痛等,夜间则兴奋不眠。自主神经功能紊乱表现为头痛、心悸、多汗、胸闷、气短、食欲不振、消化不良、便秘或腹泻、尿频、月经不调等。

(二) 治疗

对神经衰弱的治疗多采用综合性措施,其中心理治疗是最主要的。支持性心理治疗和认知治疗等,帮助患者端正对疾病的认识、树立信心、缓解过分焦虑、认识致病原因和机理以及了解治疗的知识是非常重要和有效的。如果有失眠、焦虑和抑郁,也可配合使用小剂量药物。

思考题

上述几种神经症有哪些相同和不同点,你周围有这样的同学或朋友吗?

第三节　创伤与应激障碍

一、急性应激障碍

急性应激障碍(Acute Stress Disorders,ASD)又称急性应激反应(Acute Stress Reaction),是由于突然发生强烈的创伤性生活事件所引起的一过性精神障碍。ASD可发生于任何年龄,但多见于青年人。本病病程短暂,一般在几小时至一周内症状消失,最长不超过一个月。患者恢复后对病情可有部分或大部分遗忘,预后良好。

(一) 表现

ASD是遭遇创伤性事件后的一过性状况,一般在应激性事件后几分钟至几小时出现症状,临床表现有较大的变异性。主要表现为强烈恐惧体验的精神运动性兴奋或精神运动性抑制,行为有一定的盲目性。ASD 的表现具有多样性,按照临床症状的表现可划分为以下几种。

1. **反应性朦胧状态**(Reaction Twilight State) 主要表现为定向障碍,对周围环境不能清楚感知,注意力狭窄。患者处于精神刺激的体验中,表现为紧张、恐怖、难以交流;有自发言语、缺乏条理、语句凌乱;行为混乱、无目的性、偶有冲动。可出现片断的心因性幻觉。数小时后意识恢复,事后有部分或全部遗忘。

2. **反应性木僵状态**(Reactive Stupor State) 以精神运动性抑制为主要表现。目光呆滞、表情茫然、情感迟钝、呆若木鸡、不言不语、呼之不应;对外界刺激无反应,呈木僵状态或亚木僵状态。此型历时短暂,多数持续几分钟或数小时,不超过1周;多有不同程度的意识障碍,有的可转入兴奋状态。

3. **反应性兴奋状态**(Reactive Excitement State) 以精神运动性兴奋为主,有强烈情感反应。情绪激动,情感爆发,可有冲动伤人、毁物行为。一般在1周内缓解。

4. **急性应激性精神病**(Acute Stress Psychosis) 也称为急性反应性精神病(Acute Reactive Psychosis),是强烈并持续一定时间的精神创伤事件直接引起的精神病性障碍。临床以妄想或严重情感障碍为主,反应内容与应激源密切相关,易于理解,呈急性或亚急性起病,历时短暂,一般在1个月内恢复,经治疗预后良好。

(二) 治疗

治疗干预的策略因患者和创伤性事件的特点有所不同,其基本原则是及时、就近、简洁和紧扣问题。

首先要使患者尽快脱离创伤情境,以最大限度地避免进一步的刺激。接着与患者适当地讨论问题,以减少可能存在的消极评价。教给患者应对知识,鼓励他们勇敢面对,并给予保证。还要尽可能动员社会支持系统,提供更多的帮助。

必要时可以将药物治疗作为辅助手段,在改善症状的同时为心理治疗作准备。一旦情况有所好转,应鼓励患者逐渐面对与创伤性事件有关的情景并恢复工作。

二、创伤后应激障碍

案例 13-5 他陷入传销不能自拔

> 张浩,30岁,销售人员,因紧张、担心、警觉性增高、失眠、噩梦,易受惊吓一年余来到心理咨询门诊。
>
> 他三年前误入某传销组织,并逐渐成为级别较高的骨干,一年前慑于公安机关对传销的打击,欲脱离"组织"。就在计划逃离的当天夜晚受到传销组织上级"领导"的恐吓,又听说民警已经进入小区,即将行动。他当时非常害怕,认为不管被警察还是"组织"抓去,都会受到严厉的惩罚。后来他好不容易在朋友的帮助下逃脱,辗转到北京某企业工作,但半年后逐渐出现心理异常,紧张、害怕、"全身发紧"、失眠,主要为入睡困难,经常做噩梦,而且几乎都与传销有关。他不愿看到与传销有关的电视节目、书报等,也不能提及传销有关的事;常在大街上把陌生人当作自己的上线,

> 非常恐惧,但仔细一看又不是;有时在家感到窗帘在动,也很害怕;十分担心同事知道自己以前的事,尽量回避与他们的交往。他的工作效率明显下降,对生活和未来失去信心,但无自杀意念;极力想改变处境,却无能为力。
>
> 诊断:创伤后应激障碍。

创伤后应激障碍(Post-Traumatic Stress Disorder,PTSD)是一种与遭遇到威胁性或灾难性心理创伤有关,并延迟出现和(或)长期持续的精神障碍。患者常出现创伤性体验的反复重现、持续的警觉性增高、持续的回避等。

(一) 表现

PTSD 主要表现为在重大创伤性事件后出现闯入性症状、持续性回避和警觉性增高等三大核心症状。患者以各种形式重新体验创伤性事件,有驱之不去的闯入性回忆,频频出现的痛苦梦境。有时可见患者仿佛又完全身临创伤性事件发生时的情境,重新表现出事件发生时所伴发的各种情感,持续时间可从数秒钟到几天不等,称为闪回(Flash Back)。在患者面临、接触与创伤性事件相关联或类似的事件、情景或其他线索时,通常出现强烈的心理痛苦和生理反应。事件发生的周年纪念日、相近的天气及各种场景因素都可能促发患者的心理与生理反应。患者对创伤相关的刺激存在持续的回避。同时,还有被称为"心理麻木"或"情感麻痹"的表现。另外一组症状是持续性的焦虑和警觉水平增高,如难以入睡或不能安眠,警觉性过高,容易受惊吓等。

(二) 治疗

对于急性 PTSD 主要采用危机干预的原则与技术,侧重于提供支持,帮助患者接受所面临的不幸与自身的反应,鼓励患者直面事件,表达、宣泄与创伤性事件相伴随的情感。治疗者要帮助患者认识其所具有的应对资源,并同时学习新的应对方式。治疗中不仅要注意症状,还要识别与处理好其他并存的情绪。各种形式的心理治疗在 PTSD 治疗中都有报告,公认效果较好的有焦虑处理、认知治疗和暴露治疗等。此外,还需要注意患者的社会支持情况,必要时对症使用小剂量药物。

三、适应障碍

适应障碍(Adjustment Disorder)是指在紧张性生活事件的影响下,由于个体素质及个性的缺陷而导致对这些刺激因素不能适当地调适,从而产生较明显的情绪障碍、适应不良的行为障碍、或生理功能障碍,并可使社会功能(正常工作及人际关系)受损。适应障碍一般在紧张性刺激因素的作用下在三个月以内发生,持续的时间较长,但一般不超过半年。随着刺激因素的缓解以及个体地不断调试,适应障碍也会逐渐缓解。

案例 13-6　大学生活为何这样难过

> 小岑,女,19岁,大学一年级新生。近两个月来出现上课注意力不能集中、学习效率及学习成绩下降、失眠、心情烦躁、情绪低落,不愿与人交往,因此寻求心理医生的帮助。
>
> 小岑是独生子女,家庭条件优越,父母视其为掌上明珠、非常宠爱,但管教很严,父母包办了她的生活,但要求她学习成绩要好。小岑自幼聪明,学习成绩优良,但性格内向、胆小,不与人交往,上大学以前从未洗过衣物,甚至连到邮局寄包裹、取汇款这样的事也没有做过。高考录取后的各种手续都由父母办理。到大学后,小岑十分不适应,连最简单的生活小事如取款、洗衣等都不会做,经常出差错。她为此十分沮丧,不知哭了多少次。她十分想家、思念父母,有时一天打几次电话。因不善交往,同学中没有朋友。临近阶段考试,小岑感到压力越来越大,整日手忙脚乱,有时找不到干净的衣服可换,甚至不梳头洗脸。考试结果一塌糊涂。
>
> 小岑的情绪非常低落,常独自哭泣,有时连上课也不愿去。经常失眠,白天打不起精神,头昏脑涨,学习效率很低;食欲也变得很差,饭量很小,与入学时相比体重减轻了8千克。近来,小岑打电话给父母说她觉得自己的能力很差,再读下去考试也不会及格,要求退学。
>
> 诊断:适应障碍。

(一) 表现

适应障碍的主要临床表现为情绪障碍,如焦虑、抑郁,也可表现为适应不良行为(包括品行问题和行为问题)及生理功能障碍如失眠、食欲不振等。以焦虑情绪为主要表现者可出现紧张不安、神经过敏、担心害怕,同时可伴有心慌气短、消化不良、尿频等躯体症状。社会适应能力也可受到不同程度影响,如注意力不能集中、学习成绩或工作效率下降等;以抑郁情绪为主的患者可表现为整日愁眉苦脸、情绪不高,甚至对生活失去兴趣,自卑自责,无望及无助感,也常伴有食欲减退、睡眠障碍、体重减轻等躯体症状和社会适应能力降低、退缩等表现。适应障碍根据抑郁情绪持续时间的长短可分为短期抑郁反应(发生不足1个月)、中期抑郁反应(1个月~半年)和长期抑郁反应(半年~2年)。

(二) 治疗

适应障碍治疗的根本目的是帮助患者提高处理应激境遇的能力,早日恢复到病前的功能水平,防止病程恶化或慢性化。

首先要评定患者症状的性质与严重程度,了解其诱因、人格特点、应对方式等因素在发病中的相对作用,注意应激源对患者的意义。病前的功能水平和既往处理应激性境遇的经历,也是评定的重要内容,尤其要考虑是否存在不利于预后的危险因素,如同时面临多重问题或应激事件持续存在、缺乏支持性的人际关系、存在躯体健康问题、病前功能欠佳等。

对于适应障碍的患者来说,如条件允许可以设法改变当事人所处环境,如转学或休学、暂时回避不良环境等,但根本的解决方案是提高当事人的适应能力和耐受性。

心理治疗是适应障碍的主要治疗手段,要根据患者和病情的特点,在指导性咨询、支持性心理疗法、短程动力疗法、认知行为疗法等方法中酌情选用。无论采用哪种心理治疗方法,治疗中都要抓住三个要素:消除或减少应激源,包括改变对应激事件的态度和认识;提高患者的应对能力;消除或缓解症状。抑郁、焦虑较为严重时可以将药物治疗作为辅助手段。

思考题
你适应大学生活花了多长时间？遇到过哪些心理问题？你是如何解决的？

第四节 人 格 障 碍

人格障碍是指一个18岁以上的成年人在认知内容、情绪发泄、冲动行为控制和人际关系等方面的异常。这些异常会显著偏离特定的文化背景和一般的认知方式,其在患者独自一人或参与社交活动等场合时的表现均是恒定的,明显影响其社会功能与职业功能,造成对社会环境的适应不良,部分患者为此感到痛苦。患者虽然没有智能障碍,但适应不良的行为模式难以矫正,这种行为通常开始于童年或青少年时期,并长期持续发展至成年或终生,仅少数患者在成年后程度上可有改善。人格障碍有多种类型,包括偏执型、分裂型、反社会型、冲动型、表演型、强迫型、焦虑型和依赖型等,本节介绍其中几种类型。

一、反社会型人格障碍

反社会型人格障碍亦称"悖德型""违纪型"和"无情型"人格障碍,是目前研究最多的人格障碍类型,也是对社会影响最为严重的类型,多为男性。

其基本特征是高度的攻击性,缺乏羞惭感,不能从经验中汲取教训,行为受偶然动机驱使,社会适应不良等。具有反社会型人格障碍的人自幼存在行为问题,成年后情感肤浅,甚至冷酷无情,脾气暴躁,自我控制不良,对人不坦率,缺乏责任感,与人格格不入;法纪观念较差,行为受本能欲望、偶然动机和情绪冲动所驱使,具有高度的冲动性和攻击性;自私自利,自我评价过高,有狂热但不动人的行为;对挫折的耐受力差,遇有失利则推诿于客观或者提出一些似是而非的理由为自己开脱,或引起反应状态;缺乏计划性和目的性,经常更换职务;缺乏自知,对自己的人格缺陷缺乏觉知;缺乏悔恨感与羞惭,不能吸取经验教训;有多种形式的犯罪倾向。

二、偏执型人格障碍

偏执型人格障碍表现为广泛的猜疑,不信任他人,嫉妒心强,主观偏执,男性多于女性。患者童年可能遭遇过某种挫折,逐渐出现孤僻、敏感、社交焦虑或恐惧。成年早期可出现多疑,常受点小批评即产生别人要害自己、要整自己的感觉。

患者常常诉说自己在成长过程中受到过亲人的伤害,在自己的心中为伤害自己的亲人刻画一个强大而丑陋的客体形象,并将这些客体投射出去以作为自我防御。内心的仇恨会使这类人把别人描述成十分危险的敌人。他们心胸狭隘,言语刻薄,好嫉妒,不信任他人,做事主观,好胜心强,自尊心也强,对别人的成绩易产生嫉妒,对自己的过错则很难承认,对批评易记仇,看问题主观片面,易产生某些超价观念,容易发生病理性嫉妒。在遇到生活事件后,人格障碍会更加严重。

偏执型人格障碍的经历是漫长的,有的终生如此,有的可能是偏执型分裂症的前奏。随着年龄增长,人格趋向成熟或应激减少,偏执型特征大多缓和。这类患者不同于分裂型人格障碍患者或分裂症患者,因为他们能够从自我的幻想中很快地进入现实,从而避免过激的行为。

三、表演型人格障碍

表演型人格障碍又称癔症型人格障碍或寻求注意型人格障碍,这是以过分情感用事,或以夸张的言行和自我表演来吸引他人的注意以及暗示性增高为特点的人格障碍。女性多见,男性年龄多在 25 岁以下,并且往往伴有酒精中毒、药物依赖和职业不稳定等病史。患者自我中心、自我放纵、情绪不稳,他们常常利用夸张的情绪释放模式,以取得周围人尤其是异性对自己的注意。他们的自我表演性大大超过了生活的特征,似乎在扮演生活的一部分,而不是自己本身。当他们不被别人注意时,会表现出不快甚至抑郁。他们好炫耀自己,不断渴望受人称赞,喜追求刺激,有的甚至通过卖弄或调情来吸引异性,但性生活被动,常常是性挑逗和性冷淡相伴随;他们对别人并不关心,但又易过分轻信,易受别人暗示,依赖性强,富于幻想。有的人在不如意时可表现为各种躯体不适和病症,但又与解剖和生理规律不符,其目的是引起别人的注意、关心和同情。他们的病态中心思维认为自己不能被别人忽视,在公众场合更是如此。他们在公众聚集的场合中(如开会时)言词十分富有情绪和感染力,也会用言语打击对手和同伴。这些与强迫型人格障碍的刻板和逻辑性表达正好相反。

此类人格障碍与癔症有一定的关系。癔症的病前人格为表演型人格障碍者约有 20%,但非常严重的表演型人格障碍者却可终生不发生癔症。表演型人格亦可为抑郁症和焦虑症等病前特征。表演型人格障碍常常合并有双向情感障碍、恐惧症、性心理疾病(如施虐)和分裂症等。

四、强迫型人格障碍

强迫型人格障碍患者过分寻求完美,做事循规蹈矩,刻板固执,缺少灵活性、创新性和效率。他们对人对己都过于严格,做事谨小慎微,要求十全十美,但又优柔寡断,缺乏自信。因过度注意细节或反复核对而忽视全局,延误时间,降低工作效率,影响人际关系,这使他们经常处在紧张和焦虑之中。他们的婚恋也由于自己过分挑剔而被延误。有的则进一步发展成强迫症。

强迫型人格障碍与强迫症不同,并不是所有强迫症中都合并有强迫型人格障碍。强迫症患者因强迫意念(Obsession)或行为(Compulsion)而表现出的焦虑恐惧等,在强迫型人格障碍患者的身上表现得较弱;然而强迫型人格障碍患者所强迫的意念或行为对象常常变更、此起彼伏。在多数情况下,强迫症患者试图控制住单一的意念或行为,而强迫型人格障碍患者则试图控制自己、别人或人际关系的系统。在强迫型人格障碍患者中,他的超我极为发达,在一定场合内,会压抑住自己因其他刺激引起的愤怒或敌对情绪等,并迫使自己重新回到强迫状态中。

五、人格障碍的矫治

俗话说"江山易改,本性难移",说明人要改变其本性是非常困难的。但是,人能做到改变自己的处境,并可以通过改变处境逐步改变其行为。目前,影响和改变人格障碍的办法主要还是帮助患者发现那些与其性格的冲突较小的生活方式。

首先要做好对人格障碍的评价。在评价某人的人格障碍时,单纯地贴一种诊断标签没有多大益处,重要地是描述其主要性格特征,这种描述应该包括其优点和癖好,因为治疗就是要帮助患者建立良好的特征和缓解不良习性。

对于大多数人格障碍患者,给予指导和支持常有效。对于反社会人格进行数年的指导可能是必要的,而其他类型的人格障碍可以进行数月指导,如果有效则再调整。

无论是人格障碍者还是正常人,不断健全自己的人格,提高心理健康水平都是最重要、最根本的。

第五节 躁狂抑郁症

情感障碍或心境障碍是以明显而持久的心境高涨或低落为主的精神障碍,其主要表现有两种极端的情绪异常:躁狂或抑郁,两者或单独发生,也可交替出现,甚至同时存在。

一、躁狂症

案例 13-7 不知疲倦的丈夫

塞林,男,33岁。起病前和妻子过着平静的生活,近几个月来逐渐出现异常,不断对妻子说自己浑身充满了精力和新颖的想法,自己以前干邮差工作简直是埋没天才。他现在晚上睡得很少,大部分地时间在全神贯注地在书桌上"写作"。有一天,他很早就出去了,不久又回来了,他告诉妻子,他已辞职,并决定炒股,并要取出所有

> 积蓄去买股票,认为很快就会成为百万富翁。说完这些,他又出去了,买了许多他认为有用的东西……
>
> 在心理门诊里,患者称从来没有如此开心过,简直如同置于天堂中,自己浑身是劲,聪明绝顶,能干许多工作,并想出了很多计划……

(一) 临床表现

躁狂症(Manic Episode),是一种异常夸张的欢欣喜悦或愉快的情感状态,典型表现为心境高涨、思维奔逸和意志行为增强(活动增多)"三高"症状。

1. 心境高涨　患者主观体验特别愉快,自我感觉良好,整天兴高采烈,得意洋洋,笑逐颜开,不知疲倦,洋溢着欢乐的风采。患者感到天空格外晴朗,周围事物的色彩格外绚丽,自己无比快乐和幸福。患者虽然心境高涨,但情绪不稳,变幻莫测,时而欢愉、时而暴怒,易激惹。有的患者以愤怒、易激惹和敌意为特征,可因一点小事暴跳如雷,怒不可遏,甚至有破坏或攻击行为,但瞬间即逝。

2. 思维奔逸　表现为联想加快,内容丰富多变,自觉思维非常敏捷,思潮犹如大海中的波涛;言语跟不上思维的速度,常表现为言语增多,滔滔不绝,口若悬河,即使口干舌燥,声音嘶哑也不停歇。但内容肤浅,零乱不切实际,主题易转移,有时出现意念飘忽,甚至音联或意联。患者自我评价过高,高傲自大,目空一切,盛气凌人,可出现夸大观念,认为自己是最伟大的,能力是最强的,是世界上最富有的。

3. 意志行为增强　表现为精力旺盛,活动增多,不知疲倦,整天忙忙碌碌,广泛交际,但做事总是虎头蛇尾,有始无终,一事无成;对自己行为缺乏判断力,随心所欲,不计后果,任意挥霍钱财,胡乱送人。如一名患者在一个星期之内花数十万元买了3辆汽车;一位平时节俭的16岁女孩,在一天之内花光了3000多元,其中太阳镜就买了60副,却没意识到这些东西太多,也不能意识到无力偿还债务;一中年女士将一条价值3000余元的金项链送了人,引发了一场官司。患者还注意穿着打扮,喜欢招引别人的注意,举止轻浮,好接近异性,性欲亢进。

4. 躯体症状　患者很少有躯体不适主诉,食欲增加,睡眠减少。因患者极度兴奋,体力过度消耗,容易引起失水,体重减轻等。

患者可有夸大妄想、关系妄想等精神病性症状,也可出现与心境一致的幻觉。

(二) 治疗

治疗方法主要涉及生物治疗和心理治疗两大类。一般而言,急性期主要以药物治疗为主,可酌情选用抗躁狂药、抗精神药和心境稳定剂。恢复期要加大心理治疗的分量,或将两者结合应用往往能获得更好的疗效。

专栏 13-1　轻躁狂性格

> 富兰克林·罗斯福,是美国历史上唯一连任4届的总统。在1933年至1945年长达12年的任期中,他把美国经济从大萧条中拯救出来,建立了福利国家模式;在二战中,他把孤立主义的美国变成世界大联盟的领导者,正是由于他的倡议,世

界上才有了联合国。罗斯福在美国国民心目中排在历届总统中的第三位,在他之前的是美国的国父华盛顿和美国内战中力挽狂澜的林肯。建立如此功业的杰出政治家在工作上是一位事必躬亲的人,他总有不枯竭的旺盛精力,不断地想出新点子,执行新计划。一本对美国历届总统性格进行分析的书中描写罗斯福生平就喜欢铤而走险,孤注一掷,年轻时他曾因一时冲动就投巨额资金涉足温泉产业。精力旺盛是轻躁素质的最佳"副产品",而冲动、多动则是这位伟大总统轻躁狂性格的典型体现。

轻躁狂者性格中的这一点点疯狂的因子,更容易给他们带来现代人所希冀的成功。他们能一无所有还感觉很幸福,他们精力充沛、积极乐观。轻躁状态下的人不但情绪高昂,而且思维敏捷、精力充沛、富有自信、积极乐观、热情开朗,在工作效率高的同时,对睡眠的需要却减少……他们就是人们梦寐以求、想要成为的超人,很多优秀的作家、作曲家和画家,如海明威、伍尔夫、舒曼及梵高等也都是在轻躁狂期创作了他们最多、最优秀的作品。与常人不同,成功人士们会长期处于一种轻微的躁狂状态(重躁狂状态下反而一事无成)中。

有轻躁素质的人比一般人更容易发展成为躁狂抑郁症。

二、抑郁症

抑郁症(Depressive Disorder)又被称为抑郁障碍,是以显著而持久的心境障碍为主要特征的一种疾病,抑郁症患者常有兴趣丧失、自罪感、注意困难、食欲丧失和有死亡或自杀观念,其他症状包括认知功能、语言、行为、睡眠等异常表现。当前,抑郁症已成为威胁人类健康和影响生活质量的严重疾病。据 WHO 的调查推测,约有 1/5 的女性、1/10 的男性在有生之年可能罹患抑郁症,全球目前约有 3.4 亿抑郁症患者;我国抑郁症患者估计高达 2600 万人。

案例 13-8 自责的黛玉

黛玉,23 岁,大专学生,出现自责、失眠、自我评价低和自杀念头等一月余。患者临近毕业,参加几处人才招聘会。她一方面,感到就业压力大,后悔当初只考取大专,学习又没有刻苦努力,致使现在面临窘境;另一方面,因毕业后自己与男友将各奔东西,自己把握不了自己的前途与命运,为此沮丧、失望,渐致失眠、纳差、无端自责、遇事犹豫不决,不如过去的果断和从容。自我评价低,觉得自己没用,一切都不如别人,东西记不住,头脑反应慢,仿佛黏滞了;身体也变得非常虚弱,动不动就出虚汗;吃东西不消化,阻塞在胃内饱胀难受;睡眠浅,噩梦连连,早醒,每天清晨是一天最难熬的时光,痛苦不堪,恨不得找一处地方大哭一场;白天精神萎靡不振,整天都疲惫,对任何事情都不感兴趣,过去最喜欢与男朋友一道上街,如今整天躺在床上;言语明显减少,不爱与人谈心,当别人主动关心她时,她也是非常冷淡。她近日来屡屡想到自杀,甚至想到如何悄悄地死,以免让外人非议男友或家人,还想到具体的自杀

> 细节,如服毒、溺水、触电等;悄悄写下遗书,幸亏被男友及时发现,陪同就医,检查并未能发现躯体疾患。精神状态:意识清楚,交流非常被动,话少,愁眉苦脸。接触中未发现幻觉,思维迟缓,言语量少,强调自己没用,活得太累,对不起父母的养育,对不起男友,对不起学校的培养等等。患者诉说自己睡不着,浑身没力气,一切如行尸走肉;已经没有思想,没有感情,记不住今天几号,大脑已经没用了,想一死了之,认为只有这样才能彻底解脱;情感低落,认为自己是没有感情的木偶,麻木不仁了。患者行为迟滞,动作缓慢和被动;内省缺乏,不能认识到这是一种疾病,无求治欲望。
>
> 诊断:抑郁症。

思考题

你或你的同学情绪有过抑郁吗?是否达到了抑郁症的标准呢?

(一) 表现

抑郁症的表现按心理过程内容概括为"三低症状",即情绪低落、思维迟缓和意志减退。目前对抑郁症可归纳为核心症状、心理症状群与躯体症状群三个方面。

1. **核心症状**　抑郁的核心症状包括情绪低落、兴趣缺乏,精力减退。

(1) 情绪低落。可以从闷闷不乐到悲痛欲绝,觉得生活充满了失败,一无是处,对前途失望甚至绝望,存在已毫无价值(无望和无用感),对自己缺乏信心和决心(无助感),十分消极。

(2) 兴趣缺乏。对以前喜爱的活动缺乏兴趣,丧失享乐能力。

(3) 精力不足,过度疲乏。感到疲乏无力,打不起精神,行动费劲,语调低沉,语速缓慢,行动迟缓,严重者可终日卧床不起。

2. **心理症状群**　主要包括以下几种:

(1) 焦虑。常与抑郁伴发,可伴有躯体症状,如胸闷、心跳加快和尿频等。

(2) 自罪自责。患者对自己既往的一些轻微过失或错误痛加责备,认为自己给社会或家庭带来了损失,使别人遭受了痛苦,自己是有罪的,应当接受惩罚,甚至主动去"自首"。

(3) 精神病性症状。主要是妄想或幻觉。

(4) 认知症状。有注意力和记忆力等认知能力下降,认知扭曲也是其主要特征。

(5) 自杀。有自杀观念和行为的占50%以上,10%～15%的患者最终会死于自杀,偶尔出现扩大性自杀和曲线自杀。

(6) 精神运动性迟滞或激越。

(7) 自知力受损。

3. **躯体症状群**　表现如下:

(1) 睡眠紊乱。多为失眠(少数嗜睡),包括不易入睡、睡眠浅及早醒等,早醒为特征性症状。

(2) 食欲紊乱。表现为食欲下降和体重减轻。

(3) 性功能减退。

(4) 慢性疼痛。为不明原因的头痛或全身疼痛。

(5) 晨重夜轻。患者不适以早晨最重,在下午和晚间有不同程度的减轻。

(6) 非特异性躯体症状。如头昏脑涨、周身不适、心慌气短,胃肠功能紊乱等,无特异性且多变化。

(二) 治疗

药物治疗主要有三环类抗抑郁药物和新型抗抑郁药物,其治疗药物的选择和治疗方法需要精心设计,应由专业人员决定。

心理治疗在抑郁症的治疗中占有较重要的地位,治疗方法有心理动力学治疗、人际心理治疗、行为治疗、认知治疗、婚姻和家庭治疗等。

第六节 精神分裂症

精神分裂症是发病率最高的精神病。它具有思维、情感和行为等多方面的障碍,以精神活动和环境不协调为特征。患者通常意识清晰,智力尚好,部分患者可出现认知功能损害。多起病于青壮年,常缓慢起病,病程迁延,有慢性化倾向和衰退的可能,部分患者可保持痊愈或基本痊愈状态。

案例 13-9 神奇怪异的阿韦

18岁阿韦,大一学生。在复习迎高考期间,休息少,精神过于紧张和精力集中。渐渐感觉思维停不下来而且不受自己控制,整天毫无睡意,觉得不用睡眠了,注意力受到思维失控的影响,感觉奇怪。某一天阿韦感觉班上同学表情不对,仿佛知道自己内心秘密,进而认为是同学通过某种设备在控制自己的思想并探测到自己的所思所想,为此慌恐,寻找对策。这时大脑中出现一位陌生的女性声音,称"不用担心,这是在培养你的多重思维能力",于是阿韦稍微安心,进而症状有所减轻。高考结束后,阿韦没再出现反常迹象,但大学开学仅几个月,上述症状重新出现,而这时大脑中的声音变成了两个人的争论,其中有一方说:"这是将阿韦操纵成为机器人,为他们去从事恐怖活动。"阿韦感觉到中学的同学、老师也来到了大学进行活动,自己处在包围圈中无处可逃。为了对抗控制,阿韦整天泡在图书室看机械制造方面的书籍,他听到有声音告诉他"可设计出一个屏蔽帽"。阿韦孤独离群,独立特行,生活不讲究,卫生状况差,吃得简单,寡言少语。他将这一切归咎于一股黑暗势力,过去的老师、同学尽在其中,现在这股势力已渗透进了大学,自己处在黑暗势力的包围之中,但自己绝不屈服。检查时阿韦合作,意识清楚,侃侃而谈,可见其思维连贯;但存在明显的争论性幻听,同时还存在思维被控制感、内心被洞悉感,有物理影响妄想和被迫害妄想。阿韦对上述幻觉坚信不移,无法动摇。其情感表现为愤怒和焦虑不安,病理性意志增强而正常的意志活动减退,行为受病理意志支配,潜心研究"屏蔽帽",对自身的障碍无自知力,社会功能被严重影响。

诊断:分裂症(偏执型)。

一、临床表现

精神分裂症的表现主要有四种类型。

1. 偏执型　这是最常见的类型。患者开始表现敏感多疑,逐渐发展为妄想。妄想内容荒谬离奇,脱离现实,以关系、被害、嫉妒、钟情、夸大、自罪、非血统及物理影响妄想较多见。这些妄想常与各种类型的幻觉合并存在,如伴有与妄想内容相关的评论性、命令性或威胁性幻听。患者的情感和行为受幻觉妄想的支配,可出现恐惧、冲动、自伤、伤人等表现。

2. 青春型　多在青春期急性或亚急性起病,以思维破裂、情感和行为极不协调为主要临床表现,临床表现有较明显的思维联想障碍,思维零乱、散漫破裂,有生动幻觉,阵发而不固定的妄想,内容荒诞离奇;情感肤浅、倒错、作态、喜怒无常,时而痴笑,时而发怒,变化莫测;行为荒唐幼稚,本能欲望亢进,性色彩浓厚,可有不拘场合的猥亵行为,也可出现意向倒错,吃脏东西甚至吃大小便。

3. 紧张型　有紧张型兴奋和紧张型木僵两种基本表现形式,可单独发生,也可交替出现。紧张型兴奋为不协调的精神运动性兴奋,患者行为明显增多而杂乱,不可理解,突然发生,常无目的性,可出现冲动伤人、自伤或毁物行为,会骂人、喊叫;紧张型木僵表现为精神运动性抑制,患者缄默不语、不吃不喝,静卧不动,或有肌张力增高,出现蜡样屈曲、空气枕头等症状,身体长时间固定在一个姿势上,对周围环境刺激缺乏反应,但这时患者的意识是清楚的,当木僵解除时患者能回忆整个经过。

4. 单纯型　表现为日益加重的思维贫乏、情感淡漠和意志减退。开始表现话少,不愿与人接触,逐渐变得孤僻、被动、活动减少、生活懒散、不求上进、常无故旷课或旷工。对亲人疏远、冷淡,对任何事情都不感兴趣,行为古怪、退缩、脱离现实,无法适应社会生活。

二、治疗

治疗以抗精神病药物治疗并结合支持性心理治疗及社会心理康复治疗等为主。针对疾病发展的不同阶段,治疗的侧重点有所不同。在急性期以药物治疗为主,在症状得到基本控制以后,进行心理治疗,以恢复患者的自知力,促进其社会功能的恢复。

专栏 13-2　什么是精神病？

精神病(Psychosis)是指具有精神病性症状的一组严重的心理障碍，包括器质性和功能性两大类，后者指精神分裂症(分裂症)、情感性精神病(现归类于情感障碍)、偏执性精神病等最严重的精神疾病。精神病一般具有以下三个显著特征：

(1) 认知功能障碍：即对客观现实有严重歪曲的认知，如出现幻觉、妄想等精神病性症状。

(2) 社会功能受损：患者患病后不能从事正常的工作或学习，妨碍正常的社会交往。

(3) 自知力丧失：患者不知道或根本不承认自己患有精神疾病，因而不主动求医，甚至抗拒治疗，这种表现又叫内省缺乏。

(李秀　盛鑫　黄龙)

第十四章
自我心理测评

案例 14-1　感觉好累好烦，你该去心理体检了

> 小王，某大学三年级学生，21岁，班长，校学生会副主席，学习成绩优秀，年年被评为"三好学生"，工作能力比较强，经常要参加学生会、班委各项组织工作，还要挤出时间看书，他经常觉得"心好累好烦"，不想再参加学生会和班级工作，也不想去上课。最近他去校大学生心理咨询中心，向咨询老师寻求帮助，并进行心理体检，测验了90项症状自评量表，测验结果显示，他的"敌对"因子评分明显偏高，可能具有"敌对"情绪心理问题。咨询老师根据心理体检结果分析指出，小王的情绪可能是因为面对了与自己不同的观点或不符合自己愿望的人和事，因而产生反感不快，有时会表露内心情绪体验，流露出不悦或愤怒，会因他人觉察而影响与人相处共事。因此建议：小王目前的心理状态不能很好地适应工作与学习环境，近期压力比较大，属于心理亚健康状态，需要及时进行心理促进、心理干预，以恢复健康心理。

　思考题

1. 对于小王同学的经历，你认为是什么原因引起的？
2. 如果有类似的生活、学习经历，你会找咨询老师进行心理体检，了解自己的心理状况吗？

　　心理测评也可称为心理体检，是指通过测量情绪、个性、人格、婚姻家庭及人际交往等各项基本维度，判定个人是否心理健康，以更好地了解自己的心理状态，积极发现潜在的心理情绪障碍，及时进行心理咨询或治疗，防患于未然。心理体检面向各个年龄段的人群，不过，对年轻人进行心理体检的意义更为重大，因为这一年龄段的人还没有成熟到能准确把握自我的心理，因心理状态不佳而引发的一系列连锁反应更令人忧心。美国发布的一组调查数据足以说明当前美国年轻人的"畸形"的心理状态。2016年8月17日,美国高校心理辅导研究会对全美70多所高校2.6万名大学生进行的调查显示,50%以上的人至少产生过一次自杀念头,其中,15%的受访者认真考虑过自杀,超过5%的人曾试图自杀。这些数据足以说明当前年轻人当中存在较为严重的心理问题。大学生需要及时掌握了解自己的心理状况,只有通过客观地心理体检,及早发现问题,及时寻求帮助,才能尽快化解心理困惑,恢复良好的心理状态。

专栏 14-1　什么情况下需要心理体检

> 心理体检和常规身体检查一样,并不是生活中的奢侈品,而是日常可以进行的基础服务。"心理体检"应该根据个人情况定期或者不定期地进行。
> (1) 当你想要了解自己的心理健康状况的时候,心理体检是最方便、快捷、准确的方法。
> (2) 当你在某些时候觉得孤独或者想找人说说话,就应该寻找心理体检了。
> (3) 当你发现工作、生活、情感压力过大,例如:失恋、工作压力太大、同事相处不良、生意伙伴失信等,使你觉得有点胸闷难受、心前区疼痛(但到医院检查又查不出身体问题)、焦虑不安、容易发火、心情烦躁、失眠,就需要心理体检了。
> (4) 当你的家庭婚姻关系出现问题时,如夫妻间的交流困难、关系不和谐、处理离婚,这时候你显然也需要心理体检。
> (5) 不管什么原因,如果你觉得自己被某种负性情绪压抑超过两周时间,并且这一情况还在不断持续,那么你就需要心理体检了。
> 资料来源:百度百科.心理体检。

第一节　心理测评概述

一、什么是心理测评

心理测评(Psychological Evaluation)是依据一定的心理学理论,使用一定的操作程序,给人的能力、人格及心理健康等心理特性和行为确定出一种数量化的价值。广义的心理测评不仅包括以心理测验为工具的测量,也包括用观察法、访谈法、问卷法、实验法和心理物理法等方法进行的测量。心理测评是通过科学、客观、标准的测量手段对人的特定的心理素质进行测量、分析和评价。人的心理现象和特征经过测量以后,在数值上就会显示出差异,人们把握了它们的个别差异,就有可能更好地、更有针对性地指导我们解决现在生活中遇到的问题。

日常生活中,人的身高、体重和体温都是可以测量,对于人们的能力、行为和个性心理特征能测量吗?答案是肯定。在我国古代,心理测量的思想和实践就已经存在,并被广泛应用。早在2500年前,孔子就提出了"性相近,习相远"的观点。孟子说,"权,然后知轻重;度,然后知长短。物皆然,心为甚。"在孟子看来心与物两者都具有可以测量的特性。我国古代心理实践活动是始于汉代,兴盛于隋唐,并延续到清末的科举取士制度,它在很多方面已经接近了近代的心理测量的基本模式。在西方,20世纪初,心理学家和测验学者已经对心理属性的测量的可能性在理论上作出了明确的阐述。美国心理学家桑代克说过:"任何现象,只要是存在的,总有一种数量。"美国测量专家麦柯尔说过:"凡是有数量的事物,一定可以测量。"这两个命题被公认为是心理测量的理论基础。

人的智力有高低之分,学生的成绩有优劣之别,这种高低和优劣之间就体现了程度的不同,程度之差也就是数量的不同。不仅仅是智力,人们的心理健康状况也是存在差异的,这种差异就意味着数量的存在,而数量就可以根据某种工具进行测量和评估。

有调查数据显示,我国每年自杀死亡的人数已达28.7万人,自杀未遂者近200万人,15%的抑郁症患者有自杀倾向。在我国13亿多人口中,各种精神障碍和心理障碍患者达1600多万,1.5亿青少年人群中,受情绪和压力困扰的就有3000万。众多的年轻人不知如何去评估自己的社会抗压性,看清内在真实的自我,这是由于年轻人在成长过程中,内心力量还不够强大,易受环境和社会文化等外界因素的影响,容易导致心理失去平衡,而不足以应对现实世界。通过心理测评,可以了解自己,为自己的心灵成长提供助力。

二、心理测验的种类

心理测验是根据心理学原理,设计一定程序,对心理因素进行测量。心理测验是心理学测量的工具,通过心理科学方法和手段,可以测量人的行为活动中的心理特征,依据确定的原则进行推论和量化分析,并给以相应的科学指导。

(一) 按照心理测验的功能分类

1. 智力测验　主要是用来测量人的一般智力水平,比如斯坦福-比内测验、韦氏智力量表等,都是现代常用的著名智力测量工具。

2. 特殊能力测验　主要用来测量个人的特殊潜在能力,常用的有如音乐、绘画、机械技巧和文书才能测验。

3. 人格测验　主要用来测量兴趣、态度、品德、情绪、动机、信念等方面的个性心理特征,一般有两类:一类是问卷法,比如明尼苏达多项个性调查表、卡特尔16种个性因素问卷和艾森克个性问卷;另一类是投射法,比如罗夏测验、主题统觉测验等。

(二) 按照心理测验材料的性质分类

1. 文字测验　所用的是文字材料,以言语来提出刺激,被试者用言语作出反应。比如卡特尔16种个性因素问卷、艾森克个性问卷及韦氏儿童和成人智力量表中的言语量表部分,均属于文字测验。

2. 操作测验　测验题目多属于对图形、实物、工具、模型的辨认和操作。比如罗夏测验、主题统觉测验、瑞文测验及韦氏智力量表中的操作量表部分,均属于非文字测验。

(三) 按照心理测验的方式分类

1. 个别测验　每次测验过程是以一对一形式来进行的,比如斯坦福-比内测验、韦氏智力量表。

2. 团体测验　每次测验过程是由一个或几个主试者对较多的被试者同时实施的测验,比如明尼苏达多项个性调查表、卡特尔16种个性因素问卷和艾森克个性问卷等。

第二节　心理健康自评

一、什么是心理健康

什么是心理健康？在回答这个问题前,我们要知道什么是健康。世界卫生组织(WHO)提出,健康是一种生理、心理与社会适应都处于完满的状态,而不仅是没有疾病的状态。健康是生理健康与心理健康的统一,两者是相互联系,密不可分的。当生理产生疾病时,心理也受到影响,会产生情绪低落,烦躁不安、容易发怒,从而导致心理不适；同样那些长期心情抑郁、精神负担重、焦虑的人易产生身体不适。

健康的心理状态是什么样的？它的标准又是什么呢？第三届国际心理卫生大会(1946)对心理健康的定义是:"所谓心理健康是指在身体、智能以及情感上与他人的心理健康不相矛盾的范围内,将个人心境发展成最佳的状态。"英国《简明不列颠百科全书》译本(1985)中将心理健康定义为:"心理健康是指个体心理在本身及环境条件许可范围内所能达到的最佳功能状态,但不是十全十美的绝对状态。"有关大学生心理健康的判别标准见第一章绪论。

心理健康是当代大学生实现人生目标必须具备的一个重要基础条件。大学生们都希望自己能够成就一番事业,希望自己幸福,所以,对于心理健康标准把握和了解是非常必要,因此需要客观、准确地看待它。心理健康的标准是一种理想尺度,它一方面为人们提供了衡量心理是否健康的标准,同时也为人们指出了提高心理健康水平的努力方向。如果每个人在自己现有基础上能够做不同程度的努力,都可追求自身心理发展的更高层次,从而不断发挥自身的潜能。大学生心理健康的基本标准,是使他们能够进行有效地学习和生活的保障。如果正常的学习和生活都难以维持,就应该及时予以调整。

二、心理健康的自评

通过测验心理健康测评量表,大学生可以把握和了解自己的某些心理健康状况,知道自己的心理健康水平。有关心理健康量表见本章第三节。

三、如何看待心理健康测评结果

心理测验是根据标准化的程序来测量个体的某种心理或行为的工具,其结果可以用来甄别个体之间的差异。在面对各种心理测验的时候,人们容易被各种测验结果所迷惑,从而采取不正确的态度,以致不能真正地认清心理测验的价值所在。那应该如何看待心理测验的结果呢?

1. **心理测量的作用** 通过测量可以把自己的心理特性量化,在日常生活中有着重要的作用。

(1) 描述:可以从个体的智力、人格、心理健康等各方面对个体进行全面的描述,说明个体的心理特性和行为。

(2) 诊断:可以对同一个人的不同心理特征间的差异进行比较,从而确定其相对优势和不足,发现行为变化的原因,为决策提供信息。

(3) 预测:可以确定个体间的差异,并由此来预测不同的个体在将来的活动中可能出现的差别,或推测个体在某个领域未来成功的可能性。

(4) 评价:可以评价个体在学习或能力上的差异,人格的特点以及相对长处和弱点。

(5) 选拔:心理测量的结果可以为客观、全面、科学、定量化地选拔人才提供依据,如美国自从1942年制订了飞行员的选拔量表以后,使飞行员的淘汰率由65%下降到36%。

(6) 安置:心理测量可以了解个体的能力、人格和心理健康等心理特征,从而为因材施教或人尽其才提供依据,如学校可以依据学生的能力水平分班分组,部队可以依据每个人的特长分配兵种,企业可以将职员安置到与其能力、人格相匹配的部门等。

(7) 咨询:心理测量可以为学校的升学就业咨询提供参考,帮助学生了解自己的能力倾向和人格特征,确定最有可能成功的专业或职业,进而作出最佳选择。心理测量可以为心理咨询或治疗提供参考,帮助人们查明心理问题、障碍或疾病的表现及其原因,进而有针对性地给予心理辅导、咨询或治疗。

2. **心理测量分数的意义** 心理测验的结果分数,正如考试结果分数一样,只有科学合理地解释和分析,才有意义。需要特别说明的是,分数并不代表一切,还需要结合自己的具体实际进行观察。人们现在往往将心理测验称作心理测评,意思是不仅要测量出一个结果,更要对结果进行有效的评价。对于不同的人而言,得到相同的测验结果分数,其意义并不一样。如果单纯获得自己的测验结果,而没有进一步地分析解释,那就不会有太多的意义。其实,更应该明白,心理测验的结果分数并不是一个数值点,而是一个分布范围。在看自己的测验结果分数的时候,如果只拿到一个具体的数字,那么我们就需要进一步了解分数的波动范围以及详细的结果说明。

3. **心理测验分数的变化**　多次进行的同一心理测验的结果分数可能会发生变化,人的心境、心理素质等都会随着时间而发生改变,人们会变得成熟或者因为经历不同的事情而有所发展。即使是对于内外向这类基本的性格特征,也有可能发生改变。因此,不要认为自己的能力和性格是一成不变的,否则就会将自己束缚住。

心理测验本身也有一定的局限性,如测验不能测量单个个体独特的特点,只能测量许多人共有的特质;测验几乎不提供关于发展或动力学方面的资料;测验不提供背景或情境资料;智力、人格、能力和兴趣是不稳定的,测验不提供关于它们的随时间是否可能变化以及如何变化的信息。因此人们看待心理测验结果不应该绝对化,也不能过度依赖它,更不能滥用心理测验结果。同时人们需要提供自己多方面的信息,以供专业人员进行解释。

4. **防止两种倾向:过于依赖和完全否定**　应当认识到心理测验结果反映的是被测验者在测验的特定环境下一次操作的情况,因受诸多方面的影响,往往不能完全准确地反映其一贯心理特征,所以要结合被测验者一般背景资料和对被测验者观察、晤谈的信息,与测验结果相互印证,来作出准确、全面的判断评估。另外,人的心理特征虽具有相对稳定性,但仍会随时间和社会文化背景等变化而变化。许多著名的心理测验项目每隔10~20年要重新修订或标准化一次。

思考题

1. 你参加过网络心理测验吗?你相信测验结果吗?
2. 你参加过学校心理健康教育中心组织的心理测验吗?你是如何看待测验结果的呢?

专栏14-2　网络心理测验准确?

目前,网上流传着名目繁多的心理测验,如"你以后会发财吗?""你是花心的人吗?"虽然这些测验起到了让参与者开怀一笑的效果,但也把人们的认识引入误区。一部分人对测验结果信以为真,尤其是在出现对自己不利的结果时,往往会备感沮丧;还有一部分人由此萌生了质疑,觉得心理测验原来是这么糊弄人的东西,连带产生了对心理咨询的误解。

网络心理测验,人们可以理解为趣味心理测验,它与正规心理测验究竟有什么区别?正规心理测验源于较成熟的心理学理论,在编制过程中,从确定题项、选取样本、反复试测、统计方法、常模制订、结果解释到手册制订都有一套严格的程序,是需要耗费大量时间、精力完成的工程;而趣味心理测验更多的是凭空想像,且在短期内可大量产出。正规专业的心理测验具备严谨的科学性,使得其在教育教学、人事选拔和心理卫生等领域得到了广泛的应用,这是趣味心理测验永远达不到的。

当自己觉得需要借助于正规心理测验时,人们该如何选择呢?现在网络上的确能找到不少正规心理测验,但其内容不能保证准确,一点小误差都会造成谬之千里的结果。在心理测验的结果解释中,受测者对指导语的理解程度、作答时间和测验过程中的反应,都是评测的重要信息,是要在结果解释中予以参考的,而这需要由受过训练的专业人士来完成。因此,到专门机构接受专业心理测验服务无疑是最好的选择,如医院的心理科、学校的学生心理健康教育中心等。

资料来源:廖友国. 壹心理专栏·廖友国心理圈[EB/OL]. http://www.xin-li001.com/info/100017090.

第三节　常见的心理健康测评量表

一、心理健康量表

专栏 14-3　大学生心理健康测验

指导语:对以下 40 道题,如果感到"常常是",得 2 分;"偶尔"是,得 1 分;"完全没有",得 0 分。

1. 平时不知为什么总觉得心慌意乱,坐立不安。
常常是○　　偶尔○　　完全没有○
2. 上床后,怎么也睡不着,即使睡着也容易惊醒。
常常是○　　偶尔○　　完全没有○
3. 经常做噩梦,惊恐不安,早晨醒来就感到倦怠无力、焦虑烦躁。
常常是○　　偶尔○　　完全没有○
4. 经常早醒 1~2 小时,醒后很难再入睡。
常常是○　　偶尔○　　完全没有○
5. 学习的压力常使自己感到非常烦躁,讨厌学习。
常常是○　　偶尔○　　完全没有○
6. 读书、看报甚至在课堂上也不能专心一致,往往自己也搞不清在想什么。
常常是○　　偶尔○　　完全没有○
7. 遇到不称心的事情便较长时间地沉默少言。
常常是○　　偶尔○　　完全没有○
8. 感到很多事情不称心,无端发火。
常常是○　　偶尔○　　完全没有○
9. 哪怕是一件小事情,也总是很放不开,整日思索

常常是○　　偶尔○　　完全没有○

10. 感到现实生活中没有什么事情能引起自己的乐趣,郁郁寡欢。
常常是○　　偶尔○　　完全没有○

11. 老师讲概念,常常听不懂,有时懂得快忘得也快。
常常是○　　偶尔○　　完全没有○

12. 遇到问题常常举棋不定,迟疑再三。
常常是○　　偶尔○　　完全没有○

13. 经常与人争吵发火,过后又后悔不已。
常常是○　偶尔○　完全没有○

14. 经常追悔自己做过的事,有负疚感。
常常是○　偶尔○　完全没有○

15. 一遇到考试,即使有准备也紧张焦虑。
常常是○　　偶尔○　　完全没有○

16. 一遇挫折,便心灰意冷,丧失信心。
常常是○　　偶尔○　　完全没有○

17. 非常害怕失败,行动前总是提心吊胆,畏首畏尾。
常常是○　　偶尔○　　完全没有○

18. 感情脆弱,稍不顺心就暗自流泪。
常常是○　　偶尔○　　完全没有○

19. 自己瞧不起自己,觉得别人总在嘲笑自己。
常常是○　　偶尔○　　完全没有○

20. 喜欢跟比自己年幼或能力不如自己的人一起玩或比赛。
常常是○　　偶尔○　　完全没有○

21. 感到没有人理解自己,烦闷时别人很难使自己高兴。
常常是○　　偶尔○　　完全没有○

22. 发现别人在窃窃私语,便怀疑是在背后议论自己。
常常是○　　偶尔○　　完全没有○

23. 对别人取得的成绩和荣誉常常表示怀疑,甚至嫉妒。
常常是○　　偶尔○　　完全没有○

24. 缺乏安全感,总觉得别人要加害自己。
常常是○　　偶尔○　　完全没有○

25. 参加春游等集体活动时,总有孤独感。
常常是○　　偶尔○　　完全没有○

26. 害怕见陌生人,人多时说话就脸红。
常常是○　　偶尔○　　完全没有○

27. 在黑夜行走或独自在家有恐惧感。

常常是○　　偶尔○　　完全没有○

28. 一旦离开父母,心里就不踏实。
常常是○　　偶尔○　　完全没有○

29. 经常怀疑自己接触的东西不干净,反复洗手或换衣服,对清洁极端注意。
常常是○　　偶尔○　　完全没有○

30. 担心是否锁门和可能着火,反复检查,经常躺在床上又起来确认,或刚一出门又返回检查。
常常是○　　偶尔○　　完全没有○

31. 站在经常有人自杀的场所,悬崖边、大厦顶、阳台上,有摇摇晃晃要跳下去的感觉。
常常是○　　偶尔○　　完全没有○

32. 对他人的疾病非常敏感,经常打听,深怕自己也身患同病。
常常是○　　偶尔○　　完全没有○

33. 对特定的事物、交通工具(电车、公共汽车等)、尖状物及白色墙壁等稍微奇怪的东西有恐怖倾向。
常常是○　　偶尔○　　完全没有○

34. 经常怀疑自己发育不良。
常常是○　　偶尔○　　完全没有○

35. 一旦与异性交往就脸红心慌或想入非非。
常常是○　　偶尔○　　完全没有○

36. 对某个异性伙伴的每一个细微行为都很注意。
常常是○　　偶尔○　　完全没有○

37. 怀疑自己患了癌症等严重不治之症,反复看医书或去医院检查。
常常是○　　偶尔○　　完全没有○

38. 经常无端头痛,并依赖止痛或镇静药。
常常是○　　偶尔○　　完全没有○

39. 经常有离家出走或脱离集体的想法。
常常是○　　偶尔○　　完全没有○

40. 感到内心痛苦无法解脱,只能自伤或自杀。
常常是○　　偶尔○　　完全没有○

评价参考:

0~8 分:心理非常健康。

9~16 分:属于健康的范围,应有所注意,适当增加和身边的人交流。

17~30 分:在心理方面有了一些障碍,应采取适当的方法进行调适。

31~40 分:有可能患了某些心理疾病,应该求助专门的心理医生,进行检查。

41 分以上:有较严重的心理障碍,应该求助专门的心理医生,进行治疗。

二、气质类型测验

1. 什么是气质 气质是表现在心理活动的强度、速度、灵活性与指向性等方面的一种稳定的心理特征。人的气质差异是先天形成的,受神经系统活动过程的特性所制约。孩子刚出生时,最先表现出来的差异就是气质差异,有的孩子爱哭好动,有的孩子平稳安静。气质是人的天性,无好坏之分,它只给人们的言行涂上某种色彩,但不能决定人的社会价值,也不直接具有社会道德评价含义。一个人的活泼与稳重不能决定他为人处世的方向,任何一种气质类型的人既可以成为品德高尚,有益于社会的人,也可以成为道德败坏,有害于社会的人。

气质不能决定一个人的成就,任何气质的人只要经过自己的努力都能在不同实践领域中取得成就,但不努力也可能成为平庸无为的人。气质是人的个性心理特征之一,它是指在人的认识、情感、言语、行动中,心理活动发生时力量的强弱、变化的快慢和均衡程度等稳定的动力特征。气质主要表现在情绪体验的快慢、强弱、表现的隐显以及动作的灵敏或迟钝方面,因而它为人的全部心理活动表现染上了一层浓厚的个人色彩。它与日常生活中人们所说的"脾气""性格""性情"等含义相近。

2. 气质类型测验量表

专栏 14-4 气质类型测验

> 气质是天然的,它取决于人的生理因素。目前最常用的气质分类方法源自古希腊医生希波克拉底的气质说。他将人的气质分为黏液质、多血质、胆汁质和抑郁质四种类型。每个人都不单纯地属于某个气质类型,而是多种气质类型的混合。明白了你的主要气质、一般气质和次要气质分别是什么,就可以更好地了解自己,判断他人。
>
> 你在回答本"量表"的问题时,认为很符合自己情况的计2分;比较符合的计1分;介于符合与不符合之间计0分;比较不符合的计-1分;完全不符合的计-2分。
>
> 1. 做事力求稳妥,不做无把握的事。
> 2. 遇到可气的事就怒不可遏,想把心里话全说出来才痛快。
> 3. 宁肯一个人干事情,不愿很多人在一起。
> 4. 到一个新环境很快就能适应。
> 5. 厌恶那些强烈的刺激,如尖叫、噪声、危险镜头等。
> 6. 和人争吵时,总是先发制人,喜欢挑衅。
> 7. 喜欢安静的环境。
> 8. 善于和人交往。
> 9. 羡慕那种能克制自己感情的人。
> 10. 生活有规律,很少违反作息制度。
> 11. 在多数情况下情绪是乐观的。
> 12. 碰到陌生人觉得很拘束。

13. 遇到令人气愤的事,能很好地控制自我。
14. 做事总是有旺盛的精力。
15. 遇到问题常常举棋不定,优柔寡断。
16. 在人群中从不觉得过分拘束。
17. 情绪高昂时,觉得干什么都有趣;情绪低落时,又觉得干什么都没什么意思。
18. 当注意力集中于一件事时,别的事很难使你分心。
19. 理解问题总比别人快。
20. 碰到危险情境,常有一种极度的恐怖感。
21. 对学习、工作、事业怀有很高的热情。
22. 能够长时间做枯燥、单调的工作。
23. 符合兴趣的事情,干起来劲头十足,否则就不想干。
24. 一点小事就能引起情绪的波动。
25. 讨厌做那种需要耐心、细致的工作。
26. 与人交往不卑不亢。
27. 喜欢参加热烈的活动。
28. 爱看感情细腻、描写人物内心活动的文艺作品。
29. 工作学习时间长了,常会感到厌倦。
30. 不喜欢长时间谈论一个问题,愿意实际动手干。
31. 宁愿侃侃而谈,不愿窃窃私语。
32. 别人说你总是闷闷不乐。
33. 理解问题总是比别人慢些。
34. 疲倦时只要短暂的休息就能精神抖擞,重新投入工作。
35. 心里有话宁愿自己想,不愿说出来。
36. 认准一个目标就希望尽快实现,不达目的誓不罢休。
37. 学习、工作同样一段时间后,常会比别人更感疲倦。
38. 做事有些莽撞,常常不考虑后果。
39. 老师或老师傅讲授新知识、新技术时,总希望他讲得慢些,多重复几遍。
40. 能够很快地忘记那些不愉快的事情。
41. 做作业或完成一件工作总比别人花更多时间。
42. 喜欢剧烈、运动量大的体育活动,或喜欢参加各种文娱活动。
43. 不能很快地把注意力从一件事转移到另一件事上去。
44. 接受一个任务后,希望把它迅速完成。
45. 认为墨守成规比冒风险强些。
46. 能够同时注意几件事物。
47. 你烦闷的时候,别人很难使你高兴起来。
48. 爱看情节跌宕起伏、激动人心的小说。

49. 对工作抱认真严谨、始终一贯的态度。
50. 和周围人们的关系总是相处不好。
51. 喜欢复习学过的知识,重复做已经掌握的工作。
52. 希望做变化大、花样多的工作。
53. 小时候背诗歌,你似乎比别人记得清楚。
54. 别人说你"出语伤人",可你却不觉得。
55. 在体育活动中,常因反应慢而落后。
56. 反应敏捷、头脑机智。
57. 喜欢有条理而不甚麻烦的工作。
58. 兴奋的事情常使你失眠。
59. 老师讲新概念,常常听不懂,但是弄懂了以后就难以忘记。
60. 假如工作枯燥无味、马上就会情绪低落。

记分方法:

按题号将各题分为四类,计算每类题的得分总和。

胆汁质:2、6、9、14、17、21、27、31、36、38、42、48、50、54、58。

多血质:4、8、11、16、19、23、25、29、34、40、44、46、52、56、60。

黏液质:1、7、10、13、18、22、26、30、33、39、43、45、49、55、57。

抑郁质:3、5、12、15、20、24、28、32、35、37、41、47、51、53、59。

评价方法:

如果某气质类型得分明显高于其他三种,平均高出 4 分以上,则可定为该气质类型。如果该气质类型得分超过 20 分,则为典型型;如果该气质类型得分在 10~20 分,则为一般型。

两种气质类型得分接近,其差异低于 3 分,而且又明显高于其他两种,高出 4 分以上,则可定为两种气质类型的混合型。

三种气质类型得分相接近而且均高于第四种,则为三种气质类型的混合型。如多血质—胆汁质—黏液质混合型或黏液质—多血质—抑郁质混合型。

气质分析:

首先要明确气质本身没有好坏之分,也不能决定一个人的社会价值和贡献的大小,像普希金就是典型的胆汁质特征,而果戈理又有着抑郁质的特征,但他们在文学上都取得了非凡的成就。不过,不同的气质类型确实会影响到人对工作和人际关系的态度及方法。

如果你是胆汁质型,那么可以说你是一个精力充沛、生气勃勃、积极向上的人,但情绪暴躁、易于激动、容易感情用事。在人际交往时应沉着冷静,善于控制自己的情绪,做到果敢、率直但不急躁。

如果你是多血质型,那么说明你是个表情丰富、动作敏捷、活泼爱动的人,但情绪多变,做事相对轻率。在人际交往时应努力表现灵活、亲切、机敏的一面,避免浮躁。

> 如果你是黏液质型,那么说明你有沉着、坚毅、冷静的优点,但也有着缺乏活力、冷淡等缺点。在人际交往中尽量将自己的情绪调动起来,让他人更多地了解你的内心感受,以便相互交流,达成共识。
>
> 如果你是抑郁质型,那么说明你柔弱易倦、情绪发生慢而强、敏感而富于自我体验、感情深刻稳定、易孤僻。在人际交往时要突破闭锁心理,把自己的深刻体验表述出去,你会发现那又是一片天。

三、智力测验

智力(Intelligence)是"个人行动有目的、思维合理、应付环境有效的一种聚集的或全面的才能。所以说全面,是人的行为是以整体为特征;所以说聚集,是因为由诸多要素或诸多能力所构成。这些要素或能力虽非完全独立,但彼此之间有质的区别"(韦克斯勒,1939)。

关于智力的本质,研究者们一直未有完全相同的见解。但在以下方面还是有着共识:① 抽象思考和推理能力;② 学习能力;③ 适应环境的能力;④ 解决问题的能力;智力测验是对智力水平进行量化的一种心理测量工具,有的智力测验测查的智力功能比较全面,能够计算出智力商数(简称智商,Intelligence Quotient,IQ)。

IQ 是智力数量化单位,最初由推孟在 1916 年修订 Stanford Binet(S-B)量表时提出。当时,IQ 被定义为智龄(MA)与实足年龄(CA)之比,再将商数乘以 100(为了避免小数),即 IQ=100×(MA/CA),所得结果称为比率 IQ。美国著名心理学家韦克斯勒于 1939 年编制韦氏智力量表时,用离差 IQ 概念代替比率 IQ。所谓离差 IQ 是将被试的测验分数与同龄组的人比较所得到的标准分数。

表 14-1　IQ 的意义及其在全人口中的分布

IQ	类　型	所占百分比
139 以上	极优秀	1%
120～139	优秀	11%
110～119	中上	18%
90～109	中等	46%
80～89	中下	15%
70～79	临界	6%
70 以下	智力落后	3%

专栏 14 - 5　门萨测验

> 门萨测验的英文名称是"MENSA",于 1946 年首创于英国牛津,创始人是律师罗兰德·贝里尔和科学家兼律师兰斯·韦林。门萨测验是全球规模最大及历史最久的智商测验,由门萨国际俱乐部(Mensa International)在世界范围内组织开展。现如今,门萨俱乐部拥有 10 万多名会员,遍及世界 100 多个国家和地区。2011 年,门萨进入中国,如今会员已超过四百人。
>
> 门萨测验试卷(标准情况下)有 30 题,答对 23 题,换算成智商是 148,也就是加入门萨俱乐部的标准。门萨测验一般从注意力、观察力、逻辑思维、想像力和记忆力这几个方面出题!这 30 道题中分布比例大致相当,你会发现这些题目中有你更为擅长的,也就是你在哪一方面更为突出!
>
> 门萨智商测验(IQ Test)只能帮助个人对自己的智商水平做粗略的评估,因为影响得分的偶然因素很多。门萨智商测验(IQ Test)只有利于那些兴趣偏重自然科学的人,而不利于那些偏重语言文字方面的人,也不利于具有较强记忆能力的人。门萨智商测验适合青少年和成年人自测,对于小学生,可以适当加分(参照智商换算表:IQ(智商)=MA(智年年龄)/CA(实际年龄)×100)。限定时间回答问题,图形部分为 40 分钟,知识部分为 60 分钟。必须回答所有的问题不要留空,如果不知道答案可以猜测,其对测验的影响会在评分中加以考虑;如果觉得某题没有正确答案,就挑选你认为最合适的。来自布莱克本的男孩阿希尔·卡利格在门萨测验中获得 162 分的最高分,创造了该项测验的世界纪录。
>
> 资料来源:门萨中国. http://www.mensa-china.com/about-mensa/.
> 百度百科. http://baike.baidu.com.

四、情绪量表

1. **什么是情绪**　情绪是指人对事物的态度的体验,是人的需要得到满足与否的反映,具有特殊的主观体验、显著的身体、生理变化和外部表情行为。情绪体验在人们的日常生活中是无时不在的,它们不但让人们的生活变得积极与精彩,同时也给人们增添了许多忧愁与烦恼。先来让我们体验一下,自己经历过的或者正在经历的情绪变化吧。一个快乐的人掌握着自己快乐的"钥匙",他不期待别人使他快乐,反而能将快乐与幸福带给别人。每人心中都有着快乐的"钥匙",但人们却常在不知不觉中把它交给别人掌管。你的"钥匙"在哪里?在别人手中吗?

如下一些常见的一些不合理的信念会影响人们的情绪:① 人应该得到生活中所有对自己是重要的人的喜爱和赞许;② 有价值的人应在各方面都比别人强;③ 任何事物都应按自己的意愿发展,否则会很糟糕;④ 一个人应该担心随时可能发生灾祸;⑤ 情绪由外界控制,自己无能为力;⑥ 已经定下的事是无法改变的;⑦ 一个人碰到的种种问题,总应该都有一个正确、完满的答案,如果一个人无法找到这个答案,便是不能容忍的事;⑧ 对不好的人应该给予严厉的惩罚和制裁。

这些不合理的信念,你有过没有呢?对自己的情绪产生了什么影响呢?

专栏 14-6　白岩松如何控制自己压力

> 在 2009 年 11 月的第四届中国健康传播大会上,作为健康知识传播激励计划宣传员的白岩松在会上坦承,这个社会,压力无处不在,每一个人都会有顺和不顺的时候,而且顺和不顺是生活的常态。但是不管怎么样,每个人都应更积极地去面对,热爱生命应成为健康传播最重要的基石。有人问他,你是如何面对压力的?他说:"我认为,在人的一生中,快乐与痛苦只占 5%,其余的便是平淡的生活。当我状态特好的时候,我告诉自己,要有危机感;状态不好或者特差的时候,我告诉自己,要能够平静想想,这种经历可以帮助自己成长,前面还有好事等着呢。"
>
> 看到事情的另一面,把经历的坏事看成促使自己成长的必要经历,这种境界要求比较高。但如果你真能看到事情的另一面,你一定是个情绪高手。比如,当被小偷偷了钱包时,仍庆幸损失不多,同时采取措施避免将来再次遇到此类事情;当遭遇小病如感冒时,能把它当作一个预警信号,从而多运动,健康自然离你不远。

情绪是指伴随着认知和意识过程产生的对外界事物的态度,是对客观事物和主体需求之间关系的反应,是以个体的愿望和需要为中介的一种心理活动。美国心理学家马斯洛在阐述关于"自我实现者"的情绪特点中,曾经提出了健康情绪的六个特征,即平和、稳定、愉悦和接纳自己;有清醒的理智;有适度的欲望;对人类有深刻、诚挚的感情;富于有哲理、善意的幽默感;有丰富、深刻的自我情感体验。一般说的健康的情绪,是指良好的情绪状态。良好的情绪状态,包括情绪上的成熟,指一个人的情绪的发展、反应水平和自我控制的能力与其年龄和社会对此的要求相适应,并为社会所接受。

 思考题

生活中,当遇到不开心、难过、抑或情绪低落的时候,你是如何调节的?

2. 大学生情绪的自评　大学生情绪的自评是指通过相关情绪量表从某些方面来把握自己的情绪状况。以下的情绪测验量表可以帮助大学生了解自己的情绪状况。

专栏 14-7　情绪类型测验

> 指导语:你在多大程度上受理智的控制?又在多大程度上受"本能"情绪的控制?在这方面,人与人之间很不相同。一是因为气质(主要是遗传的);二是因为心理学家称之为"觉醒水平"的现象;三是因为素养;四是因为经历。你必须认清自己情绪的力量并发挥理性的控制,才能达到情绪均衡,确保你的情绪与环境变化相匹配。本测验将帮助你达到这个目的。
>
> 请在下列 30 个问题所提供的备选答案中选择一个你认为最符合自己的答案。请如实、尽快地作答。

1. 如果要你选择,你更愿意以下哪种?(　　)
   A. 和许多人一道工作,亲密接触
   B. 和一些人一起工作
   C. 独自工作
2. 当你为了解闷而读书时,你喜欢以下哪种(　　)
   A. 选择真实的书,如史书、秘闻、传记及纪实文学
   B. 纪实加虚构的读物,如历史小说或带有社会背景细节的小说
   C. 虚幻读物,如浪漫的或荒诞小说
3. 你对恐怖影片反应如何?(　　)
   A. 不能忍受
   B. 害怕
   C. 很喜欢
4. 哪种情况最符合你?(　　)
   A. 对他人的事很少关心
   B. 对熟人的生活关心
   C. 对别人的生活细节很有兴趣,而且爱听所有的新闻
5. 在你去外地时,你会如何选择?(　　)
   A. 为亲戚们的平安感到高兴
   B. 陶醉于自然风光
   C. 希望去更多的地方
6. 你看电影时会哭或觉得要哭吗?(　　)
   A. 经常
   B. 有时
   C. 从不
7. 你遇见朋友时,通常会如何打招呼?(　　)
   A. 点头问好
   B. 微笑、握手和问候
   C. 拥抱他们
8. 如果在车上有个烦人的陌生人要你听他讲自己的经历,你会怎样?(　　)
   A. 显出你颇有同感
   B. 真的很感兴趣
   C. 打断他,看自己的书
9. 你是否想过给报纸的问题专栏投稿?(　　)
   A. 绝对不想
   B. 有可能想
   C. 想过

10. 在一次工作会见中,你被问及私人问题,你会怎样?(　　)
    A. 感到不快和气愤,拒绝回答
    B. 平静地说出你认为适当的话
    C. 虽然不快,但还是回答
11. 你在咖啡店里要了杯咖啡,这时你发现邻座有一位姑娘在哭泣,你会怎样?(　　)
    A. 想说些安慰的话,但却羞于启口
    B. 问她一下,你能帮助她吗
    C. 移开你的座位
12. 你在一对夫妇家参加了聚餐之后,这一对和你很好的夫妻激烈地吵了起来,你会怎样?(　　)
    A. 觉得不快但却无能为力
    B. 赶快离开
    C. 尽力为他们排解
13. 你在什么情况下会送朋友礼物?(　　)
    A. 仅仅在圣诞节和生日
    B. 全凭感情,只要你感到对他们特别亲切就送
    C. 在你觉得愧疚时或忽视了他们时
14. 某个你刚认识的人对你说了些恭维话,你会怎样?(　　)
    A. 感到窘迫
    B. 谨慎地观察他或她
    C. 非常喜欢听,并开始喜欢他或她
15. 如果你因为在家里不顺心而带着不快的情绪去上班,你会怎样?(　　)
    A. 继续不快,并显露出来
    B. 工作起来,把烦恼丢在一边
    C. 尽力想理智些,可是却压不住地发脾气
16. 你生活里的一个重要关系破裂了,你会怎样?(　　)
    A. 感到伤心,但尽可能正常地继续你的生活
    B. 至少在短时间内感到痛心
    C. 耸耸肩摆脱忧伤之情
17. 你家里闯进一只迷路的小猫,你会怎样?(　　)
    A. 收养并照顾它
    B. 扔出去
    C. 想给它找个主人,找不到的话,便把它无痛苦地弄死
18. 你是否因内疚或后悔而痛苦?(　　)
    A. 是的,甚至为了很久以前的事

B. 偶尔会这样

C. 不,我从来不后悔

19. 当你必须同一个显然很羞怯或紧张的人谈话时,你会怎样?(　　)

    A. 感到不安,多少也受到他的影响

    B. 觉得有意思,并且逗他讲话

    C. 稍微有点生气

20. 你喜欢孩子们吗?(　　)

    A. 在他们小的时候,而且有点可怜巴巴

    B. 在他们长大了的时候

    C. 在他们能与你谈话,并且形成了自己的个性时

21. 你的配偶抱怨你花在工作上的时间太多了,你会怎样?(　　)

    A. 解释说这是为了你们两人的共同利益,然后仍像以前那样去做

    B. 试图把时间更多地花在家庭上

    C. 对两方面的要求感到矛盾,试图使两方都令人满意

22. 在一次特别好的剧场演出看完之后,你会怎样?(　　)

    A. 用力鼓掌

    B. 勉强地鼓掌

    C. 加入鼓掌,可是觉得很不自在

23. 当你拿到一份母校出的刊物时,你会怎样?(　　)

    A. 扔掉之前通读一遍

    B. 仔细阅读,并保存起来

    C. 还没有读就丢进了垃圾桶

24. 你在马路对面看到一个熟人,你会怎样?(　　)

    A. 走开

    B. 穿过马路和他问好

    C. 招手,如果没反应,便走开

25. 你听人说一位朋友误解了你的行为,并且在生你的气,你会怎样?(　　)

    A. 尽快和他联系,作出解释

    B. 让他自己清醒过来

    C. 等待一个比较自然的时机与他联系,但对误解的事不说什么

26. 你怎样处置不喜欢的礼物?(　　)

    A. 马上扔掉

    B. 热情地保存起来

    C. 把它们藏起来,仅仅在赠送者来的时候才会摆出来

27. 你对示威游行、爱国主义活动、宗教仪式的态度如何?(　　)

    A. 冷淡

B. 感动得流泪

C. 使你窘迫

28. 你有没有毫无理由地觉得害怕？（ ）

    A. 经常

    B. 偶尔

    C. 从不

29. 哪种情况与你最相符？（ ）

    A. 我十分留心自己的感情

    B. 我总是凭感情办事

    C. 感情没什么要紧，结局才是重要的

30. 对于信件或纪念品，你会怎样？（ ）

    A. 刚收到时便无情地扔掉

    B. 保存多年

    C. 两年清理一次

评分与解释

	A	B	C		A	B	C
1	3	2	1	16	2	3	1
2	1	2	3	17	3	1	2
3	1	3	2	18	1	3	2
4	1	2	3	19	3	2	1
5	1	3	2	20	2	3	1
6	3	2	1	21	3	1	2
7	1	2	3	22	1	3	2
8	2	3	1	23	3	1	2
9	1	2	3	24	2	3	1
10	3	1	2	25	1	3	2
11	2	3	1	26	3	1	2
12	2	1	3	27	1	3	2
13	1	3	2	28	1	3	2
14	2	1	3	29	3	2	1
15	3	1	2	30	2	3	1

30～50分：理智型情绪。很少为什么事而激动，即使生气，也表现得很有克制

力。主要弱点是对他人的情绪缺少反应。爱情生活很有局限,而且可能会听到人们在背后说你"冷血动物"。目前需要松弛自己。

51~69分:平衡型情绪。时而感情用事,时而十分克制,即使在很恶劣的环境下握起了拳头,但仍能从情绪中摆脱出来。因此,很少与人争吵,爱情生活十分愉快、轻松。即使偶尔陷入情感纠纷,也能不自觉地处理妥帖。

70~90分:冲动型情绪。是个非常重感情的人,如果是女人,一定是眼泪的俘虏;如果是男人,可能非常随和,但好强,且喜欢自我炫耀。可能经常陷入那种短暂的、风暴式的爱情纠纷,因此麻烦百出,想劝你冷静,简直是不可能的事情。这里有必要提醒你:要自我克制。

五、个性自评量表

1. **什么是个性** 个性一词最初来源于拉丁语"Personal",开始是指演员所戴的面具,后来指演员——一个具有特殊性格的人。一般来说,个性就是个性心理的简称,在西方又称人格,是指一个人独特的、稳定的和本质的心理倾向和心理特征的总和。简单地说,个性就是一个人的整体精神面貌。个性,在心理学中的解释是:一个区别于他人的,在不同环境中显现出来的,相对稳定的,影响人的外显和内隐性行为模式的心理特征的总和。由于个性结构较为复杂,因此,许多心理学者从自己研究的角度提出个性的定义,美国心理学家奥尔波特曾综述过50多个不同的定义。

由于个性的复杂性,我国心理学界对个性的概念和定义尚未有一致的看法。我国第一部大型心理学词典——《心理学大词典》——中的个性定义反映了多数学者的看法,即:"个性,也可称人格。指一个人的整个精神面貌,即具有一定倾向性的心理特征的总和。个性结构是多层次、多侧面的,由复杂的心理特征的独特结合构成的整体。这些层次有:第一,完成某种活动的潜在可能性的特征,即能力;第二,心理活动的动力特征,即气质;第三,完成活动任务的态度和行为方式的特征,即性格;第四,活动倾向方面的特征,如动机、兴趣、理想、信念等。这些特征不是孤立存在的,而是有机结合的一个整体,对人的行为进行调节和控制。"现代心理学一般认为,个性就是个体在物质活动和交往活动中形成的具有社会意义的、稳定的心理特征系统。

思考题

你的性格属于内向还是外向?你如何看待自己的性格呢?

专栏 14-8　内向、外向性格并无好坏之分

中国儒家文化崇尚的"仁、义、礼、智、信"决定了中国人中庸内敛、不喜张扬的性格特点,也使得国人被贴上"内向"的标签。相比崇尚自由的美国,美国人热情奔放、思想活跃,和国人形成鲜明对比,美国人成为公认的外向型性格的典型代表。

从小学到常春藤名校,从华尔街到世界 500 强,在美国似乎都是外向人在主导。同时美国又是超级大国,经济、科技、军事、教育各个领域都处于世界领先位置。因此我们或主动或潜移默化地吸收了这个国家的价值观,认为优秀人的标准就是善于交际、谈笑风生。因此我们向往成为如美国人那样有活力的外向人。当今社会,"内向"俨然已经成了一个贬义词,内向仿佛成了性格缺陷,内向、外向成为了界定好坏的标准。可是,性格真的有好坏之分吗?

从心理学的角度来说,内向和外向只是人性格中的一种倾向,无分好坏。外向的人向外获得心理能量,所以善于与外界事物打交道;内向的人心理能量来自内心,所以喜欢独处和思考。与外向的人相比,内向的人不急于做决定、下结论,而是冷静分析、理性思考后才有所行动。优秀的内向者很注重对事物和人的深度了解和挖掘,他们通常很专注,擅长钻研,所以科学家、哲学家、艺术家多是内向者。

中国诺贝尔奖获得者莫言和屠呦呦都是为人低调、性格内向的人,但都凭借在各自领域的卓越成绩在国际舞台上崭露头角,成为耀眼的巨星。有人如此形容 Facebook 的创始人马克:"他既害羞又内向,对于不认识他的人来说,他可能不是位暖男,但其实他是。"就是这么一个腼腆之人,创造了市值超过 3000 亿美元的社交网站。所以内向的人找到自己擅长的领域一样可以大放异彩。

《安静:内向性格的竞争力》的作者 Susan Cain 在她的 TED 演讲中说道,内向者"在较为安静的、低调的环境里感觉最有活力、最能够马力全开,同时也最能展现自己的能力。"

资料来源:环球网. http://lx.huanqiu.com/lxnews/2016-11/9633563.html.

2. 大学生个性的心理自评　大学生个性的心理自评是指通过相关个性量表从某些方面来把握自己的个性特征状况。以下的测验量表可以帮助大学生了解自己的个性特征状况。

专栏 14-9　菲尔个性测验

测验导语:

这个测验是美国的菲尔博士在著名主持人奥普拉的节目里做的,国际上称为"菲尔人格测验",时下被很多大公司的人事部门用来测查员工的性格。

1. 你感觉最好的时段是(　　)。
A. 早晨　　　　　　B. 下午和傍晚　　　　　C. 夜里
2. 你走路时是(乐嘉性格色彩测验题)(　　)。
A. 大步的快走　　　　　　B. 小步的快走

C. 纳闷,仰着头面对着世界　　D. 纳闷,低着头　　E. 很慢

3. 和人说话时,你会( )。

A. 手臂交叠地站着　　　　　B. 双手紧握着

C. 一只手或两手放在臀部　　D. 碰着或推着与你说话的人

E. 玩着你的耳朵、摸着你的下巴或用手拾掇头发

4. 坐着停顿时,你的( )。

A. 两膝盖并拢　　　　　　　B. 两腿交错

C. 两腿蜷缩　　　　　　　　D. 一腿蜷在身下

5. 碰到你感到发笑的事时,你的反应是( )。

A. 一个爽朗的大笑　　　　　B. 笑着,但不大声

C. 轻声的咯咯的笑　　　　　D. 羞怯的浅笑

6. 当你去一个派对或社交场地时,你( )。

A. 很大声地入场以引起注意

B. 安静地入场,找你认识的人

C. 特别安静地入场,尽量保持不被注意

7. 当你特别一心做事时,有人打断你,你会( )。

A. 迎接他　　　B. 感到特别愤怒　　　C. 在以上两极端之间

8. 下列颜料中,你最嗜好的一种颜料( )。

A. 红或橘色　　B. 黑色　　C. 黄或浅蓝色　　D. 绿色

E. 深蓝或紫色　　F. 红色　　G. 棕或灰色

9. 临入睡的前几分钟,你在床上的姿势是( )。

A. 仰躺、伸直　　B. 俯躺、伸直　　C. 侧躺、微蜷

D. 头睡在一手臂上　　E. 被子盖过头

10. 你时时梦到自己在( )。

A. 落下　　　　B. 打架或挣扎　　　C. 找东西或人

D. 飞或飘移　　E. 你平日不做梦　　F. 你的梦都是愉快的

计分方法:

1. A 2;B 4;C 6
2. A 6;B 4;C 7;D 2;E 1
3. A 4;B 2;C 5;D 7;E 6
4. A 4;B 6;C 2;D 1
5. A 6;B 4;C 3;D 5
6. A 6;B 4;C 2
7. A 6;B 2;C 4
8. A 6;B 7;C 5;D 4;E 3;F 2;G 1
9. A 7;B 6;C 4;D 2;E 1

10. A 4;B 2;C 3;D 5;E 6;F 1

结果解释:经过上述10项测验后,将所有分数相加。

低于21分:内向的悲观者。你是一个害羞的、神经质的、优柔寡断的人,永远需要别人为你做决定。你是一个杞人忧天者,有些人认为你令人乏味,只有那些深知你的人知道你不是这样。

21~30分:缺乏信心的挑剔者。你勤勉、刻苦、挑剔,是一个谨慎小心的人。如果你做任何冲动的事或无准备的事,朋友们都会大吃一惊。

31~40分:以牙还牙的自我保护者。你是一个明智、谨慎、注重实效的人,也是一个伶俐、有天赋、有才干且谦虚的人。你不容易很快和人成为朋友,却是一个对朋友非常忠诚的人,同时要求朋友对你也忠诚。要动摇你对朋友的信任很难,同样,一旦这种信任被破坏,也就很难恢复。

41~50分:平衡的中道者。你是一个有活力、有魅力、讲究实际,而且永远有趣的人。你经常是群众注意力的焦点,但你是一个足够平衡的人,不至于因此而昏了头。你亲切、和蔼、体贴、宽容,是一个永远会使人高兴、乐于助人的人。

51~60分:吸引人的冒险家。你是一个令人兴奋、活泼、易冲动的人,是一个天生的领袖,能够迅速做出决定,虽然你的决定不总是对的。你是一个愿意尝试机会,欣赏冒险的人,周围的人喜欢跟你在一起。

60分以上:傲慢的孤独者。你是自负的自我中心主义者,是个有极端支配欲、统治欲的人。别人可能钦佩你,但不会永远相信你。

六、自尊量表

1. **什么是自尊** 谈论自尊之前先来看看它的对立面——自卑,这样可以让人们更好地理解自尊。奥地利心理学家阿德勒认为自卑感是每个人所共有的,人的自卑使人产生对优越的渴望,所以不要担忧,不要抬不起头来。个体感到自卑,就会发愤图强,力争上游,取得成功。

自尊即自我尊重,指既不向别人卑躬屈膝也不允许别人歧视、侮辱,它是一种好的心理状态。只要不气馁,不灰心,不放弃,自己相信自己,自己尊重自己,就可以通过进一步的努力,找到自己的人生价值,赢得别人的尊敬,感受自尊的快乐。自尊一般有两个方面的表现:首先,自尊是一种良好的心理状态,它首先表现为自我尊重和自我爱护。其次,自尊还包含要求他人、集体和社会对自己尊重的期望。

2. **自尊心理的自评** 以下测验量表可以帮助我们了解自己的自尊心理状况。

专栏14-10 精选自尊量表

量表1:自卑心理测验
对下列题目作出"是"或"否"的回答。
1. 你觉得像自己这样的年龄应该更高一些吗? ○是 ○否

2. 你对自己的容貌满意吗？　　　　　　　　　　　　　　○是　○否
3. 你是否不太喜欢镜子中的自己？　　　　　　　　　　○是　○否
4. 你觉得自己的身体不够强壮吗？　　　　　　　　　　○是　○否
5. 别人给你拍照时，你对拍的照片没有信心吗？　　　　○是　○否
6. 你觉得自己比其他人笨些吗？　　　　　　　　　　　○是　○否
7. 你相信自己十年后会比其他人过得好吗？　　　　　　○是　○否
8. 你是否常被人家挖苦？　　　　　　　　　　　　　　○是　○否
9. 是否看上去很多同学或者同事不太喜欢你？　　　　　○是　○否
10. 你常常有"又失败了"的感觉吗？　　　　　　　　　　○是　○否
11. 你的老师对你的学习成绩感到失望吗？　　　　　　　○是　○否
12. 做错什么事之后，你常常会很快忘记吗？　　　　　　○是　○否
13. 与同学或者同事、朋友在一起的时候，你是否常常扮演听众的角色？
　　　　　　　　　　　　　　　　　　　　　　　　　○是　○否
14. 你经常在心里默默祈祷吗？　　　　　　　　　　　　○是　○否
15. 你认为自己使父母感到失望吗？　　　　　　　　　　○是　○否
16. 你是否经常回想并检讨自己过去的不良行为吗？　　　○是　○否
17. 当与别人闹矛盾时，你通常总是责怪自己吗？　　　　○是　○否
18. 你是否不喜欢自己的性格？　　　　　　　　　　　　○是　○否
19. 别人讲话时，你经常打断他们吗？　　　　　　　　　○是　○否
20. 你是否从不主动向别人挑战？　　　　　　　　　　　○是　○否
21. 做某件事时，你常常缺乏成功的信心吗？　　　　　　○是　○否
22. 即使不同意对方的观点，你也不习惯当面提出反对意见，对吗？
　　　　　　　　　　　　　　　　　　　　　　　　　○是　○否
23. 你是否自甘落后？　　　　　　　　　　　　　　　　○是　○否
24. 你对未来充满信心吗？　　　　　　　　　　　　　　○是　○否
25. 在班级里，你对自己的成绩进入前几名抱希望吗？　　○是　○否
26. 参加体育运动后，你总是感到自己不行了吗？　　　　○是　○否
27. 遇到困难时，你常常采取逃避的态度吗？　　　　　　○是　○否
28. 当你提出观点被人反对时，你是否马上会怀疑自己的正确性？
　　　　　　　　　　　　　　　　　　　　　　　　　○是　○否
29. 当别人没有征询你的看法，你会主动发表自己的意见吗？○是　○否
30. 对自己反对做的各种事情，你总是充满自信吗？　　　○是　○否

分数解释：

以上30项，回答"是"得1分，回答"否"得0分。

总分在0～5分之间，那么你充满了自信，要注意别自满和自负。

总分在6～10分之间，总的来说你并不自卑。当环境出现变化情况下，你最终

能够恢复自信。

总分在 11 分以上的,只要一遇到挫折,你就会感到自己不行。你最好降低一下自己的期望值,调整自己追求的目标,以便从每次小的进步中享受成功的欢乐,逐步建立自信。

量表 2:信心测验

你有安全感吗? 你谦虚吗? 你对自己有信心吗?

1. 一旦你下了决心,即使没有人赞同,你仍然会坚持做到底吗?　　○是　○否
2. 参加晚宴时,即使很想上洗手间,你也会忍着直到宴会结束吗?　○是　○否
3. 如果想买性感内衣,你会尽量邮购,而不亲自到店里去吗?　　　○是　○否
4. 你认为你是个绝佳的情人吗?　　　　　　　　　　　　　　　　○是　○否
5. 如果店员的服务态度不好,你会告诉他们经理吗?　　　　　　　○是　○否
6. 你不常欣赏自己的照片吗?　　　　　　　　　　　　　　　　　○是　○否
7. 别人批评你,你会觉得难过吗?　　　　　　　　　　　　　　　○是　○否
8. 你很少对人说出你真正的意见吗?　　　　　　　　　　　　　　○是　○否
9. 对别人的赞美,你持怀疑的态度吗?　　　　　　　　　　　　　○是　○否
10. 你总是觉得自己比别人差吗?　　　　　　　　　　　　　　　○是　○否
11. 你对自己的外表满意吗?　　　　　　　　　　　　　　　　　○是　○否
12. 你认为自己的能力比别人强吗?　　　　　　　　　　　　　　○是　○否
13. 在聚会上,只有你一个人穿得不正式,你会感到不自然吗?　　○是　○否
14. 你是个受欢迎的人吗?　　　　　　　　　　　　　　　　　　○是　○否
15. 你认为自己很有魅力吗?　　　　　　　　　　　　　　　　　○是　○否
16. 你有幽默感吗?　　　　　　　　　　　　　　　　　　　　　○是　○否
17. 目前的工作是你的专长吗?　　　　　　　　　　　　　　　　○是　○否
18. 你懂得搭配衣服吗?　　　　　　　　　　　　　　　　　　　○是　○否
19. 危急时,你很冷静吗?　　　　　　　　　　　　　　　　　　○是　○否
20. 你与别人合作无间吗?　　　　　　　　　　　　　　　　　　○是　○否
21. 你认为自己只是个寻常人吗?　　　　　　　　　　　　　　　○是　○否
22. 你经常希望自己长得像某某人吗?　　　　　　　　　　　　　○是　○否
23. 你经常羡慕别人的成就吗?　　　　　　　　　　　　　　　　○是　○否
24. 你为了不使他难过,而放弃自己喜欢做的事吗?　　　　　　　○是　○否
25. 你会为了讨好别人而打扮吗?　　　　　　　　　　　　　　　○是　○否
26. 你勉强自己做许多不愿意做的事吗?　　　　　　　　　　　　○是　○否
27. 你任由他人来支配你的生活吗?　　　　　　　　　　　　　　○是　○否
28. 你认为你的优点比缺点多吗?　　　　　　　　　　　　　　　○是　○否
29. 经常跟人说抱歉? 即使在不是你错的情况下。　　　　　　　　○是　○否
30. 如果在非故意的情况下伤了别人的心,你会难过吗?　　　　　○是　○否

31. 你希望自己具备更多的才能和天赋吗?	○是 ○否
32. 你经常听取别人的意见吗?	○是 ○否
33. 在聚会上,你经常等别人先跟你打招呼吗?	○是 ○否
34. 你每天照镜子超过三次吗?	○是 ○否
35. 你的个性很强吗?	○是 ○否
36. 你是个优秀的领导者吗?	○是 ○否
37. 你的记性很好吗?	○是 ○否
38. 你对异性有吸引力吗?	○是 ○否
39. 你懂得理财吗?	○是 ○否
40. 买衣服前,你通常先听取别人的意见吗?	○是 ○否

评分与解释

2,3,6,7,8,9,10,13,21,22,23,24,25,26,27,28,29,30,31,32,33,34,40 选"是"计 0 分,选"否"计 1 分。

1,4,5,11,12,14,15,16,17,18,19,20,35,36,37,38,39 选"是"计 1 分,选"否"计 0 分。

分数为 25~40:说明你对自己信心十足,明白自己的优点,同时也清楚自己的缺点。不过,在此警告你一声:如果你的得分将近 40 的话,别人可能会认为你很自大狂傲,甚至气焰太胜。你不妨在别人面前谦虚一点,这样人缘才会好。

分数为 12~24:说明你对自己颇有自信,但是你仍或多或少缺乏安全感,对自己产生怀疑。你不妨提醒自己,在优点和长处各方面并不输人,特别强调自己的才能和成就。

分数为 11 分以下:说明你对自己显然不太有信心。你过于谦虚和自我压抑,因此经常受人支配。从现在起,尽量不要去想自己的弱点,多往好的一面去衡量;先学会看重自己,别人才会真正看重你。

八、人际关系自评量表

1. **什么是人际关系** 马克思说:"一个人的发展取决于和他直接或间接进行交往的其他一切人的发展。"大学生在学习和生活过程中,彼此之间通过意见沟通、信息交流、表达感情等方式结成了一定的、良好的人际关系即朋友关系。为了调查朋友关系是如何结成的,美国心理家菲斯汀加等人对大学生入住宿舍后 6 个月的情况作了一次跟踪调查。被测者是初次见面的 17 名男生,他们在入住之前接受了政治态度和宗教态度方面的调查。进一步跟踪调查表明,最初是房间邻近的人关系友好(近因效应),但随着时间的推移,态度相似的人渐渐形成了群体。都说好朋友在性格上非常相似,调查的结果显示确实如此。但人们有时也把这种相似性看得超出了实际水平,尤其是对于那些自认为理想的性格特征更是这样。

人际关系是人和人之间由于沟通而产生的一种心理关系,良好的心理关系表现为认知上相互肯定价值，情感上相互喜欢接纳，行为上相互沟通交往。当人际关系和谐、融洽时，它会给人们带来成功和幸福，并能充分调动起人们的积极性；当人际关系紧张、失调时，它会给人们带来失败和痛苦。一般从以下几个方面理解大学生人际关系的作用：一是人际关系是大学生的基本社会需求，有助于促进大学生的社会化进程；二是人际关系可以帮助大学生自我认识；三是人际关系可以达到大学生个性的发展和完善；四是人际交往是大学生获得知识的重要手段；五是人际关系可以用于大学生的自我心理健康的鉴定。

增进与他人进行有效沟通的能力，是维系良好人际关系的首要条件，以下几项可以帮助人们提高和初步评估与人和谐相处的能力：① 站在对方立场设想，将心比心，并且用温暖、尊重、了解的方式去沟通；② 了解沟通的障碍并且尽可能去突破；③ 有与人沟通的意愿，以一颗开放的心灵倾听，不要立即作价值判断，而最好以对方的立场和观点去设想；④ 当一位好听众，用自己的心灵去听听对方的想法与感受，而不只是字面上的意思，然后要坦诚地告诉对方，自己听到了什么？有什么样的感受和想法？⑤ 善解人意，我们不一定要期待他人与我们有相同的意见。

 思考题

在大学里，你的人际关系如何？你遇到过有关人际交往的困惑吗？你又是如何处理的呢？

2. **大学生人际交往的自评**　以下测验量表可以帮助大学生了解自己的人际交往能力以及与人际交往有关的心理问题。

专栏 14-11　人际关系综合诊断量表

指导语：本量表共28个问题，每个问题做"是"或"否"回答。请你认真完成。然后参看后面的记分方法，对测验结果作出解释。

1. 关于自己的烦恼有苦难言。　　　　　　　　　　　○是　○否
2. 和生人见面时感觉不自然。　　　　　　　　　　　○是　○否
3. 过分羡慕和妒忌别人。　　　　　　　　　　　　　○是　○否
4. 与异性交往太少。　　　　　　　　　　　　　　　○是　○否
5. 对连续不断的会谈感到困难。　　　　　　　　　　○是　○否
6. 在社交场合感到紧张。　　　　　　　　　　　　　○是　○否
7. 时常伤害别人。　　　　　　　　　　　　　　　　○是　○否
8. 与异性来往感觉不自然。　　　　　　　　　　　　○是　○否
9. 即使与一大群朋友在一起，也常感到孤寂或失落。　○是　○否
10. 极易受窘。　　　　　　　　　　　　　　　　　　○是　○否
11. 与别人不能和睦相处。　　　　　　　　　　　　　○是　○否
12. 不知道与异性相处如何适可而止。　　　　　　　　○是　○否

13. 当不熟悉的人对自己倾诉他的生平遭遇以求同情时,自己常感到不自在。　　○是　○否
14. 担心别人对自己有什么坏印象。　　○是　○否
15. 总是尽力使别人欣赏自己。　　○是　○否
16. 暗自思慕异性。　　○是　○否
17. 时常避免表达自己的感受。　　○是　○否
18. 对自己的仪表(容貌)缺乏信心。　　○是　○否
19. 讨厌某人或被某人所讨厌。　　○是　○否
20. 瞧不起异性。　　○是　○否
21. 不能专注地倾听。　　○是　○否
22. 自己的烦恼无人可申诉。　　○是　○否
23. 受别人排斥与冷漠。　　○是　○否
24. 被异性瞧不起。　　○是　○否
25. 不能广泛地听取各种意见、看法。　　○是　○否
26. 自己常因受伤害而暗自伤心。　　○是　○否
27. 常被别人谈论、愚弄。　　○是　○否
28. 与异性交往不知如何才能更好的相处。　　○是　○否

评分与解释:

选"是"计1分,选"否"计0分。

0～8分:说明受测者善于交谈、性格开朗、主动,关心别人,对周围朋友很好,愿意与他们在一起,彼此相处得不错。

9～14分:说明受测者与朋友相处有一定的困扰,人缘一般,与朋友的关系时好时坏,经常处于起伏变动之中。

15～28分:说明受测者在与朋友相处时存在严重困扰。分数超过20分,则表明人际关系行为困扰程度很严重,而且在心理上出现较为明显的障碍:受测者可能不善于交谈,也可能是个性格孤僻的人,不开朗,或者有明显的自高自大、讨人嫌的行为。

(凤林谱)

第十五章
自我心理治疗

案例 15-1　初踏校园的一声叹息

来自北方的女孩小程如愿以偿地考入了南方的一所大学。起初,她觉得到了大学饮食可能会不习惯,但其余应该能很快适应。她对未来充满期待,希望在大学好好奋斗、好好学习、好好生活,可不久就觉得有些吃力了,眼前的现实似乎离她想像中的大学生活越来越远……学习上,小程发现即便是她抓紧一切时间来学习,可还是跟不上老师的进度——"老师一次课就讲了几十页,照我的阅读速度远远跟不上啊!我高中的生物基础本来就不算好,现在老师一节课讲一章内容,真得是很难消化。我上课竖起耳朵听,深怕有一点听不懂而跟不上老师的节奏!"生活上,小程刚入校时,常与舍友"卧谈"到深夜,感到十分兴奋。但随着时间的推移,她就很不习惯了。她在中学时就养成了晚上十点半熄灯睡眠的习惯,而大学的宿舍晚上不熄灯,由学生自己控制作息时间。习惯早睡的她想早点入睡,但却不知道如何让舍友们早点安静,因此,感觉特别累,十分苦恼!工作上也是烦恼不断,在中学阶段,小程一直是老师的得力助手,同学们的好班干。可进入大学后,她却没有进入班干部名单,去各个社团应聘也屡受挫折。自认为组织能力特别突出的她感到特委屈、特受挫,自己也不知道从什么时候开始经常变得满腹牢骚,常生闷气,别人似乎都不愿意接近自己了。这也让她特别怀念中学时光,想念中学好友……

案例 15-2　小欢的苦恼

小欢,男,大学二年级学生。从初中开始他的大脑中就会反复出现一些想法,如"思考时要不要对自己说话?""人是通过语言还是图像思考的?""看书默读时用方言还是普通话?"等。高中的时候他自认为把问题思考明白了就不会再想这些问题了,如想明白"学习是利用一些已有的结论去解决现在的问题,不必去对已有的结论去联想或扩散"后,情况逐渐好转。入大学后,大一下学期快期末的时候,又反复出现一些想法,如从"人们为什么会思考"到"人们怎么去思考"再到"自己该如何思考",越

> 想越具体。
> 　　他不知道该如何思考,如说出录音笔的属性,不知道是在心里对自己说话,还是心里想一些图像,控制自己不去想的时候,头脑中就一片空白,很痛苦。他不知道自己该怎么办,最后非常惶恐。他一开始以为这是因为快考试压力大而出现的,但发现即使是放寒假在家还是控制不住地想。这状况到本学期还是一直存在,小欢觉得想这些没什么意义,但要是控制自己不想,大脑又一片空白,非常痛苦,不知道该如何解决自己的问题。

思考题
1. 上述两个案例中小程和小欢各有哪些心理问题?
2. 上述两个案例中他们心理问题的程度如何? 应该怎样解决?

第一节　心理问题的自我识别与求助

在大学生中,常常会有同学抱怨自己的情绪不好、睡眠不好、和同学关系出现矛盾、学习压力大、不知道怎样集中注意力学习、未来的发展看不到方向等。每一个大学生都会或多或少的有过上述的困扰,甚至有更加严重的心理问题或心理障碍。当他们自身存在这些问题的时候,能够及时发现吗? 能够正确地认识到他们存在的问题吗? 是选择自己解决还是寻求帮助呢?

一、大学生心理问题的自我识别

在他们现实的学习和生活中,如果出现以下几个方面的问题,就提示他们可能已经出现心理问题了。

1. 生理方面　表现为食欲不振或食欲过剩,心跳过快(超过 100 次/分),头痛或颈背部肌肉紧张,入睡困难或早醒、睡眠不深或噩梦连连。

2. 心理方面　个性发生明显改变,性格上原有的缺点更加突出,如自卑胆小、孤僻多疑、暴躁激动、多愁善感等;注意力难以集中,经常为一些小事与人发生争执;一些原本良好的性格也有所改变,如原来活泼开朗现在变得沉默寡言,原先有礼貌现在变得很粗暴等。

3. 社会功能方面　学习或工作效率降低,学习兴趣减退,学习成绩下降;做事情一贯认真的人现在变得不能完成日常一般性的任务,对工作或学习无缘无故地产生抵触情绪或厌恶感;出现不合逻辑的错误言语或行为,短时间内常说错话,或做出毫无道理、毫无益处的错事。

如果一个人多次出现类似上述的情况,这提示他们要提高警惕,评估自己是否存在心理问题,进而需要得到及时有效的解决。

二、大学生心理问题的求助

(一) 求助对象

1. **求助朋友、同学** 当大学生遇到困难、处于困扰中的时候,可以向身边值得信赖的朋友或同学倾诉,以便获得最及时的帮助。当他们告别父母,离开父母的庇护后,在大学生活中,他们会结交到一些好朋友。好朋友不仅能够在平时的学习、生活中相互帮助、照顾和支持,也可以相互谈心、交流思想。当他们感觉心里烦闷的时候,可以在第一时间向朋友打开心扉来排解心中的困扰。

2. **求助学校辅导员** 大学老师尤其是辅导员是大学生离开父母后,帮助他们不断成长的良师益友。无论是学习或生活上的困难、情感上的困扰、个人发展中的问题都可以在辅导员那里寻求到帮助。辅导员是大学生健康成长的指导者、引路人和知心朋友。辅导员在思想上引导他们,在学业上辅导他们,在生活上帮助他们,在行为上教导他们,在心理上疏导他们,在就业上指导他们。所以,大学生在有心理问题的时候可以找辅导员,辅导员可以根据学生的具体情况提出解决困扰的最佳建议。

3. **求助学校心理咨询中心** 学校的心理咨询老师都会具备一定的心理学专业知识和技术,能对大学生的心理问题进行一定的测评,且处理大学生常见的心理问题有较为丰富的经验。当大学生存在一定的心理问题时,如情绪问题、恋爱问题、人际关系问题、学习问题、压力问题、职业规划问题等,都可以与学校的大学生心理咨询中心联系,老师可以凭借专业技术给予指导。一般来说,绝大多数大学生的心理问题都可以通过心理咨询中心得到解决。

4. **求助专业的心理咨询师或心理医生** 当大学生的心理问题通过上述的求助仍得不到解决时,他们可以寻求专业的心理咨询师或心理医生的帮助。合格的心理咨询师或心理医生应受过严格的专业训练,具有专业知识、能力和经验,有完善的心理评估和诊断学方法,有专门的心理咨询和治疗的技能。心理咨询师或心理医生能遵循职业道德和行业规范,尊重服务对象并严格保守秘密。一般来说,解决心理问题或心理障碍求助于专业的心理咨询师或心理医生是最有效、最可靠的方法。当然,不同程度的心理问题寻求不同的专业工作者会更加有效。一般而言,不同的专家会在不同的方向承担不同的任务(表 15-1)。

表 15-1 各种心理专业工作者的工作任务的区别

	心理咨询师	心理治疗师	精神科医师
主要任务	提供更高水平的咨询、倾听及解决问题的技术的服务	提供较专业的治疗,如认知行为治疗、精神分析治疗	作为临床医生,主要负责严重精神疾病的诊断与治疗
服务对象	一般心理困扰人群	各类心理障碍人群	精神疾病人群

一项关于中国大学生心理健康状况的网络调查(2008)显示,目前大学生存在的主要心理困惑分别为恋爱问题、人际关系、职业规划、情绪问题和与家人相处。而当大学生遇到心理问题时,最多选择的倾诉对象是身边的好朋友或恋人,其次是陌生人(比如网友)、父母、老师,而较少的去选择学校的心理机构或是社会上的心理机构的专业人员。在我国,因心理困惑求助专业心理咨询的意识还比较薄弱,人们普遍存在畏惧的心理,所以很多人即使知道自己有心理问题也不愿意去求助心理咨询。而在国外,心理咨询很普遍也很流行,人们很愿意通过心理咨询来指导自己更好的生活和工作,也不会觉得会被人瞧不起。如果一个女孩子听说自己的男朋友进行心理咨询,她会很高兴,因为她认为她的男朋友有上进心、事业心、注重个人发展。

专栏 15-1 心理健康测验——你需要心理咨询的帮助吗

在我们的生活中,总会出现这样或那样的事情而引起我们情绪的波动。本测验将帮助你了解和判断自己目前的心理状态,并进一步对你是否需要心理咨询或治疗作出建议。请对下列问题选出一个最符合你的情况:A 表示永远或大部分时间如此;B 表示时常如此;C 表示偶然如此;D 表示很少或从不如此。

1. 在新环境中,例如,求职面谈或众多陌生人的场合,你是否担心会遭遇难堪或不顺利的事?
2. 有人请你做你不愿意的事情,例如,帮朋友加班,你会拒绝吗?
3. 你是否会勃然大怒,但事后则感到那件事不值得那样生气?
4. 你和朋友在一起,例如,看电影或选餐厅,如果你有建议,你能使他们听从你吗?
5. 在作决定时,你是否会感到很困难,如选购一件新衣或决定周末如何消遣?
6. 参与团体活动时,你是否感到孤单?例如,在宴会中你是否会孤单地伫立一旁?
7. 你做经常做的事,诸如日常的活动或家务,是否会征求别人的意见或需要别人的鼓励?
8. 别人占你便宜时,你能否表示不快?例如,有人插队排在你前面。
9. 你是否满意与你关系最亲近而密切的人?
10. 在求职面谈或参加宴会之前,你是否需要喝杯酒或服镇静剂以增强信心?
11. 你对不能控制的习惯,例如,吸烟或吃得太多,是否感到忧虑?
12. 你在听收音机时或呆在狭小的地方时,是否有无法控制的恐惧或被吓得不能动弹?
13. 你出门后,是否必须再回来一次,看看房门是否锁好、炉子是否熄灭及诸如此类的事?
14. 你是否要一个多小时才能入睡,或醒得比你希望的要早一个多小时?

15. 你是否非常关心清洁,怕被你接触的东西弄脏了,或怕弄脏了你所接触的东西?

16. 你是否觉得前途无望,曾想过伤害自己或自杀?

17. 你是否看到、听到或感到过别人觉察不到的东西?

18. 你是否认为自己有高超的能力,或认为别人用高超的能力来对付你?

19. 你是否有莫名的恐惧感?

评分及说明:首先,我们要知道,本测验的这些问题是没有"对"或"错"之分的。我们时常会为小事发脾气,即使对关系最亲密的人有时也会感到不满。但是在普通情况下,适应良好的人,多半会作以下的回答:

1. C 或 D　　2. A 或 B　　3. C 或 D　　4. B 或 C
5. C 或 D　　6. C 或 D　　7. C 或 D　　8. A 或 B
9. A 或 B　　10. C 或 D　　11. C 或 D　　12. C 或 D
13. C 或 D　　14. C 或 D　　15. C 或 D　　16. D
17. D　　18. D　　19. D

问题 1～10:评估你能把感情表达到什么程度以及你的自信心如何。如果你大部分答案与上述者不同,那只是表示你在表达感情上有问题或对你自己缺乏自信。你可以针对自己的问题采取适当措施进行自我调整或改善。

问题 11～13:这里所提到的行为,通常都与情绪问题有关。如果你的大部分答案与上述者不同,并且觉你的问题已干扰了你的日常生活,最好去找心理咨询专家,听听他的意见。

问题 14～19:这里所提及的行为,可能是有严重情绪问题的重要早期信号。如果你的答案只有一两个或大部分与上述不同,你应该立刻去请教专家。若需要治疗,就应尽早,越早治越容易治好。

第二节　心理师常用的心理治疗方法

当人们有了心理问题时,需要寻求专家的帮助,通过心理咨询或心理治疗使人们解除心理问题,更好地应对以后的发展。那么什么是心理治疗呢? 心理治疗是指治疗者通过与来访者(寻求帮助的人)系统的互动,运用心理学的原理影响来访者的观念、情感和行为,来帮助来访者克服心理障碍,适应生活中的各种问题,促进个体发展的过程。广义的心理治疗泛指一切影响人的心理状态及行为的方式和方法。父母与子女之间、夫妻之间、同学同事之间、邻里之间、亲朋好友之间的具有解释、说明、指导等趋势的交往与沟通,都具有一定的心理影响和心理治疗作用。而狭义的心理治疗,则是在确立了良好的心理治疗关系的基础上,由经过专门训练的心理治疗师运用心理治疗的有关理论和技术,对来访者进行帮助,以消除或缓解来访者的心理问题或人格障碍,以促进人格向健康、协调方向发展的过程。

由于不同的心理学派对心理异常的病因和机制的解释是不同的,所以不同学派采用的心理治疗方法也往往有所不同。目前精神分析疗法、认知疗法、行为疗法、人本主义疗法是最具代表性的心理治疗方法,还有一些其他的疗法如,暗示催眠疗法、存在疗法、意义疗法等。下面将简单地介绍几种心理咨询师常用的心理治疗方法的基本特点,这些方法不仅仅限于心理师使用,大学生也可以掌握其中的某些技巧进行自我心理调节和治疗。

一、精神分析疗法

案例15-3 羽化成蝶的大男孩

来访者阿华,高高的个子,苍白而瘦弱。平日阿华郁郁寡欢,与人相处举手投足间总是别别扭扭,还时常纳闷"同学们怎么懂得那么多?我怎么像傻子一样?"阿华的同学也认为他有"严重的心理问题"曾建议他寻求心理咨询。阿华也认为自己心理"十分不健康"。阿华的父亲认为,生在农家的这个儿子,单薄瘦弱,一点体力都没有,只能让他"通过念书寻找不做体力活的出路了"。经常挂在阿华父亲口边的训导语是:"你再不好好读书,连口饭都混不上!你这个窝囊废!"阿华的自我评价是:"我就像我父亲说的,是个窝囊废。我什么事也做不好。我去银行取款,记不住密码,卡被吞了;我想报自学考试,跑了半天找不到自考办;我到网上报名,可一个字都不会打;班上演讲比赛,我只能看着别人风光……"阿华就是在取款被吞卡后直奔咨询室的。

阿华是一个家庭暴力的受害者——他的自我形象似乎全毁在脾气暴戾的父亲手中。父亲不仅经常性地骂不停口,还毒打阿华。其实,岂止阿华,其余家人,母亲、弟弟和小妹,都是父亲的"棒下受气鬼"。有一次,阿华莫名其妙地被父亲骂,心里委屈不能说,大冬天穿着棉衣,浑身上下冷汗淋漓,湿透了衣衫,结果大病一场,差点死去。好在母亲给了阿华无私而充足的爱——除了父亲打骂阿华她无法阻止之外。

阿华的父亲除了稍不如意时对阿华非打即骂之外,在不生气的时候就念经似的"铁证如山"般地述说社会多么险恶、人生多么艰辛、人心多么难测……你可不能像我……我一辈子就这样了……阿华父亲当年文采很好,曾在小报上发表过文章,但是因为数学不好,与大学失之交臂,种地不甘心,做生意不赚钱……诸事不顺。阿华上学期间,每晚回家要站在父亲床前听其训导,除了文化课,什么课外书都不准看,去网吧上网更不可能。阿华也被"驯化"地上了大学了,但并不知道电脑能做什么,所以才出现自学考试不能完成网上报名的事情。他没有一点同龄人的业余生活。他拼命读书,结果他家所在的庄上前后多年就只有他一个人上了大学。他也很极端地认为,除了读书——他心里的"读书"仅仅是读课本罢了——其他事都是浪费时间和金钱。

阿华虽然"自卑",虽然"屈辱",虽然口拙,"感觉自己跟人交往时呆头呆脑",但是他天生有种亲和力和旺盛的求知欲。他抓住那次小小的主动求助的契机,在咨询室内羽化成蝶!

精神分析是奥地利心理学家弗洛伊德创建的第一个系统解释心理病理学的理论。精神分析疗法又叫心理分析疗法或分析性心理治疗，是心理治疗中最主要的一种治疗方法。精神分析认为，人生早期的创伤经历有碍人格的发展。从狭义上理解，创伤经历指负面生活事件所造成的缺失和损害。创伤经历分为两种，一种是微小生活事件引起的精神创伤，是由那种单独看每个都不大，但日积月累却会腐蚀人心的生活与心灵的小事件，如父母/抚养人对孩子的苛求或父母/抚养人对孩子的冷淡与疏远。另一种是重大生活事件引起的创伤，如年幼时经历的虐待事件、天灾人祸、目睹生老病死等惨烈场面经受的刺激等。

从广义上看，个体早年发展经历中与负面生活事件相关的爱的缺失以及溺爱、纵容、保护过度等造成的"过犹不及"的成长环境都是创伤形成的温床。精神分析的技术，例如梦和移情的分析，目的就是解释无意识的冲突或追溯回到它的初始情形。许多情绪问题的最初情形是早期生活的、被压抑的冲动现在又要回来，或者威胁要回到意识中来，而个体运用各种防御机制对这些威胁进行反应。分析需要解释这些反应以帮助来访者弄清防御后面的感觉是什么。

该理论的基础为潜意识论、心理结构论和性心理发展论。核心是人的心理活动，可以分为潜意识、前意识和意识三部分。潜意识是深藏在意识之后的，是所有行为的内驱力。精神分析疗法的原理是：发掘来访者潜意识内的矛盾冲突或致病的情结，把它们带到意识领域，使来访者对其有所领悟，在现实原则的指导下得到纠正或消除，并建立正确与健康的心理结构，从而使病情获得痊愈。精神分析的目的和价值在于它能够挖掘出深藏在潜意识中的各种关系，尤其是童年的精神创伤和痛苦经历，使之被召回到意识中来。来访者借助治疗师的分析、解释，理解这些关系，彻底顿悟和认识自己，宣泄并消除深藏在潜意识中的童年的精神创伤、心理矛盾和痛苦体验，最后矫治不良行为，达到治疗的目的。

本案例中的阿华，经过治疗师帮他进行分析，坦诚地回忆和处理了童年岁月的经历，把屈辱在咨询室内象征性地"还给父亲"。慢慢地，内心脆弱的阿华渐渐明白了父亲的大棒后面掩藏着复杂的含义：其一，父亲对自己人生的不满，希望自己的生命活力在儿子身上延续并取得辉煌；其二，父亲粗暴的训斥和谴责以及棒喝中饱含深深的爱意——你要过得比我好。妈妈给予的无条件的爱使阿华最终相信自己的存在是有价值的。回顾从小到大坚忍不拔的求学经历，阿华发现了自己的坚强和能力，然后，如饥似渴地学习新的知识、新的技能，缩小与同学之间存在的差距。自信被一点点找回来、培植起来，阿华不断地发生变化，这些变化使他从大学的老师和同学那里得到了赞许的目光。

思考题

1. 从普通在校大学生阿华的自我成长的经历中，我们能学习到什么？

2. 抛开可能存在的既往的障碍,现在妨碍我们成长的是什么?

专栏 15-2　精神分析学派创始人——弗洛伊德

弗洛伊德(1856~1939),奥地利维也纳的精神科和神经科医生、精神分析学派的创始人。他出生于摩拉维亚一个犹太商人家庭,4 岁时举家迁居维也纳。他在中学时代就显示出非凡的智力,成绩一直名列前茅,精通多国语言,17 岁考入维也纳大学医学院。1881 年 3 月,弗洛伊德以优异成绩通过了医学院的毕业考试后开始私人开业,担任临床神经专科医生。1895 年他与精神病学家布罗伊尔合作发表《歇斯底里研究》,开始使用"精神分析"的概念。1900 年他发表了《梦的解析》,该著作在西方被列为世界 16 大名著之一,这是对弗洛伊德一生思考奋斗的最高评价。1905 年弗洛伊德出版《性学三论》一书,探讨了性心理的发展与精神变态机制的联系,真正开始为世人所重视。1923 年在《自我与本我》一书中,他详细阐述了人格结构理论。弗洛伊德一生育有 3 男 3 女,其中女儿安娜·弗洛伊德后来也成为著名的心理学家。1938 年 3 月,德国纳粹入侵奥地利后,弗洛伊德在朋友的帮助下,离开了维也纳而飞抵伦敦,于 1939 年 9 月 23 日因口腔癌在伦敦逝世。

弗洛伊德提出:年幼儿童存在性欲;令人费解的生理障碍背后有无意识的原因;心理疾病的治疗可以通过一种昂贵、耗时的程序进行——患者躺在沙发上,医生听他诉说着看似无关的话题。尽管遭到尖锐的批评,但他不断开创、发展、维护了自己的思想。弗洛伊德一生撰写了大量著作,他被认为是一场重大精神运动的领袖,他的思想改变了心理学家、作家、父母及普通百姓多年来的想法。

精神分析疗法主要的技术有自由联想、释梦、移情、阻抗分析、宣泄、阐释等。

专栏 15-3　精神分析的几种技术

1. 自由联想(Free Association)　自由联想是精神分析的基本技术。该方法是让来访者舒适地躺着或坐着,把想到的一切都毫无保留地讲出来,不论其如何微不足道或荒诞不经,都要如实地叙述。治疗师对来访者所报告的材料加以分析和解释,直到从中找出其潜意识之中的矛盾冲突,即病的起因为止。目的是把来访者无意识的思想情感,召回到言语表达出来。自由联想的最终目的是挖掘来访者压抑到潜意识中的情结或矛盾冲突,把它带到意识领域,使来访者对此有所领悟,从而重建现实的、健康的心理。

2. 释梦(Dream Analysis)　释梦是分析者对梦的内容加以分析,并期望发现这些象征的真谛。弗洛伊德认为,梦的内容是做梦者无意识冲突或欲望的象征。人在睡眠的时候,自我的控制力减弱,无意识中的欲望乘机向外表现。但是此时精神中的自我防御状态并没有完全解除,所以这些欲望必须通过化妆变形才可以进入意识层次,这就成了梦。精神分析理论认为,有关梦的分析结果较接近来访者的真正动机和欲望。但是,梦境仅仅是潜意识心理冲突与自我监察力量的一种妥协,并不直接反映现实情况。这就需要治疗者对梦境做特殊的解释,以便发掘梦境的真正意义。

3. 移情（Transference） 移情是在治疗的过程中，来访者对治疗师产生一种反应，即把治疗师看成是早年与其心理冲突有关的某一个重要人物，将自己对某人的体验、态度、情感活动或行为方式等不自觉地转移到治疗师身上，从而有机会重新"经历"往日的情感。移情是治疗师理解和治疗来访者的重要手段，面对来访者的移情，治疗师应把握好恰当的关系，采取友善、克制、认真的态度对待来访者，抓住来访者心理上的本质问题，因势利导，从而对来访者进行有效地治疗。

4. 阻抗（Resistance） 阻抗是指来访者潜意识中对治疗过程的抗拒力，以防止治疗将痛苦在意识中重现。精神分析要揭示来访者内心深处的创伤和冲突，必然会使来访者感到恐惧和痛苦，所以来访者会从本能上加以抵抗。来访者的症状是其人格防御的一部分，并且症状也使来访者从中获益，因此阻抗的发生往往正是来访者的问题之所在。治疗师必须在治疗过程中不断辨认并帮助来访者克服各种形式的阻抗。一旦潜意识的所有阻抗被逐一战胜，来访者在意识水平上重新认识了自己，分析治疗也就接近成功。

5. 阐释（Interpretation） 阐释就是揭示来访者症状背后的潜意识动机，克服阻抗和移情的干扰，让被压抑的心理活动不断地通过自由联想和梦的分析暴露出来，使来访者对其症状的本质达到领悟。其目的是让来访者正视他所回避或尚未意识到的问题，将潜意识的内容变为意识的内容。阐释是一个缓慢而又复杂的过程，要循序渐进、逐步深入，最终揭示其症状背后潜藏着的本质问题。

二、认知疗法

案例15-4 跳出抑郁的圈子

故事发生在一个春风送暖的季节。

某大一女生，文静而娟秀，戴着眼镜，怯生生的。入学时的心理健康状况普查反映她有轻生念头，因接受自杀预防干预与咨询师有过接触。

求助原因：莫名其妙地想哭。"别人说说笑笑，我却总笑不起来，话也不想说，除了同寝室的人，我不想跟别人说话，高中二年级时就是这样了。"她担心自己"脑子出毛病"，觉得自己"跟别人不一样"。

成长史及特殊生活事件：高一的时候挺好。高二时发生了一些事情，当时妈妈生病住院好几个月，又遇到文理科分班、转学，所以心情特别差，不能对爸妈说，也不能对同学说（事实上也没法对同学说，同桌的同学很内向、话很少），后来发展到头痛，不能上学，休学半年。她在高三时也因为健康问题休假一个月，到医院看过神经科，服用过大量中、西药物。

小的时候，大概五六岁的样子，也许更早一点，母亲长期生病，她随姥爷和小姨生活，只能断断续续与妈妈团聚。高二时她长期被自杀念头困扰，想跳楼或者割腕，经常要跟自己的自杀念头抗争,以至于怕自己控制不住实施自杀而经常反锁门窗。

家庭病史:母亲有心脏病,患过精神分裂症。在高中时有个关系不错的同学曾提醒过她,母亲的病会对自己有遗传影响。其哥哥曾经说该女生的身体健康状况与心理因素有关。

人际关系和家庭主要成员:她是家中最小的孩子,最小的姐姐也比自己大十多岁。她与家人关系亲密,高二时没怎么跟同学交往;遇到什么不开心的事情不会发火、不会吵架、不喜欢人多吵闹;进入大学后,在寝室还好,但特别不喜欢教室里的气氛,不喜欢在教室里嘻嘻哈哈,特别反感被别人当笑料;当类似情况出现时,会出现不管不顾、无法自控要发作的情绪。

用认知疗法,8次访谈之后,这个女生跳出了抑郁圈子,走出高中以来一直担心自己"脑子会坏""跟别人不一样"的误区。

认知疗法于20世纪60~70年代在美国产生,是根据人的认知过程影响其情绪和行为的理论假设,通过认知和行为技术来改变来访者的不良认知,从而助其矫正并适应不良行为的心理治疗方法,主要代表人物有贝克、艾利斯等。认知疗法主要关注来访者非功能性的认知问题,试图通过改变来访者对己、对人或对事的看法与态度来改善所呈现的心理问题。

认知疗法强调,常见心理障碍的中心问题是由某些歪曲的思维产生的,认知疗法就是通过改变这些歪曲的思维、观念来纠正其适应不良的情绪或行为。认知治疗的目标不仅仅是针对外在表现出来的问题,如行为和情绪问题,更重要的是分析来访者的思维活动和应对现实的策略,找出错误的认知并加以纠正。

认知疗法主要的技术有苏格拉底式的谈话、重构主题、角色扮演、停止思考、进行关于自信或社会技能的训练、布置家庭作业等。

专栏 15-4　错误的认知模式

认知治疗师们在治疗实践中提炼出各种典型的,贝克称为自动或功能障碍性思维、艾利斯称为非理性信念以及另外有些学者称为热认知、自我谈话或内部对话的错误认知模式。

1. 非此即彼(又称黑白分明、极端化或对立分割性思维)　极端化看待事物,而不是全面分析把事物看成一个连续体。

2. 灾难化　消极地预测未来而不考虑其他的可能结局。

3. 打折扣　毫无理由地否认自己的积极经历、成绩。

4. 情绪推理　因为自己感觉很强烈(实际上是相信)就认为某件事合乎现实,无视或轻视反面的证据。

5. 贴标签　给自己或别人贴上固定的大标签,不顾实际情况下结论。

6. 最大化/最小化　在评价自身、他人或某件事时不合理地夸大消极面和缩小积极面。

> 7. 精神过滤（或称选择性注意）　不看整体，仅将注意力集中于消极的细节上。
> 8. 度人之心（又称算命术）　坚信自己懂得别人的心思，而不考虑其他可能性。
> 9. 以偏概全　仅凭有限的现象得出一个更大范围的消极结论。
> 10. 个性化（又称个人化、中心化）　相信不好的事都与自己有关，而不考虑其他更有可能的解释。

三、行为疗法

案例 15-5　摆脱不了的担心

> 小张，男，大一学生。他近三个月总是心放不下，因在报纸上看到了关于玻璃突然碎裂划伤行人的报道，此后就有了一种莫名其妙的担心，害怕自己也会遇到同样的情况，每当他看到玻璃时，就会难以控制地想着玻璃会不会突然碎裂。尽管他本人也知道这根本不可能，但就是会去想。他自述高中时就会反复检查门是否锁好；学习时，他会重复阅读题目，一道题审了一半后会不自觉地回头重新审，并且做一题检查一题，长此以往，便出现了答不完题但正确率高的现象。他曾尝试一口气审完题目，但很困难，每次看到关键数字、词等就会停下来，加倍注意。
>
> 小张经过一段时间的行为治疗，上述症状明显减轻。

在我们的身边有些人甚至我们自己都可能会出现不同形式的心理问题和行为异常，如不由自主地去回忆以前对于自己没有意义的事情、不断地反复检查东西、过分地害怕某些小动物、与人交往脸红紧张等。像案例中的小张一样，这些是需要治疗的。而解决这些问题，其中一种重要的治疗方法就是行为疗法。行为疗法就是通过个体不断地训练，最终纠正适应不良的行为。

行为疗法最初产生于 20 世纪 20 年代，是基于现代行为科学的一种非常通用的心理治疗方法，是根据学习心理学的理论和心理学实验方法确立的原则，对个体反复训练，以达到矫正适应不良行为的目的。行为疗法是在桑代克的古典学习理论、华生的行为主义心理学、巴甫洛夫的经典条件反射学说、斯金纳的操作性条件反射理论和一系列现代学习理论的基础之上发展起来的。这些理论源于动物实验和对人类行为的观察。行为理论主要通过强化来塑造来访者新的行为，以克服原来不适应的行为。行为疗法旨在通过学习和训练，矫正各种病态行为，使个体能良好地适应其社会环境。

行为疗法的主要技术有放松疗法、系统脱敏疗法、厌恶疗法、模仿疗法、满灌疗法等（具体技术详见本章第三节）。

四、以人为中心疗法

以人为中心疗法是由美国心理学家罗杰斯于 20 世纪 40 年代创立的，是人本主义心理治疗中最有影响的一种心理治疗方法。该方法中,治疗师以平等伙伴的身份去理解来访者的问题与情绪,为其提供一种无所顾忌地自由表达和宣泄的机会,并帮助其体验自我价值,实现其人格成长。以人为中心疗法认为人在本质上是可信赖的;人具有不需咨询师的直接干预就能了解及解决自己困扰的极大潜能;只要能投入咨询关系中,人们就能朝向自我引导的方向成长。以人为中心疗法的治疗目的就是让来访者进行自我探索,了解与自我相一致的、恰当的情感,并用此感情体验来指导行动,也就是靠自己本身的力量来治疗自己存在的问题。

专栏 15-5　后现代心理治疗

后现代主义心理治疗是在后现代主义心理学思潮影响下迅速发展起来的心理治疗实践活动。1988年美国著名社会心理学家格根在澳大利亚悉尼举行的国际心理学会议上,应邀作了《走向后现代心理学》的专题报告,这是心理学界就后现代心理学问题所作的最早、最有影响的系统研究。报告指出心理学正面临深刻的变革以及建构后现代心理学的具体设想。后现代主义的心理治疗中,最重要的是焦点解决短期心理咨询和叙事治疗。

焦点解决短期心理咨询与治疗是20世纪80年代初沙泽和他的妻子伯格基姆共同创立并发展起来的一种正向目标解决导向的心理咨询与治疗模式,其强调的是建构咨询的历程而不是单纯地解决问题和探索问题的原因,其认为来访者个人是建构解决历程的最大资源。这一疗法的特点有:

(1) 以解决问题为导向。放弃了传统治疗中明确当事人的问题或"病症",搁置问题或病症,不去对问题刨根问底。并不是什么问题都能找得到确切的原因,让当事人反复地谈论他的问题以及详尽地表达他们对于问题的感受,会让问题进一步客观化,变得越来越"真实",结果对当事人有害无益。

(2) 心理治疗师与当事人之间由主客关系转变为合作关系。治疗师是心理学知识方面的专家,而当事人则是自身问题方面的专家,治疗应从当事人的问题出发而不是从心理学理论出发。当事人自己拥有解决问题的能力,只是暂时为某些问题困扰需要帮助。问题的解决需要治疗师与当事人两方面的共同努力,特别是要激发当事人解决自身问题的能量,从内而外地解决问题。

(3) 努力促成各种朝向问题解决的可能改变,而不纠缠于对失常与失调的心理结构、状态的矫正、维修或弥补。通过寻找"例外"的存在,使当事人关注自己成功的例外,更多地看到问题没有发生时的光明面,通过积累小的改变解决问题。

叙事治疗是由澳大利亚心理学家麦克·怀特夫妇以及新西兰的大卫·爱普斯顿于20世纪80年代提出的。叙事治疗是治疗师通过倾听来访者讲述自己的生命故事,帮助来访者澄清他是如何使用故事组织经验、赋予意义的,并通过发现其生活故事中遗漏的部分,引导来访者重建具有正向意义的生命故事,唤起来访者内在力量的方法。它摆脱了传统上将人看作为问题的治疗观,透过"故事叙说""问题外化""由薄变厚"等方法,使人变得更自主、更有动力。这一疗法的基本观点有:

> （1）现实是由语言构成的。社会是在语言中建构着现实,治疗将焦点放在语言是如何组成我们的世界和信念的。
> （2）人不等于问题,问题才是问题。问题是独立于人和家庭的,人如果能够和问题故事分开,就会开始感觉个人的自主,感觉自己有能力介入自己的生活和各种关系中。
> （3）每个人都是自己问题的专家。当事人才是自己生命故事的作者,来访者与治疗师拥有平等的话语权,治疗师是陪伴者,而不是权威和指导者。
> （4）生命的力量比问题本身更重要。来访者的生命故事,反映的是来访者的生命态度、生命要求和生命抉择。叙事心理治疗的目的就是帮助来访者解构主流故事控制的旧故事,重新建构一个来访者真正期盼的、具有个人力量的新故事。

第三节 自我心理调节与治疗

一份调查报告显示:因各种心理障碍引起心理疾病而休、退学的大学生人数已占大学总休、退学人数的50%左右,而大学生由于自卑、失恋、受挫等心理因素导致的自杀率已位居大学生非正常死亡的第一位。同时,人际交往不和谐、性与恋爱处理不当、激烈的学习竞争和严峻的就业形势等问题也给大学生带来心理压力。

从理论上讲,一般的心理问题是可以通过自我调节解决的,每个人都可以用多种形式来自我放松,缓解自身的心理压力,排解内心的苦闷。在面对"问题"时,关键是大学生应怎样去认识它,并以正确的心态去对待它。因此,大学生应该随时随地加强自我心理的调节,促使身心健康的全面发展。大家不妨试试下面介绍的一些方法吧。

一、合理宣泄

在生活中难免会遇到些问题而使人们产生不良情绪,有的情绪可以升华,有的则不一定要升华。合理宣泄,同样可以起到心理调节的作用。情绪发作时,体内潜藏的一股能量须加以释放,人们可以通过一些合理的方式表达出来、发泄出来,这样就轻松了。根据人们自身的特点不同,可以选择不同的方式,比如谈一谈、写一写、喊一喊、唱一唱、哭一哭、笑一笑、走一走、跳一跳,只要适合自己不侵犯他人,都可以去尝试。但要注意情感宣泄的对象、地点、场合、方式等,切不可任意宣泄或者无端迁怒于他人或他物,避免造成不良后果。

二、认知调节

前面在认知疗法中介绍过,认知理论认为人们很多的心理问题源自于人们对所遇事件的不合理的认知。你的想法是一副眼镜,它决定了你看到的世界的样子,通过改变认知结构,可进行认知重建,达到心理平衡。

人们可能听过这样的故事:两个鞋子推销员到一个荒岛上,发现荒岛上的人都不穿鞋。一个感到非常失望,因为他认为这个岛上的人都不愿穿鞋,要成功推销是没有希望的;另一个却感到非常兴奋,因为他认为这个岛上的人还没有鞋子穿,成功推销的希望极大。

其实,生活原本没有人们想像的那么复杂和艰难,很多事情都具有两面性,人们是乐观地应对生活还是悲观地被生活奴役,很多时候是看他们自己戴上的是什么样的"眼镜"来看待生活的!

三、转移法

转移是有意识地转移话题或做点别的事情来分散注意力。当人们遇到一些问题一时没法解决的时候,不妨暂时地转移对这件事情的注意力。常用的转移法有:

(1) 做事转移法。你可以选择看喜欢的书、和朋友玩、做义工、听音乐或看电影等。

(2) 运动转移法。你可以选择你喜欢的运动,运动可以加速身体的新陈代谢,促进快乐放松的激素分泌。

(3) 环境转移法。离开你遇到问题的环境,选择让你舒适放松的环境,如去海边散步、郊外骑车、登山、去差异特别大的地方旅游。

(4) 暂时搁置法。特别是在处理人与人之间强烈的矛盾冲突时,可以暂时离开,冷静下来再行处理。

四、放松法

在大学生活中常常会遇到某些事情而使人紧张不安,如突发事件、考试、与人交往等,学会放松可以有效地帮助我们控制自己的身体和情绪。

放松技术是按一定的练习程序,学习有意识地控制或调节自身的心理生理活动,以达到降低机体唤醒水平,调整那些因紧张刺激而紊乱了的功能的技术。通过暗示或改变肌肉的紧张度,从而使肌肉放松、心理平衡并使自主神经系统功能得到调节。

一个人的心情反应包含"情绪"与"躯体"两部分。假如能改变"躯体"的反应,"情绪"也会随之改变。经由人的意识可以把"随意肌肉"控制下来,再间接地把"情绪"松弛下来,建立轻松的心情状态。基于这一原理,放松技术就是通过意识控制使肌肉放松,同时间接地松弛紧张情绪,从而达到心理轻松的状态。

具体的训练方法有:① 深呼吸;② 咬紧牙关片刻,然后放松;③ 握紧双拳 30 秒后,然后放松;④ 收腹;⑤ 提肋等。

放松疗法常与系统脱敏疗法结合使用,也可单独使用,可用于治疗各种焦虑性神经症、恐惧症,且对各个系统的身心疾病都有较好的疗效。

五、系统脱敏法

系统脱敏法是最早使用的行为矫正技术,可让人们在放松状态下接触恐惧对象(包括实际的或想像的)来克服焦虑和恐惧情绪。一般具体包括4个步骤:

(1) 找到并确定与焦虑恐惧情绪有关的各种刺激、事件或情境。

(2) 建立恐怖或焦虑事件的等级层次:如考前焦虑可以分上几个焦虑等级,考前一周、考前一晚、进考场前半小时、发试卷时、看到试卷时。

(3) 进行放松训练:常采用渐进式放松训练,其是一种逐渐的、有序的、使肌肉先紧张后放松的训练方法。在放松前先使肌肉收缩,继而进行放松。通过比较从而细心体验所产生的那种放松感。

(4) 实施脱敏治疗:在完成上述3项之后进行,具体如下:

焦虑低→焦虑高→适应(以"抓小鼠"为例)。

例如:(小鼠)图片→模型→玩具→真小鼠→用手去摸。

系统脱敏主要有两种方法:

(1) 想像脱敏:按照焦虑等级中最轻的一级事件或情境,想像导致焦虑的情境并体验焦虑和恐惧,在30秒左右的时间后停止想像,并报告自己的焦虑或恐怖感受度,并进行全身放松训练。平静后,重复上述过程,直到想像时不再感到紧张焦虑为止。这是第一级脱敏,接着再按照上述的方法进行高一级的脱敏。

(2) 现实脱敏:直接进入或接触导致焦虑的现实刺激或情境,来体验焦虑和恐惧,反复多次以后可以适应环境,不再焦虑恐惧。然后再进入更高一级的现实情境。如此逐级反复进行,直到每一层级焦虑反应均被消除为止。一般每周1次或2次,每次30分钟左右。

六、厌恶疗法

当人们的某些不适行为即将出现或正在出现时,给予一个让其极其不快的刺激,使他们产生厌恶其不适行为的主观体验。经过反复实施,之前具有的不适行为和厌恶体验之间就建立了条件联系,然后当他们再次出现这种不良行为时,在给予其不快刺激的情况下便会产生厌恶体验,从而达到消除不良行为的目标。

厌恶疗法是行为治疗中最早、最广泛地被应用的方法之一,常用于戒烟、戒酒或药瘾以及矫正性变态、强迫症和某些其他不良行为。如案例15-5中的小张就可以采用以厌恶疗法为主要的治疗方法。当每次出现不必要的异常行为时,人们可以结合一些厌恶刺激让他们产生厌恶的体验,在不断反复进行之后,异常行为将退化直至消失。

厌恶刺激可以采用疼痛刺激(如电刺激和橡皮圈弹痛刺激)、催吐剂和令人难以忍受的气味或声响刺激等,也可以采取事物剥夺或社会交往剥夺措施,还可以通过想像使人在头脑中出现极端憎恶或无法接受的想像场面,从而达到厌恶刺激强化的目的。

七、满灌疗法

这是一种主要用于治疗恐惧症的行为治疗技术。当人们对某些对象或是某些场景非常恐惧时,可让自己较长时间地想像恐怖的观念或直接面临最恐怖的情境,这种导致其恐怖焦虑的事物或情境会使其产生极度的恐怖焦虑情绪,但是不允许其逃离这样的情境,一直要坚持到这些负面情绪消失为止,从而达到快速消退症状的目的。

冲击疗法用时较短,通常可在几天、几周或两个月内有满意的效果。但此疗法一般不能自行进行,要在治疗师的指导下配合完成,且因痛苦大,实施相对困难,因此一般慎用。

八、模仿学习法

模仿学习法又称示范性疗法,是通过社会学习理论建立起来的。班杜拉指出,一个人仅仅通过观察其他人的行为就可以达到模仿学习的目的。"近朱者赤,近墨者黑"就是这个道理。因此可以通过示范、模仿的方式来培养和塑造正常的行为。

另外,人们还可以采用听录音、看电视、看电影等方式,形成社会所需要的行为。如一位因不善于与异性交往而焦虑的同学,在观看了男、女同学自然、得体交往的录像后,通过有意识地模仿学习,获得了与异性交往的能力。

九、自我暗示

自我暗示指通过主观想像某种特殊的人与事物的存在来进行自我刺激,以达到改变行为和主观经验的目的。自我暗示的实质是自觉地诱发积极的、良好的心理状态,即利用心理状态的可变性,主动地使因疾病产生的消极的、不良的心理状态,转变成可增强抗病能力的、积极的、良好的心理状态,并利用心理状态的稳定性使其保持下来,以促进病体康复。

消极的自我暗示可误导人们的判断和自信,容易使他们生活在自己的想像中不能自拔,并做出脱离实际的事情来。消极的自我暗示还可使他们对外界事物的认知形成某种心理定势,为人处事偏听误信,凭直觉办事。而积极的自我暗示则相反,会使人们对某种事物有着一种积极的陈述,这是一种使他们正在想像的事物坚定和持久的表达方式。不断地进行肯定的练习,能让他们开始用一些更积极的思想和概念来替代他们过去陈旧的、否定性的思维模式。这是一种能在短时间内改变他们对生活的态度和期望的技巧。

人们在生活中对待相同事件常常会有不同的暗示,如人们熟悉的"半杯水"效应,不同的自我暗示会有不同的结果。再如,一个人走进了冷藏间,无意被关在里面。开始他并不在意,也并未感到寒冷,后来当他抬头看到"冷冻"两字时,顿时心里紧张起来。一种死亡的威胁笼罩在他心头,他越想越怕,越想越冷,最后蜷缩成一团,在惊恐中死去。其实,车间的冷冻机并未打开,寒气远不能置人于死地。他完全是由于自我暗示的作用,因恐惧而导致肾上腺素急剧分泌,心血管发生障碍,心脏功能坏死而导致死亡的。

自我暗示的形式是多样的,根据不同的情况和特点可以选择不同的形式进行。其可以默不作声地进行,也可以大声地说出来,还可以在纸上写下来,更可以歌唱或吟诵。

具体来说,自我暗示法一般可以分为语言性自我暗示、动作性自我暗示、情景性自我暗示和睡眠性自我暗示。

语言性自我暗示是利用人们内部的语言,即用他们的内心独白对自己进行的暗示。这种性质的自我暗示,常与自己所扮演的社会角色相关。例如,恐惧症患者可以进行这样的自我暗示"我是男子汉,男子汉应该是无所畏惧的!"

动作性自我暗示是通过意愿性动作,即自认为有助于疾病康复的动作对自己进行的暗示。例如,认为散步、练气功可以使身体康复,于是就抱着极大的希望去从事这些活动。

情景性自我暗示是创造足以引起人们积极情绪的情景对自己进行的暗示。例如,认为清新的空气、优美的风景能陶冶自己的心情,有利于疾病的康复,于是就设法去旅游。

睡眠性自我暗示是相信睡眠能使人消除疲劳、改善心境、恢复精神和体力,从而利用睡眠休息对自己进行的暗示。例如,"躺一会儿就会好的""夜里好好睡一觉就能痊愈的"。

每天只要十分钟有效的肯定练习,就能抵消人们许多年的思想习惯。人们越经常性地意识到他们正在告诉自己的一切,选择积极、扩张的语言和概念,他们就越能够容易地创造出一个积极的现实。例如,"我是一个聪明漂亮的人""我是最棒的""我具有强大的意志和行动力""在我所从事的专业领域,我是出类拔萃的""我能实现自己的美好愿望"等。

专栏 15-6　自我暗示的原则

人们在进行自我暗示时,往往要注意以下几个原则:

1. 始终要用现在时态而不是将来时态进行暗示　对于自己的暗示是针对现在的,是此时、此刻、此地的暗示。如人们应该说"我现在已经取得了某些成功"而不是说"我将来会取得成功的",这并非是自欺欺人,而是基于这样的事实,人们在现在的状况下,可以自然地去想到,然后才能在客观现实中显现。

2. 要在最积极的方式中进行　暗示的事情应该是积极的,肯定他们所需要的,而不是不需要的,例如说"我越来越勤奋,越来越能干",而不说"我再也不偷懒了"。

3. 一般来说,语句越简短,效果越显著　往往越是简单的话语越能给人们清晰的认识和情感的传达,其冲击力更大。

4. 始终选择那些完全合适自己的肯定　人们选择暗示应该是那些适合自己的,可以给自己积极的、自在的感觉,这样会有良好的效果。有些暗示适合别人,但用到自己身上就完全无效,因此,人们就要找到适合自己的肯定。

5. 进行肯定时,始终要告诉自己是在创造新的事物　人们从事的事情往往是接受和处理那些已经存在的事物,而不是试图去改变或是取消这些事物,应肯定自己每时每刻都在创造确定的、有希望的、新的事物。

6. 肯定并不意味着要抵触或努力改变自己的感受或情绪　接受并体验自己所有的情感是很重要的,这种情感不仅仅是积极的,也包括所谓的否定性情感。人们并不必须试图改变这些否定性的情感,肯定可以帮助他们创造出一个对于生活来说的新的观念,这将会使他们获得越来越多的快乐体验。

7. 在进行肯定时,尽可能努力创造出一种相信的感觉　如果肯定过分,自己都没法认定是一种真实的感觉,自然没有效果。

十、自我催眠

自我催眠法,不仅仅是自己在心中反复暗示的意志强化法,如反复在自己内心进行的"一定能把烟戒掉""一定能与异性自然地交谈"等,更为重要的是一种自我训练、自我改造和自我完善的方法。这是一种"对自己进行暗示而产生的催眠状态"的心理治疗技术。

自我催眠是一种开发自身潜能进而自我消除疾病的保健方法。其不仅能够帮助人们从紧张不安的精神状态中释放出来,从而预防疾患、增强体质,更能够随着人们自我催眠水平不断提高,不断提高心理素质、完善人格、挖掘潜能。

专栏 15-7　自我催眠的步骤

通常,在进行自我催眠的时候有一定的步骤,具体如下:

(1) 找一个舒适的、隐私的地方坐下来或者躺下来,以你认为最舒服的姿势。

(2) 闭上眼睛,试着去排除你心里的焦虑和恐惧:一般来说,当你尝试着开始这样做的时候,你会发现不让自己去想事情往往是很困难的。你越是不让自己去想,就越是不由自主地去想起一些事情。出现这种情况的时候,不要强迫自己不去想,相反,如果这时候你慢慢地静下心来,它们往往会在不经意间自然消失。

(3) 消除身体的紧张和压力:从你的脚趾开始,想像你的压迫和紧张正在慢慢远离你的身体,从你的身体里消失。想像你身体的每一个部分,从你的脚趾向上直到你的整个身体,都从压迫和紧张中释放出来。幻想着你身体的每一部分会随着压力的释放而变得越来越轻。放松你的脚趾头,然后是你的脚掌,继续放松小腿、大腿、臀部、腹部等,直到你放松每一个部分,包括你的脸和头部。

(4) 缓慢地深呼吸:当你呼气的时候,你看到你的压力如同乌云一样散去;当你吸气的时候,你看到新鲜的空气像一种光明的力量,充满活力和能量。

(5)欣赏并品味你现在的放松状态:想像你现在站在12层楼梯上面,把从上到下的每一个画面的细节都仔细想像出来。告诉自己,你要从上面的楼梯下来了,从12层开始,一边走,一边数你走过的每一个台阶。同时想像你走过的台阶数,这些数字越大,你就越接近地面。你觉得你的身体正在越来越放松,你能清晰地感觉到每走一步时踏在台阶上的感觉。一边往下走,一边数数,直到你到达楼梯的底部。一旦你到达底部,想像自己是放松和快乐的。

(6)把你所关心的问题说出来:用"现在时态"对自己进行心理暗示,对自己的心理暗示是"此时""此刻""此地"的。如同前述自我暗示疗法的介绍一样,自我暗示要采用积极的方式,如"我要越来越坚强",而不是"我不要懦弱了"。

(7)根据自己的需要,重复第6步。

(8)慢慢恢复正常状态:当你感觉心情舒畅了,就开始从楼梯的底层开始往12层走。同下楼梯时一样,你一边数数,一边想像数字的细节。当你走到12层的时候,你将会慢慢恢复正常的意识,同时保持平静和放松。

(9)结束自我催眠:当你恢复正常意识后,不要马上睁开眼睛,可以继续躺一会,然后再起来。

(王欣　谷莲莲)

参 考 文 献

[1] 刘新民,张建英.大学生健康心理学导论[M].上海:第二军医大学出版社,2007.

[2] 刘新民.变态心理学[M].北京:人民卫生出版社,2013.

[3] 刘新民.三好学生、优秀学生干部和一般大学生个性心理特征的比较研究[C]//应用心理学研究.合肥:中国科学技术大学出版社,1994.

[4] 樊富珉.大学生心理素质教程[M].北京:北京大学出版社,2002.

[5] 樊富珉,王建中.当代大学生心理健康教程[M].武汉:武汉大学出版社,2006.

[6] 陈选华.大学生心理学基础[M].合肥:中国科学技术大学出版社,2004.

[7] 薛德钧.大学生心理与心理健康[M].北京:北京大学出版社,2007.

[8] 金宏章,张劲松.大学生心理健康教育(教师用书):理解·规范·提高[M].北京:科学出版社,2016.

[9] 阳德华.大学生抑郁和人格关系初探[J].健康心理学杂志,2004,12(3):235-236.

[10] 方艳.大学生常见的情绪障碍及调控[J].郑州铁路职业技术学院学报,2008,20(2):67-68.

[11] 王新塘,骆新华,李殿录.大学生心理健康教育[M].西安:陕西人民教育出版社,2009.

[12] 陈选华,王军.放飞理想:大学生心理健康教育教程[M].合肥:中国科学技术大学出版社,2008.

[13] 江光荣.选择与成长:大学生心理学[M].上海:华中师范大学出版社,2004.

[14] 叶斌,金颖.躁动的青春情[M].南京:江苏科学技术出版社,2000.

[15] 燕良轼,唐海波.大学生心理健康教程[M].长沙:中南大学出版社,2007.

[16] 朱敬先.健康心理学:心理卫生[M].北京:教育科学出版社,2002.

[17] 张丽宏,赵阿勐,崔光成,等.大学生心理健康教育导论[M].上海:第二军医大学出版社,2008.

[18] 程艺.大学生职业发展与就业指导[M].合肥:合肥工业大学出版社,2009.

[19] 叶奕乾.现代人格心理学[M].上海:上海教育出版社,2005.

[20] 赖斯.压力与健康[M].石林,等译.北京:中国轻工业出版社,2000.

[21]　罗新兰,刘洁,夏静.大学生心理健康教育[M].杭州:浙江大学出版社,2014.
[22]　张将星,曾庆.大学生心理健康教育[M].广州:暨南大学出版社,2013.
[23]　王英杰.大学生心理健康教育[M].北京:北京航空航天大学出版社,2009.
[24]　彭贤,王平,丁庆新,等.人际关系心理学[M].北京:清华大学出版社,北京交通大学出版社,2008.
[25]　苏毅.我的第一堂人际关系公开课[M].北京:北京时代华文书局,2014.
[26]　ROWLAND S MILLE.亲密关系[M].5版.王伟平,译.北京:人民邮电出版社,2015.
[27]　DAVID G MYER.社会心理学[M].8版.侯玉波,译.北京:人民邮电出版社,2013.
[28]　《心理访谈》栏目组.人际关系[M].北京:中国轻工业出版社,2007.
[29]　卢倩倩.超管用的人际关系心理学[M].南昌:江西人民出版社,2007.
[30]　马立骥.大学生心理健康教育与实训[M].杭州:浙江大学出版社,2012.
[31]　阿尔弗雷德·C·金赛.金赛性学报告:男人篇 & 女人篇[M].海口:海南出版社,2007.
[32]　蔡哲.大学生心理危机及干预策略[J].陕西师范大学继续教育学报,2002(3):86-89.
[33]　薛翠华,巴巴拉·戴安娜,鲍玉珩.新性学研究:正确对待自慰[J].中国性科学,2012,21(10):75-79.
[34]　吴银涛,胡珍.自慰与性行为:大学生自慰行为发生的实证研究[J].中国性科学,2009,18(1):40-43.